21세기 중앙아메리카의 단면들

Live from Central America

이 저서는 2008년도 정부(교육부)의 재원으로 한국연구재단의 지원을 받아 연구되었음(NRF-2008-362-B00015).

이 도서의 국립중앙도서관 출판시도서목록(CIP)은 서지정보유통지원시스템 홈페이지(http://seoji.nl.go.kr)와 국가자료공동목록시스템(http://www.nl.go.kr/kolisnet)에서 이용하실 수 있습니다(CIP제어번호: CIP2015003948)

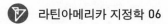
라틴아메리카 지정학 06

21세기 중앙아메리카의 단면들

—

내전과 독재의 상흔

서울대학교 라틴아메리카연구소 기획 | 림수진 엮음

한울
아카데미

여전히 소외된 지역, 중앙아메리카

아메리카 대륙의 지리적 구분은 일반적으로 남아메리카와 북아메리카로 나뉜다. 이 경우 두 아메리카의 경계는 파나마이다. 통상적으로 파나마 운하 북쪽이 북아메리카, 파나마 운하의 남쪽이 남아메리카로 구분된다. 그러나 문화적 구분은 이와 다르다. 앵글로아메리카와 라틴아메리카를 구분하는 경계는 미국과 멕시코 국경이다. 앵글로아메리카 내에서의 지역 구분이 비교적 단순한 것과 달리 라틴아메리카는 그렇지 않다. 라틴아메리카라는 틀 안에서 굳이 좀 더 세분화된 문화적 기준을 적용한다면 다시 이베로아메리카(Iberoamérica)와 히스파노아메리카(His-panoamérica)로 구분할 수 있다.1) 또한 지리적으로도 라틴아메리카는 남아메리카와 북아메리카를 아우른다. 이 두 아메리카 사이에 좀 더 세부적인 지리적 구분을 넣는다면 '중앙아메리카'가 등장한다. '북중미'라는 표현이 익숙한 것은 엄밀하게 따졌을 때 중앙아메리카가 북아메리

---

1) 흔히 이베로아메리카는 라틴아메리카 내에서 스페인어와 포르투갈어 사용권으로 제한된다(이때 프랑스어권은 제외한다). 히스파노아메리카는 스페인어 사용권으로 한정된다.

카에 속하기 때문이다. 우리가 흔히 사용하는 '중앙아메리카'는 스페인어로 América Central(아메리카 센트랄) 혹은 Centroamérica(센트로아메리카)에 대한 한국어식 표현이다. 그런데 재미있는 사실은 한국에서는 구분 없이 사용되지만, 이 둘 사이에 지역 범주의 차이가 존재한다는 점이다. 전자가 완전히 지리적 관점에서 행해진 구분이라면, 후자는 역사적 맥락에 기반을 둔다. 구체적으로 아메리카 센트랄이라 하면 북쪽으로 멕시코의 테완테펙 지협부터 벨리즈를 지나 남쪽으로 파나마까지 포함하는 지역 개념이다. 지도 상에 나타나는 두 아메리카를 잇는 허리 부분으로 중미 지협이라고도 불리는 지역이다. 전체 아메리카 대륙의 관점에서 봤을 때 지극히 협소하지만 다양한 언어와 상이한 역사적 경험이 공존하는 지역이다. 반면 센트로아메리카라는 지역 구분은 아메리카 센트랄이라는 지역 범주 안에서 동일한 역사적 경험을 공유하는 등질 지역 개념이다. 과테말라, 온두라스, 엘살바도르, 니카라과, 코스타리카 다섯 나라만 포함한다. 이렇게 다섯 나라가 하나의 지역 단위로 구분되는 것은 식민지 시기 누에바 에스파냐 부왕령(Virreinato de Nueva España) 산하 과테말라 총독령을 구성했던 역사적 기원 때문이다. 다섯 나라는 식민지 시대에 300년 가까이 누에바 에스파냐 산하 과테말라 총독령을 구성했고, 독립 이후 잠시 멕시코 연방에 속해 있다가 재독립해 이들 스스로 중앙아메리카연방공화국(República Federal de Centroamerica)을 결성했다. 당시 다섯 나라가 연방체제로 독립할 수밖에 없었던 것은 북쪽의 멕시코 연방과 남쪽의 콜롬비아 대국 사이에서 스스로를 보호하기 위한 방편이었다. 오늘날 다섯 나라를 의미하는 센트로아메리카는 연방 당시 이름이었던 중앙아메리카연방공화국에서 기인한다.

잠시 센트로아메리카연방으로 묶였다가 1838년 이후 다섯 나라가 각국으로 독립해 오늘에 이르고 있지만, 여전히 이 지역을 하나의 카테

고리로 묶을 수 있는 여러 가지 역사적 성향들을 공유한다. 애석하게도 다섯 나라가 공유하는 역사적 경험은 그리 밝지 않다. 지정학적인 관점에서 봤을 때 이 다섯 나라야말로 아메리카 대륙의 대서양 연안과 태평양 연안을 가장 단거리로 이을 수 있는 위치를 점하고 있음에도 식민지 시기 이래 단 한 번도 라틴아메리카 역사에서 주요 지역으로 관심 받아본 적이 없다. 사실 다섯 나라를 다 합친다 해도 미국 캘리포니아 주 하나 크기에도 이르지 못하는 지역적 협소함이 그 이유가 될 수도 있겠다. 또는 중미 지협의 중심을 남북으로 가로지르는 화산대가 그 원인일 수도 있다. 그러나 파나마 철도와 운하가 건설되기 전 아메리카 대륙의 대서양 연안과 태평양 연안을 잇는 항로가 아메리카 대륙의 최남단을 경유하는 것이었음을 고려하면 식민지 시대 이래 단 한 번도 라틴아메리카에서 주요 지역으로 관심 받지 못한 부분에 대한 이해가 쉽지 않다.

그나마 이 다섯 나라가 세계적 관심을 불러 모았던 것은 안타깝게도 20세기 이후 이 지역을 뒤덮었던 내전과 지독한 독재와 관련된 경우가 대부분이었다. 20세기 센트로아메리카의 역사를 관통하는 중심 코드가 내전과 독재라는 사실엔 의심의 여지가 없다. 끝나지 않을 것같이 오랫동안 지속되던 독재와 내전은 끝이 났지만, 역사가 남긴 상흔은 현재까지도 각국 모두에서 정치적 불안정, 경제적 빈곤 등으로 사회적 문제들을 일으키고 있다. 1990년대 이후 평화의 시기가 도래하면서 각국 모두가 민주적 선거 시스템을 갖추었다고는 해도, 불과 십수 년 전까지 서로에게 총을 겨눴던 정치세력들이 그 안에서 여전히 팽팽한 긴장 관계를 유지하고 있다.

정치적으로 내전과 독재가 중앙아메리카를 관통하는 역사적 중심 코드라면, 경제적으로는 아마도 커피와 바나나가 있을 것이다. 독립 이후 자생력을 갖추지 못한 채 외국자본, 특히 바나나와 커피를 중심으로 하는 외국계 농업자본에 종속되어버린 경제는 오늘날까지도 극소수의 경제 엘리트와 대다수 무토지 농민 혹은 빈민들로 구성된 시스템으로 유지되고 있다. 물론 지독한 독재와 내전, 경제 불평등에서 한쪽으로 비껴 있는 코스타리카라는 예외가 있긴 하지만, 이 나라마저도 최근 경제적 불평등에 대한 사회적 저항이 거세지고 있어 우려의 시각을 자아낸다.

이 책은 역사적으로 소외되었고, 정치적으로 불안정했으며, 경제적으로 불평등한 센트로아메리카 다섯 나라에 대한 내용이다. 라틴아메리카 역사에서 단 한 번도 중심적 위치에 서지 못했던 상황은 학문의 영역이라고 크게 다르지 않은 것 같다. 2008년 이후 ≪누에바 소시에다드(Nueva Sociedad)≫에 실린 수백 편의 글 중 센트로아메리카에 관한 글은 10편을 조금 넘는 수준이었다. 다섯 나라에 관한 글치고는 지극히 적은 수준이다. 책의 구성은 센트로아메리카 전체에 대한 논문에서 시작해서 과테말라, 온두라스, 엘살바도르, 니카라과, 코스타리카에 관한 글들로 배치된다. 각 장의 내용은 다음과 같다.

제1장부터 제5장까지는 센트로아메리카 전반에 대한 내용이다. 제1장은 리카르도 사엔스 드 테하다(Ricardo Sáenz de Tejada)가 쓴 에델베르토 토레스 리바스(Edelberto Torres-Rivas)의 저서 『혁명적 변화 없는 혁명: 중앙아메리카 위기에 대한 고찰』(2011)에 대한 서평이다. 이미 토레스 리바스는 1997년 같은 제목의 논문을 발표한 적이 있다. 하지만 2007년 니카라과에서의 다니엘 오르테가(Daniel Ortega) 재등장, 2009년 엘살바도르에서의 FMLN(Frente Farabundo Martí para la Liberación Nacional, 파라분도 마르티 민족해방전선) 대선 승리, 그리고 2011년 과테말라 우파 대통령 등장이라는 정치적 변화에 직면해 다시 한 번 이 세 나라에서의 내전에 대한 의미를 묻고 해석한 결과를 책으로 엮었다. 이 글의 저자 사엔스는

책의 원저자 토레스 리바스의 분석 시점을 현재까지 끌어오면서 토레스 리바스의 유명한 질문 "가치 있는 고통이었나?"를 다시 한 번 인용하면서 자신의 해석을 덧붙인다.

제2장은 마누엘 로하스 볼라뇨스(Manuel Rojas Bolaños)의 글이다. 2009년 온두라스 쿠데타가 일어난 시점에서 중앙아메리카 각국뿐 아니라 세계의 반응과 관련하여 이를 단순하고 일회적인 비정상의 단면으로 보아야 할지, 아니면 중앙아메리카가 여전히 직면하고 있는 현실의 한 단면으로 보아야 할지에 대한 문제 제기로 시작한다. 특히 1980년대 후반 에스키풀라스(Esquipulas) 협약 이후 중앙아메리카 각국이 내전과 독재로 점철된 과거를 청산하고 서서히 민주주의 초석을 다져나가던 중에 발생한 온두라스 쿠데타였기에 이를 바라보는 각국의 당혹함은 더욱 극명한 것 같다. 이에 저자는 온두라스뿐 아니라 중앙아메리카 모든 나라에서 과연 진정한 진보가 있었는가, 그간에 진보라 여겼던 정치적·사회적 안정들이 한낱 춘몽이 아니었던가라는 의문을 제기한다. 이에 대한 답을 구하고자 저자는 중앙아메리카 다섯 나라의 정치적·경제적 현실을 세부적으로 분석하는데 그 결과가 그리 희망적이지 못하다. 니카라과의 경우 혁명이 있었지만, 혁명적 변화라 할 수 있는 것은 전혀 없었으며, 2007년 이후 다시 등장한 산디니스타(Sandinista) 정부로부터도 긍정의 측면보다는 부정의 측면이 더욱 부각되고 있음을 밝힌다. 과테말라의 경우 '실패한 국가' 개념을 적용하면서 심각한 국내 치안 문제를 지적한다. 엘살바도르의 경우 FMLN이 정권을 장악하긴 했지만, 우파를 구성하던 정치적·경제적 엘리트들로부터 완전히 자유로울 수 없는 상황을 지적한다. 온두라스의 경우 다섯 나라 중 가장 취약한 민주주의의 심각성을 지적하면서 쿠데타의 근본적 원인을 찾는 데 많은 지면을 할애한다. 마지막으로 코스타리카의 경우 다섯 나라

중 가장 안정된 정치적·경제적 시스템을 가지고 있지만, 최근 들어 증가하는 사회적 불평등과 정당 시스템의 취약성을 지적한다. 이와 더불어 온두라스 쿠데타 앞에 아무런 영향력을 미칠 수 없었던 무력한 지역공동체들에 대한 비판도 잊지 않는다.

제3장은 코스타리카 국립대학 교수인 조세트 알트만 보르본(Josette Altmann Borbón)의 글로 중미 지역에서 ALBA(라틴 아메리카를 위한 볼리바르 대안)와 Petrocaribe(카리브석유협력기구, 이하 페트로카리브)가 갖는 의미를 짚어본다. 저자에 의하면 중미 지역은 이미 무수히 많은 지역통합 제안의 홍수에 시달리고 있는 상황임에도 정작 지역의 문제를 실질적으로 해결할 수 있는 지역통합은 부재한 것이 현실이다. 이에 저자는 ALBA와 페트로카리브가 중미 지역에 어떤 영향을 미칠 수 있을 것인가 분석하면서 페트로카리브가 진정하게 정치적 색채가 없는 통합의 제안이 될 수 있는지, 그리고 이 지역 각국 사이 혹은 한 국가 내에서 이미 심각한 수준으로 존재하는 불평등을 해소해줄 수 있는가에 대한 문제를 제기한다. 특히 ALBA에 비해 정치적 측면에서 훨씬 유연한 입장을 갖는 페트로카리브가 실질적으로 2008년 경제 위기 이후 중미 각국에 긍정적 영향을 미쳤다는 것을 밝혀내면서 이 지역의 수많은 지역통합 프로젝트 중 유일하게 실질적 결과들을 만들어낼 수 있는 시스템으로 해석한다.

제4장은 알레한드로 아라우스(Alejandro Aráuz)의 글로 2008년 전 세계, 특히 미국을 강타한 경제 위기가 중미 지역에 미치는 영향을 분석한다. 특히 미국에서 각국에 들어오는 가족 송금 축소가 미치는 영향을 집중적으로 분석하는데, 저자는 이와 같은 2008년의 위기를 1930년대 대공황과 1980년대 중미 지역의 내전 시기에 버금가는 위기 상황으로 해석하면서 이에 대한 대응을 모색한다. 저자는 2008년 이후 위기의 양상을

총 네 가지 부문으로 진단한다. 수출, 송금 수입, 관광, 해외직접투자의 감소를 위기의 주축으로 본다. 동시에 이에 대한 극복 방안으로 각국이 좀 더 유연하고 창조적인 경제정책을 운용할 것을 강조하면서 동시에 정치적 안정이 우선시되어야 함을 주장한다.

제5장은 2011년 ≪이베로아메리카≫ 논문집에 실린 필자의 글로 20세기 말 세계 커피 가격의 급락과 함께 찾아온 커피 위기가 중앙아메리카의 커피 생산국가에 미친 영향과 커피 위기 시대 대안으로 제시된 수많은 종류의 '지속 가능한 커피'들이 과연 제대로 기능하고 있는지 분석한 내용이다. 무엇보다도 중앙아메리카 각국에서 커피 생산이 차지하는 비중이 다른 라틴아메리카 국가보다 월등히 높은 점을 고려한다면 커피 위기 시대 중미 지역에서 유기농이나 공정거래로 대표되는 '지속 가능한 커피'의 역할이 더욱 중요할 수밖에 없던 상황이었다. 그럼에도 '지속 가능한 커피'는 생산과 소비뿐 아니라 유통 부문에서도 한계를 드러냄으로써 의도에 크게 부응하지 못하는 것으로 나타나고 있고, 이 논문에서는 구체적 증거를 제시한다.

제6장부터는 각 지역에 대한 논문들이 이어진다. 총 9편의 논문으로 과테말라와 온두라스가 각각 1편이고, 엘살바도르와 니카라과가 각각 2편이다. 그리고 마지막으로 코스타리카가 3편이다. 가장 먼저 제6장은 과테말라에 대한 내용으로 저자 시모나 야헤노바(Simona Yagenova)가 오토 페레스 몰리나(Otto Pérez Molina) 대통령 집권 1년 시점에서 과테말라에 권위주의와 과두-군사정부가 재구축되는 과정을 분석한다. 저자는 몰리나 정부를 '약탈에 의한 축적 메커니즘'으로 명하면서 그로 인한 가장 큰 피해자를 농민과 원주민으로 규정한다. 투쟁의 시기에 도래한 다양한 형태의 사회적 저항들을 기술하면서, 한편으로는 현 정부가 이에 직면하여 권위주의를 어떻게 강화시켜나가고 있는지 분석한다.

제7장은 익명의 저자에 의해 작성된 글로 2009년 온두라스 사태를 둘러싼 국내외적 혼돈스러운 반향을 적고 있다. 하나의 현상을 놓고 일각에선 명확한 쿠데타로 읽는 반면, 또 다른 측에서는 민주주의의 회복으로 읽기도 한다. 어쨌든 이러한 혼돈스러운 상황 앞에 정작 절망적인 사실은 그간 화려한 수사에 둘러싸여 있던 수많은 지역 기구들 중 그 어느 것도 온전한 역할을 하지 못했다는 점이다. 저자는 미주기구를 비롯한 다양한 지역 기구들을 종이호랑이로 표현하며 무능함을 비판한다. 이뿐만 아니라 버락 오바마(Barack Obama) 정부의 비상식적 행태와 쿠데타 이후 대선에서 낙승한 국민당 소속 포르피리오 로보(Porfirio Lobo) 행정부의 쿠데타 세력에 대한 태도 역시 비판한다. 특히 국내외적으로 쿠데타 세력이 인정되는 상황에 직면하여, 그간 수많은 희생을 바탕으로 힘겹게 쌓아온 민주주의 토대가 와해될 것을 우려하기도 한다.

제8장과 제9장은 엘살바도르에 관한 글이다. 먼저 제8장은 루이스 아르만도 곤살레스(Luis Armando González)의 글로 내전이 한창이던 때 게릴라 세력에서 시작되어 이후 합법적 정당으로 변화한 뒤 궁극적으로 여당의 입지에 오른 FMLN에 대한 분석이다. 1980년대 다양한 게릴라 세력들의 태동기로부터 이들이 연합을 통해 대표 세력화되는 과정을 분석하고, 1990년대 합법적인 정당으로 변화하던 시기를 분석한다. 나아가 FMLN이 2009년 대선에서 승리하면서 여당으로 등장하기까지의 여정에 대한 분석이 주 내용이다. 특히 게릴라 세력에서 정당으로 전환한 이후 실리와 이데올로기 갈등 앞에 FMLN이 보여준 시대적 유연성에 주목하면서 FMLN이 여당으로까지 발전할 수 있었던 원동력으로 해석한다. 또한 엘살바도르 역사상 최초의 좌파 정부인 마우리시오 푸네스(Mauricio Funes) 행정부가 엘살바도르 내 기존 정치적·경제적 엘리트들과 합의를 이루어나가는 부분에 초점을 맞추면서 현 정부의 의미를

해석하고 있다.

이어지는 제9장은 라틴아메리카에서 가장 위험하다고 여겨지는 국가 중 하나인 엘살바도르에서 살인 범죄율을 감소시키기 위한 방편으로 정부와 대표적 갱단 사이에 이루어진 거래에 주목한다. 특히 논문의 주요 쟁점은 정부와 갱단의 상호작용을 정보로서 재생산해내는 언론의 역할이다. 저자는 엘살바도르 주요 언론들이 국내 치안에 관련된 사실 보도보다는 이에 대한 정부정책의 당위성을 재생산해내는 정부 편향적 태도를 견지하고 있다고 주장한다. 이로 인해 군 병력까지 동원하는 정부의 국내 치안정책에 대한 문제가 전혀 제기되지 않을 뿐더러 엘살바도르의 유일한 문제가 오직 갱단에 한정되어 비춰진다는 문제가 발생한다고 비판한다. 결론적으로 정부와 언론 매체의 유착을 포착하는데, 정부는 국내 치안을 볼모로 공포 분위기를 조성함으로써 군 병력에 기반을 둔 통치를 강화하고, 언론은 정부가 만들어낸 공포 분위기를 지속적으로 재생산함으로써 생명을 유지한다고 신랄하게 비판한다.

제10장과 제11장은 니카라과에 관한 내용이다. 제10장은 안드레스 페레스(Andrés Pérez)의 글로 2007년 다시 권좌에 복귀한 산디니스타 정부에 대한 비판적 분석이 주 내용이다. 특히 저자는 다니엘 오르테가 정부의 비도덕적 재산 축적과 정치의 사적 영역화를 비판하면서 산디니스타 정부를 '갱 국가'로 규정한다. 다니엘 오르테가 정부의 구성원들이 그들의 문화와 행동 등 모든 면에서 갱 조직원과 크게 다르지 않다는 의미다. 특히 그들 스스로가 좌파 정부임을 표방하면서도 자신들의 재산 축적과 정치적 안녕을 위해 신자유주의와 교회 세력을 어떻게 이용하는지 언급하면서 그 어떤 정치철학도 없이 상황과 필요에 따라 자신들의 색깔을 포장하는 산디니스타 정부의 비열함을 신랄하게 비판한다.

제11장 역시 산디니스타 정권에 대한 비판적 시각이 주 내용이다. 저자

호세 루이스 로차 고메스(José Luis Rocha Gómez)는 다니엘 오르테가 정부에 의한 정치의 사적 영역화를 국가의 해체 과정으로 본다. 특히 야당으로 전락한 입헌자유당과 모종의 합의를 통해 탄탄한 면책 영역을 구성하고, 고급 공무원들의 임기까지도 자유롭게 조절할 수 있는 현실에 대해 '왕조 국가'라 표현한다. 나아가 상황에 따라 정부의 책임과 역할, 개입 범위를 고무줄처럼 조절하고 정권의 정당성을 위해 대척점에 있었던 교회까지 끌어들이는 태도를 신랄하게 비판한다.

제12장부터 제14장까지는 코스타리카에 관한 내용이다. 가장 먼저 제12장은 2012년 ≪중남미연구≫에 실린 필자의 글로 코스타리카 내 중국인 차별에 대한 역사적 고찰이다. 코스타리카는 중앙아메리카 다섯 나라 중 정치적·경제적·사회적으로 가장 안정된 나라이다. 그러나 여전히 자국의 정체성을 중앙아메리카가 아닌 유럽 쪽에서 찾으며 유색인종에 대한 차별이 가장 심각한 나라이기도 하다. 이 글은 19세기 말 이후 지속적으로 중국인 혐오를 유지해오던 코스타리카 사회가 2011년 이후 갑작스럽게 중국인에 대한 우호를 보이기 시작한 데서 문제 제기가 시작된다. 19세기 말 코스타리카 대서양 철도 건설에 노동자로 이주한 중국인들에 대해 적용되었던 지독한 제도적·사회적 차별을 고찰하고 차별의 근본적 원인으로 코스타리카 사회가 가지고 있는 순혈주의에 대한 집착과 그 기원을 분석한다.

제13장은 알레한드로 알바라도 알카사르(Alejandro Alvarado Alcázar)와 글로리아나 마르티네스 산체스(Gloriana Martínez Sánchez)의 공동 저술로 2012년 코스타리카의 사회 저항에 관한 내용을 담고 있다. 코스타리카는 중앙아메리카의 다른 네 나라에 비해 비교가 되지 않을 만큼 정치적·경제적으로 일찌감치 안정을 확보한 나라임에도 2012년 유난히 사회적 저항이 거세게 일어났다. 가장 근본적인 원인은 축적 모형의 변화였다.

신자유주의에 기반을 둔 자유무역이라는 전제하에 전개된 사회적 중심 코드들의 개편이었다. 가장 기본적인 것이 코스타리카 사회를 이해하는 중심축이던 연금보험에 관련된 것이었고, 전기나 통신 등과 같은 사회 기반시설에 대한 변화도 시도되었다. 2007년 미국과 중앙아메리카 국가들 간의 자유무역협정이 체결되면서 1980년대부터 시작된 신자유주의의 여파가 하나둘 불거져 나오기 시작했다. 그 여파로 라우라 친치야 (Laura Chinchilla) 정부에 대한 불만이 쌓여가면서 급기야 2012년 코스타리카인들이 주변국과 다름에서 자부심을 가졌던 연금 부문과 전기통신 부문에서의 변화가 시작되자 코스타리카 사회 내 여기저기서 사회적 저항들이 불거지기 시작했다. 결론적으로 저자들은 자유무역에 기반을 둔 신자유주의의 강화가 코스타리카 내 약탈을 통한 축적 모델을 구축시켰으며, 이러한 변화들이 2012년 코스타리카에 있었던 사회적 저항의 가장 핵심 원인이었다고 분석한다.

마지막으로 제14장은 이 책을 구성하는 모든 논문들 중 가장 최근 현상인 2014년 코스타리카 대선에 관한 내용이다. 저자인 아르만도 차과세다(Armando Chaguaceda)는 2014년 2월과 3월로 이어졌던 코스타리카 대선에서 극히 이례적인 결과를 포착한다. 전통적인 정당 시스템이 구축되어 있고 정치, 경제, 사회 모든 측면에서 중미의 다른 네 나라에 비해 확연한 예외성을 갖는 코스타리카에서 1948년 이후 최초로 좌파 혹은 중도좌파 성향의 정당들이 약진한 것이다. 특히 30대 나이의 젊은 후보를 내세운 좌파 성향의 '넓은 연대(Frente Amplio, 이하 FA)'의 약진은 가히 이례적이었다. 거기에 또 한 가지 놀라웠던 점은 여당이었던 국민해방당(Partido de Liberación Nacional: PLN)의 대패였다. PLN은 수도 산호세 현직 시장을 후보로 내세웠음에도 2차 선거를 앞두고 기권하는 유례없는 일이 발생하였다. 이와 같은 예외적인 상황들과 관련하여 저자는 그 원인을 1980년대부터 시작된 신자유주의에서 찾는다. 특히 2007년 자유무역협상을 두고 치러진 국민투표를 근본적 변화의 발단으로 본다. 나아가 2014년 대선 결과는 그간 신자유주의 정책으로 인해 충분히 피곤하고 절망했던 시민들의 당연한 선택으로 해석한다. 결말 부분에서 2014년의 선택이 그간 신자유주의가 만들어놓은 독소들을 조금이라도 중화시켜줄 것을 희망하며 글을 맺는다.

이상 열거된 열네 편의 글이 최근 중앙아메리카의 다양한 단면들을 온전히 설명해낼 수는 없을 것이다. 어쩌면 이 글들에 설명된 것보다 훨씬 더 긍정적일 수도 있을 것이다. 내전과 독재는 이미 지난 세기의 일일 뿐이라고 단언할 수 있을 만큼의 시간이 흐르기도 했다. 그럼에도 중앙아메리카 곳곳에서 여전히 아물지 못한 지난 세기의 생채기들을 직면하게 된다. 상흔 위에 새살이 돋을지, 혹은 그저 아픈 흔적으로 남게 될지는 그 누구도 장담할 수 없을 것이다. 다만 이곳에서 우리가 할 수 있는 최선은 그간 단 한 번도 제대로 된 관심을 받지 못하고 상대적으로 소외되었던 중앙아메리카 지역에 관심과 열정을 가져주는 것이 아닐까 싶다. 멀리서나마 중앙아메리카를 직시하는 숱한 시선들이야 말로 지난 세기 내전과 독재가 남긴 숱한 생채기들이 더 이상 덧나지 않고 새살로 돋아날 수 있는 동력이 될 수 있을 것이다. 이것이 '비정상'이 '정상'일 수밖에 없는 중앙아메리카적 현실에 대한 변화의 시작이 될 수 있을 것이다. 이 책에 실린 글들의 원저자들과 역자들의 노고가 씨줄 한 올의 보탬이 될 수 있기를 바란다.

2015년 2월
림수진

<표 차례>

〈그림 차례〉

제1장

가치 있는 고통이었나?

중앙아메리카의 내전과 민주주의

리카르도 사엔스 데 테하다 _림수진 옮김

에델베르토 토레스 리바스(Edelberto Torres Rivas)의 가장 최근의 책을 읽다 보면, 니카라과, 엘살바도르, 과테말라 내전을 순차적으로 돌아볼 수 있는 기회를 갖게 된다. 이 나라들은 식민 시기의 유산과 과도 체제의 건재가 정치와 사회 전반에 깊게 뿌리내린 채 냉전 체제라 명명된 시기 동안 진정한 혁명적 변화를 만들어내지 못했다. 중앙아메리카 각 나라들은 여전히 앞으로 해결해야 할 엄청난 숙제 부담을 안고 있는 것이 사실이다. 그럼에도 토레스 리바스가 분석한 시기에 견주어 생각한다면, 실질적 변화뿐 아니라 그간 이 지역에 내재했던 숱한 부정적 영향들을 조금씩 덜어내며 정의를 향해 나아가고 있음을 확인할 수 있다.

리카르도 사엔스 데 테하다 Ricardo Sáenz de Tejada 과테말라 사회인류학자. 과테말라 프리드리히 에베르트 재단(Fundación Friedrich Ebert) 프로그램 운영자이자 대학교수로 활동하고 있다.

* 이 글은 ≪Nueva Sociedad≫ 240호(2012년 7~8월)에 실린 글을 옮긴 것이다.

에델베르토 토레스 리바스는 「중앙아메리카, 혁명적 변화 없는 혁명 (Centroamérica, revoluciones sin cambio revolucionario)」(1997)이라는 제목의 논문에서 1970년대와 1980년대 중앙아메리카에서 전개된 대중운동 및 투쟁 경향을 분석했다. 또한 이를 기반으로 니카라과, 엘살바도르, 과테말라의 내전을 분석하기도 했다. 저자는 니카라과의 경우 FSLN(Frente Sandinista de Liberación Nacional, 산디니스타 민족해방전선)이 1990년 선거에서 패배하면서, 엘살바도르와 과테말라의 경우 각각 1992년과 1996년 평화협정이 체결되면서 혁명의 시대가 끝났다고 주장한다.

토레스 리바스는 1997년 그의 논문에서 "무엇이 변했고, 무엇이 지속되었으며, 새로운 상황의 궁극적 의미는 무엇인가?"라고 자문하고 다음과 같이 답했다.

일반적으로 군부에 대한 평판이 나빠졌고, 군대의 규모가 축소되었다. 니카라과의 경우 15%, 엘살바도르는 50%, 과테말라의 경우 33%가 축소되었다. 앞의 두 나라인 니카라과와 엘살바도르에서는 과두 세력, 즉 지주들이 냉혹한 개혁을 거치면서 정치적으로 무력해졌다. 과두 세력의 정치적 사망 선고와 함께 민주주의의 발전, 자유선거, 정당 간 경쟁, 시민사회의 활성화라는 중요한 과정이 전개되었다. …… 근년의 위기로부터 탄생한 정부는 세금을 납부하지 않으려는 부르주아 앞에서 훨씬 더 나약한 모습을 보여주었다. 재정 위기, 즉 공공 부문의 곤궁함은 평화 구축을 어렵게 만들고 있다. 시장 경쟁에서 승자는 금융가와 투기 자본 소유주이며 …… 현재는 더 많은 빈민이 존재하고 불편과 불안이 보편화되었다. 민주주의 기반은 허약하기 짝이 없다. 그럼에도 희망을 버릴 수 없는 것은 중앙아메리카 네 개 나라에 사상 처음으로 독재와 권위주의가 없는 평화 시대가 전개되고 있다는 사실이다. 아직은 미약하지만 이 지역이 전에 경험해보지 못했던 새로운 경험이자 곧 희망임이 분명하다. 그럼에도 불길한 의문 하나가 우리를 다시 씁쓸하고 불안하게 만든다. 지금까지 이룬 이 모든 발전에 엄청난 고통과 희생이 수반되었다는 점이다. 그리고 지금까지의 발전을 만들어온 이들은 항상 게릴라들이었다는 점이다. 그 과정에서 파생된 30만 구의 시신, 100만 명의 난민, 10만 명의 고아의 존재를 생각한다면, 우리는 다시 묻지 않을 수 없다. 과연 가치 있는 고통이었는가?(Torres-Rivas, 1997)

15년이 지난 지금, 중앙아메리카의 정치 파노라마는 바뀌었다. 니카라과에서는 다니엘 오르테가(Daniel Ortega) 사령관이 이끄는 FSLN이 정권을 되찾았다. 엘살바도르에서는 FMLN(파라분도 마르티 민족해방전선)이 동맹을 결성하여 2009년에 대권을 장악했다. 그리고 과테말라에서는 1980년대에 반군 소탕 작전(혹은 게릴라 소탕 작전)을 지휘하던 장군이 2011년 대통령으로 선출되었다. 이러한 정황들 가운데 토레스 리바스는 500여 쪽에 달하는 『혁명적 변화 없는 혁명: 중앙아메리카 위기에 대한 고찰(Revoluciones sin cambios revolucionarios: Ensayos sobre la crisis en Centroamérica)』(2011)를 출판하고, 중앙아메리카 혁명의 시기를 재검토한다. 이를 통해 그간 중앙아메리카에서 벌어진 사안들에 대해 이론적·정치적·개인적 해석을 제시한다. 토레스 리바스의 해석을 기반으로 하여, 최근 몇 년 동안 머리에서 떠나지 않던 '불길한 의문', '과연 가치 있는 고통이었나?'에 대한 대답을 찾고자 한다.

1. 이론적 접근, 국가로부터 출발하는 사회사

니카라과, 엘살바도르, 과테말라 내전을 주제로 다룬 많은 양의 학술

서적, 논문, 증언이 존재하지만, 중앙아메리카를 통합적으로 다루는 최근의 연구는 적은 편이다. 그나마 이들 대부분이 정치적 시각에서 내전의 주체와 행동 그리고 내전의 형성에 초점을 맞춘 것들이다.

토레스 리바스는 『혁명적 변화 없는 혁명: 중앙아메리카 위기에 대한 고찰』에서 국가에 대한 분석을 중심에 두는 관점을 채택하고 있다. 저자에 의해 '국가중심적'이라 명명된 이 접근은 통치 문제와 정치 문제의 방향에 결정적 영향을 미치는 정치와 행정 구조의 모든 영역을 포함하는 국가를 폭넓게 정의한 것이다. 따라서 사회계급이 만들어지는 곳은 바로 국가 내부이며, 계급 간의 라이벌 관계를 형성하고 있는 정치가들은 국가를 둘러싼 채 상호작용하고 나름의 입지를 형성하며 서로 대립한다.

니카라과, 엘살바도르, 과테말라 정부와 사회에 대한 역사적 고찰을 실현하기 위해 토레스 리바스는 사회학과 역사학 간의 차이점과 공통점에 대해 논의한다. 그 목적은 사회사적 관점의 제시이다. 사회사적 관점은 "현재 상황에 대한 직접적 관찰과 과거에 대한 간접적 증거라는 상이한 두 가지 관점을 결합시킬 수 있다. …… 그럴듯한 가설은 역사는 오늘날까지 여전히 지속되는 성공과 실패의 모든 기억을 담고 있다는 것이다"(Torres-Rivas, 2011: 16).

국가 유형, 특히 통치 형태는 기존 질서를 옹호하는 사람과 그 질서를 문제 삼는 사람 간의 다툼에서 결정된다. 갈등을 해소하는 형태로서의 폭력은 양측이 갖는 모순의 산물이다. 정치적 위기와 폭력을 수반한 봉기는 "민주적인 절차를 통해서는 도저히 정치적 삶을 조율할 수 없는 과두 정부의 무능력 혹은 불가능"에서 그들의 정당성을 찾는다(Torres Rivas 2011: 15). 중앙아메리카 4개국에서 봉기는 이러한 성격의 정부에 대한 저항에서 발생했다.

반군들이라는 문제에 맞닥뜨린 국가의 형태를 이해하기 위해 저자는 역사적으로 다양한 성격과 특성을 가지고 있는 중앙아메리카 각 국가(정부)에 대한 분석에서 실마리를 찾는다. 여느 전문가들과 마찬가지로 토레스 리바스도 이 국가들에는 사회 깊숙이 스며 있는, 지울 수 없는 '식민지 시기'의 흔적이 있다고 주장한다. 원주민이 모든 사회적 관계망 속에서 가장 낮은 계급에 종속되는, 인종의 사회적·종속적 위계 관계 형성이 바로 그것이다. 경제적 측면에서 봤을 때 식민지 시기 내내 원주민은 착취의 대상이었다. 처음에는 노예였다가 나중에는 공물을 바치거나 강제 노역에 동원되는 존재였다. 이런 상황은 독립 이후 한참 시간이 흐른 20세기에도 큰 변함없이 지속되었다. 사실 오늘날 원주민 대다수가 사회에서 배제된 채 살아가고 있다. 정치적 측면에서 원주민은 절대적 배제 대상이었다가 독립 이후 제한적이긴 하지만 차차 시민의 범주에 들기 시작했다. 그리고 오늘날에는 다행히도 그 이상으로 발전했다. 그러나 여전히 제도적 설계와 정치문화는 이들의 참여를 철저히 제한하고 있고, 시민으로서도 급이 다른 것으로 여겨진다. 이러한 사회인종적 관계는 원주민 인구구성이 높게 나타나는 과테말라에서 가장 뚜렷하게 지속되는데, 니카라과도 예외일 수 없다. 엘살바도르의 경우 이와 같은 현상이 1932년 원주민 학살을 이해하는 핵심 요인이 되기도 한다(Ching, López Bernal y Tilley, 2011).

중앙아메리카 국가의 정치권력 형태를 정의할 수 있는 또 하나의 틀은 과두제적 성격이다. 사실 과두제라는 용어는 그 자체로 문제가 될 뿐만 아니라 오늘날 학문적 영역이나 대중적인 논쟁에서 혼돈을 야기하고 있다. 이미 수십 년 째 이 개념과 씨름하고 있는 토레스 리바스도 이에 대한 논쟁을 피하지 않는다. 그 스스로 이 단어가 주는 모호함을 알고 있지만, 각국의 과두제 특성을 밝히고 확인하는 작업의 고삐를 늦추지 않는다. 첫째는 과두제 핵심 세력의 외래적 특징인데, 처음에는 스페인인이었고 나중에는 다른 유럽 국가에서 건너온 이민자였다. 메스티소를 일부 받아들였다고는 해도, 자기들끼리의 혼인관계에 기반을 둔 굳건한 친족망을 형성하면서 여타 다른 인종들과의 구분을 유지했다. 둘째는 자본보다는 오히려 토지 그리고 그 토지에 얽매인 농민과 관계를 맺는다는 점이다.[1] 이와 관련하여 토레스 리바스는 "과두 세력은 부르주아도 아니고 봉건영주도 아니다. 이러한 모호성이 계급이나 권력보다 더 많은 것을 설명해준다"고 주장한다. 19세기 말 경 이러한 유형의 과두 세력이 중앙아메리카 각국의 권력자가 되었고, 또 한편으로는 그들 스스로 자유주의 이데올로기의 실천자이기도 했다. 물론 경제적·정치적 자유의 보편성은 부인했지만 말이다. 또한 질서와 진보, 위계적인 사회와 같은 실증주의적인 요소를 통합시킨 이데올로기의 담지자이기도 했다.[2]

한편 과테말라와 엘살바도르의 과두 지배는 공유지와 교회에 대한 착취, 커피 생산의 독점, 자본주의적 성격과는 전혀 거리가 먼 강제노동에 토대를 두고 있었다. 군대는 이러한 경제적·사회적 질서를 유지하는 근본적 요소이자 주체였다. 토레스 리바스는 그의 저서에서 서로 상이

---

1) 토레스 리바스에 따르면 "과두 정권이 창출하고 의존하는 지배구조는 토지 소유와 토지를 경작하는 사람들에 대한 통제에 기원을 두고 있다. 생산력 발전 수준이 낮고 투자 자본이 빈약할 경우, 생산관계 확립에서 결정적인 요인이 되는 것은 토지와 토지생산성에 대한 통제이다. 코스타리카를 제외한 중앙아메리카 커피 농장(hacienda)에서 형성되고 있는 비자본주의적인 관계는 …… 강제로 동원된 직접 생산자(농민)의 후진성으로 인해 파생된 결과가 아니라, 오히려 이러한 후진성과 생산관계가 생산력 발전 정도와 토지 소유 구조에서 초래된 결과"이다 (Torres-Rivas, 1987: 32).
2) 19세기 말 중앙아메리카 엘리트들의 실증주의적 자유주의에 대한 내용은 마호니 (Mahoney, 2001)를 참고할 것.

한 성격을 갖지만 한결같이 당당한 과두적 성격의 '에토스'를 수호하고 재생산해내는, 그리고 군사력에 기반을 둔 자유주의로 귀결되는 중앙아메리카 각국 정부의 특징을 분석한다. 각국 모두 정치적 권위를 남용하다 1960년대와 1970년대 민중의 저항에 부딪히는 과정까지 분석의 범위에 포함시켰다(Torres-Rivas, 2011: 54).

1930년대의 세계 경제 위기는 과두 세력의 지배를 약화시키기는커녕 오히려 강화시켰다. 이 과정에서 과테말라의 호르헤 우비코(Jorge Ubico) 장군 독재정권(1930~1944)과 엘살바도르의 막시밀리아노 에르난데스(Maximiliano Hernández) 독재정권(1932~1944)이 등장했다. 니카라과에서는 이 시기에 권력을 장악한 소모사(Somoza) 왕조가 1979년까지 정권을 유지했다. 경제 위기가 끝나고 경제가 지속적으로 성장하면서, 또한 제2차 세계대전 이후 민주주의 구축 분위기가 고양되면서 중앙아메리카 각국에서도 정치적 변화의 가능성이 보였다. 과테말라와 엘살바도르에서 독재자가 퇴진했고, 각국에 깊이 뿌리내리고 있던 과두 질서도 많은 상처를 입었다. 그러나 치명상 수준은 아니었고 소멸되지도 않은 채 여전히 존재했다.[3] 니카라과에서는, 토레스 리바스가 정의한 표현을

---

3) 토레스 리바스에게 과두정치는 사회적 특전 및 정치 통제 양식을 포함한다. 첫째는 토지 임대 그리고 노동력의 예속화 같은 농업 재화의 기생적 재생산이 지주들에게 그들의 경제적 가능성을 능가하는 과도한 권력을 부여하기 때문이다. 둘째는 앞서 언급한 바의 결과로서, 그 같은 특전은 정치적으로 표출될 수 있거나 표출되는 경향이 있기 때문이다. 계급으로서의 과두 세력은 가장 정치적이었고, 본질적으로 정치적이고 이데올로기적인 그들의 통제 체계가 정부의 토대에 자리하고 있었다. 감시하에 투표가 치러졌지만, 선거는 여전히 이류 수준을 면치 못하였을 뿐 아니라 지연과 혈연에 바탕을 둔 편파적 분열을 만들어냈다. 또한 조악한 수준을 면치 못하는 정권은 이러한 현실들을 통해 아무렇지도 않게 자기합리화를 시도했다(Torres Rivas, 1987: 33).

빌자면, 정부뿐 아니라 일국의 경제 대부분을 통제하고, 군대를 국가방위가 아닌 자기 가문을 위해 존속시키는 소모사 일가의 '술탄 왕조'가 탄생했다.

2. 갈등에 대한 정치적 해석

중앙아메리카의 경제성장기(1945~1973)는 생산 다변화, 중간층 확대, 민주화 의지 등을 주축으로 했고, 이를 통해 사회 근대화를 이룰 수 있었다. 그럼에도 유독 기존 정치 질서만은 변화에 저항하면서 끈질기고도 심각한 정치 위기를 불러왔다. 이것이 토레스 리바스 책의 핵심이다. 1982년에 발표되어 중앙아메리카 갈등에 대한 가장 명쾌한 해석 가운데 하나로 손꼽히는 글에서[4] 토레스 리바스는 다음과 같이 지적했다.

'정치적' 상부구조의 지체를 '경제적' 토대에서 발생한 지체의 다소 복잡한 반영으로 설명하는 통속 마르크스주의의 관점과는 반대로 우리는……
중앙아메리카의 모든 지배 체제에서 어떻게 그리고 왜 현재의 위기 상황이 발생했는가 밝히고자 한다. 아울러 혁명적 위기로 치달았던 그 모든 것이 어떻게 항상 계급 지배의 제도적 정점에 있는 정권에 대한 도전으로 나타났는지를 검토하고자 한다. 그 모든 것은 경제적 토대의 움직임에서 비롯

---

4) 『중앙아메리카, 민주주의의 가능성』에 「두 가지 위기의 이론」이라는 표제로 수록되었으나 원래 이 글은 1982년 「과두제의 패배, 부르주아 위기, 민중혁명: 중앙아메리카 두 가지 위기에 대하여(Derrota oligárquica, crisis burguesa y revolución popular. Sobre las dos crisis en Centroamérica)」(*El Trimestre Económico*, No.200)라는 제목으로 발표되었다.

되는 '반영' 이상의 그 무엇인데, 설령 그 같은 모순적 움직임이 우리가 의도하는 설명의 일부라고 하더라도 마찬가지다. 어떤 것이 고유의 역학 속에서 다른 어떤 것을 매개로 자신을 드러낸다는 의미에서의 반영과는 거리가 멀기 때문에, 경제구조는 정치적 사건의 원인이기도 하지만 결과이기도 하다(Torres-Rivas, 1987: 20).

정치 영역에서는 정치권력 역시 일차적인 수준이기는 하지만 또 하나의 주체가 되는데 그 같은 정치 영역이 토레스 리바스의 분석 대상이다. 또한 그로 인해 위기가 심화되고 정치적·사회적 갈등으로 확산되는 과정, 나아가 갈등이 군사적인 방법으로 해소되는 방향으로 전개되는 과정의 역학이 설명된다.

엘살바도르와 과테말라에서 군부 체제를 전복시킨 운동과 니카라과 보수 청년단의 활동은 과두 세력이 정치 무대에서 부분적으로나마 물러나도록 만들었다. 1940년대와 1950년대에 걸쳐 전개된 그 같은 투쟁의 주역은 보수 청년단, 좀 더 구체적으로 대학생, 전문가, 젊은 군인, 도시의 중·소부르주아, 구체제에 문제를 제기한 정당 지도자들이었다(Torres-Rivas, 1987: 28).

초기의 반독재 투쟁은 코스타리카의 경우를 제외하고는 중앙아메리카 어느 나라에서도 민주주의를 공고화하지 못했다. 하지만 옛 질서를 복원시킬 여지를 남기지도 않았다. 정치적 영역에서 약화된 과두 세력은 커피 수출 증대와 국제 곡물 가격 상승이라는 환경을 이용해 경제적인 영역으로 그 세력을 확장시켰다. 이 과정에서 과두 세력은 무역, 금융업, 서비스업, 제조업 부문에서 그들의 입지를 강화시켜나갔다. 농업 부문에서는 커피뿐 아니라 여타 비전통 농업 부문, 즉 면화, 설탕, 목축 등과 같은 영역으로 그들의 세력을 다양화시키면서 파고들었다.

이러한 과정들이 각국에서 고전적 의미의 근대 부르주아가 탄생하는 것을 막았고, 대신 과두 세력의 '에토스'가 경제활동의 모든 영역으로 깊숙이 침투되는 결과를 가져왔다.

정치세력의 통제 아래 놓인 군부는 지배 그룹의 반대에 부딪혀 온전한 질서와 정치적 개방을 이끌어낼 수 없었다. 그렇다고 국가 내 중간층의 정치운동을 제대로 통제할 수도 없었다. 또한 국가 근대화에 대한 의지가 있었음에도 이를 이루지도 못했다. 군대와 과두 세력 간의 애증관계는 사라져버렸다. 그 뒤에 남은 군대는 이미 유통기한이 지나버린 사회질서를 유지하려는 과두 세력의 정치적 도구일 뿐이었다. 과테말라와 엘살바도르의 군부 세력이 자신들의 영향력을 유지하기 위해 만들어 낸 방책은 일부 저자들이 언급한 '허울뿐인 민주주의'를 건설하는 것이었다. 민주주의의 기본 요소라 할 수 있는 여당과 야당, 그리고 각 당의 국회의원들과 선거에서의 승자가 존재하지만, 그 모든 것들이 각본에 짜인 대로 움직이는, 그런 시스템일 뿐이었다.

1960년대와 1970년대는 중앙아메리카뿐 아니라 세계적으로도 변화의 시기였다. 알려진 바대로 쿠바의 혁명 성공과 사회주의 노선 채택은 라틴아메리카를 냉전 논리가 첨예하게 대립되는 무대로 만들었다. 이러한 일련의 사태는 군부와 과두 세력의 갈등에 영향을 미쳤다. 폐쇄적인 정치를 고수하며 민주화 요구를 억압하려는 군부의 완고한 태도는 변화를 요구하는 중간층을 급진화시켰다. 중간층은 군부가 지배하고 있음에도 쿠바 '7·26운동'의 성과를 통해 변화의 가능성을 확인했다. 이와 같은 위협 앞에 군부와 과두 세력은 동맹을 맺기에 이르렀고, 중앙아메리카에 또 다른 쿠바가 등장하는 사태를 피하고 싶었던 미국 정부는 이러한 동맹들을 적극 지지했다.

중간층의 급진화는 도시뿐 아니라 농촌 지역에서도 격렬한 민중운동으로 이어졌다. 농촌 지역에서는 새로운 작물 및 가축 도입과 더불어 커피 재배 확대가 사회적 격변을 야기했다. 이러한 양상은 대농장과 농민들이 토지를 중심으로 묶여 있던 지역에서 더욱 거세게 전개되었다. 생산양식이 일년내내 노동력 전체를 흡수해낼 수 없었으므로, 토지를 빼앗긴 농민은 엄격한 의미의 프롤레타리아가 된 것이 아니라 농촌 빈민이 된 것인데, 가톨릭교회, 농민 연맹, 위원회, 노동조합 등 다양한 형태의 조직을 통해 급진적인 도시 부문과 연대했다.

이와 같은 경제 상황 가운데 전개된 석유 가격 폭등은 각 지역에 전례 없는 인플레이션을 유발했다. 이는 공공 부문 노동자는 물론 사기업 노동자에게도 즉각적인 영향을 미쳤고, 1970년대 이들 국가 전역에 확산되었던 일련의 저항을 불러오는 결과를 낳았다.

이에 대한 정부 측의 대응은 또 다시 폐쇄 정치로의 회귀였다. 세 나라(과테말라, 엘살바도르, 니카라과) 모두 1970년대 초반까지만 하더라도 민주주의적인 방법을 통해 변화에 대한 요구에 부응하려는 가능성이 존재했다. 그럼에도 엘살바도르와 과테말라에서는 각각 부정행위를 통해 폭넓게 대중의 지지를 얻고 있던 후보 호세 나폴레온 두아르테(José Napoleón Duarte)와 호세 에프라인 리오스 몬트(José Efraín Ríos Montt)가 대통령직에 오를 수 있는 기회가 차단되었다.[5] 부정 선거와 부정 선거에 뒤따른 탄압은 진보 진영 활동가를 급진적으로 변화시키는 결과를 낳았다. 니카라과에서는 상호 합의한 약속이 무시된 채 소모사 일족이 여전히 정권을 장악하고 있었다.

사회적 저항, 정치 폐쇄, 경제 위기, 그리고 이어진 억압은 갈등 해결

---

5) 역설적이게도 1980년대 초 대통령직에 오른 엘살바도르의 두아르테와 과테말라의 리오스 몬트는 반군 진압 정책에서 결정적인 역할을 하게 된다.

에 군부의 개입을 가져왔다. 폭력이 이들 국가의 사회적 행위들에 난입하기 시작했고 점령해나갔다. 토레스 리바스는 자신의 책에서 이 시기 위기 발생과 관련된 미국의 책임은 물론이고 내전의 주역이었던 활동가, 이데올로기, 실질적 영향력을 미쳤던 신념과 이상, 가톨릭교회의 역할 등이 어떻게 변화해갔는지 상세히 설명하고 있다.

3. 승리와 패배에 대한 개인적 시각

문학이든 과학이든 무릇 모든 노작은 저자의 자전적 요소에 의해 영향을 받고 특징화된다. 원자료의 활용과 원자료와의 대화를 거치지만 주제 선택에서부터 이야기 전개에 이르기까지 개인적 경험이 중요한 영향을 미친다. 『혁명적 변화 없는 혁명』의 경우, 토레스 리바스는 첫 페이지부터 분명한 태도를 보인다. "이 책은 만년에 중앙아메리카에 대해 쓴 글이다. 봉기와 실패로 점철된 격동과 고통의 중앙아메리카, 정의로운 사회를 만들기 위해 지난한 역사를 거쳐온 중앙아메리카에서 일어났던 일들에 대한 연대기다. 우리는 아직도 그 일을 성취하지 못했다"(Torres-Rivas, 2011: 2).

토레스 리바스는 좀 더 정의로운 중앙아메리카 사회를 위해 투쟁해온 사람들과 함께했다. 하코보 아르벤스 구스만(Jacobo Arbenz Guzmán) 과테말라 대통령 임기 말에 민주대학생전선(Frente Universitario Democrático: FUD)의[6] 지도자로 일했다. 그러나 정치 여정의 상당 기간 동안 민주사

---

6) 1952년 아르벤스 대통령과 농지개혁을 지지하기 위해 결성된 대학생운동 단체
— 옮긴이

회 건설 가능성이 좌절되는 것을 지켜보았고, 사회 정의를 위한 투쟁 와중에 두 세대에 걸쳐 정치사회단체 지도자와 군인들이 죽어가는 것을 목격했다. 1970년대 초에는 중앙아메리카대학연합 최고위원회(Consejo Superior Universitario Centroamericano: CSUCA)에서 중앙아메리카 사회과 학 프로그램 감독관으로 일했다. 그 이후에는 라틴아메리카 사회과학원 (Facultad Latinoamericana de Ciencias Sociales: FLACSO) 원장으로서 코스타 리카에서 중앙아메리카 국가 출신 망명자들과 친분을 맺으면서, 이들을 통해 중앙아메리카에서 발생한 피비린내 나는 참상을 직접 들을 수 있었다.[7] 이 과정에서 역사에 대한 구체적 관점이 형성되었고, 사회과 학자로서 현실에 눈을 감는 대신 자기 자신의 감정까지 솔직히 개입시 키며 연구를 진행했다.

토레스 리바스는 마지막 두 장에서 내전에 관해 다양한 질문들을 던진다. 봉기한 사람은 누구였고, 어떤 전술을 취했으며, 그들이 맞섰던 국가 유형은 어떤 것이었는가, 그리고 도전에 대한 각 체제의 반응이 어떠했는지 이해하고 설명하고자 하는 과감한 시도를 하게 된다. 지역 에 대한 분석과 비교를 통한 분석도 간과하지 않았는데, 각국에서 다양 하게 나타난 투쟁 세력의 특성과 내전 결과에 주목했다.

니카라과 사례에 대해서는 당시 산디니스타 혁명이 전 세계적으로 불러일으켰던 공감과 기대로 접근해간다. 잔혹하고 약탈적인 소모사 일족의 독재에 맞서, 산디니스타에서 보수 기업가까지 포괄하는 진정한 의미의 다계급 동맹이 결성되었다. 그리고 그들은 소모사 일족 타도를 넘어서 새로운 니카라과 건설을 주장했다. 로널드 레이건(Ronald Reagan) 대통령 당시 혁명을 종식시키겠다는 미국의 결정과 소모사 일족을 무너

---

7) 토레스 리바스의 정치적·학문적 여정은 바타이욘(Bataillon, 2006) 참고.

뜨린 후 산디니스타에게 요구되었던 광범위한 동맹 유지의 필요성 앞에 그들이 보여준 속수무책 혹은 무능력함은 니카라과를 다시 한 번 혼돈의 소용돌이로 몰아갔다. 미국 정부가 자금을 지원하고 상당 부분 주도한 콘트라 반군과 산디니스타들 간의 전쟁은 반소모사 투쟁보다 더 많은 생명을 앗아갔고, 혁명 정부 지지기반에 균열을 야기했다. FSLN은 1984년 니카라과 역사상 처음으로 자유선거를 실시했으며, 1990년에는 패배를 인정하고 상대 진영에 정권을 넘겨주었다. 전쟁의 상흔이 여전히 남아 있었지만, 민주화는 산디니스타 혁명이 남긴 유산이었다.

엘살바도르 사례를 위해 토레스 리바스는 숱하게 많은 연구를 비판적 시각으로 재검토했고 이를 통해 엘살바도르 민중들의 무훈시를 끄집어 낼 수 있었다. 민중의 형성, 정치를 통한 방법의 고갈, 1979년 10월이 갖는 의미, 1981년 초 게릴라 조직의 '최후 공격' 결정(물론 최후는 아니었지만) 등에 대한 새로운 해석을 통해 엘살바도르의 현대사를 재조명했다.

내전의 본격적 시작은 1980년대였다. 당시 FMLN은 엘살바도르 군대와 맞서야 하는 상황을 넘어, 더 이상 중앙아메리카에서의 혁명을 좌시하지 않겠다는, 다시 말해 중앙아메리카 혁명에 마지노선을 그어놓은 미국의 힘과도 맞서야 했다. 당시 FMLN은 골리앗 앞에 선 다윗의 차원을 넘어 차라리 황제 앞의 '엄지 꼬마'였다.8) 토레스 리바스는 FMLN의 정치적·군사적 능력에 대한 자신의 감탄을 굳이 숨기지 않는다. FMLN는 지리적으로 불리한 조건에서도 그리고 엄청난 보수주의의 풍랑 속에서도 엘살바도르 정부를 궁지로 몰아넣는 데 성공했다. 또한 전쟁을

---

8) 라틴아메리카 지역에서 전해지는 전래동화 '풀가르시토(Pulgarcito)'의 주인공으로, 외딴 숲 가난한 집안의 7형제 중 막내로 유난히 작게 태어나 풀가르시토라는 이름을 얻은 소년이 가족을 위해 숲 속의 거인과 싸워 이긴다는 내용이다. — 옮긴이

수도 산살바도르까지 끌고 나가면서 정치적 출구 전략에 대한 협상을 끌어냈다. 결국 이러한 바탕 위에서 FMLN은 수년 후 대권을 차지할 수 있었다.

엘살바도르 내전의 결과는 역설적이었다. 엘살바도르 과두 세력은 전쟁에 의해, 특히 미국 정부의 지원을 받아 국가경제 및 정치 구조를 변화시켜놓은 개혁 세력이었던 시민·군대 연합 앞에 무너졌다. 전통적 과두 세력이 사라짐으로써 (근대적?) 부르주아지의 입지가 강화되었는데, 이들은 자신의 입장을 대변하며 엘살바도르 경제 모델 변화를 주도한 것은 물론, 1989년부터 2009년까지 20년간 통치했던 민족공화동맹(Alianza Republicana Nacionalista: ARENA)을 구성하기도 했다. FMLN이 폭력이 아닌 정당한 선거를 통해 권력을 쟁취했을 때 엘살바도르는 경제적으로 완전히 폐허가 된 상황이었다. 국민의 약 20%는 미국에 체류하고 있었고, 적절한 통화정책은 물론이요, 자국 화폐마저도 부재한 상황이었다. 또한 사회적으로는 폭력이 난무하고 있었다.

과테말라 사례에 대한 토레스 리바스의 접근은 더 복잡하다. 이 나라의 경우에는 정보가 과하게 많았다. 그는 멀리서 또 가까이서 과테말라 최근 역사를 지켜보았고, 과거사규명위원회(Comisión para el Esclarecimiento Histórico: CEH) 자문위원으로 참여하기도 했다. 과거사규명위원회의 방대한 보고서를 모은 12권의 책에는 군대가 과테말라 민중에게 자행한 야만적인 행위가 기록되어 있는데, 그 속에는 마야 원주민에 대한 대학살 기록도 포함되어 있었다. 또한 토레스 리바스는 게릴라 반군들에 대해서도 비판을 서슴지 않는데, 제일 먼저 게릴라들의 전략(의 미비)을 비판하고, 봉기하기로 결정한 민중을 적절한 순간에 무장시키지 못한 무능함에 문제를 제기했다. 더불어 군대 공격에 게릴라 군대를 퇴각시킴으로써 자신들을 지지하던 지역 기반을 무방비 상태로 만들어 버린 무책임함을 비판했다. 또한 군대가 수십 개의 원주민 공동체를 상대로 자행한 학살과 관련해서도 게릴라들의 부분적 책임을 지적한다. 이처럼 토레스 리바스는 과테말라 봉기에 대한 분석보다는 비판에 더 비중을 뒀다. 비판의 중심 내용은 과테말라의 봉기가 30여 년이나 전투를 지속할 능력이 있었고, 사회주의 진영의 몰락에도 버텨낼 수 있었으며, 가장 잔혹한 진압 작전에 저항해낼 수 있었음에도 중요한 평화 의제를 제기하는 수준을 넘어서서 정부와 콘트라 반군에게 결정적인 방식의 타격을 가할 수 있는 능력이 없었다는 것이었다. 과두 세력과 군대는 그러한 내전 속에서도 살아남았고, 과거 게릴라 단체는 정당으로 변신했지만 엘살바도르의 FMLN과는 달리 선거에서 곁다리 역할을 할 뿐이었다

토레스 리바스의 과테말라 사례 설명 중 가장 중요한 내용은 군대의 시민에 대한 태도의 중·장기적 결과들이었다.

원주민에 대한 초토화 정책은 정부의 속성, 즉 식민 시대에 기원을 둔 뿌리 깊은 인종주의적 속성을 말해준다. 정부뿐만이 아니라 과테말라 사회도 지극히 인종주의적이었다. 내전 기간 내내 숱하게 자행된 원주민 학살은 정복과 식민 시기에 아무렇지도 않게 이루어졌던 원주민 학살이 공화국까지 이어진 것에 지나지 않는다. 원주민 '반란' 앞에서 군대와 시민이 보여준 것은 공포와 증오가 뒤섞이는 역사적 혼합의 결과였다. 비무장 농민들을 상대로 한 공격에서 물고기로부터 물을 빼앗아버리면 말려 죽일 수 있다는 신념을 갖고 있었다. 물고기를 죽이지는 않았지만 물을 빼는 순간 그들은 지속적이고 대대적인 가학이라는 비열한 행위를 자행한 것이었다(Torres-Rivas, 2011: 459).

과테말라 내전 전개와 사회적·정치적 갈등은 1980년대 전반기 동안 자행된 학살 행위에 의해 이미 예정되어 있었다. 내전의 여파는 아직도 과테말라의 정치와 사회에 영향을 미치고 있다.

중앙아메리카 3개국의 갈등 전개를 분석하기 위한 토레스 리바스의 논리는 분명하다. 토레스 리바스는 패배에 대해서만 이야기하는 것이 아니라 각 국가들이 가장 필요로 했던 시기에 혁명을 성공시킬 수 없었던 역사적 불가능에 대해서도 언급하고 있다. 그리고 그 답을 애초부터 다음과 같이 규정된 혁명 사상에서 찾고 있다.

승리를 위한 그리고 정부와 사회에 근본적 변화를 불러오기 위한 사회운동이며, 운동에 상대적으로 유리한 국제적 상황을 이용하면서 과업을 완수한다. 혁명적인 운동과 그렇지 않은 운동의 구분이 중요한데, 혁명적인 운동이냐 아니냐를 결정해주는 요소는 바로 운동의 목표와 수단이다. 혁명적 운동이 갖는 특징은 폭력에 기반을 두고 정부를 장악하거나 파괴하거나 혹은 개혁하는 것이며, 이데올로기로 규정된 사회를 변화시키는 일과 같은 것이다. 완벽한 상태의 혁명운동은 존재하지 않는다. 다만 정도의 차이가 있을 뿐이다. 그 정도에 의해 승리가 결정된다(Torres-Rivas, 2011: 17).

그럼에도 내전이라는 갈등에서 중앙아메리카 3개국의 사회와 정부에 중요한 변화가 만들어졌다. 군부가 시민 권력에 예속된 것을 시발로 민주화에 이르고, 시민사회의 요구에 정부가 더 큰 관심을 기울이며 과두 세력이 사라지는 과정을 거치는 그 같은 변화는 우리가 살펴본 갈등의 직접적인 결과였다. 오늘날의 중앙아메리카는 분명 이전과는 다른 모습이다.

4. 가치 있는 고통이었나?

『혁명적 변화 없는 혁명』의 에필로그는 우리가 살펴본 중앙아메리카 3개국의 평화 과정을 분석하는 데 할애되었다. 선거가 평화 교섭의 산물이었던 다른 지역 경험과는 달리, 중앙아메리카에서 선거다운 선거가 이루어진 때는 1980년대 중반부터였다. 이로써 중앙아메리카 3개국 정치에 변화가 시작되었고 각국마다 서로 다른 역사를 만들어내고 있다. 민주적으로 선출된 정부를 뒤엎은 게릴라들도 있었고, 전쟁을 통한 민주화 쟁취도 있었고, 과테말라와 엘살바도르에서 보인 무장해제와 갈등의 해소를 넘어서는 평화 협상을 통한 사례도 있었다.

이러한 복잡한 과정들이 오늘날 중앙아메리카 지역 특유의 민주주의를 만들어냈다. 저자 스스로 '나쁜 민주주의'(Torres Rivas, 2010)라 정의한 이러한 현상들이 바로 그가 말하는 혁명적 변화 없는 혁명에서 설명되고 검토된 갈등의 결과물이었다. '과연, 가치 있는 고통이었나?'라는 질문에 대한 평가와 대답은 독자에게 달려 있다. 현재 위치에서 과거를 향해 시선을 던진다는 토레스 리바스의 분석적 제안을 재차 적용시켜본다면, 중앙아메리카 사회가 여전히 커다란 도전 앞에 놓여 있다는 사실을 부정할 수 없다. 그럼에도 현재와 토레스 리바스가 책에서 검토한 기간을 비교해본다면 중앙아메리카 사회는 단순히 변한 것이 아니라 여러 난관에도 토레스 리바스가 희망하듯, 조금이라도 더 정의로운 사회로 변모할 수 있는 유리한 상황에 놓여 있다는 사실을 확인할 수 있을 것이다.

참고문헌

Bataillon, Gilles. 2006. "Edelberto Torres Rivas: Entrevista con el hijo de un exiliado nicaragüense en Guatemala." *Istor*, No. 24, pp. 102~121.

Ching, Erik Kristofer, Carlos Gregorio López Bernal y Virginia Tilley. 2011. *Las masas, la matanza y el martinato en El Salvador*. San Salvador: UCA.

Mahoney, James. 2001. *The Legacies of Liberalism: Path Dependence and Political Regimes in Central America*. Baltimore: The Johns Hopkins University Press.

Torres-Rivas, Edelberto. 1982. "Derrota oligárquica, crisis burguesa y revolución popular. Sobre las dos crisis en Centroamérica." *El Trimestre Económico*, No. 200.

_____. 1987. *Centroamérica, la democracia posible*. San José, Costa Rica: Educa/ FLACSO.

_____. 1997. "Centroamérica, revoluciones sin cambio revolucionario." *Nueva Sociedad*, No. 150, pp. 7~8. www.nuso.org/upload/articulos/2612_1.pdf

_____. 2010. "Las democracias malas en Centroamérica." *Nueva Sociedad*, No. 226, pp. 52~66. www.nuso.org/upload/articulos/3684_1.pdf

_____. 2011. *Revoluciones sin cambios revolucionarios: Ensayos sobre la crisis en Centroamérica*. Guatemala: F&G Editores.

제2장

중앙아메리카

비정상인가, 아니면 현실인가?

마누엘 로하스 볼라뇨스 _림수진 옮김

제2차 에스키풀라스(Esquipulas) 협약으로 중미 각국은 비교적 평화로움을 유지한 채 서서히 민주적 절차를 회복해가는 과정에 서 있었다. 그런데 최근 발생한 온두라스 쿠데타는 그간의 안도에 상당한 우려를 자아낸다. 이 지역이 그간 애써 발전시켜온 것들을 적어도 30년 이전으로 되돌려버렸다는 비관이 팽배하다. 지난 30여 년 동안 중미 지역 각국이 만들어낸 변화들에 대한 화려한 평가를 무시할 수는 없다. 그러나 사실 따지고 보면 그 화려함의 이면에 경제를 장악한 세력이나 정치구조들은 여전히 과거와 크게 다를 바 없이 유지되어온 것 또한 사실이다. 그러하기에 '과연 이 나라들이 그간에 실질적인 사회 진보 혹은 경제 발전을 이룩해오긴 한 것일까?' 하는 의문의 제기가 당연할 수도 있다. 이러한 관점에서 본다면, 금번 온두라스의 쿠데타는 평화롭고 정상적인 이 시기에 아무런 예고 없이 툭 불거져 나온 비정상 혹은 기형의 문제라고만 치부할 수 없다. 오히려 이 지역에 늘 존재해왔던, 여전히 미제로 남아 있던 문제의 실질적인 한 단면이라고도 볼 수 있겠다.

마누엘 로하스 볼라뇨스 Manuel Rojas Bolaños 라틴아메리카 사회과학원(FLACSO) 코스타리카 지부 교수-연구원이다.

* 이 글은 ≪Nueva Sociedad≫ 226호(2010년 3~4월)에 실린 글을 옮긴 것이다.

2009년 6월에 온두라스에서 발생한 사건은 제2차 에스키풀라스 (Esquipulas II) 협약[1] 이후 중앙아메리카 각국에서 배양되던 민주주의적 질서의 전개라는 파노라마 선상에서 볼 때, 뭔가 '엄청난 시대착오' 혹은 '기형'적인 현상으로 비친다. 사실 1987년 8월 정상회담 이후 평화적인 절차와 민주주의적인 시도들이 이어지면서 이들 지역의 정치 향방에 근본적인 변화가 있는 것처럼 보였다. 이를 바탕으로 각국이 바람직한 방향으로 민주화에 대한 초석을 다져나가고 있다고 믿어졌다. 비록 일부 국가에선 제한적이긴 했지만, 실제로 각국에서 민주주의와 민중으로 표현되는 세력이 점차 그 기반을 강화해나가고 있던 중이었고 자유민주주의라는 틀 안에서 대중의 이익이 반영될 수 있는 정치세력의 개혁이 진행되던 중이었다.

이러한 와중에 발생한 온두라스 쿠데타는 중미 지역이 그간 노력해온 것들을 하루아침에 30년 전으로 되돌렸을 것이란 우려를 자아내기에 충분했다. 안타깝게도 이는 거의 사실에 가까운 듯하다. 그렇다면 그간 중미 각국이 에스키풀라스 협약 이후 만들어온 사회적·정치적 진보의 역사는 실제가 아닌 가공이었는지도 모를 일이다. 이들이 쌓아온 변화에 대한 미사여구 이면에는 여전히 과거로부터 경제를 장악해온, 그리고 정치를 장악해온 세력이 크게 변화되지 않은 채 존재하고 있었는지도 모를 일이다. 이것이 사실이라면 온두라스의 쿠데타야말로 온갖 미사여구에 취해 있던 우리를 눈 깜짝할 사이 우리가 발 딛고 있는 현실세계로 되돌려놓은 일등 공신이라 할 수 있겠다. 지난 시간 우리가

---

1) 중미 다섯 개 나라가 20세기 후반 각국 내 만연했던 폭력을 근절하고 민주주의와 평화를 정착시키고자 하는 목적으로 행한 협약으로, 이를 위해 1986년 각국 대표들이 모였던 과테말라 동쪽에 위치한 도시 이름에서 유래했다. 1986년에 각국 간 1차 협약이 맺어졌고, 이듬 해 2차 협약이 맺어졌다. ― 옮긴이

이룩한 변화에는 깊이가 내재되지 않았을 뿐 아니라 그 방향마저도 온전치 못했음이 확인되는 순간이다.

제2차 에스키풀라스 협약 이후 22년이 지났지만, 중미 대부분 나라에서 제도와 기관 들은 여전히 취약함과 불안정을 면치 못하고 있다. 가장 공정해야 할 사법기관과 선거관리기관조차도 정치권력과 경제권력에 기대어 있다. 숱한 공공기관들 역시 크게 다를 바 없는 취약함을 보이고 있다. 군대는 어떠한가? 평화가 도래한 뒤 응당 시민을 보호하기 위해 존재해야 함에도 오히려 민주주의에 대한 위협이 되기도 한다. 이번 온두라스의 사례가 그 전형적인 예이다.

각국의 정당들 또한 제도와 체계에 기반을 두고 있기는 하지만, 전국적 차원의 온전한 조직망을 가지면서 안정적으로 유지되는 경우는 매우 드물다. 이미 각국의 숱한 정당들을 통해 증명되었듯이, 아무리 큰 뜻으로 새로 만들어지는 정당이라 할지라도, 의미 있는 수의 다수 유권자 합의를 끌어내지 못한 채 사라지는 경우가 부지기수다. 그러다 보니 선거에서 기대할 수 있는 역할 또한 매우 한정적일 수밖에 없었다. 그나마 선거를 거듭하면서까지 생명력을 갖고 살아남는 정당들은 그 대부분이 공적인 정당이기보다는 차라리 일개 개인의 정당인 경우가 허다했다. 또한 다수의 의견을 대표하거나 응집시키기보다는 오히려 이에 부정적인 역할을 할 뿐이었다. 게다가 그들 중 대부분은 한 차례 선거가 끝나고 나면 흔적도 없이 사라져버리는 가련한 정당들이었다.

사회적인 측면에서도 역시, 중미 국가들은 진정한 변화를 얻지 못했다. 아직도 중미 대부분 국가가 사회적으로 빈곤과 소외 그리고 불평등 지수에서 높은 수치를 보이고 있다. 온두라스, 니카라과, 아이티 이 세 나라는 라틴아메리카에서도 가장 가난한 나라들이다. 정도의 차이는 있지만, 중미 국가 대부분에서 민주주의는 신자유주의와 함께 전개되었다. 그런데 이 신자유주의라는 것이 유독 이 지역에서는 민중의 삶을 개선하기보다는 오히려 더욱 악화시키는 메커니즘으로 작용했다. 이만으로도 충분한데, 유독 이 지역에서 가혹했던 자연재해는 상황을 더욱 악화시켰다. UN 산하 라틴아메리카 카리브 경제 위원회(CEPAL)가 조사한 2007년 자료에 의하면 2005년 기준 온두라스 국민의 69%, 니카라과 국민의 62%가 절대 빈곤에 시달리고 있는 것으로 조사된다. 지니계수를 통해 볼 수 있는 불평등 상황은 더욱 심각하다. 온두라스에서는 0.58, 니카라과에서는 0.53에 이른다(2007년 기준). 이 두 나라의 경우 미국에서 들어오는 송금이 없다면 상황은 더 악화될 것이다. 그런데 문제는 2009년 경제 위기 이후 이들 나라로 들어오는 송금액이 10억 달러나 감소했다는 사실이다.[2]

평화 협정 이후 온전한 민주주의가 걸음마를 떼는가 싶었지만, 이러한 상황들을 바꾸기에는 역부족이었다. 중미 지역의 민주주의가 봉착한 가장 큰 걸림돌은 '지역 엘리트(토호 세력)'의 존재였다. 민주주의의 도래와 함께 힘이 약화되긴 했지만, 이들은 여전히 경제적·정치적 분야에서 힘을 장악하고 있다. CEPAL 역시 이 지역의 문제점으로 지역 엘리트(토호 세력)에 장악된 경제력과 정치력의 집중을 지적했다. 코스타리카와 엘살바도르의 경우 상위 10%의 부자들이 전체 소득의 29%를 차지하고, 과테말라에서는 그 정도가 더 심각하여 40%, 온두라스와 니카라과에서는 각각 37%와 36%를 장악하는 것으로 나타난다. 반면 하위 40%의 가난한 자들이 차지하는 소득은 코스타리카와 엘살바도르의 경우 각각 15%, 과테말라에서는 13%, 온두라스와 니카라과에서는 각각 10%와

---

2) 2009년 9월 기준 외국에 거주하는 중앙아메리카 사람들이 각국의 가족에게 송금한 액수는 전년 대비 9억 6800만 달러나 감소했다.

14%를 차지하는 것으로 조사된다.

지역 엘리트들은 선거 부문까지 장악하고 있다. 1980년부터 정기적이고 정상적인 선거가 자리를 잡기 시작했고, 시민참여와 정치적 차원에서 가히 의미 있는 진전이 있었다고 할 수 있다. 그러나 실제로 정치권력을 장악하고 있는 '엘리트'들은 지극히 배타적인 정치적 틀 가운데 지속적으로 변함없이 재생산되고 있다. 정치가 집행되는 방식 또한 수평적이라기보다는 수직적인 상황에서, 시민의 정치참여는 지극히 제한될 수밖에 없는 형국이었다.

이와 같은 상황들은 과테말라, 온두라스, 니카라과 등 대부분의 나라에서 크게 다르지 않았다. 물론 엘살바도르의 경우 FMLN의 등장과 함께 사회·경제 정책들에 대한 새로운 방향이 물꼬를 트고 있지만, 아직까지는 앞에 언급된 세 나라와 크게 다른 상황은 아니다. 코스타리카의 경우 중미 지역 내에서 다른 나라들과는 확연히 다른 프로필을 갖고 있기는 하지만, 그 이면에 항시 잠재하는 정치의 부정적 징후들이 문제다. 이들이 일시에 수면 위로 떠오른다면, 그간의 그나마 바람직했던 방향이 언제라도 즉각적 퇴행으로 방향을 전환할 가능성을 함께 갖춘 나라라 할 수 있다.

1. 각국 현실에 대한 개괄

1) 니카라과

니카라과의 경우 변화의 가장 극단적인 방법 중 하나인 혁명이 있었지만, 실제 결과는 너무 미미한 변화에 그쳐버렸다. 혁명이란 이름이 무색할 만큼 시민은 여전히 소외된 존재로 남았고, 이 나라의 정치권력은 산디니스타로 대표되는 다니엘 오르테가와 입헌자유당(Partido Liberal Constitucionalista: PLC)으로 대표되는 아르놀도 알레만(Arnoldo Aleman)의 손에 집중되었다. 상황이 이러하니 알레만의 경우 부정부패 혐의로 유죄가 확정되었음에도 2009년 1월에 형 집행이 정지되었다. 1998년 양당 대표 간에 협의된 조약이 형 집행 정지의 근거가 되었다. 니카라과의 정치권력이 이 두 세력의 손에 집중된 이상, 다시 형 집행을 기대하기는 어려울 것이다. 산디니스타 혁명 정신은 온데간데없다. 대신 남겨진 것은 소수 혹은 한 개인의 손에 집중된 정치권력일 뿐이다. 동시에 니카라과 작금의 현실을 견디지 못하고 좀 더 나은 경제적 기회를 찾아 목숨을 걸고 코스타리카나 미국으로 떠나야 하는 시민들의 각박한 삶만이 존재할 뿐이다.

니카라과의 또 다른 문제는 민주주의 시스템하에 만들어진 각각의 기관들이 있는가 하면, 그와는 전혀 공존할 수 없을 것 같은 권력의 집행 방식이 혼재되어 있다는 점이다. 레오나르도 모를리노(Leonardo Morlino)는 이러한 현상을 가리켜 '혼종 체제(régimen hibrido)'라 명명한다 (Morlino, 2009). 실제로 정치세력과 경제 세력 사이에 이루어지는 '그들' 끼리 국가기관들을 나눠 갖는 현실은 다당주의는 물론이고 의사결정 과정에서의 투명성과 포괄성을 불가능하게 한다. 이러한 상황에서 민중들의 요구에 대한 진정한 이해는 물론이요, 이에 대한 효과적 정책 등장은 기대조차 할 수 없는 형국이다. 오히려 모를리노가 '혼종체제'라는 용어를 통해 설명했듯이, 정당 혹은 정부기관에 의한 권력 남용과 부정부패가 그저 자연스러운 현상들로 보일 뿐이다. 이는 갈수록 더욱 심각한 상황으로 치닫는데, 세계 183개국을 대상으로 이뤄진 투명성 조사에서 니카라과는 2005년 107위, 2006년 111위, 2007년과 2008년에 각각 123위와 134위로 하락했다.

2008년 지방선거에서 만연했던 정부기관에 의한 부정은 국제사회의 심각한 우려를 야기했다. 그러나 늘 그러했듯이 시나브로 잊혔다. 그 여파는 오직 니카라과 시민들의 몫으로 남을 뿐이었다. 이들은 여전히 자국 정부가 행한 부정을 아프게 기억하고 있고, 그로 인한 민주주의의 부재 가운데 살아가고 있다. 어쩌면 중미 국가들의 민주주의 부재를 보여주는 가장 대표적인 사례일 수도 있겠다. 삼권분립은 실재적으로 존재하지 않고, 모든 권력은 '가족' 정부의 손에 집중되어 있다. 무엇보다도 시민들의 인권과 표현의 자유가 심각하게 위협받고 있다. 더욱 심각한 것은 사법기관이 중립의 가치를 버리고 정치권력과 결탁하는 행태이다. 오르테가와 109명에 달하는 지방정부 수장의 연임을 가능하게하기 위한 목적으로 헌법 147조에 대한 해석을 의도적으로 왜곡한 헌법재판소의 결정은 정치권력과 사법기관의 결탁이 보여줄 수 있는 심각함의 극치이다.[3] 한마디로 사법기관이 권력의 시녀로 전락하는 꼴이 되었다.

2) 과테말라

과테말라 역시 국내외의 평가에서 명예롭지 못하다. 익히 알려진 '실패한 국가(estado fallido)', 그 하나만으로도 그간의 상황을 가늠하기에 충분하다. 이미 여러 연구를 통해 과테말라가 파산국가 혹은 실패한

---

[3] 오르테가는 헌법 147조 개정을 위해 의회에서 56표를 확보해야 하는 상황에서 독립적으로 존재해야 하는 사법기관을 끌어들였다. 결국 대법원의 특별위원회에서 그간 오르테가의 재선을 금지하던 조항의 위헌을 선언하게 되는데 이 결정에 서명한 대법관 여섯 명은 모두 FSLN의 친위 세력들이었다.

국가라 불리기에 충분한 조건들을 갖추고 있음이 증명되었다. 국토의 적지 않은 부분이 마약 세력에 의해 지배되고 있다. 미국에 도착하는 마약의 80% 이상이 유통 과정에서 과테말라를 거쳐 간다고 한다. 그뿐만 아니라 너무나 많은 정당이 분파별로 나뉘어 난립해 있는 상황이다. 더욱이 심각한 것은 이들 중 상당수는 단 한 번도 온전히 선거를 치러보지 못한 채 소리 소문 없이 사라져버린다고 하니, 이 또한 '실패한 국가'라는 평가에 일조하는 셈이다. 여기서 끝이 아니다. 정부정책에 언제라도 거부권을 행사할 수 있는 '농·상·공·금융위원회(Comité Coordinador de Asociaciones Agrícolas, Comerciales, Industriales y Financieras: CACIF, 과테말라 전국경제인단체연합회)와 같은 막강한 정치권력의 존재와 나날이 빈도와 강도를 높여가는 범죄와 폭력의 존재가 과테말라가 이미 '실패한 국가' 임을 여실히 증명하고 있다.

「중미 인적 발전 보고서 2009~2010」(PNUD, 2009)에 의하면, 과테말라의 살인 범죄 발생률은 지난 7년간 지속적인 상승 추세를 보이고 있다. 이는 중미 지역에서 가장 높은 수준으로, 매년 10만 명당 20명 정도씩 증가하고 있는 셈이다. 물론, 중미 국가들 중 살인 범죄율이 가장 높은 나라는 엘살바도르다. 이 나라의 경우 2006년 10만 명당 살인율이 65명 이었던 반면 과테말라는 47명에 그쳤다. 하지만 상승률에서는 단연 과테말라가 수위이다(PNUD, 2009).

과테말라 내 만연한 살인 범죄와 관련하여 2009년 5월에 변호사 로드리고 로젠버그(Rodrigo Rosenberg)와 의뢰인이었던 칼릴 무사(Khalil Musa)와 그의 딸 마조리 무사(Marjorie Musa)가 살해된 사건은 과테말라 사회에 큰 파문을 일으켰다. 동시에 지속적인 긴장 상황을 유발했다. 그 당시 대통령인 알바로 콜롬(Alvaro Colom)과 그의 부인, 측근들까지도 이 사건에 연루되어 고소되었기 때문이다. 이 사건을 계기로 과테말라에서 소위 중산층이라 불리던 사회계층들이 움직이기 시작했다. 이들은 대부분 피부색이 흰 백인종 혹은 백인 혼혈이었다. 이들이 들고 일어선 가장 큰 목적은 콜롬 대통령이 고소당한 기회를 포착해 콜롬 정권에 막을 내리고자 하는 것이었다. 이러한 상황이 전개되는 과정에서 과테말라 정부가 가진 취약성뿐 아니라 정보기관과 사법기관에 대한 신뢰 부족이 여실히 드러났다. 결국 이 사안은 스페인 국적의 카를로스 카스트레사나(Carlos Castresana)가 의장으로 있는 '과테말라 반면책 국제위원회(Comisión Internacional Contra Impunidad en Guatemala: CICIG)'로 이첩되었다. 그해 9월에 사건 관련 용의자 아홉 명이 검거되었는데, 이들 중 다섯 명이 현직 경찰이었고 그들 모두가 범죄 조직에 깊이 관여되어 있었던 것으로 밝혀졌다. 또한 이듬해인 2010년 1월 초에 CICIG는 숨진 변호사가 스스로 자신의 살해를 계획했고, 그의 사촌들과 범죄 조직의 도움으로 살해가 실현되었다는 충격적인 사실을 발표했다.

미국인 분석가 아니타 이삭스(Anita Isaacs) 교수가 주장하는 것[4]과 같이 이러한 위기야말로 폭력과 처벌받지 않음(면책), 그리고 역사적으로 불평등하고 부정의가 만연하던 상황 가운데 첨예한 정치 갈등으로 점철되었던 과테말라의 민주주의가 얼마나 취약한 것이었는지를 잘 보여주고 있다.

이에 더해 이 나라 역시 자연재해 앞에서는 국가나 공공기관이 아무런 역할도 하지 못한 채 속수무책인 상황이다. 2010년 한 해 동안에만 자그마치 462명(그중 54명은 어린이)이라는 사망자를 낸 가뭄 피해는 과

---

4) 이 내용은 하버포드 대학교(Haverford College) 교수인 아니타 이삭스가 미국 의회의 서반구 분과에 제출한 2009년 5월 로젠버그 살인사건 보고서에 자세히 언급되었다.

테말라가 직면한 취약성을 더욱 극명히 보여준다.

더욱 심각한 것 중 하나는 같은 해 대법원 법관 임명 과정에서 드러났다. 당시의 상황은 이 기관이 과연 정치권력에서 자유로운가에 대한 의심을 자아내기에 충분했고, 나아가 과테말라 민주주의가 갖는 심각성을 여실히 보여준 예라 할 수 있겠다.[5)]

3) 엘살바도르

엘살바도르의 상황은 어떠한가? 엘살바도르에서는 2009년 대선에 마우리시오 푸네스(Mauricio Funes)가 후보로 나섰는데, 당시 미국의 오바마 정부는 과거와 달리 공개적으로 'FMLN'을 반대하지 않는 상황이었다. 또한 국내외 경제 위기가 심화되면서 엘살바도르가 그간의 경향에서 벗어나 새로운 역사의 지평을 열게 되지 않을까 하는 기대들이 점쳐지고 있었다. 어쨌든 푸네스의 승리는 엘살바도르 안에서 민주주의가 강화되는 것으로 비춰졌다. 그럼에도 FMLN 정부는 곧 민족공화동맹(ARENA) ― 한때 몇 달이지만 의회를 장악했던 ―, 대법원, 검찰청, 그리고 최고선거재판소의 통제를 받기 시작했다. 고위 공직자의 전별금(퇴직금) 인상을 내용으로 하는 '공무원 퇴직연금법(Ley de Compensación Económica por los Servicios Prestados en el Sector Publico)'을 통해 ARENA는 고위 공직자들에 대한 통제를 여전히 과시했고, 수도인 산살바도르에서 시장을 당선시키면서 FMLN에 압력을 가하기 시작했다.

---

5) 가브리엘라 카리나 크나울 데 알부케르케 에 실바(Gabriela Carina Knaul de Albu-queque e Silva)는 이 사건과 관련하여 작성한 「법관과 변호사의 독립에 관한 유엔 보고서」를 통해 "당시의 선거는 이와 같은 선거 과정에서 반드시 필요로 하는 투명성과 객관성, 그리고 적합성을 철저히 무시한 경우"라고 언급하고 있다.

이러한 상황에서 푸네스가 할 수 있는 일이란 어떻게 해서든지 우파들을 자극하지 않는 것이었다. 우고 차베스(Hugo Chavez)뿐 아니라 '아메리카를 위한 볼리바르 대안(Alternativa Bolivariana para los Pueblos de Nuestra America: ALBA)'과도 거리를 뒀다. 그럼에도 온두라스 쿠데타가 발생하자 엘살바도르의 우파들은 즉각적으로 푸네스 정부에 칼날을 겨누기 시작했다. 전 대통령이자 ARENA의 전국 실행위원회(Consejo Ejecutivo Nacional de ARENA) 회원인 알프레도 크리스티아니(Alfredo Cristiani)는 언론과의 인터뷰에서 "나는 충분히 파괴적일 수 있고, 현 공화국의 대통령이 아무것도 할 수 없게 만들 수 있는 힘이 있다"라고 발언했다.[6] 또한 같은 위원회의 호르헤 셀라도(Jorge Celado)는 "만약 푸네스가 마누엘 셀라야(Manuel Zelaya)와 같이 행동했다면, 이곳에서도 온두라스와 똑같은 상황이 벌어질 수 있을 것"이라며 다분히 협박적 성격의 충고를 감추지 않았다.

그러나 엘살바도르의 우파들이 모든 것을 다 가진 것은 아니다. 몇 달 후 푸네스 정부는 서서히 활동 공간을 넓혀가기 시작했다. ARENA의 의원 32명 중 12명이 국민통합대연맹(Gran Alianza por la Unidad Nacional: GANA)로 당적을 바꾸자 FMLN은 국회의장을 두 당이 번갈아가며 하기 위해 국가화해당(Partido de Conciliación Nacional: PCN)과 연합했다. 또한 GANA의 의원 세 명을 입법 분과에 포함시키면서 ARENA에 큰 타격을 주었다. 결국 PCN과 GANA의 연합으로 FMLN이 58석을 차지하여 의회 내 다수당이 될 수 있었다.

엘살바도르 정부는 기업, 노조 조합원, 사회운동 지도부와 토론의

---

6) "Primeros 100 días: logros, silencios, amenazas, chantajes... y desafíos," *en Envío*, No. 331, 10/2009.

장을 만들기 위해 사회경제위원회(Consejo Económico Social)를 개설했다. 그러나 이와 같은 움직임은 곧 '민간기업 전국연합(Asociación Nacional de la Empresa Privada: ANEP, 엘살바도르 전국경제인협회)'의 반대에 부딪히게 된다. 푸네스 정부의 사회경제위원회 개설과 관련하여 ANEP의 가장 큰 우려는 세제 개혁과 지난 20년간 ARENA 정부에 의해 보장되던 수많은 혜택이 사라질 것이라는 데서 기인했다.

우파와 화합하지 못하는 한편, 여전히 높게 나타나는 빈곤과 범죄율을 해결하라는 시민사회의 요구 앞에 푸네스 정부가 처한 상황은 썩 좋을 수가 없었다. 거기에 더해 이웃의 다른 나라들과 마찬가지로 엘살바도르 역시 자연재해의 공격에서 자유로울 수 있는 방재 시스템을 갖추고 있지 못해, 2009년 대홍수에 엄청난 인명 피해가 야기되었다. 결국 이런 현실들이 푸네스 정부의 상황을 더욱 악화시켰다.

4) 코스타리카

코스타리카는 좀 다르다. 코스타리카는 중미 지역의 다른 나라들에 비해 의심할 여지도 없이 탄탄한 제도적 기반을 갖춘 나라이다. 그 단면으로 1990년부터 1994년까지 대통령으로 재직한 라파엘 앙헬 칼데론 포우르니에르(Rafael Ángel Calderón Fournier)를 비롯한 여러 고위 공직자들이 핀란드가 코스타리카에 빌려준 사회보장기금을 유용한 혐의로 유죄 확정 판결을 받은 사례를 들 수 있다. 그럼에도 여전히 국가 내 강력한 분열이 존재하고, 빈곤은 이미 우려할 만한 수준을 넘어서고 있다. 게다가 최근의 경제 위기와 함께 빈곤층이 지속적으로 증가하고 있는 추세다. 그렇지만 정부가 지원프로그램의 일환인 '향상 프로그램(Programa Avancemos)'[7]을 통해 각 가구에 직접 지원을 하고 있고, 연금에는 세금이 부과되지 않는 점을 감안한다면 그리 걱정할 만한 수준은 아니다. 그러나 최근 들어 지속적으로 증가하고 있는 사회적 불평등을 생각한다면 지금까지의 낙관이 얼마나 지속될지 심히 걱정스럽다. 점점 더 심각해지는 사회적 불평등은 과거 이 나라가 평화에 기반을 두고 탄탄하게 쌓아온 중산층을 언제라도 무너뜨릴 수 있는 위협으로 다가오고 있다.

다른 한편 국가기관들도 과거와 같은 수준의 시민 지지를 얻지 못하는 실정이다. 대다수 시민이 그 어느 정당도 신뢰하지 못하는 상황이 되어버렸고, 최고선거재판소와 대법원 산하 헌법위원회 같은 투명성과 공정성이 우선되어야 할 기관들이 시민사회로부터 심각한 의심을 받고 있다.[8] 무엇보다도 걱정스러운 것은 삼권분립의 경계가 모호해지고 있는 상황과 이에 대해 경제권력이나 정치권력들이 상당한 압력을 행사하면서 삼권분립의 경계가 다시 세워지는 것을 막고 있는 현실이다. 헌법재판관 임명에 대한 의회의 가결을 얻지 못해 헌법재판소 내 공석이 스무 달이 넘도록 이어지고 있지만, 정말로 우려할 만한 일은 헌법재판관들의 정치적 독립이다. 그 어느 기관보다도 중립을 견지하면서 헌법과 관련된 여러 사안에 대한 공정한 해석을 해야 하는 기관임에도 헌법재판관 개개인의 정치적 성향은 국회의원 이상으로 더욱 짙어지고 있다.

코스타리카 정당 시스템이 갖는 특징은 국민해방당(Partido Liberación Nacional: PLN)과 기독사회연합당(Partido Unidad Social Cristiana: PUSC)

---

7) 향상 프로그램의 가장 큰 목적은 저소득층 가구의 자녀들의 중학교 교육 지원이다.

8) 2010년 1월 코스타리카 대학교 통계학과와 정치학 연구센터, 학보 ≪세마나리오 유니베르시다드(Semanario Universidad)≫의해 실시된 설문에 의하면 최고선거재판소에 대한 신뢰도는 30%에 불과했던 것으로 나타난다.

을 축으로 하는 양당 체제의 존재다. 사실 오랜 시간 거대 양당의 당사자들 사이에 권력을 어떻게 분배할 것인지에 대한 암묵적 동의가 있었던 것이 사실이다. 딱히 이상적이라고 할 수는 없지만, 권력 분립이라는 측면에서는 어느 정도 긍정적 역할을 해왔다고 볼 수도 있겠다. 입법부도 2006년 이전까지는 대통령 앞에 그렇게 호락호락하지 않았다. 권력 분립과 상호 견제 측면에서 본다면 극히 다행스러운 중미적 현상이라고 볼 수 있던 상황이었다. 그러나 이러한 견제와 균형은 2006년 거대 양당 중 하나였던 PUSC에 닥친 시련과 함께 끝났다.[9] 일련의 사건으로 코스타리카의 양당 체제는 무너졌지만, 아직까지는 민주주의의 본질을 훼손하지 않는 선에서 PLN의 거대 단일당 체제가 유지되고 있다. 다만 한 가지 우려는 비록 공식적으로 권력 분립이 이루어지고 있음에도 대통령의 파워가 워낙 세다는 점이다. 일각에서는 이를 가리켜 '황제 대통령'이라 부르고 있고, 자칫 중미 지역의 비정상적 범주로 흡수되지 않을까 하는 우려가 제기된다.

2. 중미의 온두라스

중앙아메리카의 여러 나라 상황을 살펴본 후에 보게 되는 온두라스 사례도 예외는 아니다. 오히려 온두라스는 중앙아메리카 각국 사례를 통해 그간 다뤄온 민주주의 제도의 취약성 측면에서 가장 심각한 상황을 보이고 있는 나라이다. 온두라스의 민주주의는 권력과 몇 안 되는

---

9) 2006년 선거에서 PUSC가 4위로 밀린 것과 그 이전에 이미 두 명의 전직 대통령이 부정 혐의로 법정에 서게 된 사건을 말한다. — 옮긴이

과두정치 세력 간의 갈등을 해결하는 데 전혀 도움이 되지 않는 수준이었다. 게다가 군대는 셀라야 대통령의 축출이 합법적이었다는 것을 끊임없이 국제사회에 어필하는 것이 기본 목적인 듯했다. 그러나 이들이 말하는 표면적 합법성은 온두라스에 내재하고 있던 갈등의 뿌리까지 덮지는 못했다. 과두 지배 세력들은 셀라야 대통령 재임 기간 끊임없이 그들 존재에 대한 위협을 느끼고 있었다.

차베스의 존재와 셀라야 대통령의 ALBA 참여는 일련의 사건들이 일어나게 된 중요한 요인이긴 했지만, 셀라야 대통령의 파면에 가장 근본적인 원인이었던 것은 아니다. 2008년 12월 임금 상승이 발표되면서 2009년 1월부터 법정 최저임금이 60%나 상승하게 되자 이는 곧 기업에 엄청난 부담으로 작용했다.[10] 기업들이 이러한 상황을 되돌리기 위해, 적어도 서민들 사이에 점점 더 견고해지는 친정부 성향을 되돌리기 위해, 대규모 해고를 단행했다. 여기서 그치지 않고 온두라스의 기업들은 그들 나름의 수십 가지 이유를 들어 상승분에 해당하는 임금 지급 정지를 요청하는 법적 조치를 단행했다. 물론 이러한 요구들은 대법원에서 기각되었다.

어찌 되었든, 기존 정당들에 반대하여 새로운 대안적 사회운동들이 싹을 틔우려던 상황은 기존 정치인이나 기업 등과 같은 기득권층에게 공포감을 주기에 충분했다. 결국 이들은 국내외 반응을 무시한 채, 6개월 후 새로운 대선이 예정된 상황이었음에도 행동 개시에 들어가게 되었다. 그들 쿠데타의 가장 큰 이유는 1982년 헌법 중 개정이 원천적으로 금지되어 일명 '돌(petreo)' 조항으로 불리던 부분들에 대한 개혁 의지

---

10) 당시 법정 최저 임금은 도시의 경우 5500렘피라(약 290달러)였고, 농촌 지역의 경우 4055렘피라(약 210달러)였다.

였다. 온두라스에서는 '돌' 조항에 대한 그 어떤 수정 의지도 불법으로 간주되었다. 이러한 상황에서 시민들에게 헌법 국민의회를 소집하기 위한 의견을 묻고자 국민투표(제4의 선거라 불린)를 계획하던 셀라야의 시도는 기득권 세력들(기업과 우파)의 가득 채워진 분노의 잔에 마지막 한 방울을 더하는 격이었다. 그리고 그 마지막 한 방울과 함께 이들은 곧바로 군부의 도움을 얻어 행동 개시에 들어갔다.[11]

언급된 바와 같이 이미 쿠데타가 일어나기 전에 이를 합법적으로 포장하기 위한 시도들이 있었다. 쿠데타가 일어나기 며칠 전부터 입법부와 사법부의 행동들이 긴밀한 공조 속에 강화되었다. 이 과정에서 양측은 대통령 파면과 재판 회부를 정당화하기 위해 셀라야 행정부의 실패를 언급하며 흠집을 내기 시작했다. 거기에 멈추지 않고 거짓으로 셀라야 대통령의 사임장을 미리 만들어놓는 작태도 마다치 않았다. 그러나 그러한 치밀함 속에서도 실수가 있었으니 잠옷 바람의 대통령을 납치하여 코스타리카에 떨어뜨려놓은 것이다.

온두라스는 중미 지역 각국 중에 정치 엘리트 개혁이 가장 미진하게 전개된 나라이다. 반면 기업들이 국가기관과 제도에 가장 적극적으로 개입해온 나라이다. 특히 1990년대부터 박차를 가하기 시작한 민영화 집중은 정부를 더욱 약화시켰다.[12] 기업들은 자신에게 유리한 방향으로

---

11) 1985년 당시 자유당 소속 대통령이었던 로베르토 수아소 코르도바(Roberto Suazo Cordova, 1982~1986)가 장기 집권을 위해 개정하려 했으나 실패에 그쳤던 법 조항이 쿠데타 정부 산하 로베르토 미첼레티(Roberto Micheletti)에 의해 개정되었다.

12) 소수의 가족 그룹이 에너지, 금융, 매스미디어, 대형 슈퍼마켓, 보험, 가전제품 수입, 옷 수입, 패스트푸드 체인, 음료, 인쇄, 생수, 기계 부문의 대부분을 지배하고 있다.

정부 규제의 틀을 만들어나갔다. 이를 통해 단기간에 엄청난 부를 축적할 수 있었다. 이에 대해 셀라야 정부의 내무부 장관이었던 빅토르 메사(Victor Meza)는 다음과 같이 표현한 바 있다.

정부의 57개 기관과 특별위원회 중 사기업협회(El Consejo Hondureño de la Empresa Privada: COHEP)는 정부에 의한 대표 기관으로 공식 인정될 뿐 아니라 노동과 고용을 아우르는 17개 경제 부문에 지대한 영향을 미치는 것이 사실이다. 이 17개 부문에 해당하는 내용은 광범위한데 보건, 교육, 노동 관계, 재생·환경 자원, 에너지, 금융, 경쟁력, 사회 기반 시설, 무역, 농업, 중소기업, 각 시정부와의 연계와 산개, 시민 치안, 평가와 통제, 그리고 (당연히) 입법 활동과 사법 행정을 포함한다. 상상할 수 없을 만큼의 복잡하게 꼬인 국내 문제를 가지고 있는 온두라스는 이 하나의 실권자(COHEP)에 의해 완전히 장악되고 통제되고 있다고 볼 수 있다.

20세기 후반 온두라스 내 지극히 미진했던 수준의 정치 엘리트 개혁과 관련하여 살펴볼 수 있는 상황 중 하나는 1963년에 라몬 비예다 모랄레스(Ramón Villeda Morales) 대통령을 실각시킨 쿠데타 세력의 성(姓)과 다시 46년 후 2009년 쿠데타에 가담한 자들의 성이 거의 정확히 일치한다는 데서 극명하게 보인다. 이 하나의 사실만으로도 그간 이 나라의 정치 개혁이 얼마나 형편없는 수준으로 이루어졌는지 쉽게 알 수 있다. 로베르토 미첼레티는 상사(suboficial) 계급으로 비예다 모랄레스 — 그와 같은 당 대통령 후보였던 모데스토 로다스(Modesto Rodas)와 함께 코스타리카로 망명했다 — 대통령의 경호를 담당했다. 쿠데타 이후 과도정부의 외교부 장관 카를로스 로페스(Carlos López)는 1963년 군사 쿠데타의 주역이었던 오스왈도 로페스 아레쟈노(Oswaldo López Arellano) 대령의 조카다(Gutiérrez, 2010). 강제로 권좌에서 물러난 비예다 모랄레스 대통령의 아들 중 하나인 마우리시오 비예다(Mauricio Villeda)는 이번 쿠데타 정부의 대변인이었고, 외교부 장관 파트리시아 로다스(Patricia Rodas)는 모데스토 로다스의 딸이기도 하다. 로베르토 미첼레티 쿠데타 정부의 재정부 장관인 가브리엘라 누녜스(Gabriela Núñez)는 카를로스 플로레스 파쿠세(Carlos flores Facusse, 1998~2002) 정부에서도 재정부 장관이었다. 또한 그의 아버지는 독재자 로페스 아레쟈노 시절 장관을 역임하기도 했다. 전 외교부 차관이었던 마르타 로레나 알바라도(Martha Lorena Alvarado)는 로페스 아레쟈노 시절 또 다른 장관의 딸이다. 아울러 쿠데타 정부의 제1 외교부 장관인 엔리케 오르테스 콜린드레스(Enrique Ortez Colindres, 오바마 대통령에 대한 인종적 발언으로 세계적으로 유명해짐)는 로페스 아레쟈노 시절 중앙아메리카 경제통합 은행(Banco Centroamericano de Integración Económica: BCIE)의 온두라스 대표이기도 했다. 아울러 셀라야의 먼 친척이기도 하면서 1975년 14명의 농민을 죽인 '로스 오르코네스 학살(Matanza de los Horcones)'[13]의 관련자 중 한 사람의 아들이다.

단언컨대 쿠데타 정부 주역들과 셀라야 정부 관료들 사이에는 더 복잡한 연관이 존재한다. 반드시 짚고 넘어가야 할 또 다른 측면은 자본, 군부와 함께 긴밀히 연결된 종교다. 2009년 온두라스 쿠데타는 한때 제3세계 출신이라는 이유로 요한 바오로 2세(Juan Pablo II)에 이어 교황 후보자로까지 거론되었던 추기경 오스카르 안드레스 로드리게스 마라디아가(Oscar Andres Rodriguez Maradiaga)를 필두로 하는 가톨릭계의 축복을 얻어냈다. 같은 해 6월 28일 이후 오스카르 마라디아가는 미첼레

---

13) 1975년 올란초 주에서 15명의 종교 지도자, 농민, 학생들이 토지 보상 문제와 관련하여 군인에 의해 연쇄 살인된 사건.

티를 지원하는 행진과 기원을 조직했던 초보수적인 개신교 교회들과 연합했다. 한 가지 언급하고 넘어가야 할 점은 온두라스가 종교 국가가 아님에도 추기경은 2001년 12월부터 플로레스 파쿠세 정부로부터 매달 5300달러의 월급을 받아왔다는 사실이다.

쿠데타가 일어나기 전 온두라스의 시민 세력들은 일부 존재하기는 했으나 의미 있는 힘을 갖지 못한 엑스트라적인 존재에 불과했다. 그럼에도 2009년 쿠데타 발생 직후 이들로부터 민중저항국민전선(Frente Nacional de Resistencia Popular: FNRP)이 구성되었고, 온두라스의 정치를 바꿀 수도 있는 정도의 시민운동으로 승화되었다. 셀라야 대통령이 억류되어 있던 다섯 달 동안 그들은 거리에서 대통령 복귀를 외치며 싸웠다. 그들의 요구는 사회와 경제적 상황에 대한 개선으로 확대되었다. 무엇보다도 중요한 것은 그들 스스로 정치에 참여할 수 있는 장을 요구하기 시작했다는 사실이다.

전통적으로 온두라스를 대표하는 두 개의 정당, 즉 자유당과 국민당이 1989년까지는 선거에서 국민들의 참여를 이끌어낼 수 있었다. 지속적으로 증가하던 득표수가 이를 잘 나타냈다. 그러나 이러한 경향은 1993년을 기점으로 하락세를 보이기 시작하는데, 당해 투표에서 기권이 유권자의 30%를 넘어서기 시작했고, 2005년에는 44.9%까지 치솟았다. 이는 온두라스의 정치 시스템이 더는 선거를 통해 시민들의 불만족을 해결할 수 없는 상황에 이른 것으로 해석될 수 있다.

2009년 11월 29일 일요일 선거에서도 이와 같은 경향은 두드러졌다. 최고 선거재판소가 38.7%의 기권율을 공식 발표했지만, 비정부기구들 간의 연합 단체인 '민주주의 추진위원회(Consorcio Hagamos Democracia)'는 1000개의 투표소에서 실시한 신뢰도 99%의 출구조사 자료를 통해 기권율이 52.4%에 달했다고 발표했다. 이는 선거 참여율이 2005년보다 더욱 감소했음을 보여준다. 이번 선거 참여율은 50%에도 미치지 못하는 47.6%에 그쳤다. 어찌 되었든, 국민당의 포르피리오 로보(Porfirio Lobo)가 전체 투표의 55.7%를 얻었다. 반면 자유당의 엘빈 산토(Elvin Santo)는 38.58%를 얻는 것에 그쳤다. 그러나 온두라스는 이 선거가 자국 내 깊이 뿌리내리고 있는 수많은 사회적 문제들을 해결해줄 수 없음을 스스로 잘 알고 있다. 선거는 치러졌지만 농민들, 테구시갈파의 빈민들과 시민들, 여성들, 원주민들, 그리고 온두라스의 역사가 이제는 바뀌어야 한다고 생각하는 수많은 사람은 그들의 요구가 다시 한 번 선거가 갖는 화려함 속에 묻히는 것을 목도하고 있는 중이다.

3. 가능한 시나리오들

지난 여러 달 동안 국제사회는 여전히 셀라야에 대한 헌법적 효력을 지지하고 있다. 그리고 이를 지지하는 시민운동이 결실을 보기를 바라고 있다. 한마디로 쿠데타가 되돌려지기를 바라는 중이다. 이는 대다수 온두라스인을 위한 것일 뿐 아니라 그간에 비정상적인 방향으로 전개되던 중앙아메리카 정치 질서를 올바르게 되돌릴 수 있는 시발점이 될 수 있는 것이기도 하다. 혹시라도 미첼레티와 그에 동조하는 세력들이 미국의 불순한 의도와 공모하게 된다면, 과테말라, 엘살바도르, 니카라과 등과 같은 주변국에서 이와 같은 일들이 벌어지지 않으리란 법이 없다. 다시 말해 이번 온두라스의 쿠데타는 온두라스뿐 아니라 중앙아메리카 전체를 정치 불안에 빠뜨리고 있는 형국이다.

온두라스를 휩쓸고 있는 이 위기 앞에 그간 이 지역을 통합하고 정치와 사회 부문을 더욱 좋게 할 것이란 희망을 품게 했던 중미통합체제

(Sistema de Integración Centroamericana: SICA), 중미의회(Parlamento Centro-americano: PARLACEN) 등과 같은 기구들의 미약함이 여실히 드러났다. 물론 이들이 온두라스의 쿠데타 세력에 압력을 넣기는 했지만 그들의 요구는 유명무실했다. 오히려 미주기구, ALBA, UN, EU 등과 같은 세계 기구들의 손에 중미 지역 문제를 넘길 수밖에 없었다. 결국 온두라스 쿠데타와 관련하여 실질적인 압력을 넣을 수 있었던 것은 UN, EU 등과 같은 기구들이었다. 특히 EU가 이 지역에 영향력을 미칠 수 있었던 것은 중미 지역과 통합을 시도하려는 경제적 이유를 무시할 수 없는 상황이기도 했다.

　온두라스 사태는 다시 한 번 중앙아메리카에서 미국의 역할을 상기시켰다. 미 국무부가 쿠데타에 임박하여 아무런 정보를 갖지 못했다는 사실은 믿기 어렵다. 물론 이 부분에 대해선 의견이 분분하지만, 사후 일어난 일들을 맞춰보면 얼추 추론할 수 있다. 미국이 늘 이 지역의 정치적 상황에 개입해오던 정황을 감안한다면, 적어도 어느 한 부서 정도에서는 온두라스에 어떤 징후들이 일어나고 있고, 어떤 일들이 벌어질지 알고 있었을 것이다. 우파 공화주의자들이 이 쿠데타를 지원했고, 워싱턴의 쿠바계와 베네수엘라계 보수주의자들, 예를 들어 오토 라이히(Otto Reich)14) 등과 같은 사람들에 의한 강력한 로비가 있었음이

---

14) 오토 라이히는 쿠바계 미국인으로 로널드 레이건, 조지 H. W. 부시(George H. W. Bush), 조지 W. 부시(George W. Bush) 정부의 고급 관리였다. 로널드 레이건 정부 시절 '라틴아메리카와 카리브 지역을 위한 공공외교 사무국(U. S. Office of Public Diplomacy for Latin America and Caribbean)'을 창설하고 적극적 로비 활동을 통해 니카라과의 콘트라 반군을 지원하기도 했다. 이후 각국 대사와 특사를 역임했다. 2002년 베네수엘라 쿠데타에 관여했음이 확인되었고 2009년 온두라스 쿠데타에 관련한 정황이 여러 언론을 통해 확인되었다. ― 옮긴이

확실하다. 이와 같은 모든 면에서 당시 오바마 정부는 온두라스 쿠데타에 대해 우호적 입장을 견지했다고 볼 수 있다. 물론 이와 관련한 오바마 정부의 정치적 입장은 옳지 않았지만 말이다.

앞에서 살펴본 바와 같이, 쿠데타가 일어난 직후 즉각적인 국제사회의 압력이 있었지만, 상황을 되돌리진 못했다. 그럼에도 미국 국무부의 라틴아메리카 지역 담당 차관이 온두라스를 방문했을 때 전혀 바뀔 것 같지 않은 상황에 약간의 미동이 있었으니, 화합과 화해에 바탕하여 셀라야 대통령의 복귀가 이루어져야 한다는 것에 대한 국제적 동의가 바로 그것이라 할 수 있다. 있었다. 그러나 미첼레티와 그의 지지자들은 이에 양보하지 않았고 선거가 치러질 때까지 권력을 유지하겠다는 그들의 목적을 달성시켰다. 물론 국내에서도 반대와 저항이 있었고 이로 인해 경제적 타격이 심각했음에도 권력의 이양은 2010년 2월 27일 선거에서 이긴 후보에게 넘어갔다. 국제사회는 이러한 상황 앞에 그저 무능할 뿐이었다.

미국은 이와 같은 일련의 상황들 앞에서 의도적으로 눈을 감았고, 억압적인 분위기 속에 치러진 선거 결과를 인정하기까지 했다. 미국 오바마 대통령이 중국의 인권 상황을 비난하며 자유민주주의적 가치에 대한 연설을 하는 동안 정작 그들의 뒷마당에서 — 또한 그들의 아리따운 해안에서 — 그리 멀리 떨어지지 않은 곳에서 일어나는 일들에 대해선 눈을 감고 있었다. 상황이 이러하니 미국의 현 정부에 중앙아메리카 지역의 민주주의를 위한, 혹은 경제적 원조를 위한 행동을 기대하기는 힘든 실정이다.

이 지역 민주주의에 무엇이 문제인가? 이의 연장선에서 민주주의에 대한 심각한 의문이 다시 제기될 수밖에 없다. 코스타리카에 본부를 두고 발행되는 중미 전반에 대한 국가보고서 형식의 「중미 지역의 지속적 인간 발전 보고서(Informe Estado de la Región en Desarrollo Humano Sostenible, 2008)』에 의하면 여전히 가난한 중미 지역 대중들은 그들의 요구에 대한 명확한 답변 부재와 관련하여 현 정치 시스템에 불만을 품고 있으며, 약 2/3가 그들의 요구를 들어줄 수 있는 강력한 대통령을 원하는 것으로 나타났다. 그럼에도 민주주의를 권위주의 체제로 바꿔야 한다는 것에 대해서는 부정적인 견해를 가졌다. 그렇다고 봉기를 바라는 것도 아니다. 이들은 이미 과거 전쟁으로 인해 잃은 것이 너무 많고, 1970년대와 1980년대 투쟁의 선봉에 섰던 세 개의 세력 중 이미 두 개, 산디니스타와 FMLN이 합법적인 방법으로 정권을 획득하고 민주주의의 범주에 들어와 있다는 것을 잘 알고 있기 때문이다.

이들에 앞서 정권을 잡았던 우파들은 사실 빈곤 퇴치를 위해 거의 노력을 기울이지 않았다. 오히려 그들의 지원과 서비스는 외국인 투자나 시장 개방 같은 영역에 집중되었다. 그간 중앙아메리카 각국 정부는 외부 시장과 외국인 투자 요구에 부응하기 위해 민영화와 규제 철폐를 감행했고 경우에 따라서는 사법 시스템에 대한 개정까지도 수반했다. 장기적으로 가난한 대중의 삶을 개선시킬 수 있는, 그간 빈곤에 빠진 이 지역 대중들의 요구에 부합하는 전략은 부재했다. 오직 대기업에 대한 지원을 통해 모든 것이 해결될 것이라는 '낙수효과(trickle down)' 이론만이 존재할 뿐이었다.

중앙아메리카 지역의 빈곤은 극단적 폭력, 계획된 범죄, 그리고 이미 십 수 년 이상 비정상적이리만큼 이들 사회에 깊이 뿌리내리고 있는 마약 범죄를 배양하는 역할을 하고 있다.

이러한 현실 앞에 사회 전반적인 차원에서 지속적인 노력과 새로운 동의에 대한 요구가 목소리를 내기 시작했다. 과테말라 전 대통령인 비니시오 세레소 아레발로(Vinicio Cerezo Arévalo)는 이와 같은 일을 수행할 수 있는 지역 내 기구들을 다시 활성화시키자는 내용을 골자로 하는 제3차 에스키풀라스(Esquipulas III)를 제안했다. 물론 아직까진 아무런 답을 얻지 못하고 있다. 이 와중에 미국과의 자유무역협정이 기대했던 결과들을 내지 못하고 있고, 유럽과의 경제적 합의들이 제자리걸음을 걷고 있는 상황이다. 이 정도라면 이 지역의 상황들이 막다른 골목으로 보일 만하다.

무엇보다도 중앙아메리카의 가난해진 대중들은 여전히 그들의 요구에 대한 실질적인 답을 얻지 못하고 있다. 오직 그들 앞에 좌절과 무능한 정부, 그리고 그들을 위협하는 치안 부재라는 파노라마가 펼쳐져 있을 뿐이다. 뚜렷한 정치적 관점을 갖추지 못한 채 사회적 폭력과 파열만이 존재할 뿐이다. 그러니 중·단기적으로도 조금이라도 밝은 개선의 단면을 기대하기가 그저 어려울 뿐이다. 그럼에도 '삶은 당신에게 놀라움을 선물하지요, 또 그 놀라움이 당신에게 삶을 선물하지요'라는 유명한 파나마 가수 루벤 블라데스(Rubén Blades)의 노랫말처럼 언젠가는 이 지역의 정치적 상황도 바뀔 것이라는 희망을 품어볼 수 있지 않을까. 중앙아메리카에서 일어나는 모든 일처럼.

참고문헌

Centro de Documentación de Honduras(CEDOH). 2007. "Los grupos fácticos y la transición a la democracia." en el *CEDOH Honduras: poderes fácticos y sistema político*. Tegusigalpa.

Morlino, Leonardo. 2009. "Are there Hybrid Regimes? Or are they just optical illusion?" *European Political Science Review*, vol. 1, No. 2, pp. 273~296.

Naciones Unidas. 2009. "Panorama social de América Latina 2008." Santiago de Chile, disponible en www.eclac.org/publicaciones/eml/2/34732/PSE2008_Ver sionescompleta.PDF

PNUD. 2009. *Informe sobre Desarrollo Humano para America Central, 2009-2010: Abrir espacios a la seguridad ciudadana y el desarrollo humano.* disponible en www.pnud.org.sv/2007/component/option.com_docman/task.doc_downloas/ gid.944/Itemin.56/

Gutiérrez, Patricia Murillo. 2010. "Abogados, Fiscales, Magistrados, Jueces: En la hora de la verdad." *Tiempo*, 2010.1.31, disponible en www.tiempo.hn/ noticias/84-editorialesotros/6090-abogados-fiscales-magistrados-jueces-es-la -hora-de-la-verdad

제3장

중앙아메리카에서의 ALBA와 페트로카리브,
과연 공공의 선인가?

조세트 알트만 보르본 _림수진 옮김

라틴아메리카는 지역통합을 강화하기보다는 자칫 그것을 더욱 약화시킬 수도 있는 '통합'의 홍수에 시달리고 있다. 국가 간, 그리고 하나의 국가 내에서 나타나는 불균형이 그 문제의 가장 심각한 요인이다. 중앙아메리카의 경우 빈곤 증가와 기관 혹은 제도 (institución)의 약화가 그 무엇보다도 염려스러운 문제다. 이러한 관점에서 베네수엘라에 의해 추진된 지역통합 과정들은 중앙아메리카 국가들에 상당히 매력적인 것 같다. 베네수엘라가 제시하는 지역통합 프로젝트 가입은 이데올로기적·정치적 약속을 하지 않으면서도 경제적 호기를 잡을 수 있는 기회로 보인다. 그럼에도 이 글은 왜 ALBA에 가입한 국가 수가 적을 수밖에 없는지, 왜 대부분 중미와 카리브 국가들이 페트로카리브의 회원이면서도 ALBA에 가입하길 주저했는가에 대해 설명한다.

조세트 알트만 보르본 Josette Altmann Borbón 라틴아메리카 사회과학원 본부의 협력연구원이며 코스타리카 대학교 사회과학대학과 교육대학 교수로 재직 중이다.

* 이 글은 ≪Nueva Sociedad≫ 219호(2009년 1~2월)에 실린 글을 옮긴 것이다.

1. 서론

2008년 11월 26일 베네수엘라 수도 카라카스에서 열린 제3차 비정기 ALBA-TCP(Tratado de Comercio de los Pueblos, 민중무역협정) 정상회의에서 각국 정상들[1]과 러시아 대통령 드미트리 메드베데프(Dmitry Medvedev)가 모였다. 이 자리는 각 회원국이 새로운 교역 협력의 틀을 제안하기 위한 자리이기도 했다. 정상회의에서 각국 정상들은 세계 금융 위기에 대응할 방안으로 더욱 강화된 연대에 기반을 두는 국제 금융 시스템 재건설, 전 지구적 화합에 기초하는 개발, 그리고 사회정의를 주장했다. 또한 수크레(Sistema Unitario de Compensación Regional: SUCRE)라 명명된 단일 통화 사용권역(ALBA 회원국과 에콰도르가 참여하고 도미니카공화국은 옵서버 자격)을 만들자는 제안도 있었다. 이에 더해 '거대 국가(Granna-cionales) 프로젝트'[2]의 진전에 대한 발표가 있었고, 세계적인 금융 위기에 맞서 베네수엘라를 중심으로 UN 내에서 세계 정상회의를 소집하자는 제안에 대한 주장이 제기되었다.

ALBA는 베네수엘라의 우고 차베스 대통령 제안으로 태동되었다. 미국의 힘에 의해 지배되는 국제기구들, 예를 들어 세계은행(World Bank)이나 국제통화기금(IMF) 등에 의해 추진되는 경제정책을 저지하기 위한 대안적 지역통합을 만들어내고, 이를 통해 민족자결과 민중 주권을 강

---

1) 에콰도르 대통령 라파엘 코레아(Rafael Correa)는 옵서버(observer) 자격으로 참가.
2) ALBA의 지정학적 틀 안에서 만들어진 지역 개념으로 ALBA가 제시하는 이데올로기적 뜻을 같이하는 국가들의 연합을 전제로 한다. 더불어 연합을 형성한 국가들 안에 식량, 환경, 과학기술, 공정무역, 문화, 교육, 에너지, 광산 개발 등을 공동으로 담당하는 '거대 기업(Gran Empresa)'을 만든다는 계획이다. '거대 기업'의 존재 이유는 철저히 자본의 논리에 의해 움직이는 세계 다국적 기업에 대한 저항이다.

화하자는 취지였다.[3] 한마디로 ALBA는 워싱턴 컨센서스(Washington consensus)에 대한 반발로 만들어졌다. 2004년에 쿠바의 피델 카스트로 (Fidel Castro) 대통령과 베네수엘라의 우고 차베스 대통령이 처음으로 협약에 조인했고, 2005년 첫 회동이 이루어졌다. 이어 2006년에 볼리비아, 2007년에는 니카라과와 도미니카, 2008년에는 온두라스가 가입했다.

2005년에 베네수엘라의 발의와 지원으로 페트로카리브(Petrocaribe)가 창설되었는데, 중앙아메리카와 카리브 국가들로 하여금 에너지 안보를 확보케 하자는 목적이었다. 이 과정에서 총 다섯 차례의 정상회의가 이루어졌고, 이를 통해 ALBA 회원국과 페트로카리브에 가입한 중미와 카리브 국가들 사이에 의미 있는 자원 협의가 이루어졌다. 중미와 카리브 국가들은 페트로카리브를 통해 ALBA의 정책에 한발 더 가까워질 수 있었다.

페트로카리브는 자원 협력을 기초로 하고 그들끼리의 특수성과 그에 기반을 둔 차별 그리고 연대를 주요 골자로 한다. 구체적으로 회원국들에게 베네수엘라 정부가 싼 가격으로 석유를 제공하고 이를 운영하기 위한 통합 회사를 개발한다는 정책에 기반을 둔다. 그러나 사실 페트로카리브는 순수하게 에너지만을 내용으로 하는 협약 차원을 넘어선다. 오히려 ALBA의 한 부분으로 이해되어야 한다. 페트로카리브 자체적으로 해상운송과 항공운송에 관한 프로젝트가 논의되지만, 페트로카리브 권역이 ALBA의 지리적 범위를 넘어서지 않기 때문이다.

페트로카리브나 ALBA 모두 그들의 협의와 조약을 통해 불평등한

---

3) FLACSO: Dossier ALBA, *Cuadernos de Integración en América Latina, Flacso, San José de Costa Rica*(2007), disponible en www.flacso.org, V.t. www.alterna tivabolivariana.org

세계 경제 질서가 가져온 불행한 결과, 좀 더 구체적으로 일차산품 가격과 자원 부족에 부정적인 영향을 미치는 현상에 주목한다. ALCA[4]의 실패 이후 미국은 대륙적 차원에서 발전을 보장할 수 있는 대안적인 제안을 하기보다 오히려 양자 간 무역에 기반을 둔 정책을 촉구했다. 물론 이 과정에서 다자간 지역통합은 더욱 약화되었다.

이와 관련하여 이 글에서는 라틴아메리카와 카리브 지역에서 급증하고 있는 통합의 시도들이 설명될 것이다. 또한 중앙아메리카 지역의 사회적·정치적 상황이 어떠한가에 대한 분석이 이루어질 것이고, 이러한 상황들이 지역통합에 어떤 영향을 미치는지 살펴볼 것이다. 마지막으로 중앙아메리카와 ALBA의 통합 과정을 살펴봄으로써 이들 지역 사이에 놓인 공공이익과 긴장관계에 대해 알아본다.

2. 지역통합 제안의 과잉

사실 라틴아메리카의 상황을 보면, 지역통합에 대한 제안의 과잉으로 오히려 부정적인 결과들이 초래되고 있는 듯하다.[5] 많은 시도와 또 그보다 더 많은 관련 주체들이 경제, 무역, 문화, 정치, 안보 영역까지

---

4) 미주 자유무역지대(Área de Libre Comercio de las Américas). 쿠바를 제외한 아메리카 대륙 모든 나라 간의 자유무역협정을 맺기 위해 제안된 협정이다. — 옮긴이

5) 라틴아메리카 사회과학원 본부는 이와 관련하여 많은 연구를 수행해왔다. 그중 예로 들 수 있는 연구가 프란시스코 로하스 아라베나(Francisco Rojas Aravena)가 제4차 동 기관 보고서에 실은 "Integración en América Latina: acciones y omisiones; conflictos y cooperación"이다.

통합 대상으로 삼으며 지역통합을 제안하고 있다.

이 중 무역에 기반을 둔 지역통합 시도는 다음 세 가지로 대표된다. 그 첫 번째는 파나마-푸에블라 계획(Plan Puebla Panamá)의 전신인 메소아메리카 계획(Proyecto Mesoamérica)이다. 이는 지리적으로 멕시코에서부터 남쪽으로 콜롬비아까지 포괄하고 나아가 에콰도르까지 아우르고자 한 지역통합 시도이다. 둘째는 남미와 중미 그리고 카리브 국가들을 통합하는 ALBA다. 마지막으로 12개 국가를 통합하는 남아메리카 국가연합(Unión Naciones de Sudamericanas: Unasur)을 들 수 있다. 주로 광범위 지역을 포괄하는 특징을 갖는 이러한 통합들은 해당 지역 국가들의 자발적 참여와 다자주의에 기반을 둔다. 카리브 공동체(La Comunidad del Caribe: Caricom), 중미 통합 체제(Sistema de la Integración Centroamericana: SICA), 안데스 공동체(Comunidad de Andina de Naciones: CAN), 메르코수르(Mercosur) 등이 그 예다.

또한 기능과 상호협력에 기반을 둔 통합이 있는데, OTCA(Organización del Tratado de Cooperación Amazónica),[6] 카리브 국가연합(Asociación de Estados del Caribe: AEC), 라틴아메리카 통합연합(Asociación Latinoamericana de Integración: ALADI) 등을 들 수 있다. 마지막으로 라틴아메리카와 카리브라는 지역 전체를 아우르는 통합의 시도로 역사적으로 기복은 있었지만, 여전히 건재하는 리오 그룹(Grupo de Rio)를 언급할 수 있다.

과도한 통합주의자들의 제안과 시도는 세 가지 부정적인 결과들을 야기했다. 첫째는 각국 정상들이 석 달에 한 번꼴로 열리는 외교 정상회

---

6) 아마존 협력 조약 기구로 아마존 지역의 생태적 지속 가능한 개발을 목적으로 한다. 회원국으로 볼리비아, 브라질, 콜롬비아, 에콰도르, 기아나, 페루, 수리남, 베네수엘라가 참여한다. ― 옮긴이

의에서 논의될 의제들을 만들어내는 데 너무 많은 에너지가 소비된다는 점이다. 둘째는 과잉으로 쏟아져 나온 제안들이 미처 정리될 시간이 없다는 것이다. 역설적이게도 이러한 시도들이 과잉으로 쏟아지는 가운데 오히려 각각의 국가들이 좀 더 통일되고 공통된 관점을 포착하는 데 어려움을 겪고 있는 것이 현실이다. 마지막으로, 국제적 수준으로 쏟아지는 제안들로 인해 각각의 국가가 갖는 의사결정력이 더욱 취약해진다는 점이다. 이는 각각 국가들의 역량을 뛰어넘는 초국가적 차원의 결정들이 많아지면서 생기는 현상이라 할 수 있겠다. 구체적으로 각 국가가 갖는 역량과 주권적 결정들이 초국가적 차원에서 무력해지는 현상들이 나타난다.

이는 단순한 기우가 아니다. 실제로 기존에 있었던 다양한 협의체에서 위에 언급된 부정적 측면들이 불거졌다. 예를 들어 ALADI의 경우 2004년부터 통합을 위한 노력으로 너무 많은 제안을 쏟아내기 시작했다. 이 때문에 한 곳으로 집중되어야 할 정책적 관심과 지원이 오히려 중심을 잃은 채 표류하는 결과를 야기했다.[7]

각국 정상들이 모인 자리에서 제안들이 쏟아질 때마다 정치적으로 더 할 수 없는 장밋빛 꿈들이 제시되었다. 그러나 단 한 번도 실현되지 못한 꿈일 뿐이었다. 지역을 포괄적으로 아우른다는 꿈과는 너무 달리 오히려 라틴아메리카와 카리브 지역이 각각의 제안들에 따라 조각조각 나뉘는 현상들이 발생했다.

---

7) Aladi, *Informe del Secretario General de la Aladi sobre la evolución del proceso de integración regional durante el año 2007*, Montevideo, 7 de marzo de 2008, www.aladi.org

3. 중앙아메리카의 빈곤과 소외

1990년대 니카라과, 과테말라, 엘살바도르 세 나라가 평화를 위한 합의를 이끌어내면서 내전으로 점철되었던 아픈 역사가 대단원의 막을 내렸다. 물론 국가마다 처한 상황에 따라 서로 다른 실행 메커니즘을 작동시켰지만, 어찌 되었든 결과는 지역질서의 변화를 가져왔다.

20년간 이어진 에스키풀라스 평화협정 과정을 거치면서 중앙아메리카는 변화했다. 물론 수많은 명암이 교차했다. 긍정적인 결과들이 있었지만 동시에 부정적인 결과들 또한 피해갈 수 없었다. 그래도 이 시기 동안 중앙아메리카는 비록 온전한 사회 발전이나 지역통합과 같은 과제를 풀지 못했지만, 적어도 전쟁의 시기에서 평화의 시기로의 전환을 이끌어냈다.

<표 3-1>과 같이 이 지역에서 빈곤과 소외는 여전히 심각한 수준을 보인다. 정치적 불안정이 사라지던 1990년부터 빈곤 비율은 감소하고 있지만, 빈곤자의 절대적 수치는 오히려 높아지고 있다. 코스타리카와 파나마를 제외한 모든 나라에서 빈곤은 높게 나타났다. 과테말라, 온두라스, 니카라과에서 전체 인구의 2/3 이상이 빈곤층에 속하고, 이는 2007년 35.5%로 나타나던 라틴아메리카의 평균을 훨씬 상회한다. 또한 코스타리카를 제외한 모든 나라에서 도시 지역과 농촌 지역 간 빈곤 차가 극명하게 나타나고 있다. 엘살바도르의 경우 빈곤 지표가 완화되고 있기는 한데, 이는 송금의 영향이라 할 수 있다.

빈곤 지속만이 문제가 아니다. 부의 분배에서 나타나는 불균형은 중앙아메리카 각국 사이뿐 아니라 각국 내에서도 심각한 수준의 불평등을 야기하고 있다(<표 3-2> 참고). 평균적으로 최상위 소득 계층이 전체 부의 58.08%를 차지하는 반면 극빈층은 전체 부의 3.02%를 차지할 뿐이다.

〈표 3-1〉 중앙아메리카: 빈곤과 절대빈곤의 지역적 분포 비중

(단위: %)

	코스타리카 (2006)	엘살바도르 (2004)	과테말라 (2002)	온두라스 (2006)	니카라과 (2001)
빈곤 전체	19.1	47.5	60.2	71.5	69.3
도시	18.0	41.2	45.3	59.4	63.8
농촌	20.4	56.8	68.0	81.5	77.0
절대 빈곤	7.2	19.0	30.9	49.3	42.4
도시	5.4	13.8	18.1	30.0	33.4
농촌	9.8	26.6	37.6	65.3	55.1

자료: CEPAL, "Seguimiento del componente de pobreza del primer objetivo de desarrollo del Milenio," www.eclac.org

〈표 3-2〉 중앙아메리카: 최하위 소득 계층과 최상위 소득 계층 간 소득분배

(단위: %)

	코스타리카 (2006)	엘살바도르 (2004)	과테말라 (2002)	온두라스 (2006)	니카라과 (2001)
최하위 소득 계층 20%	3.9	3.5	3.7	1.5	2.5
최상위 소득 계층 20%	53.0	53.5	59.3	62.9	61.7

자료: CEPAL, 『2007년 통계』(Santiago Chile, 2008), www.eclac.org

마지막으로 짚고자 하는 문제는 중미 지역의 지극히 형식적인 민주주의이다. 또한 1987년 8월 7일 중미 다섯 나라가 제2차 정상회담을 통해 제2차 에스키풀라스에 합의했음에도 권력 구조가 본질적으로 개선되지 않았다는 점 역시 문제로 지적된다. 제2차 에스키풀라스[8] 협상이 진행되는 과정에서 정당과 민중의 의사결정 참여를 보장하는 민주주의 시스

---

8) 제2차 에스키풀라스 협상은 다음 사이트에서 볼 수 있다. www.acnur.org/biblioteca /pdf/2530.pdf

템에 대한 충분한 합의가 있었음에도, 여전히 정부를 통제하고 감시할 수 있는 공공기관들이 빈약함을 면치 못하고 있다. 이는 구체적으로 해당 기관들의 역량과 재정 부족, 기관들 사이의 긴밀하지 못한 공조, 그리고 정부에 책임을 물을 수 있는 법 체계 부재 등으로 구체화된다.

4. 정치적 색채가 없는 통합이 가능한가?

세계화 과정에서 중앙아메리카 역시 지역통합 과정은 반드시 필요하다. 하지만 지역통합 자체를 진실로 세계시장 속에 성공적으로 진입하는 장치로 여기는 정치적 견해는 아직까지 없는 듯하다.

중앙아메리카 통합은 제도적으로 복잡하고 다양하다. 통합주의자들은 수많은 장밋빛 전망을 제시하며 끊임없이 자신들의 주장을 펼쳐가지만, 그 안에 구체성과 실현 가능성을 찾기란 쉬운 일이 아니다. 실효성 있는 규범과 구속력을 갖춘 초국가적 제도를 만들어내려는 정치적 의지가 보이지 않는다. 아직까지도 중앙아메리카 국가들 간 풀지 못한 국경 문제가 있고, 각국 간 통일된 통관절차를 확보하지 못하고 있다. 그뿐만 아니라 각국 제도는 여전히 미약한 상태이고, 무엇보다도 의사결정에 참여하는 시민사회와 비정부기구의 부재가 심각한 문제로 대두된다. 또한 중앙아메리카라는 지역적 차원보다는 각국의 이해관계가 우선되는 상황들이 이들 지역통합에 큰 과제일 수밖에 없다.

이러한 문제들로 진전 없이 고착되어 있던 중앙아메리카 지역통합 과정은 1991년 테구시갈파 의정서 서명을 통해 다시 재개되었다. 이어 1994년에 코스타리카의 구아시모에서 중앙아메리카 각국 정상들이 모여 SICA의 개혁을 논의했고, 3년 후인 1997년 파나마에서 이에 대한 내용들이 비준되었다. 당시 이러한 행동들의 주요한 목표는 중앙아메리카 연합의 설립이었으나 아직 여전히 미완 상태이다.

어찌 되었든, SICA 개혁은 1990년대 중미 지협 국가들이 세계 시장에서 더욱 높은 경쟁력을 갖추기 위해 통합하자는 시도였다. 이를 통해 그들 스스로 경쟁력 있는 경제적 권역을 넓히고자 한 의도였다. 역내 무역 증진을 통해 규모의 경제 발전을 가능케 하고 이를 기반으로 세계 시장에 개방하자는 내용이었다. 한마디로 열린 통합 공간을 이끌어내고자 하는 시도였다.

이러한 협약 중 중요하다고 할 수 있는 것 중 하나가 1994년 코스타리카 구아시모에서 체결된 지속 가능한 개발을 위한 연대(Alianza para el Desarrollo Sostenible: Alides), 1995년 산살바도르에서 체결된 사회통합을 위한 협약(Tratado de Integración Social), 역시 같은 해 산페드로술라에서 서명된 민주주의 수호를 위한 조약(Tratado de Seguridad Democrática)이다. 이들 모두가 경제발전을 위한 환경에 중점을 두었지만, 동시에 하위 지역을 통합하기 위한 일련의 새로운 목표와 도전을 내포하기도 했다.

1990년대 중앙아메리카 모든 국가의 정권이 민간인에게 이양되면서 이 지역 민주주의가 부활했다. 이를 통해 각국에서 민주적인 선거가 치러졌고 수준 높은 정당성을 갖춘 정부가 탄생할 수 있었다. 이와 함께 공권력에 의해 침해받는 시민권리 보호를 위한 기구들이 중미 각국에서 만들어졌다. 시민권익위원회(Defensoría de los habitantes)[9]나 민중권익위원회(Defensoría del pueblo) 등과 같은 기구들이 그 예다.

---

9) 코스타리카 입법부 산하 기관으로 국가 행정에 의해 침해받는 시민의 권리를 보호하기 위한 기구이다. 옴부즈맨 성격을 띠며 대한민국의 '국민권익위원회' 정도에 해당한다. ― 옮긴이

〈표 3-3〉 중앙아메리카: 각국 대통령 선거 투표 참여율

(단위: %)

	선거 연도	참여율
코스타리카	2002	60.2
	2006	65.2
엘살바도르	1999	38.6
	2004	66.2
과테말라	2003(1차선거)*	57.9
	2003(2차선거)*	46.8
	2007	48.1
온두라스	2001	66.3
	2005	55.1
니카라과	2001	
	2006*	61.2

* 해당 자료는 각국 선거관리위원회 인터넷 홈페이지를 참고함.
자료: 각국 선거관련 기관 자료를 통해 재구성, International Institute for Democracy and
 Electoral Assitance(IDEA), www.idea.int/vt/

    이러한 진전이 있었음에도 문제는 여전히 존재한다. 사실 중앙아메리카 각국의 통치력과 정치적 안정이 더는 군부의 위협으로 좌지우지되지는 않는다. 그럼에도 이 지역의 민주주의는 법 체제 강화, 정부의 효율성, 부정부패 척결 등과 같은 시급한 과제를 안고 있다. 이러한 부분에서의 취약성은 여전히 중미 지역에 심각한 문제들을 양산하고 있다. 대표적 예가 저조한 투표율이다.

    같은 맥락으로 민주주의에 대한 신뢰 감소 또한 심각한 문제로 지적된다. 2003년과 2007년 라틴 지표 보고서(Informe Latinobarometro) 결과를 비교해보면, 민주주의가 국가발전을 위한 최선의 방법인가라는 질문에 긍정답변의 비율이 과테말라를 제외한 모든 국가에서 감소하고 있다.

    여전히 같은 맥락에서 민주주의에 대한 만족도를 살펴볼 수 있는데,

<표 3-4> 중앙아메리카: 민주주의에 대한 신뢰도

(단위: %)

국가	2003	2007	2007~2003
코스타리카	69	61	-8
엘살바도르	52	38	-14
과테말라	39	42	3
온두라스	59	46	-13
니카라과	58	58	0

자료: 라틴지표연합, 2007년 통계.

<표 3-5> 중앙아메리카: 민주주의에 만족하거나 아주 만족하는 인구 비율

(단위: %)

국가	2006	2007	2008
코스타리카	48	47	44
엘살바도르	25	33	38
과테말라	31	30	38
온두라스	34	31	24
니카라과	26	43	39
파나마	40	38	35
중앙아메리카	34	37	34.5

자료: 라틴지표연합, 2007년, 2008년 통계, www.latinobarometro.org

2006년과 2008년 사이 엘살바도르를 제외한 모든 나라에서 민주주의에 대한 만족도가 감소하는 것으로 나타나고 있다.

종합적으로 중앙아메리카의 모든 국가는 풀어야 할 정치적 과제에 직면해 있다. 이는 그간 역사적으로 늘 예외적 상황을 보여줬던 코스타리카도 마찬가지다. 모든 나라가 민주주의 시스템을 더욱 강화시키기 위해 많은 노력을 해야 하며, 이를 통해 시민들의 민주주의에 대한 신뢰를 다시 이끌어낼 수 있어야 한다.

5. ALBA와 페트로카리브 기금

ALBA의 지역통합을 위한 노력은 두 가지 전략을 통해 구체화되었다. 첫 번째는 대륙적 차원의 방송 시스템인 텔레수르(Telesur) — 아르헨티나, 볼리비아, 쿠바, 에콰도르, 니카라과, 베네수엘라, 총 여섯 나라가 참여한다 — 를 통해 이들 회원국뿐 아니라 더 많은 나라가 가입하는 것을 유도했다. 이 다국적 방송국은 라틴아메리카 통합을 위한 하나의 도구로 사용되었는데, 텔레수르를 통해 송출되는 방송들이 비록 뚜렷한 이데올로기적 메시지를 실어 나를 수는 없었지만, 라틴아메리카 내 통합을 돕는 조력자 역할을 충분히 수행했다.

두 번째는 좀 더 현실적인 것으로 석유라는 자원을 ALBA의 대외정책 도구로 사용한다는 것이다. 2001년의 에너지 협약(La Firma de Acuerdo Energético de Caracas)과 2005년의 페트로카리브, 같은 해 2005년 6월 메르코수르 정상회의에서 제시된 남미 남단 에너지(Cono Energético Sud-americano) 프로젝트가 그 예이다. 이들 모두 지역협력과 통합을 위한 새로운 시나리오의 초석을 제공했음이 분명하다.

2007년 쿠바에서 열린 제5차 페트로카리브 정상회의에서 베네수엘라가 제안한 교환정책과 좀 더 가벼워진 대출정책이 긍정적 결과들을 만들어내고 있다고 발표되었다. 지역 차원(회원국 간)의 제품과 서비스 교환, 그리고 석유 구입과 관련하여 회원국들에 제공된 석유값 보상은 더 많은 국가가 회원국으로 참여하도록 자극했다. 온두라스와 과테말라가 가입했고, 코스타리카가 공식적으로 가입을 신청했다. 이로써 페트로카리브는 앤티가 바부다, 바하마, 벨리즈, 코스타리카, 쿠바, 도미니카 공화국, 도미니카연방, 그레나다, 과테말라, 가이아나, 아이티, 온두라스, 자메이카, 니카라과, 세인트키츠-네비스, 세인트빈센트-그레나딘,

세인트루시아, 수리남, 베네수엘라 19개국으로 구성되었다.[10]

'민중'을 위한 대안 제시라는 측면에서 ALBA는 페트로카리브를 통해 주변국들의 가입을 훨씬 유연하게 한다. 지역통합 문제나 정부가 풀어야만 하는 숙제와는 상관없이 ALBA에 소속되는 것 자체가 이론적으로 다른 통합 프로젝트를 수행하거나 발전시키는 데 전혀 방해가 되지 않기 때문이다. 비록 강한 이데올로기적 성향으로 인해 각국 내에서 많은 분열과 갈등이 만들어지기도 하지만, 중앙아메리카가 ALBA를 통해, 특히 페트로카리브를 통해 기존에 가지고 있던 것보다 훨씬 더 많은 경제적 이익을 얻고 있는 것이 사실이다.

이러한 관점에서 페트로카리브는 중앙아메리카와 카리브 지역에서 협력의 주요한 매개체로 떠오르고 있다. 우려가 없었던 것은 아니다. 시작 단계에서 페트로카리브의 가입과 설립국이 갖는 정치적 이데올로기를 별도로 분리시킬 수 없을 것이라는 생각이 지배적이었다. 다시 말해 가입국들이 설립국의 정치적 이데올로기로부터 자유로울 수 없을 것이란 우려가 없지 않았다. 그러나 일부 국가의 사례를 통해 보인바대로, ALBA나 페트로카리브의 가입이 특정 이데올로기적 성향에 의한 것이라기보다는 경제적 이익에 의한 것임이 점점 더 명확해지고 있다.

베네수엘라 경제연구소(Centro de Investigaciones Económico de Venezuela: CIECA)가 제시한 통계에 의하면 베네수엘라가 ALBA 창설부터 2008년 9월까지 회원국들을 위해 책정한 지출은 329억 5900만 달러에 달한다.

---

10) 2009년 코스타리카의 페트로카리브 가입 시도가 있었으나 실질적 가입은 이루어지지 않았고 2014년 7월 루이스 기예르모 솔리스(Luis Guillermo Solís) 대통령이 다시 가입을 시도했지만 상공업 연합의 반대에 부딪혀 가입이 불발되었다. 본문에 열거된 페트로카리브 국가들 중 코스타리카를 제외한 18개국이 회원국이다. ─ 옮긴이

〈표 3-6〉 베네수엘라의 ALBA 회원국에 대한 기금 지원

(단위: 100만 달러)

국가	쿠바	볼리비아	니카라과	ALBA 은행	아이티	온두라스	도미니카
총액	18,776	6,724	5,523	1,350	440	130	8

자료: *El Universal*, "Cuáanto cuesta el ALBA"(2008.9.28), http://www.eluniversal.com/ 2008/09/28/pol_art_cuanto-cuesta-el-alb_1062204

이는 베네수엘라 한 해 재정수입의 23.51%를 차지하는 액수이다. 정부 공식 발표에 의하면, 이 액수는 ALBA와 페트로카리브의 총재정을 뛰 어넘는 수준이다. 물론 때에 따라 예산만 책정되고 집행까지 이어지지 못한 경우도 있었다. 또 지출 항목은 명시되었으나 지출 액수가 정확히 밝혀지지 않은 경우도 있다. 따라서 CIECA가 발표한 액수를 액면 그대 로 믿는 것은 다소 무리일 수도 있겠다. 하지만 <표 3-6>에서 보는 바와 같이 각국에 배정된 돈의 액수는 결코 적은 양이 아니다. 이미 알려진 대로 베네수엘라의 경제적 지원은 중앙아메리카 각국에서 실로 중요했다. 특히 이 지역에 대한 미국과 EU의 보조가 현저히 감소한 시점에서 더욱 그러했다. 실제로 코스타리카 오스카르 아리아스(Oscar Arias) 대통령이 언급한 바와 같이 베네수엘라의 이 지역에 대한 경제적 지원은 미국의 지원보다도 4~5배나 많은 양이었다.

코스타리카 대통령은 페트로카리브 지원뿐 아니라 ALBA가 에너지 자원 관리를 위한 정책집행 과정에서 사용한 기금에 대해서도 언급했 다. 대표적인 것이 원유 구입에 대한 지원인데, ALBA는 회원국 원유 구입에 대해 각 배럴당 50달러 이상을 지원한다. 이는 각국 원유 구입 총비용의 40%에 해당한다. 대금상환 기간은 25년이고 이자는 고작 1% 다. 단기상환이라면 90일까지 허용된다. 세계적으로 연료 가격이 급상 승하면서 중미 국가들에 이러한 제안은 더욱 중요할 수밖에 없었다.

페트로카리브의 지원 또한 상당하다. 2005년 6월부터 2007년 12월까지 회원국들에게 제공된 총신용은 11억 7000만 달러에 달했다. 이는 매년 4억 6800만 달러로 계산되는 금액이다. 국제통화기금의 계산에 의하면 가이아나, 자메이카, 그리고 니카라과와 같은 나라들의 국내 총생산 5~6%에 해당하는 수준이다. 미주개발은행(Banco Internacional de Desarrollo: BID)을 통해 2005년부터 2008년까지 페트로카리브 가입국들에게 지원된 총액이 1억 달러에 그친다는 점과 비교해보면, 페트로카리브의 적극적 지원을 다시 한 번 실감해볼 수 있다.

6. 중앙아메리카에서의 ALBA와 페트로카리브

니카라과는 중앙아메리카 국가 중 ALBA의 가장 큰 수혜국이다. 경제적 수혜뿐 아니라 자칭 '반제국주의자(Antiimperialista)'와 '반미(Antiestadosunidenses)' 이데올로기를 공유한다. 사실 이 두 단어는 대통령인 다니엘 오르테가의 연설에서 빠지는 경우가 없다. 이처럼 니카라과는 베네수엘라에 의해 발의된 지역통합 제안에 동의하고 이란과도 정치적 입장을 같이 한다. 하지만 이러한 정치적 입장이 니카라과의 대외정책 전반에 결정적 영향을 미치지는 않는다. 재미있는 사실은 니카라과와 미국과의 관계이다. 이 두 나라가 여전히 자유무역협정을 유지하고 있고 또한 니카라과 기업들의 가장 중요한 시장 역시 미국이라는 점이다. 베네수엘라에 의해 '최고의 적'으로 규정된 미국과의 관계에서 니카라과는 전혀 상반된 양상을 보이고 있다. 이는 미국 측도 마찬가지이다. 미국의 대외무역부 차관 크리스토퍼 파딜라(Christohper Padilla)가 2008년 초 니카라과를 방문한 가운데 니카라과가 ALBA와 페트로카리브가입을 통해 베네수엘라와 관계를 맺고 있지만, 이와 같은 상황이 미국과의 관계에 아무런 문제가 되지 않는다고 언급한 바 있다.

　사실 니카라과가 ALBA에 가입한 지 2년이 지나는 시점에서 어떤 이익이 있었고 구체적으로 어떤 결과들을 얻었는가에 대한 해석은 누가 하는가에 따라 달리 나타난다. 일부 반대론자들은 통합에 따른 이익이 사회의 아주 제한된 부분, 구체적으로 에너지와 교통 부분에서만 한정되어 발생했다고 주장한다. 이들의 해석은 결코 긍정적일 수 없다. 베네수엘라의 지원으로 니카라과 내에서 석유에 대한 의존도가 점점 높아지면 가솔린의 가격 급등을 피할 수 없을 것이라는 걱정까지 앞당겨 하고 있다. 반대로 ALBA를 옹호하는 입장에서는 이 협정 때문에 에너지 파동과 그간 니카라과의 고질적 문제였던 정전이 개선되고 있다고 주장한다.

　온두라스의 경우, 2008년 8월 25일 ALBA 가입에 대한 해석에서 경제적 이익의 측면이 더욱 부각될 수밖에 없다. 왜냐하면 셀라야 정부는 중앙아메리카의 다른 나라들과 달리 베네수엘라와 상이한 이데올로기적 기반을 갖기 때문이다. 초창기 셀라야 정부는 ALBA 회원국들과 정치적 방향을 같이 했다. 특히 볼리비아 정부가 내정간섭을 이유로 미국 대사를 추방했을 때 보여준 연대에서 이러한 성향이 더욱 분명하게 부각되었다. 그 일환으로 새로 부임한 주 온두라스 미국대사 우고 로렌스(Hugo Llorens)의 신임장 제정을 수일간 연기하기도 했다. 그럼에도 시간이 흐르면서 정부의 입장은 눈에 띄게 부드러워졌고 이로써 진정 ALBA의 이데올로기에 동의하는지에 대한 의심을 가져왔다.

　실제로 2009년 9월 19일 셀라야 대통령은 온두라스 기업인들을 앞에 두고 ALBA 가입은 자원 부족에서 기인한 결과일 뿐이라 강조하며, 정치적 의도에 대한 우려와 해석을 씻어내고자 했다. 당시 온두라스 정부 입장은 민간기업의 경제적 지원을 받지 못하는 상황이었고, 세계은행과 미주개발은행 같은 공공 부문의 협력 역시 충분하지 않았다. 세계은행이 1000만 달러를 빌려주기로 했을 때, 베네수엘라 정부는 이 나라가 ALBA에 가입하면 1억 3000만 달러를 빌려주기로 약속했다. 온두라스의 ALBA 가입이 정치적이기보다는 경제적이었다는 사실은 2008년 10월 9일에 있었던 의회의 가입 인준 과정에서도 잘 드러난다. 당시 인준 내용에는 자원 사용뿐 아니라, ALBA 가입에서 기인하는 군사적·정치적 약속에 대한 철회 조항이 포함되어 있었다.

코스타리카와 과테말라는 베네수엘라와의 관계를 페트로카리브 가입으로 한정했다. 과테말라는 2008년 7월 13일에 가입했고, 코스타리카는 가입이 진행 중에 있다.[11] 물론 이 중 어느 나라도 그들의 ALBA 가입을 통해서 베네수엘라와 정치적·이데올로기적 관계망을 형성하는 것을 원하지 않는다.

온두라스의 ALBA 가입 이후, 그리고 코스타리카의 페트로카리브 가입 가능성 발표 이후, 중앙아메리카에서 유일하게 베네수엘라와 둘 중 어떤 협약도 맺지 않고 있는 엘살바도르에 관심이 쏠리고 있다. 2008년 10월 6일 안토니오 사카(Antonio Saca) 대통령은 중앙아메리카 모든 나라의 결정을 존중하지만, 엘살바도르는 ALBA나 페트로카리브와 관련하여 그 어떤 이해관계도 갖지 않는다고 밝힌 바 있다. 다음번 대통령 선거를 통해 과연 엘살바도르와 ALBA 혹은 페트로카리브와의 관계에 변화가 있을지는 모를 일이다.

---

11) 코스타리카는 2014년 현재까지 페트로카리브에 가입하지 않았다. — 옮긴이

7. 다음은 무엇인가?

지역통합과 관련하여 중앙아메리카는 다양한 영역에서 도전에 맞닥뜨리고 있다. 그중 부각되는 것은 중미 지역 각 나라들 사이의 불균형과 그 불균형을 제거할 수 있는 응집된 기반의 부재, 그리고 지역통합을 끌어낼 수 있는 혹은 전진시킬 수 있는 정치적 의지 부족 등이다. 나아가 이들 국가 혹은 중앙아메리카라는 지역에 기반하여 존재하는 제도들이 여전히 취약하다는 점이다.

2008년 11월 니카라과 지방선거 과정에서 나타난 민주주의에 대한 위협은 중앙아메리카가 민주주의 시스템을 강화하고자 하는 입장에 더해진 또 하나의 걱정거리다. 물론 베네수엘라는 선거 결과와 관련하여 아무런 문제를 제기하지 않았다. 또한 이미 여러 분석을 통해 우려되는 바와 같이, 미국 새 정부도 기존 라틴아메리카 국가들과의 관계에서 실질적인 변화를 시도하지는 않을 것이다. 이러한 사실이, 적어도 단기간에는, 중앙아메리카 국가들에게 좋은 소식일 수 없다. 무엇보다도 이들 나라들이 미국 경제와 긴밀한 관계를 맺고 있는 상황에서 세계 금융 위기에 따른 미국 내 실업 증가가 당장 이주와 송금 부문에 부정적 결과를 초래할 것이기 때문이다. 물론 서서히 다가오고 있지만, 타격에서 회복하기가 결코 쉽지는 않을 것이다.

2008년 10월에 열린 SICA 비정기 총회에서 각국 정상들은 미국을 넘어서는 새로운 시장 개척을 위해 각고의 노력을 기울일 것을 약속했다. 이런 틀 안에서 본다면, 메르코수르나 ALBA, 페트로카리브 등과 같은 라틴아메리카 내 경제협력체 역시 중국이나 아시아 지역과 더불어 중앙아메리카에 새로운 기회의 장이 될 것임이 분명하다.

또한 이의 연장선상에서 본다면, 베네수엘라가 제안하는 프로젝트들 역시 좀 더 쉽게 자원에 접근할 수 있는, 혹은 국제적으로 새로운 상황에 맞서기 위한 실현 가능한 선택일 수 있다. 실질적으로 페트로카리브는 최근의 경제 위기 상황에서 회원국들이 맞닥뜨릴 수 있는 충격을 완화시키는 역할을 했음이 분명하다. 물론 최근 들어 지속적으로 하락하고 있는 석유가격에 대한 베네수엘라 정부의 대응이 향후 변수로 작용할 수 있겠으나, 지금까지는 중미 지역에 실질적 도움이 되었음이 확실하다. 차베스는 이와 같은 메커니즘을 지속시키겠다고 주장한다. 그러나 이미 많은 전문가가 만약 석유 가격이 배럴당 75달러 밑으로 내려가면 베네수엘라 정부가 지금과 같은 수준의 재정지출을 유지하기 어려울 것으로 전망하고 있다.[12]

ALBA와 베네수엘라의 정치적·이데올로기적 프로젝트가 온전히 적용된 나라는 중앙아메리카 국가들 중 니카라과가 유일하다. 그럼에도 사실 오르테가 정부는 미국과의 관계를 과거와 크게 다르지 않은 틀 속에서 유지하고 있다. 다시 말해 니카라과의 반미 정책은 이렇다 할 사실적 변화를 가져오지 않았다. 2008년 1월 미국과 베네수엘라 사이에 불거진 갈등 앞에서 미국이 베네수엘라를 침공할 경우 ALBA 회원국들이 군사적 동맹을 감행할 것이란 사실은 그저 기우에 그치는 정도이다.

세계 금융 위기의 도래와 새로운 미국의 대 중앙아메리카 정책이 변화하는 가운데 라틴아메리카 내부적으로도 변화가 진행되고 있다. 이러한 변화들은 멕시코에서 나타나는 극심한 양극화의 진행으로 표현되기도 하고 베네수엘라의 독특한 지도 체제로 표현되기도 하면서 새로운 정치 시대를 열어가고 있다.

---

12) "Venezuela: Chávez ante el final de las vacas gordas" en *Infolatam*, www. infolatam.com

이 지역에서 수많은 통합 논의들이 이루어지고 있고, 실제로 국가 간 통합이 이루어지고 있는 것이 사실이지만 아직까지는 세계화 과정에서 파생된 일상의 문제들을 현실적으로 해결할 수 있는 수준의 결과는 만들어내지 못하고 있다. 지역적 수준을 뛰어넘는 현안들, 즉 안보, 기후변화, 전염병 등과 같이 새롭게 떠오르는 문제들에 직면해서도 각각의 국가들은 여전히 '통일된 목소리'를 내지 못하고 있다. 범지구적 문제는 차치하고라도 지역통합의 사안에서도 분열된 입장을 보이고 있다.

그럼에도 지금까지 이어진 여섯 번의 ALBA 정상회의, 세 번에 걸친 ALBA-TPC 정상 비정기 회의, 다섯 번의 페트로카리브 정상회의에서 이들이 끌어냈던 합의를 기억해야 한다. 위에 언급된 모든 경우에서 경제적 협력과 각 회원국의 경제를 강화시킬 수 있는 새로운 협력 방법들이 논의되었다. 아직까지는 ALBA의 정치적 혹은 이데올로기적 제안이 중미 각 국가들 사이에 큰 반향을 일으키진 못하지만, 중미 개발도상국에 좋은 기회가 될 것이라는 기대는 여전하다. 이러한 상황에서 ALBA에게 남겨진 과제는 적어도 페트로카리브에 가입한 모든 국가가 ALBA의 회원국이 되는 것이다. 이를 통해 ALBA가 시작부터 계획한 프로젝트를 구체적으로 수행해나가야 한다.

참고문헌

Altmann Borbón, J. 2008. *ALBA: ¿Un proyecto para América Latina?* disponible en www.realinstitutoelcano.org

Altmann Borbón, J. y Francisco Rojas Aravena. 2007. *Desafíos de la integración centroamericana.* Serie Cuadernos de Integración. San José, Costa Rica: Flacso-Secretaría General.

Cepal y SICA. 2004. *La integración centroamericana: beneficios y costos.* documento síntesis.

Cumbre Extraordinaria de Jefes de Estado y de Gobierno del SICA. 2008. *Declaración especial ante la crisis financiera mundial.* disponible en minex. gob.gt

Rojas Aravena, F. 2008. *Integración en América Latina y las relaciones con la UE. Proceso complejos con importantes oportunidades.* trabajo presentado en el IX Foro de Biarritz.

Segovia, A. 2006. *Integración real y grupos de poder económico en América Central: Implicaciones para la democracia y el desarrollo de la región.* San José, Costa Rica: Fundación Friedrich Ebert.

Solis, L. G. 1998. "Centroamérica: los factores políticos y su inserción internacional." en J. Nowalski y J. Acuña, *¿Quién es quién en la institucionalidad centroamericana?* San José, Costa Rica: PNUD.

신문 기사

La Prensa. 2008.9.25. "Beneficio de Alba no llegan a los nicaragüenses." disponible en http://www.laprensa.hn/especiales/381762-273/beneficios-de-alba-no-llegan -a-los-nicarag%C3%BCenses

El Heraldo. 2008.9.10. "Congreso Nacional ratifica el Alba bajo restricciones." disponible en http://www.escondiendolanoticia.com/en/mas.php?idnoticia=2276

_____. 2008.10.6. "El Salvador no le ve provecho al Alba." disponible en www.

elheraldo.hn

El Nuevo Diario. 2008.10.26. "FMI: Nicaragüense el más beneficiado por alba." disponible en http://www.elnuevodiario.com.ni/imprimir.php/30717

La Nacion. 2008.8.20. "Los cuidados con Petrocaribe." disponible en http://www.nacion.com/ln_ee/2008/agosto/20/opinion1668134.html

La Prensa. 2008.9.23. "Nicaragua le sigue apostando al Cafta." disponible en http://www.laprensa.hn/especiales/381765-273/nicaragua-le-sigue-apostando-al-cafta

_____. 2008.10.19. "Presidente Zelaya recibe credenciales de Llorens." disponible en http://www.laprensa.hn/honduras/559561-97/presidente-zelaya-recibe-credenciales-de-llorens

La Prensa Grafica. 2008.9.28. "Zelaya pactó con Chávez por falta de dinero." disponible en www.laprensagrafica.com

제4장

세계 경제 위기, 중남미에 가한 충격

알레한드로 아라우스 L. _이성훈 옮김

2008년 미국에서 발발한 경제 위기는 직접적인 방식으로 중미 지역에 영향을 끼쳤다. 미국에 매우 의존적인 이 지역의 경제는 수출 감소, 외국의 직접투자와 송금 감소, 관광객 축소 등 다양한 방식으로 영향을 받았다. 이런 조건에서 이 지역은 2009년 겨우 2.6%의 성장률을 보여줄 것으로 평가되고 있다. 이 글은 지역 내의 각국 정부가 생산자들에게 좀 더 근접한 대안을 제공하기 위해 역내 무역의 장애물을 제거하는 것과 같은 구조적인 조치를 취하는 것 이외에, 유동성을 공급하기 위한 통화 확대 정책을 주장한다.

알레한드로 아라우스 L. Alejandro Aráuz L.   멕시코의 경제연구교육센터(Centro de Investigación y Docencia Económicas: CIDE)의 대학원에서 공부했으며, 센트로 아메리카 대학-니카라과(Universidad Centroamericana-Nicaragua)를 졸업한 변호 사이다. 현재 민간 컨설턴트와 자문위원으로 일하고 있다.

* 이 글은 ≪Nueva Sociedad≫ 220호(2009년 3~4월)에 실린 글을 옮긴 것이다.

미국에서 시작된 현재의 세계적인 위기만큼 중미 지역에서 강력한 반향을 일으킨 위기는 없었다. 위기의 확산은 즉각적이었고, 신흥 경제의 성장 목표에 영향을 끼쳤다. 중미와 같이 작은 규모의 경제에서 영향은 좀 더 직접적이었고 빨랐다. 세계 경제는 명백히 침체 국면에 있고, 선진국의 국내총생산(GDP) 역시 2009년 0.3%로 수축될 것이다. 이 점이 신흥 경제들의 하강에 편승 효과가 있을 것이다.[1]

2008년 중반 이후 나타난 세계 경기의 하강 효과는 중미 각국에서 서로 다른 방식으로 체감되었다. 2009년 들어 가족 송금과 같은 직접적인 유동성 수단이 축소되고, 수출 소득이나 은행 재원과 같은 투자금이나 관광 소득이 축소되면, 이 효과는 좀 더 결정적인 방식으로 나타날 것이다.

이런 상황은 전례가 없었다. 중미 국가들은 지금과 같은 위기를 경험해보지 못했고, 오늘날처럼 외부 시장의 파괴적인 파급 효과에 노출되어본 적도 없다. 물론 이전에 1997년 동남아 경제 위기와 같은 세계적인 효과를 수반한 다양한 위기가 있었다. 이 위기는 홍콩 주식시장의 갑작스러운 폭락을 유발하고 다른 시장으로 번져나갔다. 멕시코, 아르헨티나, 러시아 같은 신흥 국가들에서도 다른 위기가 있었다. 그럼에도 이런 위기 중 어느 것도 이처럼 명백하게 중미 지역에서 큰 영향을 주지 못했다.

역사적으로 미국의 영향력하에서 구조화되었다고 할지라도, 1929년 대공황을 제외하고 중미 경제는 미국이 경험한 경기후퇴에도 영향 받지 않았다. 비록 대공황의 영향이 3년 후에야 나타나기는 했지만, 대공황은 권위주의 정부를 강화하는 것과 함께 사회적·경제적 정체라는 긴 단절

---

1) IMF, "Perspectivas de la economía mundial," 6 de noviembre de 2008.

을 통해 이 지역에 심각하게 영향을 끼쳤다. 1929년 위기의 첫 번째 희생자는 중미 경제 성장의 주요 원동력이었던 커피생산 부문에서 발생했다. 위기 발발 이후 4년 동안 수출은 평균 55% 감소했고, 급속하게 다른 영향들이 파생되었다. 수많은 기업이 파산했고, 커피 플랜테이션 농장은 일시적으로 유기되었다. 이 과정에서 실업이 심화되었으며, 부의 집중이 강화되었다.[2] 제2차 세계대전 막바지에 이르러서야 이 지역의 생산 수준은 회복되었다.

중미 지역을 강타한 또 다른 위기는 1980년대의 내전이다. 이것은 이 지역을 전례 없는 깊이의 퇴행 국면으로 밀어 넣었다. 경제 위기는 지역의 모든 나라들을 강타했고, 군사 예산이 공적 재원의 절반을 차지한 나라들과 고정자산 및 인명의 대량 손실이 일어났던 곳에서 더욱 극적이었다. 경제 회복은 1990년대 워싱턴 컨센서스하에서 진행되었다. 농업 수출에 기반을 둔 경제는 시장 메커니즘의 확대와 공공 부분의 역할 축소에 따라 좀 더 확대된 개방에 노출되었다. 구조조정과 구조변화 정책으로 국제적인 기준의 거시경제 지표들은 호전되었다. 이러한 틀 내에서 경제성장은 긍정적인 결과를 가져왔다. 자본 유입, 곧 외환의 유입(송금)으로 해석될 노동력의 송출(이주), 마킬라(maquila) 수출의 확대, 그리고 몇몇 경쟁 부문에서의 발전의 결과였다. 그러나 이런 모든 긍정적인 결과들은 국민들의 낮은 소득 수준과 빈곤의 지속적인 증가에 기반을 두고 있었다.

그럼에도 최근 몇 년간 이 지역 경제는 높지는 않았지만, 현재의 위기

---

2) 과테말라 사회과학발전협회는 "이렇게 위기가 형성되었다. 경제는 토대부터 흔들렸다"라고 했다[Asociación para el Avance de las Ciencias Sociales en Guatemala: Avancso, "Centro América en el vértice de la historia," *Cuadernos de Investigación*, No. 1(Guatemala: Avancso, 1990)].

에 더 강력한 거시경제적인 수단으로 대응하기 위해 필요한 수준의 성장의 결과로 인해 어느 정도 강화되었다. 결국 오늘날 중미는 핵심 거시경제 지표들에서 안정성을 기록하고 있다. 즉, 외채는 감소했고, 외환 보유고 수준은 안정적이고(3개월 수입액에 상당함), 수출 증가는 고용을 확대했으며, 재정 적자는 안정적이고 통제가능한 수준이다. 이러함에도, 경상수지 적자, 에너지자원의 높은 의존도, 식량 수입의 필요성 등 많은 약점들이 존재한다.

이러한 부정적 상황에 대응할 수 있는 대안들을 모색하기 위해 다음 절에서는 중미지역에 타격을 가한 세계 경제 위기의 영향과 위기 확산의 다양한 경로들을 분석해본다.

1. 경제 하강

2009년도 성장 전망은 주요 부문에서 영향을 받게 될 것이며, 이는 재화와 서비스 생산에 영향을 줄 것이다. 실제로 월간 경제활동 지표(IMAE)에 의해 측정된 경제활동은 <그림 4-1>이 보여주는 것처럼, 2008년 동안 하강 추세를 보여주었고, 2009년에도 이런 추세가 지속되리라고 예측되었다.

2008년 중반부터 경제 위기는 이 지역의 성장을 하강 국면으로 이끌었다. <그림 4-2>가 보여주는 것처럼 2008년 경제는 3.7% 성장했는데, 이는 2007년 달성한 5.6%에 비해 상당히 작은 규모이다. 경제 예측에 따르면 중미 경제는 2009년 2.7% 성장하겠지만; 3810만 명에 달하는 현재 인구가 연평균 2% 증가율을 보이고 있다는 점을 고려하면, 이는 상대적으로 낮은 수치라고 할 수 있다.

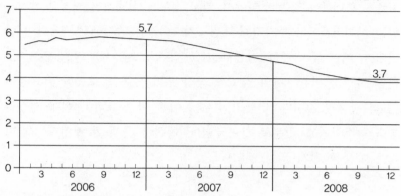

〈그림 4-1〉 중미의 생산: 월간 경제활동지표(IMAE)의 연내 변화율, 중미 평균

(단위: %)

5.7

3.7

2006   2007   2008

자료: 중미 각국 중앙은행 자료를 필자가 가공함.

〈그림 4-2〉 중미의 GDP: 연간 변화율

(단위: %)

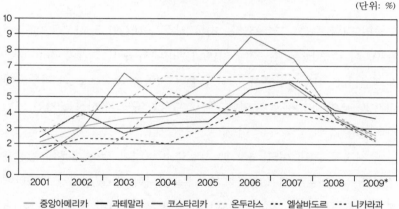

2001 2002 2003 2004 2005 2006 2007 2008 2009*

—— 중앙아메리카   —— 과테말라   —— 코스타리카   ···· 온두라스   ··· 엘살바도르   ··· 니카라과

* 2009년 수치는 각국의 예상치.
자료: 중미 각국 중앙은행 자료를 필자가 가공함.

낮은 성장율은 심각한 결과를 가져올 것이다. 국가재정은 이중적으로 압박받게 된다. 재정수입에서 부가가치세(IVA)와 소비 행위에 매우 민감한 다른 간접세들의 비중을 고려할 때, 실제로 경기 하강은 재정수입에 영향을 끼칠 것이다. 게다가 이러한 악순환을 끊기 위해서 당연히 지출을 확대해야 하는 상황에서, 각국 정부는 실제적인 재정적 한계가 있는 사회정책이나 투자정책을 공공지출이라는 관점에서 대응해야 할 것이다. 이런 틀 내에서, 경상지출(특히 급여, 보조금, 지방자치단체 교부금)뿐만 아니라 민간투자의 감소를 공적 투자를 통해 보충할 필요성이 좀 더 강해질 것이다. 몇몇의 경우에 이런 이중 효과는 현재 재원을 더욱 축소시키고, 정부로 하여금 신규 차관을 찾게 할 것이다. 즉, 더 많은 채무를 지게 되는 것이다.

2. 수출 성장 축소

중미 지역 수출의 약 48%는 미국 시장을 대상으로 하고(<그림 4-3> 참고), 이 중 30%는 수출자유지역(마킬라)에서 생산된 제품이다. 다른 주요 시장은 유럽연합(수출의 11%), 중미 지역을 중심으로 한 라틴아메리카(30%), 아시아 시장(7%)이다. 좀 더 다양한 구조의 시장을 가진 코스타리카의 경우 중국 시장이 주요 대상이다.

이 시장들, 특히 미국 시장의 소비 축소는 이미 수출 부문에 영향을 주었다. <그림 4-4>에서 평가할 수 있는 것처럼, 수출 추세가 2009년에도 감소를 보여주고 있다. 2008년 대비 약 8% 성장이 예측된다(2008년 동안 수출은 2007년 대비 12.5%의 성장을 기록했다).

미국 상무부 국제무역국 섬유의류실(OTEXA)의 데이터에 의하면, 2008년 10월 현재 미국의 마킬라 제품(섬유) 수입 감소는 약 3.2%였다. 일반적으로 미국과 EU의 소비 수축은 중미의 대외 부문에서 하강 효과로 이어진다. 주된 영향은 커피, 육우, 생선, 설탕, 섬유, 식료품과 원자재

〈그림 4-3〉 중미의 주요 수출 지역: 전체 수출에 대한 비율

(단위: %)

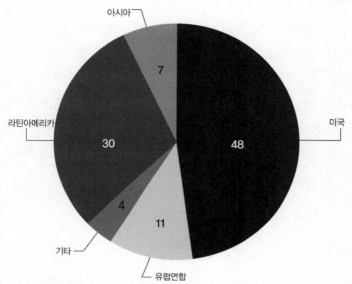

자료: 중미 각국의 정보를 필자가 가공함.

〈그림 4-4〉 중미의 수출: 연간 변화율

(단위: %)

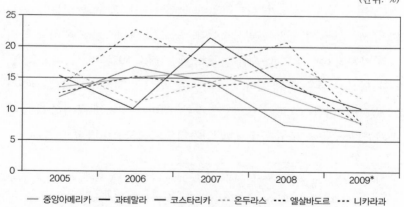

* 2009년 수치는 각국의 예상치.
자료: 중미 각국 중앙은행자료를 필자가 가공함.

값에서 나타난다. 이것들이 지역 내 각국에서 외환과 고용의 결정적인 원천 역할을 해왔다.

수입과 관련하여 경제 위기는 원유, 금속이나 화학 원자재, 곡물(밀, 귀리, 호밀) 같은 일용품 가격의 급격한 하락에 의해 유리한 측면을 제공할 수도 있다. 지난 몇 년 동안 수입은 상당히 높은 비율로 증가했다. 그럼에도 수입가격의 하락이 수출 하락을 보상하는 것은 어려워 보인다. 이런 상황은 무역 적자의 확대를 의미할 것이고, 이런 적자는 미국의 경우 경기후퇴 이전에 이미 상당히 늘어났다. 동시에 이 상황은 지역 국가들의 외환 보유고와 환율에 영향을 끼칠 것이다.

3. 송금 수입 감소

송금 수입은 중미 지역에서 GDP의 약 12%를 차지할 정도로 매우 중요한 요소다. 이 비율은 온두라스(GDP의 21%)와 엘살바도르(GDP의 18.1%)에서 좀 더 높으며, 니카라과와 과테말라가 그 뒤를 잇는다(<그림 4-5> 참고). 송금의 영향은 인상적이다. 즉, 코스타리카를 제외하고 중미 지역 가계의 65%가 가족 송금을 통해 매달 최소 50달러에서 최대 250달러에 달하는 돈을 받고 있다.[3] 중미 이주 인구의 74%가 미국에 거주하고 있으며, 일반적으로 건설, 과일 수확, 서비스 영역에 종사하고 있다. 스페인과 코스타리카도 중요한 일자리 제공 국가이다.[4]

---

3) Manuel Orozco, "Estimating Global Remittance Flows: A Methodology," *Inter-American Dialogue/Global Migrant Origin Database*(GMOD)(2007).

4) IFAD, "Sending Money Home; Worldwide Remittance Flows to Developing Countries"(IFAD, 2008).

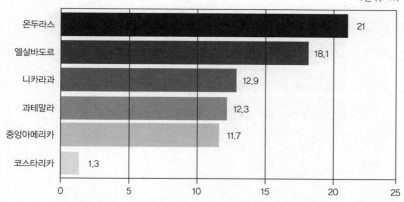

〈그림 4-5〉 중미에서 가족 송금의 중요성: 2008년 GDP 대비 연간 유입액

(단위: %)

온두라스	21
엘살바도르	18.1
니카라과	12.9
과테말라	12.3
중앙아메리카	11.7
코스타리카	1.3

자료: 중미 각국 중앙은행 자료와 유엔 산하 라틴아메리카카리브 경제위원회의(Balance preliminar de las economías de América Latina y el Caribe, 2008)를 이용하여 필자가 가공했음.

세계적 위기와 함께 좀 더 강조될 중요한 문제는 강제 귀국이다. 이는 경제 위기에 따른 미국과 스페인의 건설과 서비스 부문 침체에 의해 유발되었다. 중미 국가들은 미국과 체결된 임시보호신분(Temporary Pro-tected Status: TPS)에 따라 임시 노동허가의 필수 조건을 유지하고자 노력했다. 그럼에도 중미 각국 정부들이 이를 항구적으로 유지할 수 있는 방법은 거의 없었다. 중미 국가들은 스페인의 경우에서처럼 이민 규칙에 대해 허약한 대응력을 가지고 있을 뿐이다.

4. 자본과 해외직접투자 축소

미국, 중미, 도미니카공화국 간 자유무역협정(CAFTA-RD)의 체결부터 중미 국가들은 더 많은 자본 유입을 위해 경쟁해왔다. 그럼에도 실제

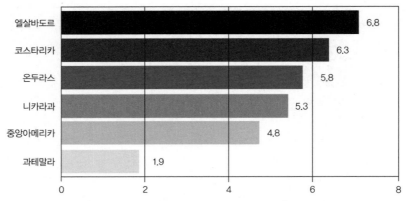

〈그림 4-6〉 중미에서 해외직접투자의 중요성: 2008년 GDP 대비 연간 유입액

(단위: %)

엘살바도르	6.8
코스타리카	6.3
온두라스	5.8
니카라과	5.3
중앙아메리카	4.8
과테말라	1.9

자료: 중미 각국 중앙은행 자료와 CEPAL의 전술한 자료를 필자가 가공.

자본 유입은 기대와 달랐고, 미국의 경기후퇴로 인해 상황은 더욱 복잡해졌다. 해외직접투자(FDI)는 수출, 소비, 일자리 창출, 지역의 전체적인 발전에 압도적인 역할을 수행한다. 중미 각국 중앙은행 자료에 따르면, 해외직접투자의 지역 총액은 GDP의 약 5%에 달한다. 해외직접투자를 좀 더 많이 유인하는 나라는 엘살바도르, 코스타리카로 중미 지역에 투자되는 해외 자본의 약 65%를 흡수한다(<그림 4-6> 참고).

해외직접투자가 중요하다고 할지라도, 가족 송금이 해외직접투자의 두 배 반이 넘는다는 사실을 지적해야 한다. 그러나 송금에 의한 수익의 마지막 종착지는 기본적으로 소비 부문이다. 이 점이 한편으로는 수입을 억제하지만, 다른 한편으로는 최빈민층에게 우호적인 재분배 효과를 만든다.

현재의 위기는 기본적으로 마킬라 수출에 기대고 있는 중미·도미니카 공화국 자유무역협정(CAFTA-RD)을 약화시킬 것이다. 이 협정이 수출을 위해 더욱 유리한 조건을 만드는 것보다는 해외직접투자의 유입을 위해 더 우호적인 조건을 찾기 위해 이루어졌다는 것을 고려한다면, 지표들이 실망스럽다. 왜냐하면 전자의 조건들은 일시적이기는 하지만, 카리브 지역 개발 촉진계획(Caribbean Basin Initiative: CBI)으로 인해 이미 존재했다. 자료가 보여주는 이런 상황은 다음과 같다. 즉, 중미에서는 자유무역지대에서 생산된 재화로 미국 시장에 접근하는데, 경제 위기로 이 부문이 심각하게 축소된 것이다. 온두라스에서만 이 부문에서 3만 명 이상의 노동자들이 일자리를 잃었다. 니카라과에서 약 1만 9000개의 일자리가 사라졌으며, 과테말라와 엘살바도르에서도 비슷한 일이 일어났다.

외부 자본의 유입을 유인하는 것 이외에도 CAFTA-RD 조약 체결을 정당화하는 다른 요소는 미국, 멕시코, 캐나다 간에 맺어진 자유무역협정의 이용 가능성이었다. 멕시코는 중미 지역과 세 개의 무역협정을 체결했다. 하나는 코스타리카, 다른 하나는 니카라과, 나머지 하나는 과테말라, 엘살바도르, 온두라스(북쪽의 삼각지대)를 포함하고 있다. 실제로 멕시코는 (좀 더 규모가 작은) 캐나다와 함께 중미 지역의 중요한 투자자로 변모했다. 이런 틀 내에서 멕시코 경제의 하락은 또한 이 지역에 대한 외국직접투자 흐름을 상당히 감소시키는 데 기여했을 것이다. 이는 CAFTA-RD를 통해서 얻은 작은 이익까지도 무효화시켰다.

5. 관광 수입 감소

관광 부문의 영향에 대한 사전 조사는 목표치 대비 약간의 감소를 보여준다. 중미 각국의 중앙은행이 교통서비스 항목 및 관광 관련 기타 수입 항목으로 제시한 자료에 따르면 약 45억 달러에 이르는데, 이는

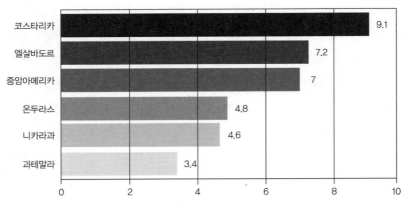

〈그림 4-7〉 중미에서 관광 수익의 중요성: 2008년 GDP 대비 연간 유입액

(단위: %)

자료: 중미 각국 중앙은행 자료와 CEPAL의 전술한 자료를 필자가 가공함.

나라에 따라 차이는 있지만(<그림 4-7>), 전체 지역 GDP의 7%에 해당한다. 여기에 지역의 서비스나 몇몇 생산활동에서 관광이 만들어낸 부가가치가 덧붙여져야 한다. 관광객의 주된 방문 국가는 코스타리카인데, 이 나라에서도 원래 목표치 대비 관광수익이 축소되었다.

2008년 관광 수익은 경제 위기 이전 목표였던 12%가 아니라, 약 6.5% 증가했다. 2009년에도 증가율이 낮아질 것으로 예측되고 있다. 세계관광기구는 세계 관광이 2008년에는 전년도와 비교해 겨우 2~3%로 저성장할 것이라고 평가했고, 2009년에도 0~2% 내의 여전히 낮은 증가를 보여줄 것으로 예측했다. 결국 중미는 특히 호텔, 무역, 식료 부문에서 이러한 하락의 영향을 경험하게 될 것이다.

6. 사회정책에 미친 위기의 영향

중미 인구의 65%는 최저생계비 이하로 생활하고 있다. 공개 실업률도 12% 이상으로 높다. 마찬가지로 인구의 54%는 소규모 혹은 영세 기업에서 경제활동에 참여하고 있다. 이 지역의 기업 약 80%는 소규모 혹은 영세 규모다. 이런 미묘한 상황에서 지역의 국가들은, 몇몇 나라들은 특히 중점을 두어, 최근 4년 동안의 성장에 발맞춰 비록 작은 수치지만 빈곤과 주변성을 완화시켰던 사회정책을 확대할 수 있었다.

그럼에도 2008년 이후 경제 위기로 이러한 진전들은 위기에 봉착하게 되는데, 특히 유류비용 상승과 함께 수많은 사회지표상에 변화가 나타나기 시작했다. 유류비용 증가는 소비자물가지수에 연동된 인플레이션을 유발했다(<그림 4-8>). 이는 식료품, 의약품, 의류, 서비스 구매에서 임금노동자의 구매력에 영향을 끼쳤고, 정부의 사회보장제도에 대한 최빈민층의 접근을 제약했다. 사회적 지출의 실질 금액이 감소했기 때문이다.

2009년 중미 각국의 사회적 지출은 위기 단계에 접어들 것으로 평가된다. 각국이 적절하지 않은 정책에 의존할 가능성에 따라 심각한 위험이 예고되기도 한다. 예를 들어 단기간 내에 악순환의 고리를 끊고 경기를 회복시키고자 하는 전망을 가지고 좀 더 많은 유동성을 공급하기 위한 경상지출의 확대는 미래의 사회정책에 바람직하지 않은 결과를 가져올 것이다. 이런 맥락에서, 위기의 복합성에 대응하고 가능한 모든 수단을 통해 최빈곤층에 끼칠 영향을 최소화하기 위해 필요한 정부의 리더십을 강조하는 것이 중요하다.

이런 좋지 않은 상황에서 사회정책이 찾아낼 수 있는 유일한 유인책은 2009년도 인플레이션의 완화다. 목표치는 지역 평균 5.8%이다. 이러

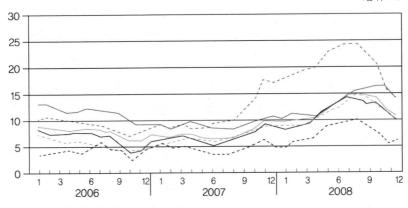

〈그림 4-8〉중미의 인플레이션: 2006~2008년 연간 변화율

(단위: %)

── 중앙아메리카 ── 과테말라 ── 코스타리카 ···· 온두라스 ··· 엘살바도르 ··· 니카라과

자료: 중미 각국 중앙은행 자료를 필자가 가공함.

한 축소는 유류 및 밀가루와 호밀과 같은 몇몇 식료품, 금속이나 화학 원자재 가격 하락의 결과일 것이다. 그럼에도 식료품은 몇몇 일시적인 하락을 넘어서 비용구조와 계절적 요인으로 인상된 가격을 유지할 것이다. 즉, 역내 국가들은 자신들의 사회정책을 유지하는 데 어려움을 겪게 될 것이고, 아마도 실업 증가까지 유발할 것이다. 그 결과 빈곤과 절대빈곤도 좀 더 심화될 것이다. 일부 국가에서 이와 같은 악순환은 더욱 가속화되고 있다.

7. 위기에 대한 이 지역의 대응책

이미 지적된 것처럼 국제금융 조건과 세계 경제의 경기후퇴 효과는 이 지역의 성장 목표치에 부정적 영향을 미쳤다. 그리고 결과는 사회적 긴장으로 이어졌다. 각국 정부는 위기의 영향과 2009년 이 위기를 중화시키기 위한 적절한 수단 동원의 어려움으로 고민이 크다. 이런 상황이 2010년 너머까지 지속된다면, 중미는 더욱 불안정한 상황에 놓이게 될 것이다.

이 위기의 기원이 외래적이고, 또 그 효과가 중미 전 지역에서 나타나고 있을지라도 각국은 이전 시기의 성장, 생산구조, 제도적인 토대와 사회 발전에서 얻어진 결과에 따라 위기를 극복하기 위한 자기 자신만의 수단을 가지고 있다. 이것은 각국이 자신의 상황에 적절한 수단을 찾아내야 한다는 것을 의미한다. 비록 어떤 해결책들은 중앙아메리카 통합 과정에서 만들어진 제도적 역량을 이용하기 위해 개별 국가 단위를 넘어 중미 지역 차원까지 확장되어야 할지라도 말이다.

무엇이 이러한 전략이 될 수 있는가? 이미 지적한 것처럼, 2009년의 인플레이션이 2008년보다는 그리 심하지 않을 것이라고 예측된다. 이는 통화정책을 유연하게 하고 유동성을 공급하기 위한 일정한 조정 여지를 제공한다. 물론 재정적 어려움을 만들지 않고 식료품 가격에 영향을 주지 않는 범위 내에서일 것이다. 과테말라나 코스타리카 같은 몇몇 정부가 이미 수요를 유지하기 위한 재정정책과 통화정책 수단을 발표했지만, 이는 가장 취약 부문에 대한 보호나 고용을 지속하기 위한 직접적인 유인책을 포함하지 않은 대체로 제한적인 대응이라고 할 수 있다.

문제는 최근 몇 년간의 진전이 있었음에도 이 지역의 전반적인 외환 보유 상황이 변변치 못할 뿐 아니라 일부 국가에서는 지극히 제한된 수준을 보이고 있다는 점이다. 아울러 이미 한계에 달한 기준금리도 문제가 되고 있다. 이러한 상황이라면 대외 신용을 이용해야겠지만, 통화정책의 유연화 혹은 확대를 통해 반경기적 수단에 대한 실험 가능성 또한 점쳐지고 있다. 경제 위기의 순간에서도 방어를 도와주고 강화하기 위한 다자적인 층위의 지원 가능성이 존재한다. 많지는 않지만, 외부 지원 기관도 존재한다. 즉, IMF 및 중미경제통합은행과 미주개발은행 같은 지역 층위의 다자간 금융기관 등이 몇몇 대안이다. 이런 조직들은 제한적이기는 하지만, 신속하고 효율적인 대응과 지속적인 프로그램이 적용된다면, 이런 위기 상황에 좀 더 효과적으로 대응하는 데 도움이 될 수 있는 자금조달 선을 가지고 있다. 재정정책이 완전히 무력화되지 않고 위기관리에서 적절한 역할을 할 수 있도록 잘 정향된 재정 자극책을 동반한다면, 차관도 효율적일 수 있다. 예를 들어 엘살바도르는 IMF로부터 8억 달러의 신용한도를 얻었다.[5]

중미 지역 정부들은 미래의 성장에 기여할 부문들에 신용을 제공하고, 사치품 소비를 줄이며, 또한 식료품 시장이 사회 지표들에 영향을 끼치지 않도록 효율적인 개입을 북돋우면서 체계적인 방식으로 움직일 수 있을 것이다. 이런 의미에서 몇몇 중앙은행들은 일정한 유동자산을, 특히 수축 위험이 있는 대외시장을 목표로 하고 있는 생산 부분에 신용을 지원하기 위해 사용하도록 하는 유연화 메커니즘을 이미 가동시켰다. 이 신용은 2009년에는 제한적이고 금리가 비쌀 것이라고 예측된다. 실제로 제한적 통화정책은 인플레이션이 두 자리 숫자를 넘은 2008년 중반까지 의미가 있었다. 그러나 인플레이션이 축소되어 한 자리 수치로 자리 잡게 되면, 중앙은행들이 지불준비금을 줄이고 2008년 말까지 점진적으로 상승했던 이자율을 낮출 여지가 있을 것이다. 그럼에도,

---

5) IMF 집행이사회는 엘살바도르와의 예방적 차원의 8억 달러 스탠바이 협정(stand-by arrangemen)을 승인했다. 이는 신뢰할 만한 임시적 충격에 대한 지원 목적으로, 세계 금융 위기 결과 및 선거와 관련된 불확실성을 포함한다.

이 전략은 모든 나라에 추천할 만한 것이 아니다. 즉, 미 달러 공용화폐 화정책으로 인해 화폐정책을 펼 수 없는 엘살바도르나, 높은 인플레이 션율과 매우 적은 지불준비금을 보유한 니카라과 같은 나라에는 적절하지 않을 것이다.

8. 결론: 창조성과 활동성

중미 지역에는 주로 통화정책이나 재정정책에 한정된 지금까지의 정부정책을 넘어서는 새로운 정책으로 거시경제 지평을 확대해야 할 시급한 필요성이 존재한다. 이런 의미에서 인프라와 사회자본에 대한 투자로 재정지출을 재조정하는 강력한 이니셔티브를 가지고 각국의 경제정책들이 확립되고 조율될 수 있을 것이다. 또한 자국의 수출업자들에게 역외의 침체된 시장보다는 더욱 가깝고 편리한 대안 시장을 제공하기 위해 역내 무역의 장애물들을 제거할 수 있을 것이다. 또한 최빈곤층을 위해 국제연합 식량농업기구(Food and Agriculture Organization of the United Nations: FAO)의 지원을 이용할 수 있을 것이다.

다른 수단들은, 특히 식료품이나 비내구소비재 부문에서의 수입 대체 정책을 검토하기 위한, 생산 및 무역 구조에 대한 철저한 점검이 될 것이다. 중미 지역은 비내구소비재의 순수입국이다. 몇몇 지역적 메커니즘을 통해 지역의 생산과 소비 패턴의 변화를 증진하기 위한 시장개입 프로세스를 시작할 수 있을 것이다. 수입 대체, 사치재 소비의 축소, 공적 부문과 민간 부분의 소비에서 합리성은 무역적자를 주목할 만하게 줄이고, 거시경제정책에 크고 긍정적인 도움을 줄 수 있을 것이다.

유연성과 창조성은 생산자들에 필요한 지원을 만들기 위해, 그리고 인적 자원을 육성하고 빈곤을 해결하기 위해 필요하다. 아무리 방향이 좋다고 해도 제도, 민주정부, 민주주의 등이 함께 강화되지 않는다면, 거시경제정책들은 효율성을 상실할 것이다. 이런 의미에서 중미에서 2009년 진행되는 엘살바도르와 온두라스의 대통령 선거가 결정적인 결과를 가져올 것이다. 게다가 최근 지방 선거의 결과로 인해 국내외적으로 문제가 되었던 니카라과에는 정치적 불안정성 요소들이 잔존하고 있다. 현재 통치자들과 2009년 정권을 차지할 지도자들의 통치는 통일된 방법으로 세계 경제 위기의 영향에 대응할 수 있는 정책을 마련하는 것에 기초해야 한다.

참고사이트

Secretaría de Integración Económica Centroamericana. www.sieca.org.gt/site/
Secretaría Ejecutiva del Consejo Monetario Centroamericano. www.secmca.org/

제5장

지속 가능한 커피의 역할과 한계

20세기 말 커피 위기 시대 중미 지역을 사례로

림수진

커피는 생산지에서부터 최종 소비지에 이르기까지 수많은 상품 사슬로 연결된다. 상품 사슬의 양 끝 가격 차이는 적게는 수십 배, 많게는 수백 배에 이른다. 최종 소비지에서의 커피 가격이 높기 때문이기도 하지만 문제의 본질은 생산지에서 커피 가격이 너무 낮기 때문이다. 이러한 상황이 커피 생산지의 빈곤과 겹치면서 '공정거래' 혹은 '유기농' 같은 방식이 '지속 가능한 커피' 개념으로 커피 생산과 소비에 도입되었다. 소비자가 생산자의 소득 보전에 직접 개입한다는 의미다. 중앙아메리카 다섯 나라는 '지속 가능한 커피' 생산의 중심에 있다. 그럼에도 이 다섯 나라의 커피 생산은 여전히 경제적 어려움에 직면한 채 수많은 사회적 문제들을 파생시키고 있다. 지속 가능한 커피의 생산과 소비 양측 모두에서 보이지 않는 한계가 있기 때문이다. 이 글은 중앙아메리카 다섯 나라에서 '지속 가능한 커피' 생산이 갖는 역할과 한계를 분석한다.

림수진 멕시코 콜리마 주립대학교 정치사회과학대학 교수이며, 멕시코 연방정부 산하 과학기술위원회 소속 국가연구원이다.

* 이 글의 일부(라틴아메리카의 지속 가능한 커피에 대한 일반적 설명 부분, 2절 2항에 해당)는 2010년 경제·인문사회연구회의 '라틴아메리카 에너지와 환경문제: 현황과 과제' 사업의 지원에 의해 연구되었다.

** 이 글은 ≪이베로아메리카≫ 제13권 2호(2011년 12월)에 실린 글을 옮긴 것이다.

1. 서론

골든빈(Golden bean), 황금 낟알이라 불리는 커피는 18세기 초 라틴아
메리카에 도착한 이래 라틴아메리카의 수많은 지역을 세계 경제와 연결
하면서 황금 이상의 부를 만들어냈다. 그러나 금, 사탕수수, 천연염료
등이 그러했듯이 커피도 그 시원이 외부 지역을 향한 것이었기에 커피
를 통해 파생되는 부는 대부분 외부 지역으로 유출되었고 라틴아메리카
의 커피 생산은 외부의 소비에 철저히 종속되었다. 유럽의 산업혁명에
이어 미국의 서부 개척과 도시화, 그리고 20세기에 발생한 대공황과
양차 세계대전과 같은 굵직굵직한 세계사적 사건들은 세계 커피 가격의
등락과 함께 라틴아메리카 국가들이 커피 생산 확장에 박차를 가하며
붐경제를 구가케 하기도 했고, 커피 생산 축소로 인한 심각한 위기
상태를 경험케 하기도 했다.

물론 소비 측면뿐 아니라 생산 측면에서도 세계 커피 가격 등락의
원인이 제공되었는데, 19세기와 20세기 초 세계 커피 생산의 절반 이상
을 담당하던 브라질 커피 생산의 풍흉이 즉각적인 세계 커피 가격 변화
로 이어졌다. 브라질 커피가 냉해를 입거나 가뭄 피해를 당한 해에는
어김없이 세계 커피 가격이 급등했고, 이듬해 높은 커피 가격에 자극을
받아 각국 커피 생산지에 앞다투어 심어진 커피나무들이 첫 열매를
낼 즈음에는 다시 과잉 공급으로 인한 커피 가격 하락이 이어졌다.
하룻밤에 수만 톤의 커피를 얼려버리는 브라질 상파울루 고원의 야간
서리는 커피 생산 국가들은 물론 당사국인 브라질에마저 신의 선물로
여겨지면서 4~7년 간격으로 반복되던 커피 가격의 '자연주기(natural
cycle)'라 불리는 리듬을 만들어냈다.

이어진 20세기의 세계 커피 가격은 초반 대공황과 제1·2차 세계대전

을 거치면서 불안정한 하락세를 유지했으나 20세기 후반 세계커피기구(International Coffee Organization: ICO)에 의해 시행된 보장가격과 함께 안정된 수준을 유지할 수 있었다. 그러나 1989년 냉전 종식과 함께 ICO의 보장가격이 소멸되고 이제 막 커피 생산을 시작한 베트남이 주요 커피 생산국으로 떠오르면서 세계 커피 경제는 다시 가격 하락 국면으로 접어들었다. 커피 가격의 자연주기라 불리던 4년 혹은 7년 이상 가격 하락이 지속되면서 '20세기 말 커피 위기'가 명명되었다.

'20세기 말 커피 위기'의 특징은 위기의 장기 지속이다. 1989년 ICO 보장가격 소멸과 함께 시작된 커피 가격의 하락이 2000년대 초까지 지속되었다. 10년 이상 계속된 커피 가격의 하락은 세계 커피 생산 농가에 큰 타격일 수밖에 없었다. 일부 지역에서는 커피 생산 포기가 속출했고, 또 다른 지역에서는 규모의 경제를 달성할 수 있는 수준까지 커피 재배면적을 넓히기도 했다. 전자가 소농 중심으로 이루어진 반면 후자는 대농 중심으로 전개되었다. 그러나 지속적인 커피 가격 하락은 커피 생산 현장의 대농과 소농 모두에게 힘든 상황이었다. 커피 재배지의 방치와 이출 인구 증가뿐 아니라 커피보다 환경 파괴 정도가 더한 다른 작물로의 전환이 이어지면서 커피 생산 지역의 사회적·생태적 지속성에 대한 고민이 제기되었다. 이러한 상황 속에 커피 생산자들에게 돌아가는 수입을 보전하고 이를 통해 비교적 환경친화적인 커피 생산을 지속시킬 수 있는 여러 가지 대안들이 모색되었다. 이 과정에서 '그늘막'을 갖는 전통적 커피 생산과 유기농 커피 생산을 통해 해당 지역 생태계를 보전한다는 내용의 '생태 커피' 개념이 등장했고, 일정한 요건을 갖춘 커피에 대한 소비자의 의도적인 구매를 통해 생산과 소비 사이의 절차를 간소화하고 생산자들에게 정당한 대가를 받게 한다는 의미의 '공정거래 커피' 개념이 등장했다. 또한 커피 생산 현장의 적극적인 생태 보호를 전제하는 '열대우림연합(Rainforest alliance) 커피'나 '친조류(Bird Friendly) 커피' 개념이 탄생했다. 이러한 다양한 커피 개념을 아우른 것이 라이스와 매클레인(Rice and McLean, 1999), 지오반누치(Giovannucci, 2001), 레비와 린톤(Levi and Linton, 2003), 폰테(Ponte, 2004), 빌라로보스(Villalobos, 2004), 실바(Silva, 2006), 베이컨 외(Bacon et al., 2008) 등의 연구에 언급된 '지속 가능한 커피(Sustainable Coffee)'다.

실제로 10년 이상 계속된 20세기 말 커피 위기 동안 라틴아메리카 커피 생산 지역에서 다양한 형태의 지속 가능한 커피 생산에 대한 실천들이 있었고, 20세기 말 세계 커피 위기에 대한 대안으로 주목을 받아왔다. 생산 현장뿐 아니라, 소비 현장에서도 공정거래 커피나 유기농 커피는 흔히 접할 수 있는 개념이 되었다. 일반 커피보다 더 많은 비용을 지불하지만, 공정거래 커피나 유기농 커피 소비자는 그들의 소비가 커피 생산 공동체의 '지속성'을 강화해줄 것이라 믿어 의심치 않는다. 이러한 현실적 상황에 직면하여 이 글의 문제 제기가 시작된다. '과연 지속 가능한 커피는 그 말이 뜻하는 바대로, 커피 위기 시대에 커피 생산 지역공동체가 사회적·경제적·생태적으로 지속 가능하기 충분한 것이었는가?'라는 물음이다. 지속 가능한 커피의 긍정적 의미에 대한 연구 결과가 주를 이루는 가운데, 이 연구는 긍정적 대안으로 부각되는 지속 가능한 커피의 실제와 한계를 지적하고 논하는 것을 목적으로 한다. 연구대상 시기는 20세기 말 커피 위기가 시작되었던 1990년 이후부터 가격 하락의 정도가 가장 심각했던 2000년대 초반까지이며, 연구대상 지역은 지속 가능한 커피 생산의 실천이 가장 활발했던 중미 다섯 개 나라로 한정한다. 이 글의 구성은 다음과 같다.

첫째, 기존 커피 위기와 구조적으로 성격을 달리하는 '20세기 말 커피 위기'를 분석한다.

둘째, '20세기 말 커피 위기' 상황에서 대안으로 등장한 '지속 가능한 커피 개념'에 대해 살펴보고, 중미 지역의 실천 상황을 분석한다.

셋째, 20세기 말 커피 위기가 중미 지역의 커피산업에 미친 부정적 영향을 분석하고, 대안으로 제시된 지속 가능한 커피의 의미와 한계를 논한다.

2. 20세기 말 커피 위기와 '지속 가능한 커피'의 등장

20세기 말 시작되어 21세기까지 이어진, 세기에 걸친 커피 위기의 특징은 장기 지속이다. 1994년과 1997년 가히 붐이라 할 만한 가격 급등이 있었지만, 전반적인 상황은 하락세로 이어졌다. 세기를 넘어 이어진 커피 가격 하락은 2003년 최저점에 달하면서 1970년대 이후 가장 낮은 커피 가격을 기록했다. 1987년 파운드당 1.7달러였던 세계 커피 가격이 2003년 0.45 달러까지 하락했다. 이러한 커피 가격 하락은 라틴아메리카뿐만 아니라 전 세계 커피 생산 국가들의 사회적·경제적 기반을 약화시켰다. 커피 생산 지역의 빈곤이 심화되었고 가정 해체로부터 공동체 해체가 이어졌다. 이와 같은 혹독한 커피 위기를 거치는 가운데, '지속 가능한 커피' 개념이 등장했다. 이 절에서는 20세기 말 커피 위기의 원인과 위기 시대 대안으로 등장한 지속 가능한 커피에 대해 전반적으로 살펴볼 것이다.

1) '20세기 말 커피 위기'의 원인

(1) ICO 보장가격의 폐지

19세기 말 브라질 커피의 과잉생산으로 인한 혹독한 시련을 겪은 세계 커피 경제는 20세기에 들어서도 대공황과 제1·2차 세계대전을 겪으면서 여전히 침체기를 보낼 수밖에 없었다. 제2차 세계대전 이후 한국전쟁 특수를 비롯한 경기 호황으로 상승세를 타던 세계 커피 가격은 다시 1957년을 기점으로 과잉공급 국면으로 접어들면서 하락하기 시작했다. 이러한 하락세는 1960년대까지 지속되었다. 세계 커피 가격의 지속적인 하락은 당시 세계 커피 생산의 기본 축이던 라틴아메리카 경제 전반에 심각한 위기를 초래했고, 이러한 상황은 냉전 체제하에서 1959년 쿠바혁명의 성공과 함께 긴장할 수밖에 없었던 미국에 정치적 부담으로 작용했다. 결국 미국을 중심으로 서방국가들이 라틴아메리카에서 생산되는 커피를 일정 가격 수준 이상으로 수입하겠다는 협약을 맺게 되었고, 이 과정에서 탄생된 것이 1962년 ICO 보장가격이었다. 이는 회원으로 가입한 수출국에 대해 수출 쿼터를 정해주고 그에 해당하는 양에 대해서는 시장가격보다 높은 보장가격으로 사준다는 내용을 골자로 한다. 그러나 이렇게 시작된 ICO의 커피 보장가격은 1980년대 들어서면서 많은 폐단이 노출되기 시작했다. 녹색혁명으로 인해 커피 생산 각국에서 생산량이 증가하면서 수출 쿼터의 양이 상대적으로 줄어들기 시작한 것이다. 특히 당시 세계 커피 생산과 수출에서 수위를 점하던 브라질과 콜롬비아에 닥친 1976년과 1977년의 자연재해가 세계 커피 가격의 급상승을 유발하면서, 이에 자극받은 커피 생산국들이 ICO에 의해 합의된 수출 쿼터를 무시한 채 앞다투어 커피 식재 면적을 넓혀나갔다. 결국 세계 커피시장이 과잉생산 국면으로 접어들기 시작했고, 이로 인해 ICO의 보장가격과 세계 커피 시장가격 사이의 격차가 벌어지면서 미국을 주축으로 하는 ICO 회원 소비국들이 갖게 되는 부담이 가중되기 시작했다. 이러한 현상은 브라질 커피가 냉해를 입으면서 세계 커피 가격이 급등한 1986년 이후에 다시 반복되는데, 결국 각국 전체 커피 생산에서 ICO가 가격보장을 전제로 흡수할 수 있는 비중이 현저히 줄어들면서 그 역할이 약화될 수밖에 없었다. 이러한 상황에서 1989년 냉전의 종식은 ICO 보장가격에 대한 미국과 서방국가들의 부담을 덜기에 충분한 역할을 했고, 이로써 27년간 유지되던 ICO 보장가격이 소멸되었다.

ICO의 보장가격이 소멸되면서 세계 커피 경제는 기관의 개입 없이 온전히 수요와 공급에 의해 가격이 결정되는 시스템으로 전환했다. ICO 보장가격 소멸 직후 기존 수출 쿼터에 적용되던 파운드당 1.2~1.4달러의 보장가격이 사라지면서 세계 커피 가격은 1990년 파운드당 71센트로 하락했고, 이듬해인 1992년에는 53센트까지 하락했다. 1980년대 커피 가격이 최고 정점이었던 1987년의 1.70달러에 비하면 70%에 가까운 하락이었다. 이 시기가 20세기 말 커피 위기 중 제1차 위기라 할 수 있다. 이후 세계 커피 가격은 1994년의 브라질의 냉해, 이어서 1997년 브라질의 가뭄 피해로 파운드당 1달러 이상의 가격을 유지하게 되지만, 1999년 이후 다시 하락세로 접어들었다. 1999년 85센트에 이어 2001년 45센트까지 하락하게 된다. 대공황 이후 가장 심각한 수준이었고, 이러한 추세는 2007년 파운드당 1.07달러 수준으로 회복되기까지 지속되었으니, 20세기 말 커피 위기 중 제2차 위기라 불릴 수 있는 시기이다. 2차 위기의 원인은 짧은 시간에 베트남 커피 생산 급증이 가져온 과잉공급으로 인한 것이었다. 다음 항에서 베트남 커피 생산과 함께 설명하도록 하겠다.

(2) 베트남 커피 생산

20세기 말 커피 위기의 중심에는 ICO 보장가격 폐지와 함께 베트남 커피 생산이 있다. 베트남에 커피가 처음 들어온 것은 19세기 후반이지만, 세계 커피 경제 내에서 의미 있는 생산을 시작한 것은 1990년 이후다. 이 시기 베트남이 커피 생산에 박차를 가할 수 있었던 것은 내부적 요인으로 베트남 정부의 내륙 개발 프로그램과 외부적 요인으로 세계 커피시장에서 인스턴트커피 비중이 커지는 가운데 '로부스타(Robusta)' 커피에 대한 수요 증가가 맞물렸기 때문이다.[1] 당시 베트남 정부는 미개간된 내륙 지역에 커피나무를 식재하고, 해안 저지대 사람들을 고원 내륙으로 옮겨오면서 해안 지역 인구 집중 문제를 해결하고자 했다. 동시에 '달러 나무'라 불린 커피나무 식재와 커피 생산을 통해 국가재정을 강화한다는 계획하에 있었다.

이러한 조건하에서 시작된 1990년대 베트남 커피 생산은 가히 공격적이었다. 1990년 전 세계 커피 생산의 3.4%를 점했으나 2001년 13.5%로 급성장했다. 2000년에는 그간 브라질에 이어 세계 커피 생산 2위를 차지하던 콜롬비아를 제치고 세계 커피 생산 2위에 올라섰다. 커피 생산 신생국에 속하던 베트남이 불과 10년 사이 10배 이상 성장하면서 세계 커피 생산 2위 국가로 부상하게 되자, 세계 커피시장은 과잉생산 국면으로 들어설 수밖에 없었다.[2] 1994년과 1997년 자연재해로 인한

---

1) 빈 공간으로 남아 있던 내륙 지역의 광활한 토지, 해안 저지대의 과잉 인구, 베트남 정부와 외국 은행의 과감한 지원은 세계 커피 경제 내에 베트남이라는 거대 생산국을 만들어내기에 충분한 조건들이었다. 마침 다국적 커피 기업들을 중심으로 나타나기 시작한 로부스타 커피에 대한 수요 증가는 베트남 커피의 도입과 확산에 더욱 결정적인 요인으로 작용했다.

2) 1990년 대비 2001년 베트남 커피 생산량은 900% 가까이 성장했고 재배면적은

브라질 커피 생산 감소와 그로 인한 커피 가격 급등이 있었지만, 1997년 이후 베트남의 본격적 등장과 함께 세계 커피 가격은 하락세로 이어졌다.[3] 1999년 다시 1달러 미만인 89센트로 떨어진 후 2000년 64센트, 2001년 45센트까지 하락했다. 1990년대 초 ICO 보장가격 소멸과 함께 시작된 제1차 위기보다 더욱 심각한 상황이었다. 파운드당 1달러 미만의 가격 수준은 2006년까지 지속되었고, ICO의 최저 보장가격이던 1.2달러 수준은 2008년에 가서야 회복될 수 있었다.

2) 대안: 지속 가능한 커피[4]

20세기 말 커피 위기의 장기 지속은 커피 생산 공동체의 지속성에 대한 우려로 이어졌다. 이는 비교적 환경친화적 작물이었던 커피의 소

500% 이상 증가했다. 베트남 커피 생산량과 재배 면적의 증가는 곧 수출 증가로 이어졌다. 1990년 세계 커피 수출량의 1.2%를 차지하던 베트남 커피 수출은 2001년 16.1%를 차지했다. 반면 1999년까지 세계 커피 수출국 2위였던 콜롬비아는 세계 커피 수출의 10%를 차지하면서 세계 커피 수출국 3위로 밀려났다(림수진, 2005: 115).

3) 1990년대 커피 경제는 15%의 생산 증가를 기록한 반면, 소비 증가는 7%에 그쳤다 (Linton, 2005: 600)

4) '지속 가능한 커피'는 그늘막 재배 커피, 공정거래 커피, 유기농 커피, 열대우림연합 커피, 친조류 커피를 아우르는 개념이며, 경우에 따라 열대우림연합 커피와 친조류 커피는 유기농 커피에 통합되기도 한다. 대표적으로 Rice and McLean (1999), Giovannucci(2001), Levi and Linton(2003) 등에 의해 언급되었으며, 기본적으로 생산자와 환경에 대한 지속성(sustainability) 개념을 내포한다. 여기서 '지속성'은 커피 생산자가 해당 공동체 내에서 커피 생산을 통해 삶을 계속할 수 있는 것과 커피 생산을 통해 해당 공동체의 환경이 긍정적인 방향으로 유지됨을 의미한다(Rice and McLean, 1999: 143).

멸에 따른 생태적 안정성에 대한 우려도 포함한다. 구조적 과잉공급뿐
아니라 커피 유통과 가공을 담당하는 거대 다국적 기업의 존재는 기존
자연주기를 통한 커피 위기의 문제 해결을 어렵게 했다.5) 이러한 상황
에서 공급 조절이나 가격 조정을 통한 해결책을 찾는 대신 커피 소비
현장에서 커피 생산 지역의 지속 가능성에 대한 고민과 실천이 시작되
었다. 커피 생산 공동체의 지속 가능성을 위해 일정 요건을 갖춘 커피에
대해 소비자가 직접 가격을 보장해주는 공정거래 커피가 탄생했고, 여
기에 유기농, 열대우림연합, 친조류, 그늘막 등과 같은 개념들이 어우러
져 '지속 가능한 커피'가 출현했다. 구체적으로 살펴보도록 하자.

(1) 공정거래 개념을 통한 커피의 지속 가능성 실천

커피 소비의 측면에서 봤을 때, 커피 생산의 지속 가능성을 가장 적극
적으로 지원하는 형태는 공정거래 커피 소비다. 공정거래 커피 소비의
기본 개념이 커피 생산자가 좀 더 정당한 대가를 받을 수 있도록 하는
것이고 그 부담의 일부를 소비자가 지는 형태이기 때문에, 이어 살펴볼
유기농 커피 소비나 친환경 커피 소비보다 훨씬 적극적인 개념이라
할 수 있다. 시원은 1980년대 말 일시적인 원조보다는 정당한 가격에
커피를 사줄 것을 제안하는 멕시코 오악사카(Oaxaca) 커피 생산 조직의
요구에 네덜란드의 막스 하벨라르(Max Havelaar)라는 조직이 만들어낸
개념이다.6) 커피 유통과 소비 구조상 커피 생산자가 소외될 수밖에

---

5) 세계적으로 커피 유통을 담당하는 기업은 Newman, Volkafe, Nestle, Cargill 등이
며, 커피 가공을 담당하는 기업으로는 Philip Morirs(Kraft Foods, Jacob Suchard,
Maxwell House, Maxim), Nestle(Taster's Choice, Nescafé, Sarks, MJB), Srara
Lee(Douwe, Egbers), P&G(Flogers, Millstone) 등이 있다.

6) 이에 대한 자세한 내용은 김세건(2008)을 참고할 것.

없는 부분에서 소비자가 생산자를 지원해주는 시스템으로 다음과 같은 방식을 통해 커피 생산지의 지속 가능성을 실천한다. 첫째, 커피 생산지의 소규모 생산 조직과 소비 지역의 공정무역 관련 기관 사이의 직거래를 조건으로 한다. 둘째, 커피를 사들이는 공정무역 관련 기관은 생산자들에게 배전 이전 커피 값으로 파운드당 1.21달러를 보장해주고 별도로 파운드당 0.05달러를 해당 지역 사회보장기금 명목으로 지원한다. 단, 시장가격이 보장가격인 1.26달러보다 높을 때는 시장가격으로 구입하는 것을 원칙으로 한다. 셋째, 수확 전 필요에 따라 당해 예상되는 수확량의 60%까지 선급금으로 지급해준다. 넷째, 커피 생산지의 소규모 생산 조직과 커피 소비지의 공정거래 관련 조직 사이의 계약이 장기간 지속되도록 한다.

2000년 기준 전 세계 공정무역 커피의 85%가 라틴아메리카에서 생산되며 멕시코와 중미 국가들이 중추적 역할을 하고 있다.[7) 공정무역 커피가 가장 많이 소비되는 지역은 그 시초가 되었던 유럽이다. 유럽에서 공정무역 커피의 80% 이상이 소비되는데, 2002년 기준 네덜란드 20%, 독일 18.6%, 영국 16.2% 순으로 나타난다. 미국의 공정거래 커피 소비는 유기농 커피 소비에 비해 다소 미미한 편으로 2000년 현재 전체 공정무역 커피 중 14.5%를 소비하고 있는 것으로 나타난다(Raynolds et al., 2004: 112; 림수진, 2010에서 재인용).

---

7) 2000년 기준 전 세계 공정무역 커피 생산 중 멕시코가 25.5%를 담당하고 있으며, 이어 페루가 15%, 콜롬비아가 11%, 과테말라가 9.7%의 순으로 나타난다(Raynolds et al., 2004: 113; 림수진, 2010에서 재인용). 이와 같이 공정거래 커피가 멕시코를 중심으로 하는 중미 지역에서 강세를 보이는 것은 김세건(2008)의 연구에서 자세히 설명된 멕시코 오악사카 지역을 중심으로 하는 공정거래 커피의 태동과 관련하여 연관지을 수 있다.

(2) 유기농 개념을 통한 커피의 지속 가능성 실천

'유기농'은 커피의 지속 가능성 실천에서 가장 광범위하게 논의되는 개념이다. 앞에 제시된 공정거래 개념이 생산보다는 소비 측면에 중점이 맞춰진 개념이라면, '유기농'은 소비뿐 아니라 생산 측면에서도 적극적인 실천을 요구한다. 가장 중요한 실천은 농약과 화학비료의 사용 금지이다. 일반적으로 전통적 커피 재배 방식인 그늘막 커피 생산을 권유하지만 필수 조건은 아니다.[8] 어떤 경우라도 3년 이상 화학비료와 농약을 사용하지 않았다면 유기농 커피 범주에 들 수 있다.

유기농 커피 범주는 커피 생산 특징에 따라 좀 더 엄격한 조건의 특수 개념으로 세분화되기도 한다. 친조류 커피와 열대우림연합 커피 등이 그 예다. 열대우림연합 커피는 커피 재배면적의 40%가 그늘막 나무로 덮여 있어야 하는 원칙을 가지고 있다. 보통 1ha당 70그루의 그늘막 나무를 확보해야 하는데, 최소 12종의 토종 나무로 구성되어야 함을 평가기준으로 한다. 친조류 커피는 스미소니언 철새 센터(Smithsonian Migratory Bird Center: SMBC)에 의해 인증되는데, 해당 커피 생산 지역이 북미 지역에서 남하하는 철새들에게 머물 수 있는 공간을 제공하는가가 인증 기준이 된다. 유기농을 기본 개념으로 하기 때문에 화학 비료나 살충제를 쓰지 않았다는 유기농 인증이 있어야 하며, 이 또한 열대우림연합 커피와 같이 40% 이상이 그늘막으로 덮여 있어야 함을 조건으로 한다. 공정거래 커피가 커피 생산 지역의 사회적·경제적 지속성에 중점을 두는 반면 유기농 커피는 해당 지역의 생태적 지속성에 더 많은 중점을 두고 이를 통해 사회적·경제적 지속성을 유도한다.

---

8) 브라질의 유기농 커피는 100% 태양 재배 방식이다.

(3) 그늘막 개념을 통한 커피의 지속 가능성 실천

그늘막 커피 생산은 지속 가능한 커피 범주에서 가장 소극적인 개념이라 할 수 있다. 커피 지배지에 커피나무보다 키가 큰 나무들을 심어 의도적으로 그늘을 만들어주는 생산 방식으로, 브라질과 카리브 지역의 커피 생산 국가들을 제외한 라틴아메리카 커피 생산 지역에서 전통적으로 행해지던 방식이다. 직사광선을 차단함으로써 커피 생산에 적절한 습도를 조절해줄 뿐 아니라 커피 열매의 성장 속도를 늦춰 생두의 밀도를 높게 하고, 좀 더 순한 맛을 얻게 하는 기능을 한다. 물론 직사광선에 노출되는 커피 재배 방식(sun culture)에 비해 단위 면적당 생산량은 떨어질 수밖에 없지만 양질의 커피를 얻을 수 있는 장점이 있다.9)

그늘막 재배 방식은 노예 노동에 기반을 둔 라틴아메리카 커피 생산이 19세기 후반 자유이주 노동자들로 대체되면서 정착된 방식이다. 이는 커피 재배지 개간 과정에서 기존 수종을 제거할 노동력 부족과 자유이주 노동자들이 커피 재배지에 생계작물 생산을 병행하며 자가 영농해야 했던 상황에서 자연스럽게 실천되며 정착한 재배 방식이다. 그늘막 나무들이 소규모 커피 생산 농가에 기초 식량 공급 역할을 하면서 19세기 이후 20세기 중반까지 라틴아메리카에서 일반화되었던 커피 생산 방식이다. 20세기 후반 세계적 수준으로 커피에 대한 수요가 증가하고 이에 대한 생산지 반응으로 녹색혁명이 성공하면서 커피 생산량 증가를 위해 기존 그늘막 역할을 하던 수종이 제거되는 경향이 있었지만, 1990년대 이후 커피 질에 대한 요구가 높아지면서 라틴아메리카 내 많은

---

9) 그늘막 재배의 경우 ha당 1400~2000주의 커피나무가 식재되지만 태양 재배의 경우 3000~7000주의 커피나무가 식재된다. 그뿐만 아니라 식재 후 첫 수확까지 걸리는 기간이 그늘막 재배인 경우 4~6년이지만, 태양 재배는 3년 이후 첫 수확이 가능하다.

커피 생산지들이 다시 그늘막을 갖추기 시작했다. 그늘막 커피 생산은 유기농이나 열대우림연합 혹은 친조류 커피의 근간이 되기도 한다. 그늘막이 커피 생두의 질을 높일 뿐 아니라 계절에 따라 대륙을 이동하는 철새들의 보금자리가 되기도 하고, 커피 위기 시대 생계작물 생산의 장이 되기도 하면서 커피 생산 공동체의 경제적 지속성과 환경적 지속성을 동시에 가능케 하는 역할을 한다.[10]

3. 20세기 말 커피 위기와 중미 지역의 타격

20세기 말 커피 가격 하락은 중미 커피 생산 국가들에게 경제적 손실뿐 아니라 사회 전반에 걸쳐 부정적 결과를 가져왔다. 가장 대표적인 현상이 커피 생산 감소에 따른 실업과 빈곤의 증가였다. 이는 다시 농촌 인구의 이출로 이어지면서 커피 생산 지역공동체가 생태적으로뿐 아니라 사회적으로도 붕괴되는 결과를 야기했다. 이 절에서는 중미 지역의 지속 가능한 커피 생산과 한계를 논하기에 앞서 중미 지역의 커피 경제가 어떤 특징을 가지고 있었는지 살펴보고, 이를 바탕으로 커피 위기 시대 중미 지역 커피산업 변화양상에 대해 분석하도록 한다.

---

10) 커피가 라틴아메리카에서 외부 지역의 소비를 위해 생산되는 다른 상품보다 좀 더 환경 친화적이라 여겨지는 이유 중 하나도 바로 이 그늘막의 존재 때문이다. 브라질과 카리브 지역을 제외한 대부분 라틴아메리카 커피 생산국에서 전통적으로 그늘막을 유지해왔기 때문에 커피 생산 지역의 생물종다양성이 다른 작물보다 더욱 풍부하게 보호될 수 있었다. 이는 중미 지역의 대서양 연안에 활발하게 전개된 바나나와 중미 각국의 대규모 목축, 그리고 대규모 사탕수수 재배지의 현상들과 대조된다.

1) 중미 지역 커피산업의 특징

(1) 커피의 경제적 비중

중미 지역 다섯 개 나라에서 생산되는 커피는 세계 커피 생산의 10% 안팎을 점한다. 브라질이 대략 25%를 점하고 20세기 말까지 세계 커피 생산국 2위를 고수하던 콜롬비아가 12~13%, 그리고 그 뒤를 이어 인도네시아가 10%를 약간 밑도는 수준으로 세계 커피 생산국에 참여했음을 감안한다면, 중미 지역 다섯 나라의 커피 생산은 지극히 미미한 정도라 할 수 있다. 그럼에도 커피가 갖는 의미를 중미 지역 내로 한정해놓고 본다면, 위에 열거된 세계 주요 커피 생산국들에서 커피가 차지하는 비중을 능가한다. <표 5-1>을 보자.

1990년대와 2000년대를 거치면서 중미 각국 전체 총수출에서 커피가 차지하는 비중은 감소되었지만, 20세기 말 커피 위기가 진행되었던 1990년대에도 상당히 높은 비중이었던 것으로 조사된다.[11] 2009년 현

---

11) 중미 지역 다섯 나라 커피 경제의 역사적 전개 방식은 라틴아메리카 내에서도 이들 다섯 나라보다 이른 시기에 커피가 도입되었던 카리브 지역이나 브라질과 비교했을 때, 독특한 지역적 특성을 갖고 오늘날까지도 중미 지역 커피 경제의 고유성으로 발현된다. 이와 관련하여 살펴볼 수 있는 가장 큰 차이는 카리브 지역이나 브라질의 경우 커피가 도입되기 이전에 이미 금이나 사탕수수 등을 매개로 하여 유럽 중심의 세계 경제와 탄탄한 관계망을 구축해왔던 반면, 중미 지역은 일부 지역에서 미미하게 이루어졌던 천연염료 생산을 제외하곤 대부분 지역이 커피를 매개로 세계 경제에 본격 진입했다는 점이다. 또 다른 중요한 차이점은 브라질과 카리브지역이 노예 노동력에 기반을 두고 커피 생산에 참여했던 반면, 중미 다섯 나라는 노예 거래가 폐지된 이후 자유이민자 혹은 원주민 노동력 중심으로 커피 생산이 이루어졌다는 점이다. 이러한 차이는 브라질과 카리브 지역의 커피 생산이 대규모 플랜테이션에 기반을 두고 진행되었지만, 중미 지역의 경우 소규모 농장 중심으로 커피 생산이 전개되면서 그에 기반으로

<표 5-1> 중미 지역 각국 총수출에서 커피가 차지하는 비중

(단위: %)

국가＼연도	1966	1975	1985	1990	1993	2009
중미 전체	35.3	22.2	41.2	26.1	18.0	13.3
코스타리카	41.7	19.6	34.1	16.8	10.1	2.67
엘살바도르	50.6	32.9	66.7	46.1	30.9	9.75
과테말라	49.6	26.3	39.4	26.8	20.2	15.0
온두라스	17.5	19.4	22.2	19.5	15.8	20.7
니카라과	18.4	12.8	43.6	21.0	13.2	18.4

자료: Rice and Ward(1996), ICO 통계 자료를 재구성.

재 브라질의 경우 총수출에서 커피가 차지하는 비중이 2.8%이고, 콜롬
비아는 5.2%, 멕시코는 0.2%로 중미 지역 국가들에 비해 현저히 낮은
수준을 보이고 있다. 1990년대 급성장한 베트남도 전체 수출에서 커피

사회경제 시스템이 만들어지는 요인으로 작용했다. 이는 노예 노동력을 확보할
수 없었던 이유 외에도 대서양 건너 유럽 중심의 세계 경제와 상호작용할 수
있는 도로망 또는 운송 시스템의 부재로도 설명된다. 대규모 금광이 발견되지
않았던 점, 카리브 지역이나 브라질에 비해 세계 경제 중심이던 유럽으로부터
상대적으로 멀리 떨어진 거리, 일부 지역의 원주민 부재, 내륙 운송 시스템의
부재, 그리고 무엇보다도 유럽이 라틴아메리카 식민지 건설을 통해 얻고자 했던
열대작물 생산에는 부적합한, 그러나 19세기 초 산업혁명과 함께 세계적 수요가
폭발한 커피 생산에는 적합한 기후 조건을 가지고 있었던 점 등은 중미 지역
국가들이 독립 이전 다양한 형태의 농업 상품 생산 시스템을 구축하지 못하다
독립 이후에야 커피를 매개로 본격적으로 세계 경제와 상호작용하게 되는 요인들
로 작용했다. 특히 19세기 후반 미국의 서부 개척과 함께 시작된 도시화와 산업화
에 따른 커피 소비의 급증은 유럽에서 미국으로 이동하는 세계 경제 중심에서
지리적 이점을 갖는 중미 지역이 커피 생산에 더욱 박차를 가할 수 있게 만들어주
는 계기가 되면서 중미 지역 다섯 나라의 경제와 사회 전반에 커피가 갖는 의미의
중요성이 더욱 강화되는 요인으로 작용했다.

<표 5-2> 중미 각국 커피 관련 고용

	농촌 지역 전체 고용	전체 고용 대비 농촌 지역 고용 비중	농촌 지역 커피 관련 고용	농촌 지역 커피 관련 고용 비중
코스타리카	725,000	48.2%	200,000	28%
엘살바도르	936,000	40.3%	160,000	17%
과테말라	2,286,000	56.8%	700,000	31%
온두라스	1,152,000	47.8%	300,000	26%
니카라과	672,000	37.1%	280,000	42%
중미 전체	5,771,000	47.8%	1,640,000	28%

자료: Varangis et al.(2003), Flores et al.(2002: 21)에서 재구성.

가 차지하는 비중은 2.6%로 중미 지역 국가들보다 낮은 수준을 보인다 (ICO 통계 자료). 중미 지역을 전체적으로 볼 때 <표 5-1>에 제시되는 1960년대 이후 각국 총수출에서 커피가 차지하는 비중이 각 시기마다 비교적 큰 폭으로 변동하는 것은 커피 수출량의 차이라기보다는 각 해당 연도의 커피 가격에서 기인하는 바가 더 크다 할 수 있다. 또한 전반적인 감소 경향은 각국 산업구조의 변화로 이해된다. 중미 지역 내에서는 1966년 이후 2009년까지의 기간 중 코스타리카의 경우 커피 가 전체 수출에서 차지하는 비중이 가장 크게 감소했고, 반대로 니카라 과와 온두라스의 경우 증가 경향을 보이는데, 이는 20세기 후반 이후 각국 정치적 상황에 따른 산업화와 경제 발전의 차이로 이해할 수 있다.

중미 지역의 각국 경제에서 커피가 차지하는 비중의 중요성은 각국 고용으로 반영된다. 바랑니스 외(Varangis et al., 2003)에 따르면 2002년 중미 지역에 30만 호에 달하는 커피 재배농과는 별도로 164만 명의 커피 생산 관련 고용이 존재하고, 이들이 농촌 지역 전체 고용의 28%를 점하는 것으로 나타난다. <표 5-2>를 보자.

<표 5-2>에 나타나는 바와 같이, 중미 지역의 다섯 나라 모두에서

전체 경제활동인구 대비 농촌 지역 경제활동인구 비중이 50%에 가까운 수준으로 나타나고 있고 농촌 지역 전체 고용 중 커피 생산과 관련한 고용 비중은 과테말라가 42%로 가장 높고 엘살바도르가 17%로 가장 낮은 수준을 보이는 것으로 나타났다. 커피 위기 시대에 농촌 지역 커피 관련 고용이 직접 영향을 받는 계층임을 감안한다면, 20세기 말 커피 위기로 인한 중미 농촌 지역의 타격을 충분히 짐작해볼 수 있다.

(2) 커피 생산의 양극화

중미 지역의 각 나라마다 커피 재배 영농 규모를 통일하여 비교하기는 어렵지만, 중미 지역 다섯 개 나라에서 전반적으로 커피 생산 농가는 소농에 기반을 둔다. 베이컨 외(Bacon et al., 2008: 162)에 의하면 중미 전체적으로 상위 3.5%의 대농장들이 전체 커피 재배지의 48.6%를 소유하고 해당 지역 전체 커피 생산의 57.8%를 점하는 것으로 나타났다. 또한 바랑니스 외(Varangis et al., 2003)와 카스트로 외(Castro et al., 2004)에 의하면 중미 전체 커피 재배 농가 중 68.7%가 3.5ha 미만의 영세농이며, 이들이 커피 생산 전체의 11.6%를 차지하는 것으로 조사된다. 반면 35ha 이상을 소유한 중대농의 경우 전체 재배인구 비율에서는 2.5%를 점하면서 생산량 비중에서는 57.8%를 담당하는 것으로 나타나 소농과 대농 사이 토지 소유 편중이 심각함을 알 수 있다(<표 5-3>).

<표 5-3>에 제시된 두 연구에 이어 라이스와 워드(Rice and Ward, 1996)도 중미 지역의 커피 재배 농가 규모를 10ha 기준으로 구분했는데, 중미 지역 전체에서 84.7%가 10ha 미만의 소농이라고 언급하면서 온두라스는 특히 소농 비중이 가장 높아 98%를 차지하고 엘살바도르와 과테말라는 평균보다 낮은 80% 미만이라고 설명한다.

이 외에도 중미 지역 커피 생산 농가의 재배 규모 양극화 현상은

<표 5-3> 중미 지역 커피 재배 농가 규모 구분

(단위: %)

규모 구분	영세농 < 3.5ha	소농 3.5~13ha	중간농 14~34ha	중·대농 35~70ha	대농 > 70ha	총계/ 평균
재배 농가 수	200,000	47,900	33,000	7,300	2,900	291,000
재배자 비율	68.7	16.4	11.3	2.5	1.0	100
생산성qq*/ha	11.7	14.1	20.6	26.0	19.8	18.3
토지 비율	18.2	19.1	14.1	14.9	33.7	100
생산 비율	11.6	14.7	15.9	21.3	36.5	100

* 1qq(quintal)은 라틴아메리카에서 상용되는 무게 측량단위로 101.2파운드에 해당한다.
자료: Varangis et al.(2003: 47), Castro et al.(2004: 63)에서 재구성.

여러 연구에서 언급되는데 옥스팜(Oxfam, 2001)에 의하면 과테말라의 경우 3만 가구가 2ha 미만 소유의 커피 재배 농가로 이들이 전체 커피 생산의 15%에 기여하는 반면, 상위 3000가구가 전체 커피의 80%를 생산하는 것으로 나타나고 있다. 또한 니카라과 커피 기관인 우니카페(Unicafe)에 의하면 니카라과의 경우 2001년 기준 상위 5.4%의 대형 농장들이 전체 커피 재배지의 42%를 점하고 전체 커피 생산의 75%를 담당하는 것으로 나타난다(Bacon et al., 2008: 162에서 재인용). 더불어 곤살레스(Gonzalez, 1998)에 의하면 1998년 기준 니카라과 3만 400개의 커피 생산 농가 중 최상위 163개 커피 농가가 전체 생산의 36.3%를 차지하는 것으로 나타났고, 엘살바도르의 경우 하위 58.3%의 커피 재배 농가가 전체 커피 생산에 기여하는 비율은 2.7%에 불과한 것으로 조사되었다. 코스타리카의 경우는 최상위 0.7% 커피 재배 농가가 전체 생산의 25.1%를 담당하는 것으로 나타나고, 온두라스에서는 커피 재배 농가의 95.5%가 1.5ha 미만의 커피 재배 농지를 갖는 것으로 조사된다(IHCAFE, 내부 자료).

〈표 5-4〉 중미 각국 커피 생산 감소(1999~2010년)

[단위: 1,000bags(60kg)]

연도 국가	1999	2000	2001	2002	2003	2004	2010	변화율 1999/2004	변화율 1999/2010
코스타리카	2,409	2,293	2,127	1,893	1,783	1,887	1,490	-21.7%	-38.1%
엘살바도르	2,598	1,751	1,686	1,438	1,477	1,502	1,365	-42.2%	-47.5%
과테말라	5,120	4,940	3,669	4,070	3,610	3,703	4,000	-27.7%	-21.9%
온두라스	2,985	2,667	3,036	2,496	2,968	2,575	3,830	-13.7%	28.3%
니카라과	1,554	1,595	1,115	1,200	1,547	1,130	1,536	-27.3%	-1.2%

자료: ICO 통계 자료.

2) 20세기 말 커피 위기 시대 중미 지역 커피산업 변화

(1) 커피 생산 감소

　20세기 말 커피 위기가 진행되는 동안 중미 지역 커피 산업의 가장 큰 변화는 생산 감소다.

　<표 5-4>에서 보는 바와 같이 20세기 말 커피 위기가 심화되었던 1999년부터 2004년까지 중미 지역 커피 생산은 많게는 엘살바도르의 경우 42%에서부터 적게는 온두라스의 경우 13.7%까지 감소했다. 이는 같은 기간 세계적 커피 생산 감소 수준인 10.6%보다 훨씬 높은 수준이고, 같은 기간 23.5%와 16.9%의 커피 생산 증가를 보인 아시아권 커피 생산국인 베트남, 인도네시아와는 상반된 현상이다. 중미 지역 다섯 개 나라의 커피 생산 감소는 즉각적으로 국내총생산과 농업총생산에서 커피가 차지하는 비중의 감소로 이어졌다.

　<표 5-5>를 통해 알 수 있듯이, 중미 지역 다섯 나라 모두에서 2000년 이후 2003년 사이 커피 생산이 국내총생산과 농업총생산에서 차지하는 비중의 감소가 나타난다. 이는 커피 가격 하락과 커피 생산량 감소가

〈표 5-5〉 중미 각국 국내총생산(PIB*)과
농업총생산(PIBA**)에서 커피가 차지하는 비중

(단위: %)

국가 연도	코스타리카		니카라과		엘살바도르		온두라스		과테말라	
	PIB	PIBA	PIB	PIBA	PIB	PIBA	PIB	PIBA	PIB	PIBA
2001	1.3	17.3	2.7	25.6	2.3	18.9	2.7	14.2	0.01	19.7
2002	1.2	16.4	2.6	24.4	2.0	16.7	1.6	12.2	0.01	16.5
2003	1.0	14.1	2.0	12.0	1.6	14.1	1.5	12.3	0.02	21.1
2004	1.0	13.3	2.0	12.0	1.4	12.6	1.1	11.3	0.08	11.6

 * PIB(Producto Interno Bruto).
** PIBA(Producto Interno Bruto de Agrícola).
자료: Varangis et al.(2003).

동시에 작용한 결과로 볼 수 있다. 물론 이는 <표 5-1>에서 살펴본
바와 같이 총수출에서 커피가 차지하는 비중의 감소로도 이어졌음을
알 수 있다.

(2) 커피 관련 고용 감소

20세기 말 커피 위기 동안 커피 가격 하락으로 인한 커피 생산 감소는
중미 지역 다섯 개 국가 모두에서 커피 관련 고용 감소를 가져왔다.
바랑니스 외(Varangis et al., 2003)에 따르면 2001년부터 2003년까지 중미
지역 다섯 개 나라 모두에서 농촌 지역의 전체 고용 수는 증가하는
반면 커피 관련 고용은 감소하는 것으로 나타났다.

<표 5-6>을 통해 알 수 있듯이 중미 각국에서 농촌 지역의 전체 고용
은 증가 추세임에도 커피 생산 관련 고용은 다섯 개 나라 모두에서
감소한 것으로 나타난다.[12] 세계 커피 가격 하락의 정도가 가장 심각했

---

12) 세계은행에 의하면 1999년과 2001년 사이 중앙아메리카의 커피 수출은 45%가

(단위: 1,000명)

국가 \ 구분	농촌 지역 전체 고용		커피 관련 고용		커피 관련 고용 비중 변화	
	2001	2003	2001	2003	2001	2003
코스타리카	725	829	283	247	39%	30%
엘살바도르	980	1,012	160	67	16%	5%
과테말라	2,180	2,341	700	368	32%	16%
온두라스	1,176	1,227	319	156	27%	10%
니카라과	826	860	276	172	33%	20%
중미 전체	5,887	6,269	1,738	1,010	30%	18%

자료: Varangis et al.(2003).

던 2001년부터 2003년 사이 커피 생산 관련 고용 감소가 가장 확연하게 나타난 국가는 엘살바도르와 온두라스로 확인된다. 각각 58%와 51%의 감소가 기록되었고, 이어 과테말라에서도 절반에 가까운 47%의 감소가 기록되었다. 같은 기간 ICO 통계 자료를 통해 살펴본 엘살바도르와 온두라스, 과테말라에서의 커피 생산 감소가 각각 14.8%, 2.2%, 1.6%인 점을 감안한다면, 커피 생산 감소에 따른 고용 감소는 훨씬 심각한 수준임을 알 수 있다. 특히 온두라스와 과테말라의 경우 생산 감소가 불과 2.2%와 1.6%였음에도 불구하고 양국 모두 50% 내외의 고용 감소가 있었던 점은 이들 국가에서 소농 중심으로 커피 생산 포기가 이루어졌다고 해석될 수 있다. 커피 생산 관련 고용 감소와 이로 인한 노동 수입 감소에 대한 설명은 플로레스(Flores et al., 2002)의 연구에서 구체적으로 보여준다.

커피 생산에서 각 국가마다 ha당 노동일수가 다른 것은 각국의 기후

감소했고, 커피 관련 노동수요는 25%가 감소했다고 조사된다(Castro et al. 2004).

〈표 5-7〉 중미 각국의 커피 생산 관련 노동일수와 고용 감소(2001년 기준)

	ha당 평균 노동일수	ha당 노동일수 감소	노동일 수 감소 비율	총노동일수 감소	고정 고용 감소*	고정 고용 감소 비율	각국 일당	노동 수입 감소**
코스타리카	128.7	15.8	12%	1,675,000	6,700	2.4%	7.8$	12.7
엘살바도르	141.4	28.4	20%	4,540,000	18,155	11.3%	3.8$	16.3
과테말라	221.0	71.0	32%	19,380,000	77,530	11.0%	3.2$	62.0
온두라스	163.7	50.0	31%	12,250,000	49,000	15.4%	3.0$	36.7
니카라과	147.0	43.0	29%	4,660,000	18,625	6.7%	2.3$	10.7
중미 전체				42,505,000	171,010			138.6

* 1개 고정 고용당 250일 노동일수 기준.
** 단위는 100만 달러.
자료: Flores et al.(2002: 31), Varangis et al.(2003)에서 재구성.

조건뿐 아니라 커피 재배(수확) 방식, 토지 소유 규모, 임금 등 여러 조건의 조합에서 기인한다. 2001년 커피 가격이 한참 낮을 때 중미 지역 다섯 개 나라 모두에서 커피 생산에 ha당 투입되는 노동일수가 감소했다는 것은 커피 가격의 하락과 함께 대부분 소농들이 노동력의 일부를 생계 작물 생산에 투입해야 하는 상황이었음으로 해석될 수 있다. 이는 커피 생산의 소홀 혹은 방치로 이어지면서 수확기에 동원되던 계절 임금노동자들이 커피 생산에서 소외되는 결과를 가져왔다. 이러한 현상은 전문적 방식으로 커피 생산에 참여하는 대규모 농장보다 가족 노동력 중심으로 커피 생산에 참여하던 소농에서 더 빈번하게 발생했다. 2001년 ha당 노동일수 감소가 가장 심각하게 나타난 나라는 과테말라로 노동일수가 32% 감소된 것으로 조사되었다. 이어 온두라스와 니카라과가 근소한 차이로 뒤를 이었고, 코스타리카가 다섯 개 나라 중 노동일수 감소가 가장 적게 나타난 것으로 확인되고 있다. 이는 코스타리카의 커피 생산이 소농 중심이긴 하지만 중미 지역의 다른 나라들보다 비교적 안정된 토지분배 시스템을 가지고 있고, 양질의 커피로 유럽과 미국 커피시장에서 월등한 경쟁력을 갖기 때문으로 해석할 수 있다.

4. 20세기 말 커피 위기 시대 중미 지역 지속 가능한 커피 생산의 실천과 한계

1) 지속 가능한 커피 생산과 실제

20세기 말 커피 위기가 진행되는 동안 지속 가능한 커피 생산이 가장 활발하게 이루어진 곳이 중미 지역이다. 단일국가로는 페루와 멕시코가 공정거래 커피나 유기농 커피 생산에 적극적으로 참여하며 절대적으로 많은 양의 지속 가능한 커피를 생산하지만, 공정거래 커피와 유기농 커피뿐 아니라 열대우림연합 커피, 친조류 커피, 그늘막 재배 커피 등과 같은 다양한 형태의 지속 가능한 커피 생산이 활발하게 이루어진 곳은 중미 지역이다.

<표 5-8>에서 알 수 있듯이 라틴아메리카 전체 커피 생산에서 중미 지역 다섯 나라가 차지하는 비중은 13.6%에 불과하다. 그런데 열대우림연합 커피의 경우 라틴아메리카 전체 생산량의 93.6%가 중미 지역에서 생산되고 공정거래 커피도 38.5%에 달한다. 친조류 커피와 유기농 커피의 경우도 각각 26.4%와 17.3%로 라틴아메리카 전체 커피 생산량에서 중미 지역이 차지하는 비중인 13.6%보다 훨씬 높게 나타난다. 세계적으로 지속 가능한 커피의 85%가 라틴아메리카에서 생산된다는 점을 감안한다면, 중미 지역이야말로 지속 가능한 커피 생산이 가장 활발하게

〈표 5-8〉 중미 지역 지속 가능한 커피 생산 현황과 비중(2002년)

(단위: 톤)

	전체 커피 생산	공정거래	유기농	열대우림연합	친조류
라틴아메리카	4,908,420	63,268	58,551	5,383	2,065
중미 지역	665,820	24,335	10,121	5,095	546
중미 지역 비중	13.6%	38.5%	17.3%	93.6%	26.4%

자료: ICO 통계 자료와 Villalobos(2003)에서 재구성.

이루어지는 지역임을 확인할 수 있다.

중미 지역 다섯 개 나라마다 지속 가능한 커피 생산에 대한 참여 방식은 다양하다. 다섯 나라 모두 공정거래 커피와 유기농 커피 생산에는 참여하지만, 열대우림연합 커피 생산은 온두라스를 제외한 네 개 국가가 참여하고 친조류 커피 생산에는 코스타리카와 과테말라 두 나라만 참여한다. 중미 지역에서 양적으로 가장 많은 생산이 이루어지는 지속 가능한 커피는 공정거래 커피이며, 이어 유기농 커피와 열대우림연합 커피, 그리고 친조류 커피순으로 이어진다.

지속 가능한 커피 생산과 소비의 궁극적인 목적은 커피 생산 지역공동체의 경제적·사회적·생태적 지속 가능성이다. 소비자가 일반 커피보다 높은 부담을 짐으로써 커피 생산 지역의 환경을 보호하고 공공기반시설, 의료, 교육 수준을 강화하여 경제적·사회적으로 해당 공동체를 지속시키는 것이고, 비교적 친환경 작물인 커피 생산을 지속하게 하여 해당 공동체의 생태적 환경을 긍정적인 방향으로 지속시키는 것을 목적으로 한다. 실제로 많은 사례 연구에서 지속 가능한 커피 생산에 참여하는 공동체의 노동 여건이 개선되고 구성원들 간의 결속력이 더 강화되었을 뿐 아니라 해당 지역의 의료와 교육 수준이 높아졌다는 것이 확인되었다.

그럼에도 20세기 말 커피 위기가 진행되는 가운데, 중미 지역 다섯 개 나라 모두에서 심각한 수준의 커피 생산과 커피 관련 고용 감소, 그리고 노동 수입 감소가 있었음이 또한 확인되었다. 이러한 현상은 악순환적인 고리의 시작일 뿐이다. 커피 관련 고용이 전체 농촌 고용의 40% 이상을 차지하는 니카라과의 경우만이 아니더라도, 중미 지역 다섯 나라 모두에서 커피 관련 고용 감소는 급격한 속도의 불법 이민을 양산했다. 이뿐만 아니라 가격 하락의 압력을 견디지 못한 커피 소농들이 붕괴되거나 대규모 커피 농장이 커피 외의 다른 작물로 작목 전환을 하게 되면서 상대적으로 환경친화적인 커피 재배면적이 빠른 속도로 감소하는 현상이 발생했다. 결국 이러한 일련의 현상 앞에서 지속 가능한 커피 생산의 한계를 지적하지 않을 수 없다. 지속 가능한 커피 생산이 가장 활발했던 중미 지역에서도 실상 지속 가능한 커피가 갖는 긍정적 의미의 지속 가능성은 커피 소비지에서 그 말이 갖는 매력과 화려함에 미치지 못한 수준이었기 때문이다. 이에 다음 항에서는 20세기 말 커피 위기 시대 대안으로 등장한 지속 가능한 커피의 한계를 구체적으로 살펴보고자 한다.

2) 지속 가능한 커피의 한계

(1) 절대량의 미미함

1990년대 후반부터 2000년대 초반까지 커피 위기 시대 대안으로 등장한 공정거래 커피, 유기농 커피, 열대우림연합 커피, 친조류 커피까지 다양한 종류의 지속 가능한 커피 생산이 활발하게 이루어졌음을 확인했다. 그럼에도 커피 위기 시기 동안 중미 지역의 각 커피 생산 국가가 경험한 사회적·경제적 타격을 제대로 완충하지 못했다. 한계로 지적할 수 있는 가장 큰 이유는 지속 가능한 커피가 차지하는 절대량의 미미함

〈표 5-9〉 2002년 중미 각국 지속 가능한 커피 생산 현황과 비중

(단위: 톤)

	전체 커피 생산	공정거래	유기농	열대우림 연합	친조류	지속 가능한 커피 비중
코스타리카	113,580	3,312 (2.9%)	1,045 (0.9%)	558 (0.5%)	14 (0.01%)	4.3%
엘살바도르	86,280	606 (0.7%)	592 (0.7%)	2,671 (0.3%)	-	4.5%
과테말라	24,4200	12,367 (5.0%)	4,044 (1.7%)	1,636 (0.7%)	532 (0.2%)	7.6%
온두라스	149,760	4,182 (2.8%)	1,589 (1.0%)	-	-	3.8%
니카라과	72,000	3,868 (5.4%)	2,851 (4.0%)	230 (0.3%)	-	9.7%

자료: ICO 통계자료와 Villalobos(2003)에서 재구성.

이다.

<표 5-9>를 통해 알 수 있듯이 다양한 종류의 지속 가능한 커피 생산이 활발한 중미 지역이라고 해도 그 어느 나라에서도 지속 가능한 커피 생산이 전체 커피 생산의 10%를 넘지 못하고 있다. 가장 높은 수준을 보이는 니카라과의 경우 9.7%를 차지하지고, 뒤이어 과테말라가 7.6%를 차지하지만, 나머지 세 나라에서는 5% 미만을 차지하고 있다. 지속 가능한 커피가 갖는 절대량의 미미함은 커피 소비 부문에서도 확인된다. <표 5-10>을 보자.

<표 5-10>에 제시된 나라들은 유럽 내에서도 커피 소비가 상위권에 속하는 나라들이다. 세계적으로 커피 소비가 가장 많은 핀란드의 경우 성인 1인당 연간 13kg을 소비하고, 노르웨이, 스웨덴, 덴마크와 같은 나라들도 연간 10kg에 가까운 양의 커피를 소비한다.[13) 이와 더불어 지속 가능한 커피 중 공정거래 커피가 다른 대륙에 비해 월등히 많이

〈표 5-10〉 유럽 전체 커피 소비 대비 공정거래 커피 소비 비중(2000년, 2008년)

(단위: %)

국가명	2000년	2008년	국가명	2000년	2008년
오스트리아	0.7	2.0	독일	1.0	1.5
벨기에	1.0	2.8	네덜란드	2.7	3.0
덴마크	1.8	2.0	스웨덴	0.8	3.4
핀란드	0.3	0.4	스위스	3.0	5.0
프랑스	0.1	7.0	노르웨이	0.3	1.4

자료: Pay(2009).

소비되는 곳도 유럽이다.[14) 그럼에도 <표 5-10>에서 나타나는 바와 같이 유럽 각국에서 전체 커피 소비 중 공정거래 커피가 차지하는 비중은 많은 경우 3%이며 적은 경우는 1% 미만으로 나타나고 있다. 이는 세계 커피 수출 부문에서도 여실히 확인되는데, 2004년 세계 커피 수출 전체량 중 0.51%와 0.55%가 유기농 커피와 공정거래 커피로 조사되었다. 여기에 열대우림연합 커피와 친조류 커피를 합한다 해도 당해 전체 커피 수출의 1.28%를 점할 뿐이어서, 지속 가능한 커피의 양이 절대적으로 미미함을 다시 한 번 확인할 수 있다(Bacon et al., 2008: 348). 결론적으로 20세기 말 커피 위기 시대 대안으로 제시된 지속 가능한 커피는 생산과 소비 양 측면 모두에서 그 양이 절대적으로 미미하다는 한계를 가지고 있음을 지적할 수 있다.

---

13) 비교를 위해 대한민국 연간 커피 소비량을 제시하자면, 성인 인구 1인당 1.8kg를 소비한다.

14) 미국의 경우 공정거래 커피보다 유기농 커피 소비가 높게 나타난다. 2002년 경우 전체 공정거래 커피의 65.5%가 유럽에서 소비되었다(Castro et al., 2004).

(2) 여전히 소비지에 편중되는 가치사슬[15]

지속 가능한 커피의 두 번째 한계로 지적할 수 있는 것은 여전히 소비지에 편중되는 부가가치 비중이다. 커피가 수확 현장에서 소비 현장에 이르기까지 수많은 단계를 거치는데, 일반적으로 수확 - 1차 가공(커피과육을 제거하는 과정) - 2차 가공(커피콩을 감싸고 있는 내피를 제거하는 과정) - 배전 - 분쇄 - 소비의 과정으로 구분된다. 일련의 과정 속에 수출, 수입, 유통이 개입되고 각 과정마다 상이한 비중의 부가가치가 파생되는데, 20세기 말 세계 커피시장을 규제하던 IOC 보장가격 폐지, 베트남 커피 생산 급증, 커피 유통과 배전을 담당하는 거대 다국적 기업 출현 등과 같은 세계 커피 경제의 상황적 변화와 맞물리면서 기존 생산지에 파생되던 부가가치 비중은 점점 감소되었다.[16] 생산지에서 파생되는 부가가치와 소비지에서 파생되는 부가가치의 차이는 피터와 카플린스키(Fitter and Kaplinsky, 2001), 그레서와 틱켈(Gresser and Tickell, 2002)의 연구에서 구체적으로 나타난다.

---

15) 제레피(Castro et al., 2004)의 상품사슬(commodity chain) 개념을 빌어 커피가 생산지에서 소비지에 이르기까지 상품화되는 각 과정에서 파생되는 부가가치의 연결을 공간적으로 분석한 개념이 가치사슬(value chain)이다. 커피의 가치사슬에 대한 대표적인 연구로 탤벗(Talbot, 1997), 피터와 카플린스키(Fitter and Kaplinsky, 2001), 폰테(Ponte, 2004) 등이 있다.

16) 커피가 상품화되는 과정에서 파생되는 총 부가가치 중 생산자가 차지하는 비중이 감소되는 경향에 대해 다양한 연구 결과들이 발표되었다. 대표적인 예로 굿맨(Goodman, 2008)은 1980년대에는 커피로 인해 파생되는 부가가치가 생산국에 20%, 그리고 소비국에 55% 머물렀던 반면 1990년대에는 생산국이 차지하는 비중이 13%로 감소하고 반면 소비국이 차지하는 비중이 78%로 증가했다고 밝히고 있다. 탤벗(Talbot, 1997)은 커피 생산국에서 파생되는 부가가치 비중이 1971년 12.4%에서 1995년 3.4%까지 하락했다고 밝히고 있다.

<표 5-11> 커피공정 과정에 따른 부가가치 파생 비중

Fitter and Kaplinsky(2001)			Gresser and Tickell(2002)	
아라비카커피 부가가치 비중	센트/1b (1994년 기준)	커피공정 프로세스	달러/1kg (2001년 기준)	로부스타 커피 부가가치 비중
10%	45	농장: 커피 열매	0.14	0.53%
		가공소: 과육 제거	0.26	0.45%
20%	136	가공소: 내피 제거		
7%	170	수출업자	0.45	0.71%
4%	10	운송/보험	0.07	0.26%
	180	수입업자	0.52	
8%	214	생두도매		
29%	343	배전/분쇄	1.64	4.2%
		원두/인스턴트		
22%	440	소매	26.40	93.8%
		카푸치노 코스트		

자료: Fitter and Kaplinsky(2001), Gresser and Tickell(2002)에서 재구성.

<표 5-11>를 통해 알 수 있듯이, 아라비카 커피의 경우 수확 후 가공소에서 1차 가공을 거치기까지 파생되는 부가가치 비중은 최종 소매가격의 10%에 불과하다. 일반적으로 인스턴트커피의 재료가 되는 로부스타 커피의 경우는 수확된 커피 열매에서 파생되는 부가가치 비중이 최종 소매가격의 0.53%로 아라비카 커피보다도 훨씬 낮게 나타난다. 두 경우 모두 수출 이후 과정에서 더 많은 부가가치가 파생되는 것을 볼 수 있다. 원두커피의 경우 가장 많은 부분의 부가가치가 배전과 분쇄 과정에서 파생되고 인스턴트커피의 경우 소매 과정에서 파생되는데, 이 모든 과정들이 생산지 바깥에서 이루어지는 한, 생산지에서 발생하는 부

가가치의 비중을 높이기에는 한계를 가질 수밖에 없다.

20세기 말 세계 커피 가격이 지속적으로 하락하면서 중미 각국에서 예외 없이 커피 생산 포기, 커피 관련 고용 감소, 불법 이주 증가라는 부정적 사회적·경제적 현상들이 나타나기 시작했고, 이 과정에서 대안으로 등장한 것이 지속 가능한 커피임을 앞서 확인했다. 부가가치의 많은 비중을 차지하던 유통 구조를 간소화하기 위해 생산자와 소비자를 직접 연결한다는 내용의 공정거래 커피 개념이 등장했고, 공정거래와 같이 생산자와 소비자의 직접 연결을 전제하진 않지만 일정한 조건하에 생산된 커피를 소비자가 더 많은 비용을 부담하면서 구매한다는 유기농 커피가 등장했다. 그러나 이와 같은 지속 가능한 커피에서마저도 상당 부분의 부가가치가 생산지를 떠난 소비지에서 파생되는 한계를 갖게 되는데, 이는 다음과 같은 수출방식에서 기인한다.

<표 5-12>를 보기에 앞서, 앞의 <표 5-11>을 통해 가장 많은 부가가치가 창출되는 커피콩의 배전과 분쇄가 커피 생산지에서 이루어지지 않는 한 부가가치의 편중은 여전히 커피 소비지에 집중될 수밖에 없음을 확인했다. 그러나 중미 지역 다섯 개 커피 생산 국가에서 생산된 지속 가능한 커피 범주에 드는 유기농 커피가 수출되는 방식을 설명한 <표 5-12>에 의하면 다섯 나라 모두에서 최소 80% 이상 최대 100%가 배전 이전 단계에서 수출되는 것을 확인할 수 있다. 이는 수출의 편의를 위한 것이기도 하지만, 유기농 커피라도 유통 과정이나 가공 과정에서 흔히 행해지는 '섞기(Mezcla 혹은 블랜딩)'를 행하기 위함이다. 물론 이 과정에서 상당 부분의 부가가치가 파생된다. 실제로 유기농 커피 범주에 드는 열대우림연합 커피의 경우도 공식적으로 30%만 열대우림연합 커피를 사용하면 해당 기관에 의해 인증을 받을 수 있는 시스템으로 운영된다. 결국, <표 5-12>에서 보이는 바와 같은 방식으로 수출, 유통,

(단위: %)

	1차가공[17]	2차 가공[18]	배전	분쇄[19]
코스타리카	1	80	19	11
엘살바도르	11	70	18	18
과테말라	26	68	6	3
온두라스	10	90	0	0
니카라과	0	100	0	0

자료: Castro et al.(2004: 46).

가공이 계속되는 한, 아무리 지속 가능한 개념이 적용된 커피라 하더라도 여전히 대부분의 부가가치는 소비지에서 파생될 수밖에 없다. <표 5-13>과 <표 5-14>를 보자.

　<표 5-13>은 중미 지역에서 생산되는 지속 가능한 커피들의 가격을 표시하고 있다. 커피 열매를 수확 후 과육이 제거되고 건조된 1차 가공 커피[카페오로 혹은 카페페르가미노(cafe pergamino)] 중 가장 높은 가격을 받는 경우는 유기농이면서 공정거래로 판매되는 커피이다. 최소 가격과 최대 가격 사이의 차이는 있지만 파운드당 평균 0.84달러가 생산자에게 돌아가는 것으로 조사된다. 이는 같은 시기 ICO가 계산한 중미 지역 생산자 가격인 코스타리카 0.6달러, 엘살바도르 0.4달러, 과테말라 0.6달러, 온두라스 0.5달러, 니카라과 0.4달러보다 분명 높은 가격이다. 하지만 같은 기간 지속 가능한 커피가 소비지에서 팔린 가격과 비교한

---

17) 1차 가공은 커피 수확 후 과육을 제거하는 과정이다. 이 과정의 커피를 카페오로(cafe oro)라 한다.

18) 2차 가공은 과육 제거 후 건조된 커피의 내피를 제거하는 과정이다. 이 과정의 커피를 카페베르데(cafe verde)라 한다.

19) 이 표에서 분쇄는 배전 이후의 선택 공정이기 때문에 배전으로 흡수되어 계산된다.

<표 5-13> 중미 지역 지속 가능한 커피의 1차 가공 후 가격(2004년 기준)

(단위: 파운드당 달러)

	공정거래/유기농	공정거래	유기농	열대우림연합	친조류
최대	0.91	0.77	0.80	0.72	0.75
평균	0.84	0.67	0.50	0.46	0.52
최소	0.69	0.44	0.35	0.31	0.38

자료: Villalobos(2004).

<표 5-14> 커피 소비지에서의 지속 가능한 커피 원두 가격(2004년)

(단위: 파운드당 달러)

지속 가능한 커피 원두 가격			ICO기준 원두 소매가격	
판매 국가	원산지/카테고리	가격	판매 국가	가격
영국	콜롬비아/유기농	11.4	오스트리아	3.3
영국	코스타리카/공정거래	16.6	벨기에	3.8
독일	-/유기농	9.2	덴마크	3.9
프랑스	니카라과/공정거래	7.0	이탈리아	6.1
미국(스타벅스)	멕시코/유기농	12.95	룩셈부르크	5.7
미국	과테말라/공정거래	11.53	스페인	3.0
미국	엘살바도르/공정거래	9.76	독일	3.4
미국	센트럴아메리카/공정거래	11.99	프랑스	2.7

자료: Villalobos(2004), ICO 통계 자료에서 재구성.

다면 지극히 미미한 수준일 뿐이다. <표 5-14>를 보자.

<표 5-14>를 통해 알 수 있듯이 생산자에게 파운드당 최대 0.7~0.9달러가 지불된 지속 가능한 커피는 세계 주요 커피 소비 국가들에서 10달러 안팎으로 거래되는 것을 볼 수 있다. 이는 ICO가 제시한 유럽 각국에서의 원두 소매가격보다도 최소 두 배 이상의 가격이다. <표 5-14>에서 보이는 가격은 원두 소매가격이다. 피터와 카플린스키(Fitter and Kaplinsky, 2001)가 제시하는 카푸치노 코스트(cappuccino costs)[20]를 기준으로 계산한다면 지속 가능한 커피의 총부가가치에서 생산자가 차지하는

비중은 훨씬 더 낮은 수준으로 감소된다. 원두 소매가격의 경우 생산지와 소비지 사이에 10배 정도의 차이를 보이지만, 카푸치노 코스트스와 비교한다면 부가가치의 차이는 최소 300배 이상으로 증가한다.[21] 결국 지속 가능한 커피도 과거부터 이어지던 기존의 수출 방식이 바뀌지 않는 한 생산자에게 돌아가는 부가가치 비중을 크게 늘리지 못한다는 것을 보여주며, 이것이 현재 지속 가능한 커피가 가진 딜레마다.

(3) 커피 수확기 일용노동자가 소외되는 공정거래

커피는 노동집약도가 높은 작물이다. 특히 기계화가 불가능한 커피 수확 작업은 더욱 높은 노동집약도를 요구한다. 중미 지역에 약 30만의 커피 재배자가 등록되지만, 실제로 커피와 직접 관련을 맺는 농업노동자는 중미 지역 전체 고용의 28%에 달하는 164만 명으로 계산된다. 물론 수확기에 계절 이민하는 비정규 형태의 농업노동자까지 합하면 그 수는 더욱 증가한다. 여기에 공정거래 커피가 갖는 맹점이 있다. 앞에서 살펴본 바와 같이 공정거래 커피는 공정거래 인증을 획득한 커피 생산자에게 배전 이전의 커피에 대해 파운드당 최소 1.21달러를 보장해주는 시스템이다. 공정거래의 경우 대부분 지역공동체에 기반을 둔 소규모 커피 생산 조합을 통해 판매되고, 이 조합을 통해 지급되는 돈이 커피 과육이 제거된 혹은 내피까지 제거된 가공 커피에 지급되는 가격이기 때문에 커피 열매를 조합에 판매하는 커피 생산자가 받을 수 있는 가격은 공정거래에서 제시되는 1.21달러보다 낮은 편이다. <표 5-13>에서 이미 확인한 바 있다. 공정거래이면서 유기농인 경우 커피

---

20) 일반적으로 커피숍에서 판매되는 커피 한 잔의 가격을 말한다.
21) 보통 원두 1파운드당 최소 70잔의 커피가 계산된다.

재배 농민이 최대로 받을 수 있는 가격이 파운드당 0.91달러였다. 그래도 공정거래 인증을 획득한 커피 재배 농가는 보통 커피에 비해 높은 가격을 받으니 분명 공정거래가 지향하는 지속 가능성의 혜택을 어느 정도 본다고 할 수 있다. 그러나 공정거래 커피로 인한 인센티브는 생산자에 한정된다. 인센티브가 붙은 커피 가격과 상관없이 커피 수확 작업에 참여하고 일당을 받는, 커피 재배농보다 훨씬 더 많은 수의 임금노동자들은 공정거래의 혜택으로부터 소외될 수밖에 없는 시스템인 것이다. 2002년 기준 커피 재배에 참여하는 노동자의 하루 일당이 7.6달러였던 코스타리카를 제외하고는 엘살바도르(3.6달러), 과테말라 (3.2달러), 온두라스(3.0달러), 니카라과 (2.3달러) 모두 3~4달러를 넘지 못한 것으로 조사되고 있다(Flores et al., 2002; Varangis et al., 2003). 이들이 지속 가능한 커피를 따든, 지속 가능하지 못한 커피를 따든 이들의 임금은 코스타리카를 제외한 모든 국가에서 하루 3달러 수준에 머문다.[22] 이 수준이라면 절대 빈곤 수준이다. 커피 수확기에 급격히 증가하는 일당 노동자들을 차치하고라도 최소 정규직 농업노동자로 계산되는 160만 명 이상이 절대 빈곤 수준에서 살아간다는 의미이다.

이러한 상황적 딜레마는 지속 가능한 커피의 다른 종류인 유기농 커피 혹은 열대우림연합 커피나 친조류 커피의 경우도 예외가 아니다. 그 어떤 종류의 지속 가능한 커피도 생산자보다 훨씬 많은 수의 임금노동자들을 끌어안지 못한다. 생산자에게 직접 가격 지불 기준을 명시화

---

22) 일반적으로 수확기에 고용된 일당 노동자 1인이 하루 수확할 수 있는 커피 양은 80~100kg 정도이고, 수확이 가장 왕성할 때는 150kg 정도까지 수확한다. 수확기의 첫 무렵과 끝 무렵에는 40~50kg으로 감소한다. 2003년 기준 임금이 가장 높은 코스타리카의 경우 20kg 수확에 0.8~1.0달러가 지급되었고, 그 외 국가에서는 20kg당 0.3~0.5달러가 지급되었다.

하는 공정거래 커피와 여타 지속 가능한 커피들이 노동집약도가 높은 커피 생산 현장의 임금노동자들까지 끌어안지 않는다면 이 또한 현재의 지속 가능한 커피가 해결할 수 없는 딜레마일 수밖에 없다.

5. 결론

공정거래 커피, 유기농 커피, 열대우림연합 커피 등으로 대표되는 '지속 가능한 커피'는 더 이상 낯선 개념이 아니다. 대한민국의 커피 소비 일상에서도 흔히 접할 수 있는 개념이 되었다. 이 글은 20세기 말 커피 위기 시대 대안으로 탄생한 지속 가능한 커피의 중미 지역에서의 역할과 한계에 초점을 맞춰 분석했다. 중미 지역은 지속 가능한 커피 생산을 주도하는 라틴아메리카 내에서도 지속 가능한 커피 생산에 대한 가장 다양한 실천이 이루어지고 있는 지역이다. 분석 결과 중미 지역에서의 지속 가능한 커피 생산은 오늘날 그 말이 갖는 화려함에 비해 미흡한 역할을 하는 것으로 확인되었다. 이유는 생산과 소비 두 측면 모두에서 지속 가능한 커피 범주에 드는 절대량의 미미함과 여전히 소비지에 많은 비중의 부가가치를 만들어내는 지속 가능한 커피의 상품화 과정, 그리고 커피 재배 농가보다 훨씬 더 많은 수의 일용노동자들을 끌어안지 못하는 점이 지적되기 때문이다.

절대적 양과 관련하여 지속 가능한 커피는 세계적으로 여전히 생산과 소비 측면 모두에서 2% 미만을 점하고 있지만, 그 양이 꾸준히 증가하는 추세여서 희망의 측면을 볼 수 있다. 그러나 이 글에서 언급한 바와 같이 소비지에서 집중적으로 파생되는 부가가치 비중은 커피 생산지에서의 수출 방식에 변화를 주지 않는 한 개선이 어려운 문제로 남을 수밖에 없다. 설령 과육을 제거하는 1차 가공과 내피를 제거하는 2차 가공, 많은 양의 부가가치가 만들어지는 배전과 분쇄가 생산지에서 이루어짐으로써 기존 소비지에서 만들어지던 부가가치를 생산지로 끌어온다 해도 생산자가 직접 이러한 과정들에 개입하지 않는 이상 생산자가 차지하는 부가가치의 비중을 높이기는 어려운 문제이다. 공정거래 커피를 비롯하여 지속 가능한 커피가 생산지와 소비지를 직접 연결하여 양 지역 간의 간극을 줄이자는 취지로 탄생된 것이지만, 최종적으로 소비 형태의 상품이 되기까지 수확 이후에 다양한 가공 과정을 거쳐야 하는 커피라는 작물이 갖는 특성상 다른 작물의 직거래가 갖는 이점을 그대로 활용하기 힘든 한계가 있다.

마지막으로 중미 지역에는 30만 가구의 커피 재배 농가뿐 아니라 160만 명의 커피 생산과 관련한 일용노동자들이 있다. 그럼에도 앞서 언급한 바와 같이 소비자가 공정거래를 통해 지불하는 윤리적 소비 비용으로 인한 혜택이 이들 임금 농업노동자들에게는 돌아가지 않는다. 생산자에게 파운드당 일정 수준의 가격을 보장하여 지불하는 것을 조건으로 하는 공정거래 커피의 경우 커피 재배 농가가 가족노동력에 기반을 둔 상황이라면 취지에 따른 효과를 기대해볼 수 있다. 네팔의 히말라야 언저리의 극소규모 커피 생산 농가라면 공정거래야말로 그들의 삶이 지속적으로 나아질 수 있는 시스템으로 작용할 수 있다. 그러나 이러한 규모의 커피 경제는 세계적 수준에서도 아주 드문 경우이다. 비교적 소규모라는 중미 지역 다섯 나라만 해도 코스타리카가 커피 재배 농가당 평균 1.6ha를 소유하고 그 외 나라들은 4~5ha에 달하는 재배 면적을 가지고 있다. 전통 재배 방식의 경우 ha당 최소 1500주의 나무가 식재됨을 감안한다면 가족노동력 외에도 일용노동자를 고용할 수밖에 없다. 연구 대상 지역에서 커피 생산과 관련한 농업노동자들의 임금수준이 가장 높은 코스타리카의 경우 일당 7달러를 상회하지만 대부분 3달러 수준임을 확인했다. 코스타리카를 제외한 나라에서 커피 생산에 참여하는 임금노동자들의 삶이 절대 빈곤 수준에 가까움을 여실히 알 수 있지만, 정작 이들의 삶은 현재의 공정거래 시스템이 만들어내는 혜택으로부터 소외될 수밖에 없는 상황이다.

결론적으로 중미 지역뿐 아니라 세계적으로 커피 생산지의 커피 생산을 통한 지속 가능성을 모색한다면, 생산과 소비 양측 모두에서 지속 가능한 커피의 양을 늘려야 할 것이며, 커피 생산자가 배전까지 이어지는 일련의 커피 가공에 직접 참여하는 방법에 대한 모색이 있어야 할 것이다. 무엇보다도 중요한 부분은 지속 가능한 커피 생산에 참여하는 경우라면 커피 재배지의 소유자뿐 아니라 커피 생산에 일용노동자로 참여하는 계층까지도 지속 가능한 커피의 수혜자가 될 수 있는 대안이 간구되어야 할 것이다. 물론 이러한 실천들을 할 수 있는 역량은 소비자에게 있다. 지속 가능한 커피의 완성은 생산의 측면이 아닌 윤리적 책임을 전제로 하는 소비 부문에서 이루어지기 때문이다.

참고문헌

김세건. 2008. 「새로운 시장 그리고 농민공동체 운동: 멕시코 UCIRI를 중심으로」.
≪이베로아메리카 연구≫, 제10권 1호, 87~124쪽.

림수진. 2005. 「코스타리카 커피 경제의 시·공간적 전개와 지역적 차이」. 서울대학교
박사학위 논문.

_____. 2010. 「커피산업과 환경문제: 라틴아메리카 커피산업이 사회·경제적 의미와
생태적 고찰」. 전경수 외. 『라틴아메리카 에너지와 환경문제: 현황과 과제』.
대외경제정책연구원.

Bacon, M. et al. 2008. "Cutivating Sustainable Coffee: Persistent Paradoxes." in
M. Bacon et al. *Confronting the Coffee Crisis: Fair trade, Sustainable
Livelihoods and Ecosystem in Mexico and Central America.* The MIT Press,
pp. 337~372.

Banco Mundial. 2005. "Choques y protección social: Lecciones aprendidas de la
crisis del café en América Central." *Informe No. 31857-CA.* Banco Mundial.

Castro, F. et al. 2004. "Centroamerica la crisis cafetalera: efectos y estrategias para
hacerle frente." *Sustainable Development Working Paper* No. 23. The World
Bank, Latin America and the Caribbean Region, Environmentally and
Socially Sustainable Development Department.

Fitter, R. and R. Kaplinsky. 2001. "Who gains from product rents as the coffee
market becomes more differentiated? A value chain analysis." IDS Bulletin
Paper.

Flores, M. et al. 2002. "Centroamérica: El impacto de la caída de los presios del
café." *Serie Estudios y Perspectivas* no. 9. CEPAL.

Giovannucci, D. 2001. "Encuesta sobre café sustentable en el mercado de especialidad
de América del Norte." Banco Mundial.

Gonzalez, A. 1998. "Diagnóstico competencia industrial de café en Costa Rica."
INCAE.

Goodman, D. 2008. "The International Coffee Crisis: A Review of the Issues." in M. Bacon et al. *Confronting the Coffee Crisis: Fair Trade, Sustainable Livelihoods and Ecosystems in Mexico and Central America.* The MIT Press, pp. 3~26.

Gresser, C. and S. Tickell. 2002. "Mugged, poverty in your coffee cup." Oxfam International.

Levi, M. and A. Linton. 2003. "Fair trade: A cup at a time?" *Politics and Society,* vol. 31, no.3, pp. 407~432.

Linton, A. 2005. "Partnering for sustainability: business-NGO alliances in the coffee industry." *Development in Practice,* vol. 15, No. 3~4.

Ordoñez, C. 2002. "Ante la crisis del café, respuestas congruentes con el desarrollo humano y sustentable." *Magazine DHIAL(Desarrollo Humano e Institución América Latina),* No. 29, 14 mayo 2002.

Oxfam. 2001. "The coffee market, a background study." Oxfam.

Pay, E. 2009. "The market for organic and Fair Trade Coffee". FAO.

Ponte, S. 2004. "Standards and sustainability in teh coffee sector: a global value chain approach." *United Nations Coference on Trade and Development and International Institute for Sustainable Development.*

Raynolds, L. et al. 2004. "Fair trade coffee: Building producer capacity via global networks." *Journal of International Development* 16, pp. 1109~1121.

Rice, p. and J. McLean. 1999. "Sustainable coffee at the crossroads." *White paper for The Consummer's Choice Council.*

Rice, R. and J. Ward. 1996. "Coffee, Conservation, and Commerce in the Western Hemisphere: How individuals and institutions con promote ecologically sound farming and management in Northern Latin America." Natural resource defense council and Smithonian Migratory Bird Center.

Silva, E. 2006. "Efectos locales de la producción de café alternativo y sustentabilidad en Chiapas, México." *Revista de la Red Iberoamericana de Economía Ecológica,* vol. 3, pp. 49~62.

Talbot, J. 1997. "Where does your coffee dollar go? The division income and surplus along the coffee commodity chian." *Studies Comparative International Development*, 31(1), pp. 56~91.

Varangis, P. et al. 2003. "Dealing with the Coffee Crisis in Central America-Impacts and Strategies." *Policy Reaearch Working Paper* 2993. The World Bank.

Villalobos, A. 2003. "Analisis de la oferta latinoamericana de café sostenible." CIMS(Centro de Inteligencia sobre Mercado Sostenible).

_____. 2004. "Café sostenible, Mercado EEUU." CIMS.

제6장

권위주의의 재구축, 민중운동, 그리고 투쟁에 대한 범죄화

시모나 V. 야헤노바 _림수진 옮김

> Cuando despertó, el dinosaurio estaba todavía allí
>
> 깨어났을 때, 공룡은 여전히 거기 있었다.
>
> —아우구스토 몬테로소(Augusto Monterroso)

과테말라 유명 이야기 작가인 아우구스토 몬테로소의 『공룡(El Dinosaurio)』 작품 전문이다. 한 줄로 이루어져, 스페인어로 된 이야기 중 가장 짧은 이야기라는 기록을 가지고 있다 — 2005년 멕시코 작가 루이스 펠리페 로메리(Luis Felipe Lomelí)의 『이민자(El emigrante)』 작품이 나온 후 그에 밀려 두 번째로 짧은 이야기가 되긴 했지만 —. 1950년대 초반에 지어졌으며, 당시 수십 년째 집권하던 멕시코의 제도혁명 당을 겨냥해 만들어진 이야기다. 1921년 온두라스에서 태어났으나 과테말라 국적을 가지고 있었고, 2003년 멕시코에서 사망했다. — 옮긴이

시모나 V. 야헤노바 Simona V. Yagenova 정치학자이며 주 연구주제는 사회운동이다. 라틴아메리카 사회과학원(FLACSO) 과테말라 지부 사회운동 연구 부문 코디네이터로 재직하며 OSAL의 과테말라 지부 운영위원이기도 하다.

** 이 글은 ≪OSAL≫ 33호(2013년 5월)에 실린 글을 옮긴 것이다.

1. 서론

수년 전부터 과테말라에서 민주주의가 부진을 면치 못하더니 급기야 권위주의의 재구축이라는 실상에 직면한 듯하다. 예비역 장군이자 현 대통령인 애국당 소속 오토 페레스 몰리나(Otto Pérez Molina)가 집권을 시작한 지 1년 만에 농민이나 원주민에 직접 영향을 미치는 '약탈에 의한 축적' 메커니즘이 구축되었다. 그리고 이에 기반을 둔 과두·군사 정부가 재구성되었다. 물론 이러한 상황에서 인권에 대한 존중은 심각한 수준으로 후퇴하고 있다. 나날이 시위가 증가하고 새로운 형태의 저항이 거세지면서 정부는 호전적이거나 비판적 성향이 있는 조직들을 불법으로 규정했다. 나아가 조직에 관련된 자들을 범법자로 규정하기 위한 다양한 전략을 구사하기 시작했다. 과테말라의 정치세력 내에서도 좌파적 성향이 있는 정당이 존재하지만, 정부의 이러한 악행을 막아내지는 못하고 있다.

2. 현재의 투쟁 시기가 갖는 특징

투쟁의 시기는 일정한 역사적 기간 동안 이루어지는 사회적 힘과 민주주의의 결합 방식에 따라 정의된다. 구체적으로 사회 내 어떠한 변화를 잉태하고 그로 인해 만들어진 사회적 요구들이 어떻게 표출되는 가에 따라 투쟁의 요인들이 정해진다. 사회적 요구 앞에 각 사회 세력들이 어떻게 연대하는지, 그리고 자본이나 국가제도 혹은 법치로 대표되는 권력구조 앞에 어떻게 마주 서는지에 따라 투쟁 시기의 성격이 결정된다. 일반적으로 투쟁의 시기는 체계적 위기 가운데 형성되고 발전한다. 이때 위기는 정치, 경제, 사회 모든 영역을 아우른다. 또한 자기파괴 과정을 향해가는 시민사회 자체의 위기도 투쟁의 시기를 만들어낼 수 있다. 지금으로써는 불투명하지만 혹은 상상처럼 보이기도 하지만, 시민사회의 위기는 장기적 관점에서 봤을 때 전혀 지속 가능할 수 없는 삶이나 소비 형태에서 비롯되기도 한다. 위기를 벗어나는 방법은 대안의 모색이다. 이와 관련하여 그간에 수많은 논의가 있었다. 그러나 안타깝게도 자본의 논리가 전 지구적 헤게모니를 장악하고 있는 상황에서 위기에 맞서 거론되는 대안들은 아직도 지극히 초기 단계에 머물고 있는 상황이다.

그나마 중도좌파 혹은 좌파가 중심이 되어 대안과 수평적 통합을 통해 남아메리카 단결을 추구하자는 기치를 내건 ALBA가 현 위기 상황 앞에 등장한 대안이다. 물론 안타깝게도 아직까지 ALBA는 실질적으로 이 세상을 뒤집어엎거나 혹은 고쳐나갈 수 있을 만큼의 정치권력과 사회권력 간 상관관계를 만들어내지 못하고 있다. 오히려 이 지역에서 경쟁과 불안정이 더욱 첨예해지고 있고 군대가 더욱 기승을 부리고 있다. 그리고 미국과 같은 공격적인 제국주의 성격이 더욱 강화되고 있음 또한 이 지역에서 간과할 수 없는 사실이다.

과테말라에서는 현 투쟁 시기의 시작을 대략 2003년으로 본다. 이는 지난 1960년대 이후 1980년대까지 격렬한 혁명적 저항과 대중운동을 통해 만들어낸 평화의 시기 종말과 축을 같이한다. 진정한 대화가 이루어지고, 정치와 경제 영역에서 개혁에 대한 진지한 토론이 가능했던 시기의 종말이기도 하다. 평화의 시기에 합의되었던 협의 내용들이 제대로 이행되었다면 그사이 국가의 방향은 충분히 바뀌었을 것이다. 그러나 불행하게도 평화협정은 정치적·경제적 엘리트들에게 배반당했다. 그리고 다시 직면한 현 투쟁 시기는 신자유주의적 세계화로 특징지어지는 새로운 틀 안에서 진행되고 있다. 국내 생산에서 농업이 차지하는 비중은 현저히 줄어드는 대신 서비스와 통상이 국가경제를 좌지우지하고 있다. 토지는 초국가적 자본의 수중에 넘어가거나 때로는 마약 조직의 수중에 재집중되고 있다. 이 과정에서 농민과 원주민에 대한 약탈이 당연시되고 있지만, 농민 공동체와 원주민 공동체는 무방비 상태로 나날이 악화되고 있다. 수력발전소 건설, 석유와 광물 채굴, 북부횡단대(Franja Transversal del Norte: FTN),[1] 기술통로(Corredor Tecnológico)[2] 건설과 같은 대규모 사업들은 국내외 자본 축적의 이해관계에 의해 진행되는 국토 재조직화의 한 단면일 뿐이다. 이러한 대규모 사업들이 진행된다 하더라도 과테말라에 쌓이는 이익이 없다. 오직 남는 것이라곤 생태계 파괴, 주민들의 강제 이주, 사회적 갈등이 전부이다.

금융 산업은 그 이익을 나날이 키워나가고 있다. 더불어 비전통 작물인 사탕수수나 아프리카 팜과 같은 작물 또한 과테말라의 수출 증대에 혁혁한 공을 세우면서 스스로의 몸집을 키우고 있다. 그럼에도 그 이면에는 실업, 배고픔, 빈곤 증가 등과 같은 현실적 상황에 대한 어두운

---

1) 북부횡단대 프로젝트는 국가령 22-2009에 의한 것으로 과테말라 북서부 지역 우에우에테낭고, 키체, 알타 베라파스, 이사발 지역을 관통하는 330km의 고속도로 건설을 주 내용으로 한다. 공사는 이스라엘 자본인 소렐 보네(Solel Boneh)가 담당한다. 정부는 이 프로젝트를 통해 더 많은 경제적·사회적 투자가 이어질 것으로 전망한다.

2) 과테말라 기술통로 프로젝트(Corredor Tecnológico de Guatemala: CTG)는 태평양과 대서양을 잇는 육상 회랑을 건설한다는 계획으로 2010년 구체화되었다. 과테말라 북동부 지역의 42개 시를 관통하면서 총 308km 연장으로 고속도로와 철로, 그리고 대서양과 태평양 사이에 천연가스와 석유 추출물을 운송할 수 있는 관로(poliducto)를 건설한다는 계획이다. 예상 총비용은 약 1200만 달러로 2015년 완공 예정이다. 현재 스페인, 일본, 스위스, 과테말라 자본이 참여하고 있다.

그림자가 짙게 배어 있다. 수많은 과테말라 서민들이, 특히 젊은이들이 빠른 속도로 빈곤층으로 흡수되고 있다. 설령 이들이 고등교육을 제대로 마친다 해도, 그것을 바탕으로 사회적 지위 상승을 꿈꾸기는 어려운 시절이 되어버렸다. 매 4년마다 약 100만 명의 인구가 증가하고 있지만, 정부의 지출 증대는 여전히 그 자리에 머물고 있다. 이러한 경제 모델은 더 이상 과테말라 시민들에게 제대로 된 삶을 보장해주지 못한다. 또한 새로운 세대에게 미래에 대한 전망 역시 보장해줄 수 없다. 과테말라에서는 노동자들의 78%가 비공식 부문으로 그들의 삶을 지탱해나가고 있다. 이미 수만 명이 오직 생존을 위해 쫓기듯 목숨을 걸고 미국으로 흘러들어 가고 있다. 현재의 경제 모델로는 인간의 가장 기본적이고도 헌법적인 권리마저도 보장하지 못한다. 이쯤 되면 실패한 모델임이 인정되어야 하지 않겠는가?

현 투쟁기를 포괄적으로 설명해낼 수 있는 또 다른 요인은 민주주의의 부진과 후퇴이다. 1985년 헌법과 1996년 평화협정을 가능케 만들었던 정치적 협의들은 이미 사라졌다. 게다가 국가의 미래를 바꿀 수 있는 새로운 강령이나 국가적 의제에 관한 합의들마저도 존재를 찾아볼 수 없다. 오히려 그릇된 형태의 정치적 관행이 더욱 악화되었고, 이러한 것들을 바로잡아줄 윤리나 철학 또는 이데올로기 같은 무형의 가치들은 자취를 감춰버렸다. 그 자리를 차지하고 있는 것은 오직 자본에 기반을 둔 사악한 논리뿐이다. 이러한 정치 상황이라면 민주주의 혹은 사회 세력 변화에 대한 갈망과는 거리가 너무 멀어진다. 자유민주주의 논리와 대의(代議)가 전파될 수 있는 참여 정치의 새로운 장은 더 이상 만들어지지 않은 지 오래이다. 전쟁 이후 변화는 분명히 존재했다. 제도와 법률이 바뀌는 듯했다. 그러나 아주 오랜 시간 정치 영역 안에 기생하던 비열한 권력의 관계망까지 바꿀 수는 없었다. 이와 같은 상황에서 민주주의가 뿌리내린다는 것은 불가능한 일이었다. 전쟁은 끝났다. 하지만 기존의 정치·경제 모델에 의미 있는 변화를 가져오지 못한 채 '평화의 시간'이 종료되어버렸다. 그리고 다시 변화에 대한 사회적 요구와 열망이 정부의 무력 앞에 마주 서야 하는 순간이 되어버렸다. 이제 변화에 대한 열망이 다시 무력 앞에 나서야 하는 순간이 되어버렸고, 요구와 무력들이 얽히면서 새로운 투쟁의 시기가 전개되고 있다.

지금 전개되는 투쟁 시기의 특징 중 하나는 이전 탄압 시기의 여파가 아직도 남아 있다는 점이다. 그뿐만 아니라 뭔가를 비판하고 구상할 수 있는 사상적 토대는 전혀 갖추지 못했다는 것이다. 아직은 대중을 포괄하는 행동의 구심점이 제대로 형성되어 있지 못하고 사회적으로는 의식과 헤게모니가 아주 미약한 상황이다.

그럼에도 불구하고, 물론 아주 느리지만, 현 체제를 비판하는 사회적 힘의 '축적'이 보인다. 정부와 국가의 대안적 모델에 대한 토론이 진행되는 과정에서, 그리고 원주민들과 농민 공동체가 다국적 기업이나 그에 연계된 지역 기업에 맞서는 현장에서 미약하나마 힘의 '축적'이 보인다. 특히 원주민과 농민들이 자신들의 토지를 지켜내기 위해 저항하는 과정에서 힘의 축적은 구체화되는데, 그들은 사회적 변형을 방해하는 틀을 깨기 위한 물리적 힘과 권력뿐 아니라 대중들 사이에 쌓이는 지식까지도 '힘의 축적'에 포함시킨다. 이를 통해 본다면 최근 몇 년 사이 사회적 항의와 사회운동은 더욱 본격화되고 지역적으로도 확장되고 있다고 볼 수 있다.

다양한 대중적 힘에 기반을 두고 역동적으로 전개되고 있는 현 투쟁기의 특징을 다음과 같이 세 가지로 특징지을 수 있다. 첫째, 국가 자본과 초국적 자본의 연대 강화이다. 여기서 초국적 자본은 마피아적 성격을 띠는 자본까지도 포함한다. 이들은 국가의 자연자원을 넘볼 뿐 아니라 만물의 근원이라 할 수 있는 대지까지도 약탈 영역으로 포함시킨다. 둘째, 애국당 집권 1년 만에 강화된 우파 신자유주의 정치세력, 군부, 극보수주의 시민, 네오파시스트 그리고 반공주의자들의 동맹 재구성 및 강화이다. 셋째, 현재의 투쟁이 이미 전투화되기 시작하면서 나타난 첫째와 둘째에 언급된 세력 간의 폭넓은 전술과 전략 추구이다.

3. 과두 세력, 군대, 약탈을 통한 축적 전략

권위주의에 기초하여 자국 내 반군을 혹독하게 탄압하던 정부로부터 적어도 민주주의 대의원칙을 최소한으로나마 지키는 정부로 이행하기까지, 총 여덟 번의 선거가 치러졌다. 그러나 2011년 대선에서 전쟁 시기를 대표하던 전직 군인 출신이 대통령으로 선출되면서 과테말라는 다시 과거로 회귀하기 시작했다.

1966년 군 생활을 시작한 오토 펠리스 몰리나는 '전쟁 시기' 동안 대량 학살과 인권에 대한 폭력이 난무했던, 익실 지역3)에서 주로 근무했던 자이다. 이후 대통령실 내 최고위급 직위를 수행하기도 했고 군사 정보기관의 수장으로 재직하기도 했다. 과테말라 주요 일간지인 ≪엘 페리오디코(El Periodico)≫와 ≪엘 옵세르바도르(El observador)≫는 여러

---

3) 과테말라의 서북 고원지대 키체 주의 3개 시 산타마리아 네바, 산후안 코찰, 산가스 판 차훌을 아우르는 지역이다. 마야 원주민 중 가장 소수 부족에 속하는 익실족이 거주한다. 1980년대 초반 '전쟁 시기' 동안 가장 큰 아픔을 겪은 지역이기도 하다. 1982년부터 1983년까지 공식적으로 확인된 학살자 명단이 1771명에 이른다. 당시 대통령이었던 에프라인 리오스 몬트(Efrain Rios Montt)가 이 지역 대량 학살 혐의으로 80년 형을 선고받았지만 헌법에 의해 면책되었다. — 옮긴이

차례 기사를 통해 페레스 몰리나의 등장과 함께 정부의 군사적 색채가 강해졌음은 물론이요, 혹독한 '전쟁 시기'를 살아낸 반군들에 대한 탄압 또한 강화되고 있음을 지적했다. 아울러 현 정부와 함께 활발해진 전문직 정보요원들의 활동에 대한 언급 또한 잊지 않았다.

실제로 현 정권에서 전·현직 군인들이 공공기관, 특히 안보정책[4]에 적극적으로 개입하기 시작했다. 이 하나만으로도 현 정부가 사회적 갈등과 저항에 어떤 입장을 갖는지 명확하게 알 수 있다. 과도한 무력 사용과 재군사화[5]를 차치하고서라도, 시위 자체를 일부 불순 세력의 선동 정도로 치부해버린다. 때로는 현 정부 전복을 위한 외부 세력의 음모론으로까지 몰아간다. '전쟁의 시기'에 행해진 전형적 수법이 다시 자행되고 있는 것이다. 시위 발생 원인에 대한 진지한 고민은 전혀 없다. 거리의 시위자들은 반체제적 성향 혹은 국가와 아무런 상관없는 개개인의 자율적 적대 행위자로 간주될 뿐이다.

2003년 미주기구는 '미주 대륙 안전'이라는 의제하에 '테러리스트의 위협'이라는 개념을 만들어낸다. 이에 한 술 더 떠, 과테말라 현 정부는

---

4) 오토 펠리스 몰리나 대통령은 국가안전보장위원회가 부통령 록사나 발데티(Ro-xana Baldetti), 국방부 장관 울리세스 노에 안수에토(Ulisés Noé Anzueto), 내무부 장관 마우리시오 로페스 보니야(Mauricio López Bonilla), 외무부 장관 아롤드 카바예로스(Harold Caballeros), 중앙정보국장 호세 마리아 아르구에타(José María Argueta), 검찰청장 라리 마크 로블레스(Larry Mark Robles)로 구성된다고 발표했다. 전역 장군인 부스타만테(Bustamante)는 이 위원회의 전문사무국장으로 임명되었다(≪프렌사 리브레(Prensa Libre)≫, 2012년 1월 19일 자 참조).

5) 2012년 1월 28일 자 국내 언론에 의하면 국방부 장관이 군대를 증강시키고 이와 더불어 페텐 북부 지역의 마약 조직과 싸우기 위해 그리고 수도 방위를 보강하기 위해 산후안 사카테페케스에 두 개의 연대를 증설한다고 발표했다. 이 두 개 연대의 창설로 전국적으로 총 12개 연대가 되었다.

이 개념을 끌어들이면서 '내부의 적'이라는 개념을 '재발명'해내고, 이를 국내 안보정책의 핵심 사안으로 만들어버렸다. 과테말라 정부가 말하는 내부의 적은 명백하다. 시민들의 사회적 요구와 맞물리는 사회갈등이다. 과테말라 현 정부와 항상 법적·제도적 이해관계에서 기득권을 가지고 있던 엘리트들에게는 사회갈등이 가장 위협적 존재로 인식된다. 이와 같은 상황에서 하나의 주권국가가 외부의 적으로부터 자국을 지키기 위해 쓸 법한 정책을 자신들의 이익을 지킨다는 명분하에 자국 내부의 적들에게 그대로 적용하고 있다. 내부의 적으로부터 자신들을 보호하기 위한 가장 효과적인 방법은 물론 무장이다.

미국과 미주 대륙에 관한 정책과 관련하여 과테말라 정부는 '내부의 적' 퇴치라는 명목으로 미국과 항상 긴밀한 공조체계를 유지하고 '테러와의 전쟁'에 대비한다. 내부의 적 앞에 과두 세력과 결탁한 자본과 마약 조직, 그리고 초국적 자본에 기반을 둔 신흥 경제 세력은 토지와 자원 약탈이라는 방식을 통해 자신들의 축적 모델을 만들어낸다. 이 상황에서 농민들이 직면해야 하는 부작용 따위는 이들의 고려 대상이 아니다. 약탈을 통한 축적 모델이 공고화되면서 농민과 원주민들에게 물질적이고도 정신적 기반이기도 한 토지가 위기에 처하게 된다. 그뿐만 아니라 광산 채굴이나 수자원 개발 등과 관련한 거대 국가프로젝트들이 시작되면서 원주민과 농민들을 둘러싼 생태계 또한 심각한 위협을 받고 있다. 그러나 이러한 현실들에 대한 국가의 관심과 정책은 전무하다.

4. 민중저항과 투쟁에 대한 범죄화

2012년 한 해 동안 발생한 저항 횟수가 493회이다. 지역적 범위로는 과테말라 전체 22개 주 333개 시 중 167개 시에서 사회적 저항이 기록되었다. 그중 시위가 225회로 가장 보편적인 형태였고, 도로 점거가 90회, 건물 점거가 63회, 초소 설치가 47회, 파업이 총 28회에 이른다. 선거가 있던 해이자 다양한 반체제적 성격의 항의가 표출되었던 2011년의 총 522회에 비한다면 감소한 것이지만 공권력에 의한 폭력적 대응은 심각한 수준이었다. 정부는 최루탄과 폭력, 대량 학살이라는 수단까지 동원하여 사회 저항에 나선 다양한 사회운동 세력들을 진압했다.

사회적 저항과 관련하여 지리적·공간적 측면에서도 큰 변화가 포착되었다. 그중 가장 대표적인 것이 최근 몇 년 사이 사회 저항의 발생지가 과테말라의 수도까지 확산되고 있다는 점이다. 더불어 서부 지역과 동부 지역에서 저항의 빈도수가 다른 지역에 비해 월등히 높게 나타난다는 점 또한 변화의 양상으로 볼 수 있다. 수도에서까지 사회적 저항이 빈번해졌다는 것은 정치의 중심인 과테말라시티에서 다양한 사회 세력들이 현 정부에 대한 반체제적 의사를 표하고 있다는 것이다. 또한 동부 지역과 서부 지역에서 나타나는 사회적 저항은 현 정부의 약탈에 기반을 둔 축적 모델과 관련하여 농민과 원주민들의 거센 저항 때문이라 이해할 수 있다. 반면 사카파, 후티아파, 할라파, 산타로사 지역에서는 과거 광산 탐사와 채굴 과정에서 끊이지 않았던 사회적 저항이 최근 몇 년 사이 비교적 감소하고 있는 것으로 나타나고 있다.

무엇보다도 중요한 것은 국가에 의한 폭력적 대응이 그 수위를 높여갔음에도 사회적 저항이 지속적이면서도[6] 반복적으로[7] 이어졌다는 점

---

6) 사범대 학생들로 구성된 학생운동은 교육부 장관이 전문회의를 통해 사범대학 교육을 3년 더 연장한다는 발표를 함과 동시에 시작되었다. 이에 학생들과 학부형들은 이러한 정책이 농촌 지역의 학생들과 가난한 가정의 학생들에게 치명적인 결과를 가져올 것이라고 주장했다. 이 학생운동은 2012년 5월에 시작되었고 2012

이다. 그럼에도 2013년 초까지 어떠한 사회적 요구 사항도 해결되지 않았다는 점 또한 간과할 수 없는 사실이다.

1) 원주민, 농민, 그리고 민중의 행진

2012년 3월 19일 '삶, 대지, 그리고 토지권 수호'를 위한 원주민, 농민, 민중들의 행진이 시작되었다. 이 행진은 총 9일 동안 알타 베라파스 주의 주도인 코반에서 과테말라시티까지 214km에 이르는 여정으로 진행되었다. 행진 기간 동안 2011년 같은 시기에 있었던 폴로칙 지역 마을의 공권력에 의한 강제 퇴거가 기념되었다. 이 행진은 농민연합위원회(Comité de Unidad Campesina: CUC), 알티플라노농민위원회(Comité Campesino de Altiplano), 마야 와킵케(Waqib'Kej) 전국위원회(Coordinadora y Convergencia Nacional Maya Waqib' Kej), 폴로칙 지역 마을 위원회(las comunidades del Valle del Polophic)에 의해 발의되었다. 더불어 카하본, 알타 베라파스, 산타마리아 살라판과 할라파, 그리고 북부 지역의 키체, 우에우에테낭고 지역 대표들이 참여했다. 3월 27일, 행진은 수도인 과

년 잠시 휴식기를 가지며 2013년 2월에 재개되었다. 학생운동은 시위, 도로 점거, 교육기관 점거, 초소 점거, 항의 조치 등으로 이루어졌고, 학부형과 농촌 지역 지도자, 그리고 일부 교육자 그룹에 의해 지원되었다. 그러나 과테말라 교원노조는 교육부 장관의 발표가 이미 전 정부와 단체 협약의 과정 안에서 합의가 이루어진 것이라고 발표하면서 학생들의 요구를 지지하지지도, 부응하지도 않았다. 이에 일각에서는 교원노조의 친정부(애국당) 성향에 대해 강하게 비판했다.

7) 지속적·사회적 저항의 또 다른 이유는 국회로 하여금 '농촌발전법(Ley de Desarrollo Rural)'을 신속히 통과시킬 것을 요구한 것 관련이 있다. 10년 이상 끌어온 이 법의 통과에 가장 큰 장애물은 기업 부문과 그에 결탁한 의회의 의도였다. 결국 2012년에도 국회의 의결을 끌어내지 못했다.

<표 6-1> 2012년 사회적 요구와 저항 사례

광산, 수력발전, 석유 등 에너지 관련 계획에 대한 거부와 환경보호, 원주민 공동체 토지 보호 관련	
사례	사카파 주 몬타나 라스 그라나디야 공동체 케찰테낭고 주 칸텔 지역 마야맘과 팔레스티나 데 로스 알토스 공동체 우에우에테낭고 주 산타크루스 바리야 공동체 산마르코스 주 마야맘과 시파카펜세 공동체 리오 돌로레스, 코반, 알타 베라파스 주 케치에스 원주민 공동체 키체 주와 치니케 주 키체 공동체 키체 주 익스칸 지역의 키체와 케치에스 공동체 키체 주 우스판탄 지역 키체 공동체 키체 주 코찰, 차훌, 네바흐 지역의 익실 공동체 솔롤라 주 캅치케레스(Kaq'chiqueles) 공동체 과테말라 주 산티아고, 사카테페케스, 산후안 사카테페케스 지역의 캅치케레스 공동체
광산, 수력발전, 석유 등 에너지 관련 계획에 대한 거부와 환경보호, 메스티소 공동체 토지 보호 관련	
사례	산타로사 주 산라파엘 라스 플로레스 공동체 과테말라 주 산호세 엘 골포, 산페드로 아얌푹, 산라이문도 공동체 레탈훌레우주 참페리코 공동체
농지쟁의 관련	
사례	알타 베라파스 주 바예 데 폴로칙 지역 켑치에스(q'eqchies) 공동체 이사벨 주 시에라 데 산타크루스 공동체 키체 주 우스판탄 시 로스레가디요 지역 키체 공동체 할라파 주 산타마리아 살라판 지역 시카스(Xicas) 공동체 이사벨 주의 코아테페케 마을 공동체
농촌개발법 승인 관련	
사례	전국 농민조직운동, 원주민-농민-민중 행진
공공보건정책, 공공위생국 노동자와 사회적 지원에 관한 인정 관련	
사례	바하베라파스, 치말테낭고, 산타로사, 케찰테낭고, 후티아파, 엘 프로그레소, 치키물라, 폼툰, 페텐, 수치테페케스, 레탈울레우, 과테말라, 우에우에테낭고 주의 노동자들이 위생, 해고, 임금체불, 국가위생시스템 보급과 관련하여 저항함 루스벨트 병원 의사들이 의료 투자 부족과 관련하여 상시 의회 신설
노동권 침해 관련	
사례	치말테낭고 주의 치말테낭고 시와 산안드레스 이차파 시에서 노동자

	임금 체불 페텐 주 산베니토 시와 산마르코스 주 엘 로데오 시, 산타로사 주 쿨리아파 시, 치키물라 주의 에스키풀라 시에서 노동자 해고
농장에서의 노동권 관련	
사례	페텐 주의 아프리칸 팜 농장에서 3일간 1만 명의 노동자들이 파업
비공식 부문 노동자들의 노동권 관련	
사례	과테말라시티 산타루시아 콧수말구아파와 에스쿠인틀라 지역 노점상 철거 치키물라 시에서 노점상들의 편의를 위한 행정절차 불이행
교육정책과 교사노동권에 대한 존중 관련	
사례	레탈울레우 주의 교육청 교육장 임명 거부 과테말라 주, 사카파 주, 케찰테낭고 주와 아마티틀란 시에서 교사 재계약 요구 레탈울레우 주 엘 아신탈 시에서 유치원과 초등학교 교사들 해고 솔롤라 주의 사범학교에서 학생들이 교사의 학대를 이유로 해임 요구 케찰테낭고 주의 언어교육원 교사들 계약 관련 후티아파 주와 우에우에테낭고 주의 방송통신중학교 교사들이 재계약과 5개월간의 체불 임금 지급 요구 바하 베라파스 주 살라마 시에서 기초교육을 위한 교사들 계약에 대한 요구 에스쿠인틀라 주의 예술학교 교사들이 임금체불 관련 시위 2012년부터 교육대학 학생들의 전공과정 개편과 관련한 지속적인 전국적 시위
여성 권리 관련	
사례	대통령 산하 직속기관인 여성부 대표와 원주민 여성 보호국 대표 선거 과정에서 파생된 절차 침해에 대한 거부 여성 권익을 위한 정부기관에서 자행된 근거 없는 해고에 대한 거부
영국 자본 Actis와 스페인 자본 Unión Fenosa에 의해 이루어지던 전기 생산과 분배 부문의 국유화 관련	
사례	수도와 레탈울레우, 수치테페케스, 케찰테낭고, 산마르코스, 할라파에서 시위 발생 페텐 주에서 전기 공급하는 외국 회사의 전횡과 높은 가격에 반대하는 시위 발생
노인 권리 관련	
사례	국가예산에서 사회보장을 받지 못하는 노인 인구에 대한 주거비 책정을 요구하는 시위대에 의해 수도 점거, 페텐 공항 점거

공동체 지도자들에 대한 살인과 살인시도	
사례	우니온 사카파 주 에스키풀라스 지역 원주민 공동체 '땅과 자연자원 행정 위원회' 비서 살해 우에우에테낭고 주 산타크루스 바리야스 공동체 지도자 살해 이사벨 주 바나나 노동자조합 노조원 미구엘 앙헬 곤살레스 라미레스(Miguel Ángel González Ramírez) 살해 라 푸야, 산호세 엘 골포, 산페드로 아얌푹 저항 지도자 욜란다 오켈리(Yolanda Oqueli)에 대한 살해 시도 키체 공동체 위원회에서 활동하던 호세 타비코 추눈(José Tavico Tzunun)을 치케 주 산타크루스 지역 시바카 III 마을의 자택에서 두 명이 괴한이 침입해 잔인하게 살해 사카파 주 리오 치키티토 공동체 지도자이자 농민개발위원회(Comité de Desarrollo Campesino: CODECA) 지도자 중 한 명이었던 엔리케 리나레스(Enrique Linares) 살해 UNSITRAGUA 소속 폴로 고르도(Palo Gordo) 제당소 노조 간부 살해 CODECA 소속 사카파 공동체 지도자 엑토르 히론(Héctor Girón) 살해 도로점거 과정에서 정부군에 의해 마야-키체스(maya-quichés) 농민 여섯 명 학살
저항 진압 정책 희생자의 기억과 정의	
사례	평화부(Secretaria de la Paz) 해체와 대량 해고 내전 기간 동안 자행된 대량 학살과 인권 유린 책임자에 대한 법적 심판

자료: 신문 자료와 사회운동 자료를 통해 재구성.

테말라시티에 입성하면서 수만 명을 한자리에 집결시켰다. 행진의 여정 가운데 학생, 교사, 노동자, 거리상인, 종교인, 여성단체, 노인들, NGO 단체, 대학 관련자, 진보적 학자, 그리고 다수의 시민이 불꽃, 박수, 슬로건, 손수건을 흔들며 연대와 지지를 보여주었다. 수도 한복판에서 "단결한 민중은 절대로 지지 않는다", "아래에서 움직이면, 위에서 떨 수밖에 없다" 등과 같은 함성이 울려 퍼졌다. 과테말라시티에 입성한 행진 대열은 헌법재판소를 향했고, 그곳에서 그들의 요구 사항을 담은 기록이 재판관의 손에 건네졌다. 다시 행진은 의회로 이어졌고, 각 정당

지도자들로부터 수년 전부터 농민들이 요구해오던 '농촌발전법' 승인에 대한 약속을 받아냈다. 여정의 마지막, 오후 3시에 행진을 발의한 단체 대표로 구성된 협상단이 정부청사로 들어갔다. 대통령과 각료들이 2시간 30분 동안 그들을 응대했다. 행진의 요구 사항은 다음과 같았다. ① 알타 베라파스, 특히 폴로칙 지역, 코반, 치섹, 카라차 지역의 토지 문제를 해결하고, 키체 북부 지역, 사쿠알파, 산타마리아 살라판, 사라파, 페텐, 시에라 데 산타크루스, 이사발 지역도 토지 문제를 해결할 것, ② 토지기금이라는 명목하에 수천 가구의 농촌공동체에 부과된 부채를 탕감할 것, ③ 강제퇴거, 사회 저항에 대한 범죄화, 재군사화, 농민과 원주민 지도자에 대한 박해를 금지할 것, ④ 자신들의 땅에서 자연자원이 착취되는 것에 대한 원주민 공동체의 반대를 존중할 것, 더불어 광산과 석유 개발 허가, 수력발전 건설, 단일 작물 재배에 대한 추진을 취소할 것, ⑤ '농촌발전법'의 즉각적인 승인과 새로운 농업정책을 입안할 것, ⑥ '원주민 공동체 자치방송법(Ley de Radios Comunitarias)'[8] 을 승인할 것 등이었다. 회의 결과, 정부는 일부 요구를 받아들였고, 또 다른 요구 사항에 대해서는 4월 19일까지 답을 주기로 약속했다.

원주민, 농민, 민중의 행진은 새로운 정부가 사법기관을 장악해나가기 시작하면서, 그리고 선거 기간 동안 대중매체 기관들이 정부와 연합해나가면서 더욱 격렬해졌다. 결국은 정치적으로 무장한 다양한 민중조직들이 과테말라 정부의 주요 골칫거리로 떠올랐다. 물론 정부는 대중매체들과의 결탁 속에 철저히 이들의 존재를 숨길 수 있었다. 하지만

---

8) 과테말라 헌법은 방송권을 오직 정부에게만 허용하고 있으나 원주민 공동체들은 언어가 서로 달라 방송 송수신으로부터 소외되어왔다. 이에 원주민 공동체 대표들은 위생과 교육, 생활에 필요한 기본 정보 등은 자기들의 언어로 자치 방송을 송출할 수 있는 방송권을 요구해왔고, 2014년 3월에 승인되었다.

수도 과테말라에 이르는 행진의 여정에서 이들에게 전해진 유례없는 지지와 연대는 정치적·경제적 엘리트와 정부기관을 놀라게 하기에 충분한 것이었다. 그간 과테말라 시민들은 자신들의 정치적 지지를 표현하는 데 지극히 조심하고 신중할 수밖에 없었다. 그럼에도 민중 행진 대열에 보여준 강한 연대와 지지에서 시민 주체성의 변화가 포착되었다. 이 행진은 2012년 내내, 서로 다른 경험과 역사를 갖는 다양한 사회세력들을 집결시켰다. 수도에 입성한 이들의 여세에 놀란 정부가 문제 해결을 약속했고 이후 수차례 회의가 이어졌지만, 정작 이들의 요구사항은 해결되지 않았다.

2) 산타크루스 바리야스에서의 갈등: 계엄령, 군사화, 공동체 지도자 암살

2012년 5월 과테말라 사람들의 관심은 멕시코 국경과 접한 우에우에테낭고 주 산타크루스 바리야스에 집중되었다. 오래전부터 이 지역 수력발전소 건설에 반대해오던 공동체 지도자가 암살되고 무장 공격이 이어졌다. 이는 곧바로 해당 지역의 소요로 이어졌고, 대통령 오토 페레스 몰리나가 이 지역에 계엄령9)을 선포하고 군대를 파견했다. 사회 저항 세력들의 최초 공격은 스페인 자본 회사 이드로 산타크루스(Hidro Santa Curz)의 사설 경비를 향한 것이었다. 이유는 자신들의 토지에 대한 권리가 존중되지 않았다는 것이었다. 사건의 발단은 '우에우에테낭고 토지 보호를 위한 의회(Asamblea Departamental por la Defensa del Territorio

---

9) 정부령 1-2012호로 5월 4일에 발표되었고 30일간 효력을 갖는 것으로 계획되었다. 이후 5월 8일 103표 찬성과 24표 반대로 국회에서 가결되었다. 해당 법령 3조에 의하면 행동의 자유가 금지되고, 행동 수상자에 대한 구속이 합법화되었다. 또한 이동의 자유 회합과 시위에 관한 권리가 제한되었다. 무기 휴대도 제한되었다.

de Huehuetenango: ADH)'를 주축으로 여러 원주민 공동체가 이 지역 광산 채굴과 수력발전소 건설에 반대를 표하면서 시작되었다(ADH, 2012). 2007년 6월 23일 수력발전소 건설과 관련한 찬반 투표에서 4만 6470명의 원주민이 반대를 표했음에도 (찬성표는 겨우 9표에 지나지 않았음) 과테말라 정부나 해당 회사가 이를 무시한 채 자신들의 계획을 실행했던 것이 원인이 되었다. 즉각적으로 수백 명의 국내외 사람들이 연대하여 산타크루스 지역의 계엄령 해제와 주민들에게 헌법적 기본 권리를 보장해줄 것을 요구했다.[10] 당시 오토 페레스 몰리나 정부에 대한 이들의 요구는 다음과 같다. ① 공권력에 의해 체포된 모든 사람들을 석방할 것, ② 안드레스 프란시스코 미겔(Andrés Francisco Miguel)의 암살,[11] 파블로 안토니오 파블로(Pablo Antonio Pablo)와 에스테반 베르나베(Esteban Bernabé)에 대한 테러 관련 책임자를 철저히 조사할 것, ③ 이드로 산타크루스 회사에 의해 고발되거나 협박받는 모든 남녀 지도자들과 시위에 동원된 사람들의 안전을 보장할 것과 아울러 사회저항 지도자와 활동가들에 대한 인간적 권리를 보장할 것, ④ 이드로 산타크루스 회사가 과테말라인들의 권리를 침해하고 농민들의 땅을 침범하는 상황에서 정부가 나서서 공동체 주민들의 재산권을 보장할 것, ⑤ 수력발전소 건설을 반대하는 바리야스 마을 공동회의 결과에 대한 효력을 인정할 것 등이었다.

과테말라 정부가 무력을 동원해 산타크루스 바리야스 사안을 처리하는 것과 관련하여 국내외적으로 격렬한 비난이 일어나자, 오토 페레스

---

10) 2012년 5월 10일 발표된 대자보 '우리 모두가 바리야스 사람들이다' 참고 (aapguatemala.blogpost.mx).

11) 산타크루스 지역공동체 지도자로 수력발전소 건설 반대 운동 중 2012년 5월 1일 이드로 산타크루스 회사의 사설 경호대에 의해 암살되었음. — 옮긴이

몰리나 대통령은 일단 5월 18일 자로 계엄령을 해제했다. 그러면서도 한편으로는 수력발전소 건설 회사에 대한 지속적인 지원을 약속했다. 저항 기간 내내 강한 압박과 전략적 유착 그리고 비열한 심리전이 있었지만 산타크루스는 이에 굴하지 않았다. 회사 소속 사설 경호원 두 명을 일시적으로 나포하는가 하면, 끊임없이 정치범 석방을 요구했다. 무엇보다도 산타크루스 바리야스에 대한 국내외 폭넓은 지지를 끌어낸 것은 이 지역의 사회 저항이 이룬 쾌거였다. 어찌 되었든, 이 지역에서의 갈등은 2013년까지 해를 넘겨 지속되었다.

3) 푸야에서의 갈등

과테말라 주에 위치한 산호세 엘 골포와 산페드로 아얌푹 지역공동체는 2011년 초 엘 탐보르(El Tambor)라는 이름으로 미국 기업(Kappes, Cassiday & Associates)이 과테말라 자회사인 두 개의 기업(Exploraciones Mineras de Guatemala S.A., Servicios Mineros del Centro de America S. A.)과 공동으로 자신들의 땅에서 채굴 관련 활동을 하고 있음을 알게 되었다. 이 지역에 사는 사람들에게 아무런 보고도 없이 2011년 11월 24일에 채굴권이 허가되었다.[12) 2012년 3월 마을 사람들은 광산 입구를 막기로 결정하고 푸야에 초소를 설치했다. 그리고 마을 사람들이 번갈아가며 24시간 사람과 기계의 출입을 통제했다. 채굴 허가를 받은 시점으로부터 1년 안에 채굴을 시작하지 않으면 면허가 취소된다는 과테말라 '광산법' 조항 때문에 2012년 11월 24일이 하루하루 다가오면서 회사와 마을

---

12) 이 사안에 대한 더 자세한 정보는 madreselva.org.gt에 실린 어머니의 숲 연합 (Colectivo Madre Selva) 6월 13일, 8월 7일, 11월 23일 자 기사 참조.

사이의 긴장은 더욱 고조될 수밖에 없었다.

　2012년 6월 13일에 산호세 엘 골포 지역의 저항운동에 참여하던 욜란다 오켈리(Yolanda Oquelí)가 마을 사람들이 지키던 프로그레소 7(Progreso VII Derivada) 광산 입구 초소에서 귀가하던 중 여러 발의 총격을 받고 사망하는 사건이 발생했다. 11월 13일[13])에는 수개월 전부터 산페드로 아얌푹과 산호세 엘 골포 지역공동체들[14])이 지키고 있던 초소에 캡스 캐시데이 앤드 어소시에이츠(Kappes Cassiday & Associates)와 과테말라 광산채굴 주식회사(Exploración de Mineras de Guatemala S. A.) 측 사람들이 도착하면서 대치가 시작되었다. 이러한 상황은 연말까지 심각한 적개심과 긴장을 유발하면서 지속되었다. 경찰이 출동하고 양측 간 대화에 대한 시도들이 있었지만, 광산 채굴을 중단하라는 공동체 측 요구는 받아들여지지 않았다. 결국 공동체의 저항은 계속될 수밖에 없었다.[15])

---

13) 마을 공동체와 연합한 조직들은 11월 13일부터 말일까지 매일 소식지를 발간했는데, 그 안에는 광산 근무자들의 도발이 기록되어 있다. 주 내용은 공동체 지도자들에 대한 위협과 엄포 등이고 때론 독립 언론 매체 기자들에게 가해진 공격도 기록되었다. 11월 21일에는 살해에 대한 위협이 기록되었다. 이에 관한 내용은 소식지 11월 13일 자 참조.

14) 당시 연합에 참여한 조직들은 다음과 같다. 도시연대(Plataforma Urbana), 공동체 발전재단(Fundacion para el Desarrollo Comunitario), 원주민 여성운동 단체인 투스 누니하(Tuz nunija), 환경주의자 단체인 '어머니의 숲(Madre Selva)', 보건프로젝트 단체인 '그리스도의 피(Sangre de Cristo)', 페미니스트 연합 단체인 '줄(La Cuerda)', 여성기독인정치연대, 세계여성행진, 과테말라 전국여성연합, 과테말라 인권보호위원회, 망각과 침묵에 반대하는 정의를 위한 자녀연대(H. I. J. O. S.), 합법과 환경센터(CALAS), 빨강카네이션, 농민연합위원회, 마야 와킵케(Waqib Kej) 전국위원회, CELBA 공동체 진흥과 발전연합, 과테말라 종교협의회, 독립방송 센터, 로메로 주교, 미국 내 과테말라 인권위원회 등이다.

15) 마드레셀바 11월 13일 소식지에 따르면 광산 측 관계자 중에 과테말라 광산채굴

4) 산라파엘 라스 플로레스에서의 갈등

캐나다 회사인 타호 리소시스(Tahoe Resources)[16]에게 허가된 산타로사 주 산라파엘 라스 플로레스 시의 은 채굴권은 산타로사, 할라파 및 후티아파 주에 환경적·사회적 영향을 미칠 것이 자명하다.[17] 수년째 정부가 광산 프로젝트 중단에 대한 부정적 의견을 보이면서 저항 역시 수년째 이어지고 있다. 각 지역마다 광산 프로젝트에 대해 거부권을 행사할 것을 결의했다.[18] 그러나 이러한 거부권 행사는 광산 프로젝트에 관여되어 있는 산라파엘 시장의 반대에 맞닥뜨리게 된다. 9월 17일[19] 오전 산라파엘에 무기, 맹견, 최루탄, 고무탄환총으로 무장한 회사 측

주식회사(Exploracione Mineras de Guatemala S. A.) 대표인 마리오 리카르도 피게로아 아르칠라(Mario Ricardo Figueroa Archila) 대령과 알바로 콜롬 정권 시절 2010년 말까지 에너지 광업부 산하 광업국장이었고 현재는 과테말라 광산채굴 주식회사의 광부 서비스 책임자로 있는 실빌 모랄레스(Silvil Morales)가 현지에 있었던 것으로 확인되었다.

16) 지하로 개발되는 이 광산 프로젝트는 19년간 채굴한 이후 2년에 걸쳐 폐광한다는 계획이다. 이 회사의 책임자 카를로스 모랄레스(Carlos Morales)에 의하면 총 3억 1500만 온스(890만 kg)의 광물자원이 매장되어 있다고 한다. ≪시글로 21(Siglo XXI)≫ 2012년 5월 3일 자 참조할 것.

17) 과테말라의 지역 구분 체계는 8개의 권역(Regiones)과 하위 체계인 22개의 주, 그 아래 334개의 시로 구성된다. — 옮긴이

18) 이와 관련하여 2012년 11월 7일에 사라파 주 마타케스쿠인틀라 시의 여러 곳에서 처음으로 지역 차원의 결정들이 이루어졌는데, 대부분이 해당 지역의 광산 프로젝트에 반대했다. 우고 만프레도 로이(Hugo Manfredo Loy) 시장에 의하면 총 1만 375표 중 1만 22표가 반대표였다.

19) 이와 관련된 내용은 산라파엘 '생존을 위한 광물채굴 반대 위원회', 산타로사 자연보호를 위한 교구이사회, 싱카(Xinca) 의회, 합법적 환경과 사회행동 센터, 환경주의자 연합인 '어머니의 숲'에서 발행된 9월 19일 자 기록을 참고할 것.

사설 경비와 경찰의 보호를 받는 광산 기업 직원들이 나타났다. 그들의 출현 명분은 마타케스쿠인틀라 시의 모랄레스(Morales) 마을에서 광산 운영에 필요한 고압선 공사를 한다는 것이었다. 이에 지역공동체 활동 가들은 즉각 전기 공사를 중단할 것을 요구했다. 인권 관련 검사, 대통령실 인권위원회, 치안판사, 누에바 산타로사와 카시야스의 시장들, 마타케스쿠인틀라의 주임신부, 법률·사회·환경 센터, 산타로사의 자연보호를 위한 교구협의회들이 모인 가운데 그날 일어난 일에 대해 낱낱이 기록하고 서명했다. 문제는 당일 저녁이었다. 날이 어두워지자 정체를 알 수 없는 사람들이 돌을 던지며 서명을 위해 모인 공동체 대표들을 공격하기 시작했다. 화가 난 지역 주민들은 사라파의 마타케스쿠인틀라 시 모랄레스 마을에서부터 광산이 위치한 라파엘까지 행진할 것을 결정했다. 이들이 광산에 다다랐을 때, 광산 내부에서 이유를 알 수 없는 화재가 발생했다. 지역 주민들은 자신들과 아무런 상관이 없는 일이라 주장했지만, 광산을 지키던 사설 경호부대, 경찰, 군대까지 가세하여 지역 주민들에게 최루탄과 고무총알을 발사하기 시작했다. 이 과정에서 여성 30명 이상이 체포되었고 일부는 구속되었다. 이에 인권단체와 천주교, 환경단체, 농민단체, 원주민단체 등이 이 사건에 대한 철저한 조사와 이 사건에 연루된 지역공동체 사람들에 대한 범죄자 취급 중단을 요구했다. 또한 당장 광산 채굴권을 취소할 것을 정부에 요청했다. 그러나 이 모든 요구와 요청들이 거부되면서 잠재적 갈등이 더욱 심각하게 내재될 수밖에 없었다.

5) 범죄화와 인권에 대한 폭력

지난 열두 달 동안 사회 저항 세력에 대한 정부의 공격은 맹위를

떨칠 만큼 기승을 부렸다.[20] 공격 대상은 인권운동가를 비롯하여 농민
운동가와 원주민운동가였고, 과거 혁명적[21] 저항에 참여했던 자들과
학계 내 관련자들에게까지 확대되었다. 사실 당시 저항 세력은 그들끼
리 전략적 토론의 장을 마련하고 이를 통해 현 정권의 실상을 낱낱이
밝힐 수 있는 수준에 올라 있었다. 또한 일부 세력은 무장력도 갖추고
있었다. 정부 입장에서는 이들 세력을 약화시키거나 고립시키는 것이
가장 우선이었다. 정부는 이를 위해 공무원은 물론이요, 전직 군인,
극우 정치인, 라디오와 TV를 비롯한 대중매체, 언론 기업 등을 동원하
여 총력을 기울이는 상황이었다.

그렇게 억압의 주기가 다시 시작되었다. 민중의 저항을 무마하기 위
해 대량 학살이라는 방법까지 동원하던 사회에서, 다시 '공포' 분위기를
조성하는 데는 그리 많은 시간이 필요치 않았다. 또한 사전 통보 따위도
필요 없었다.

정부 전략은 집요했다. 그들은 정부에 매수된 대중매체를 통해 지속
적으로 농민운동과 원주민운동에 대한 부정적 이미지를 만들어냈다.

---

20) 라틴아메리카 사회과학원(FLACSO) 과테말라 지부가 2012년 3월 압수 수색을
    당했고 같은 해 5월 정부 관계자가 학술기관인 FLACSO에 의도적으로 개입하려
    는 전략적 의도가 있었다. 한편 2013년 1월 대통령 관저에 아주 가까이 위치하는
    과테말라 사회과학 발전 학회 '아반크소(Asociación para el Avance de las Cien-
    cias Sociales en Guatemala: AVANCSO)'는 괴한의 습격으로 컴퓨터와 모든
    정보가 도난당했다.
21) 과테말라 재향군인회와 테러리즘 반대 재단을 통해 만들어진 일련의 전역 군인들
    과 극우주의자들은 내전 기간 다양한 조직을 통해 혁명적 저항에 참여한 사람들
    에 대해 형사적 탄압을 감행했다. 과거 투쟁에 참여했던 사람들을 다시 모으기
    위해 만들어진 비정부 단체인 기예르모 토리엘로(Guillermo Toriello) 재단은
    2012년 초 가택 수색과 함께 컴퓨터를 압수당하기도 했다.

그뿐만 아니라 저항 세력들에 대한 압력과 흑색선전 또한 잊지 않았다. 이러한 방법들은 그나마 부드러운 편이었다. 더욱 더 힘든 부분은 공권력을 이용한 물리적 충돌이었다. 경찰과 군대를 동원해 저항 세력에 수위 높은 폭력을 행사하는 것이 그들의 정석이었다. 이에 더해 광산이나 수력발전 등과 같은 거대 프로젝트를 담당하는 기업의 횡포에 맞서 싸우던 지역사회 지도자들에 대한 체포와 구속도 잊지 않았다. 필요에 따라서는 암살도 마다하지 않았다. 또한 해당 기관의 공권력을 동원한 고소와 고발도 정부가 직접 지휘했다. 10월 4일 평화적 시위를 하던 시위대에 경찰 병력을 투입하여 여덟 명을 죽이고 30여 명의 중상자를 낸 사건을 보면 저항 세력에 대한 정부의 대응 공식이 그대로 드러난다.

이와 같은 정부에 의한 폭력 증가는 대화의 장을 차단하고 민주적 공간을 폐쇄해버린다. 이야말로 과테말라 현 정부의 권위주의가 극명하게 표출되는 양상이다. 사회적 저항이나 호전적 성향에 대한 원인과 이유를 찾기는커녕, 이들을 공권력에 저항하는 범죄자로 규정해버린다. 과테말라 정부의 시민 저항에 대한 입장은 태만한 자, 국가발전을 방해하는 자, 도로운송을 방해해는 자, 테러리스트, 조합주의에 기생하는 자일 뿐이다. 그리고 정부는 이러한 해석을 통해 자신들의 폭력적 진압에 충분한 변명거리를 주며 정당화시킨다. 사회적 저항을 '새로운 적'으로 간주하는 정부의 등장과 함께 이미 역사적으로 깊이 뿌리내리고 있는 파시즘적 경향이 다시 강화되고 있음 또한 물론이다. 현재의 과테말라는 과거에 그러했듯이 시민사회와 저항에 대한 폭력과 억압이 언제라도 다시 되살아날 수 있는 우려의 장이 되고 있다.

6) 전망

　현 상황에서 무엇보다도 중요한 것은 과테말라 민중운동 지도자들과 사회 저항에 대한 정부의 폭력을 막기 위해 통일된 행동 지침을 마련하는 것이다. 이는 민주주의 후퇴 혹은 지금과 같은 권위주의 정부가 더욱 강성해지는 것을 막기 위한 정치적 동의의 구축을 의미한다.

　현 정부의 정책 그 이면에는, 비록 보이지는 않지만 자유민주주의의 초석을 무너뜨리기 위해 끊임없이 움직이는 계략이 감춰져 있다. 현 정부가 그토록 갈망하고 지지하는 권위주의의 복원은 다양한 방법으로 이루어질 것이다. 그것이 때로는 '자기 쿠데타'일 수도 있다. 우리가 오직 할 수 있는 일은 일련의 사태를 주시하고 감시하는 일이다.

참고문헌

ADH. 2012. Comunicado público del 2 de mayo.

Colectivo Madre Selva. 2012. Comunicados públicos del 13 de junio, el 27 de agosto y el 23 de noviembre.

Comité de Unidad Campesina. 2012. Comunicado públicos del 5 de enero y del 19, 20, 21, 22, 23, 24 y 25 de marzo.

Comunicado público Todos Somos Barillas. 2012. publicado 10 de mayo.

Consejo de los Pueblos de Occidente. 2012. Comunicado públicos del 14 y 29 de mayo, "Reportaje de la marcha", 15 de mayo.

Coordinación y Convergencia Maya 'Waquib Kej'. 2012. Comunicado públicos del 11, 13, y 29 de mayo; "La anulación del Estado de Sitio es el resultado de la lucha de los pueblos", 18 de mayo.

Derecho Legislativo. 2012.1.

Diócesis de Huehuetenango. 2012. Comunicado Públicado del 16 de mayo.

El Observador(Guatemala). 2012. Año 7, No. 34 y 35, enero-junio.

El Periódico(Guatemala). 2013. 19 y 28 de enero, 1, 12 y 18 de febrero, 29 de marzo y 7, 10 y 26 de mayo.

Revista Enfoque. 2011. "Análisis de los resultados electorales del 11 de septiembre de 2011" Guatemala: Tribunal Superior Electoral. Año 1 y No. 4, 4 de octubre.

Siglo XXI(Guatemala). 2012. 18, 27 y 28 de enero, 2 y 21 de febrero.

Yagenova, Simona Violetta. 2012. "En Defensa de la Protesta Social" en Albedrío 5 de octubre, en albedrio.org.

제7장

온두라스와 시련기의 라틴아메리카

페드로 파라모 _박병규 옮김

온두라스에서 일어난 쿠데타는 미주기구의 역부족, 특히 민주주의 헌장의 무능함을 여실히 보여주고 있다. 또한 온두라스의 여러 국가기관들이 역사적으로 얼마나 취약했는지, 그리고 오바마 정부가 이러한 상황 앞에서 결정을 내리지 못하고 얼마나 갈팡질팡하는지 증명해 보이고 있다. 그뿐 아니라 '볼리바리아노' 동맹을 맺은 국가들과 이 지역에서 진보주의 성향임을 자차하던 국가들 사이에서도 얼마나 극명한 의견의 불일치가 존재하는지 드러내고 있다. 이번 온두라스 쿠데타는 최근 수년간의 경제 부흥이 있었지만 그 이면에 이 지역이 얼마나 정치적으로 분열되어 있고 이데올로기적으로 대립하고 있는지, 그리고 여전히 경제적으로 지극한 불평등 구조를 가지고 있는지 보여주는 극명한 예다. 정상적인 민주정부가 군사 쿠데타에 의해 파괴된 금번 온두라스의 사례는 비단 온두라스뿐 아니라 이 지역 전반에 심각한 걱정을 야기하고 있다.

페드로 파라모 Pedro Páramo   이 글의 필자는 현재 라틴아메리카 지역 기구의 관리로 일하고 있으며, 신분 노출을 꺼려하여 '파드로 파라모'라는 가명을 사용했음을 밝혀둔다.

* 이 글은 ≪Nueva Sociedad≫ 226호(2010년 3~4월)에 실린 글을 옮긴 것이다.

1. 들어가는 말

최근 20년 동안 라틴아메리카에서는 아르헨티나, 볼리비아, 에콰도르, 과테말라, 페루의 국가원수가 사임하는 — 제도적 절차에 의거하여 사임하는 경우도 있었다 — 광경이 벌어졌다. 베네수엘라에서는 정권을 전복하려는 섬뜩한 시도가 실패하기도 했다. 그럼에도 2009년 온두라스에서 쿠데타가 발생하리라고 예상한 사람은 거의 없었다. 왜 이런 생각지도 못한 일이 발생했을까? 게다가 마누엘 셀라야(Manuel Zelaya) 온두라스 대통령이 일요일 새벽에 파자마 바람으로 코스타리카 공항에 내리는 것과 같은 터무니없는 사태를 왜 역전시키지 못했을까?

몇몇 사람들은 그럴듯한 가설을 동원하여 이번 쿠데타를 설명한다(쿠데타 음모자들을 희한한 논리로 '합법성'을 부여하려고 시도하고 있으나 누가 보더라도 영락없는 쿠데타였다). 이 글에서는 논란의 불씨를 지피기보다는 매우 절박한 문제, 다시 말해서 이번 온두라스 사태가 남긴 교훈과 의미를 성찰해보려고 한다. 이번 사태로 라틴아메리카 제도는 종잡을 수 없는 정치적 의도에 따라서 좌우되는 취약성을 드러냈기 때문이다.

그렇지만 본론에 앞서 두 가지 사항은 이야기할 필요가 있다. 첫째, 이번 쿠데타에 주역으로 참여한 지식인들은 셀라야 대통령의 정책에서 — 보수 지식인들은 포퓰리즘(대중주의)이라는 딱지를 붙였으나, 진보 지식인들은 미온적이라고 비판했다 — 낡아 빠진 보수주의의 잣대로 용납할 수 없는 사회변혁의 단초를 보았다. 그러나 이런 보수주의는 중미 역사에서 극악한 권위주의 정치의 온상이다. 둘째, 통치자와 측근들, 특히 파트리시아 로다스 전 외무부 장관은 자신들의 정치적 수사에 희생되었다. 이들이 이데올로기적 공감에 대해 목소리를 높이고, 또 볼리바르 도약(이 경우는 '모라산 도약'이라고 불러야겠지만)[1])에 필요한 권력 수단을 동원하거나 정치적 유연성도 발휘하지 않고 온두라스의 불안정한 제도를 극단으로 몰아감으로써 쿠데타 계획에 이상적인 여건을 조성했다. 결국 이 모두는 어처구니없는 일로, 과두 세력의 반격과 항상 깨진 옹기 값을 물어줘야 하는 온두라스 민중을 불행하게 만드는 미숙함이 어우러진 결과였다.

2. 온두라스 사태에 직면한 국제사회

국제사회는 온두라스의 헌정질서 중단 사태에 격노했다. 그러나 아메리카 내에서도 의견이 일치하는 경우는 드물기 때문에 미주기구의 온두라스 제명과 같은 — '미주 민주주의 헌장'에서2) 어느 정도 예상한 일이지만 — 극적인 조치를 취하지는 못했다. 로베르토 미첼레티 주도의 쿠데타 정권은 즉각적이고 광범위한 고립 상태에 빠졌으며, 축출된 셀라야 대통령은 굳이 간청하지 않아도 아메리카 대륙의 모든 정부가 겉옷을 제공했다.

이런 결정은 미주기구의 의무였다. 호세 미겔 인술사(José Miguel In-sulza) 미주기구 사무총장은 미주 민주주의 헌장에 명시된 조항에 따라 합당한 조치를 취했다. 그러나 사무총장 재선을 몇 달 앞둔 인술사는

---

1) '볼리바르 도약'이란 베네수엘라의 차베스처럼 제헌의회를 소집하여 헌법을 개정함으로써 사회 변화를 추진한 것을 일컫는다. 베네수엘라 출신의 시몬 볼리바르(Simón Bolívar)가 남미의 독립 영웅이라면, 온두라스 출신의 프란시스코 모라산(Francisco Morazán)은 중미의 독립 영웅이므로 이 글의 필자는 '모라산 도약'이라는 표현을 덧붙이고 있다.

2) 미주기구가 2001년 9월 11일 제정한 민주주의 헌장.

기민한 정치인이다. 앞으로 네 달 후면 셀라야 대통령 임기가 끝나는데, 온두라스는 라틴아메리카 최빈국이므로 '국제적 산소'가 없다면 임시 정부가 그때까지 버티지 못하리라고 판단한 것이다.

미주의 모든 정부는 헌정질서를 회복시키라는 미주기구의 결정에 동조했다. 또한 그 당시에는 오바마 대통령이 주장한 '트리니다드토바고 정신'3)의 확실한 사례가 될 것처럼 보였다. 크고 작은 마찰이 있었음에도 미주 국가들은 이번 사태를 시급히 종결지어야 한다는 데 공감했다. 자칫하면 미주에 심각한 선례를 남길 수도 있기 때문이다. 이번 온두라스 사태에 대한 '성스러운 분노'는 당연하며, 또 주목을 끌었다. 반면에 최근 니카라과 지방선거에서 산디니스타 정당이 저지른 부정행위는 곧 닥쳐올 위기에 대한 전조임에도 가십거리조차 되지 못했다. 그러나 이것은 별개의 사안이다.

3. 반발하고 공고해진 쿠데타

아무튼 이런 상황을 고려할 때, 온두라스 임시정부는 우위를 점할 수 없었다. 그럼에도 우위를 점했다. 이는 라틴아메리카를 포함하여 국제사회가 과소평가한 요소들이 작용한 탓이다. 이 때문에 쿠데타 세력은 생각지도 못한 행동을 취하고도 의기양양할 수 있는 여지가 생겼다.

첫째, 쿠데타는 길거리에서 지지받았다. 적어도 온두라스에서는 쿠데

---

3) 오바마 대통령은 트리니다드토바고에서 열린 라틴아메리카 정상회담에서 대쿠바 관계 개선 등 그동안 불편한 관계에 있던 라틴아메리카 국가들과 해빙 분위기를 조성했다.

타 반대 못지않게 광범위한 지지를 얻었다. 쿠데타 반대 세력은 FNRP 의 깃발 아래 신속하게 결집했으나 강력한 정치적 추진력도 없었고, 임시정부나 군부에 심각한 위협이 될 만한 전략적 공세도 펼치지 못했다. 고분고분한 입법기구와 사법기구를 등에 업은 쿠데타 세력은 시위를 선별 진압하여 불상사치고는 비교적 '소수의' 사상자만 발생했다는 사회적 분위기에 편승하여 원초적인 민족주의를 자극했다. 그때까지만 해도 쿠데타 세력은 개정이 거의 불가능한 헌법 조항에 기대어 정당성을 확보하려고 했다. 이 모든 것이 다음과 같은 기발한 구호에 나타나 있다. "우리들 혼자 세계와 대적하고 있습니다. 그러나 하느님이 우리 편인데 누가 세상을 두려워하겠습니까?"

정당성을 확보하려는 시도는 외부에서 보면 웃을 일처럼 보일지도 모르겠으나, 쿠데타 발생 2주가 지나지 않아 국제사회의 고립을 역전시키는 핵심 요소였다. 이러한 사태의 진전과 국내 논쟁이 첨예하게 대립한 덕분에 미첼레티 임시정부는 갖가지 논리로 반(反)차베스 기치 아래 집결한 보수 단체와 정당 대표들로 구성된 온두라스에서 점차 확실한 기반을 다졌다. 쿠데타 세력은 반차베스라는 명분을 내세워 온두라스 보수 세력이 기탁한 수백만 달러로 정권 보장에 절대적으로 필요한 두 곳, 즉 미국 의회와 국제통신매체에 로비를 벌였다.

이러한 국제적 지원과 온두라스 최고 기업의 확고한 지지에 힘입어 쿠데타를 '민주주의 회복' 행위로 포장하는 논리가 등장했다. 그 형식은 유감스럽지만, 미주에 새로운 '독재'가 군림하는 것을 막으려면 어쩔 수 없었다. 이러한 논리는 결과적으로 이상한 점이 없지 않으나 인상적인 '대응 논리'였으며, 국제사회의 '원칙론'을 파고들어 끝내는 중립적인 태도를 이끌어냈다.

또 이 논리의 연장선상에서, 임시정부의 반발에 주춤하던 몇몇 국가,

그중에서도 미국과 유럽연합 회원국은 온두라스 위기를 타개할 수 있는 '실용적'이고 '현실적'인 '대안'이 등장하기를 기대했다. 이리하여 오스카르 아리아스 코스타리카 대통령이 주도한 '산호세 합의'가 도출되었다. 온두라스가 채무불이행 상태에 빠지고 또 쿠데타 세력이 시간을 벌기 위해 협상을 성과 없이 질질 끌었음에도, 셀라야의 위상은 상징적인 인물로 축소되었다. 이제 셀라야는 아무런 실권도 없으며, 남은 것이라고는 대통령 선거 후 정상화 과정에서 형식상 필요한 요소뿐이었다.

4. 오바마 정부의 아마추어적 행태

그런데 이번 불상사에서 오바마 정부의 복잡한 역할을 과소평가할 수는 없다. 미국 정부는 쿠데타 직후 몇 주 동안, 적어도 15일간은 셀라야 대통령의 복귀를 지지한다고 천명함으로써 미주기구와 공동보조를 취할 듯이 보였다. 그렇지만 하찮은 온두라스 사태가 확대되고, 오바마 정부가 미국 국내 정치의 소용돌이에 휘말리게 되자, 이러한 결정은 약화되어가고, 끝내는 흐지부지해졌다. 당시 미국에서는 오바마 정부가 추진하던 재정 위기 극복, 새로운 사회보장제도의 의회 인준, 아프가니스탄 추가 파병을 둘러싸고 격렬한 논쟁이 진행되고 있었으므로 영향을 받지 않을 수가 없었다.

오바마 정부의 대라틴아메리카 정책을 주도할 토마스 새넌(Thomas Shannon)[4]과 아르투로 발렌수엘라(Arturo Valenzuela, 미주 담당 차관보 내정자 — 옮긴이)에 대한 의회 인준이 고의적으로 지연되고 있었다. 이는

---

4) 국무부의 전 미주 담당 차관보로 주 브라질 대사 인준 절차 중이었다. — 옮긴이

백악관이, 초여름 무렵에 이르면, 귀중하나 제한적인 정치적 자본을 대통령의 업무에서 보면 중요하지 않은 사안 때문에 희생시킬 생각이 없었다는 증거이다. 특히 미 국무성이나 힐러리 클린턴(Hillary Clinton) 장관이 성명을 내고 쿠데타를 비판하자, 셀라야 대통령의 복귀에 대한 회의론이 고개를 들었다. 게다가 나중에는 축출된 셀라야 대통령의 활동이나 라틴아메리카에서 가장 투철한 그의 지지자들에 대한 명백한 반감이 더해졌다. 이 지지자들은 어떤 제안이든 미주기구의 의결과 미주기구 민주주의 헌장이 정한 바에 따라서 셀라야 대통령의 권좌 복귀를 보장해야 하며, 온두라스를 쿠데타 이전 상태로 되돌려놓아야 한다고 ― 벌써 당시에는 불투명해졌지만 ― 주장했다.

5. 비극이 되어버린 소극(笑劇)

　이러한 과정에서 일화가 없었던 것은 아니다. 아르헨티나 대통령 전용기에 유명 인사들이 탑승하고 있었음에도 테구시갈파에 착륙하지 못하고 회항해야 했으며, 온두라스 국경 근처의 니카라과 라스마노스(Las Manos)에서 셀라야는 애처로운 '행진'을 했고, 같은 장소에서 셀라야의 귀국을 준비하고 뒷받침할 '평화단' 헌법이 발표되었으며, 은밀히 귀국한 셀라야는 루이스 이나시우 룰라 다 시우바(Luiz Inácio Lula da Silva) 브라질 대통령의 '손님'으로 테구시갈파 주재 브라질 대사관에 체류했다. 연속극 드라마 같은 이런 장면은 셀라야와 길거리 지지자들의 빈약한 정치력을 드러냈고, 쿠데타 정권은 외부 압력에 굴복하지 않겠다는 결의를 다졌다. 셀라야를 옹호하는 라틴아메리카 국가는 요란하고 실속 없는 선언밖에는 할 수 없다는 명백한 한계를 드러냈다.

예를 들어, 미국에 대온두라스 '경제봉쇄'를 요청하거나(수십 년에 걸친 미국의 불법적이고 효과 없는 대쿠바 경제봉쇄를 비판하면서), 위기를 타개할 수도 있는 11월의 대통령 선거를 보이콧한 것이(피로 얼룩진 1980년대의 라틴아메리카에서 민주 세력이 온두라스보다 더 지독하고 정통성 없는 정권과 벌인 선거협상에서 혜택을 본 국가들이다) 그러하다.

이러한 맥락에서 브라질의 실책은 너무나 유명하다. 그 결과 브라질 은 라틴아메리카에서 지정학적으로 해결사 역할을 담당하는 지역 대국 이라는 위신에 먹칠을 했다. 사실 중미 역사를 보면, 브라질이 온두라스 사태에서 주역 노릇을 할 근거는 전혀 없다. 바로 이 때문에 브라질은 카드를 신중하게 활용해야 했으며, 낙관적인 전망은 하지 말았어야 했 다. 브라질 대통령은(항상 회의적인 브라질 외무부와 이 문제에 합의했을까?) 테구시갈파에 닻을 내리기 쉽다고 생각했겠지만, 그보다는 차라리 사하 라 이남의 아프리카나 아이티에 개입하는 편이 더욱 적절했다.

멕시코는 역사적으로 중미와 밀접한 이해관계가 있으므로 중요한 역할을 떠맡아야 했는데도, 온두라스 사태를 소홀하게 취급하는 우를 범했다. 멕시코는 이번 사태를 너무 경시했다. 브라질도 마찬가지였다. 특히, 셀라야가 테구시갈파 주재 브라질대 사관에 피신하자 진퇴양난의 상황에서 세우수 아모링(Celso Amorim) 브라질 외무부 장관이 전면에 나섰다. 이로써 브라질은 국가 위신이나 국제적 이미지를 고려할 때 기세등등한 쿠데타 세력과 협상할 수 없었다. 그렇다고 축출된 셀라야 에게 힘을 실어주는 것도 현실적으로 불가능했다. 2009년 11월 선거가 다가옴에 따라서 셀라야는 더 고립되고, 힘이 약해질 수밖에 없었다.

6. 기회 상실

그러나 이런 황당한 이야기 — 지난 12월 호르헤 우비코 카스타에다(Jorge Ubico Castaeda)는 ≪엘 파이스(El País)≫에서 신랄한 어조로 이런 단어를 사용했다 — 에서 아쉬운 일이 있다면, 온두라스 정치세력의 역할이다. 특히 대통령으로 당선된 포르피리오 로보(일명 페페)와 그가 소속된 국민당(Partido Nacional)이 그러하다.

셀라야가 브라질 대사관에 머무는 동안 대통령 후보자 간의 토론에서 국론통일의 기치를 든 로보는 자유파 후보자들로부터 축출된 셀라야 대통령과 '한패거리'라는 비난을 샀다. 그렇지만 로보는 국론통일을 고수했고, 선거에서 낙승했다. 이로써 로보는 2010년 1월 27일 정권을 이양받으면 선거 유세 기간에 이야기한 것보다 훨씬 과감하게 국민화합을 추진할 수 있는 여력이 생겼다. 그러나 예상과는 반대로 로보는 정치적 위기를 타개할 수 있는 지도력을 발휘하기는커녕 쿠데타와 쿠데타 음모자들에 대해서 놀랄 만큼 소심한 태도를 취했다. 그리하여 정치체제의 정당성을 회복할 수 있는 절호의 기회를 놓쳐버렸다. 권력의 거래에서 국가원수라는 존재가 미미했기 때문에, 비록 명백하고 또 상이한 여러 가지 이유로 그 어떤 국가도 온두라스라는 늪에 발목이 붙잡히고 싶지는 않지만, 국제사회는 쿠데타가 완전히 막을 내렸다는 데 아직도 의구심을 표명하고 있다.

어떤 사람들은 조만간 — 로보 대통령이 한 말이기도 하다 — 온두라스의 외교관계가 정상화될 것이며, 셀라야가 도미니카공화국이나 멕시코로 출국하면 사태가 진정되고, 온두라스는 미주기구와 중미통합체제(SICA)를 비롯하여 여러 국제기구에 다시 복귀할 것이라고 전망한다. 그렇지 않을까?

7. 불확실하고 매우 위험한 전망

온두라스의 신정부가 시작한 점진적인 정상화는 국제 상황의 변화에 달려 있지만, 국내 상황도 무시할 수 없다. 온두라스의 정치체제는 — 현재까지 라틴아메리카에서 양당제가 가장 잘 정착되었으며, 전통적으로 지배세력은 극단적인 경향으로 기울지는 않았다 — 분열과 갈등의 위기를 맞고 있다. 이런 조짐은 온두라스 사기업협회(COHEP)나 국민저항전선의 전투적인 선언에서 드러난다.

온두라스 사기업협회는 쿠데타에 동조한 사람들이 모두 무사하자 기고만장해져서 미첼레티를 '민족 영웅'으로 떠받들고, 온두라스 의회가 단원제임에도 불구하고 '종신 상원의원'으로 추대하자고 제안했다. 국민저항전선은 위원장 성명을 통해서 포르피리오 로보 대통령은 '불법'이라고 선언하고, '진정으로 혁명적인 개정 헌법'을 공고했다. 이 헌법의 골자는 국가권력 구도의 개편이다. 양 진영에서 이와 유사한 선언문이 속출했는데, 비록 허장성세처럼 보일지라도 국민의 80%가 빈곤층에 속하는 온두라스에서 가볍게 여길 일만은 아니다.

아무튼 이번 온두라스 사태는 라틴아메리카에서 "좋은 약도 때로는 독이 될 수 있다"라는 교훈을 남겼다.

8. 시련기의 라틴아메리카

한편, 온두라스의 위기는 미주 민주주의 헌장이 국제사회의 비난에도 불구하고 권력을 유지할 수 있는 쿠데타 정권을 제어하기에는 역부족이라는 사실을 증명했다. 온두라스처럼 제도적 기반이 미약한 국가에서는 실질적인 힘을 발휘하지 못하는 '종이호랑이'이다. 따라서 새로운 상황에 맞게 개정할 필요가 있을 것이다. 비록 미주 민주주의 헌장이 2002년 차베스의 실각을 막을 수 있었다고 하더라도, 현재는 너무나 취약하다. 특히 '민주주의' 정권이 붕괴될 위험이 있고, 대통령이 — 좌파이든 우파이든, 이 점에서는 유사하다 — 정권 교체, 권력 분립, 표현과 언론의 자유 등 1980~1990년대 민주화 이행기에 성취한 공화국의 원칙과 제도를 무시하는 경향이 농후한 지역에서 힘을 발휘하지 못한다.

또한 오바마 정부는 국내적이고 국제적인 문제 때문에 '뒷마당'에서 발생한 위험에 인내심을 가지고 면밀하게 대처할 만한 여유가 없다는 사실도 명백해졌다. 가장 좋은 사례는 아마도 온두라스가 아니라, 2010년 1월 무서운 지진이 휩쓸고 지나간 아이티에서 실시한 일방적인 군사 작전일 것이다. 이를 통해서 미국이 무엇을 선호하는지 명백해졌다. 미국은 행동을 하지 않거나 미숙한데도 말을 지나치게 많이 하고, 또 실질적 가치도 없는 지역의 맹주가 되려는 동맹국들의 — 브라질 같은 경우 — 이해를 구하는 대신에 '선응사, 후질문'을 택했다.

ALBA 블록의 국가들에 온두라스 위기는 분명한 이정표였다. 이번 온두라스 쿠데타로 ALBA 블록은 회원국을 하나 잃게 되었는데, 이는 상징적으로 중요한 사건이다. 2009년 5월 취임한 리카르도 마르티넬리 (Ricardo Martinelli) 파나마 대통령이 천명했듯이, '21세기형 사회주의'의 후퇴가 시작되는 조짐으로 비칠 수도 있기 때문이다. 다른 한편으로, ALBA 블록 내부의 마찰은 물론 이 블록과 여타의 진보 성향 정부 사이의 알력도 명확해졌다. 이들 진보 성향 정부는 실효성은 없으나, 매우 자극적인 볼리바르 대안의 수사학에 동조하지 않는다.

결국 온두라스 쿠데타는 라틴아메리카에 새로운 바람이 분다는 표지가 되었다. 라틴아메리카는 정치적으로 나눠지고, 이데올로기로 양극화되고, 사회적으로 대립하고, 경제적으로 발전하고 있으나, 세계에서 최악의 지니계수를 자랑하는 곳이다. 이런 지역 사정을 고려할 때, 반동적이고 또 국제법을 존중할 의사도 거의 없는 정치·경제 엘리트가 지원하는 군부 쿠데타로 민주정부가 붕괴된 것은 바람직하지 못한 선례를 남긴 것이며, 국가가 국내 평화와 법을 수호하는 근거가 되는 이 지역 민주주의 제도의 취약성을 드러낸 것이다. 중미 최악의 '바나나 공화국'에서 이런 사태가 발생했기 때문에 더더욱 용납할 수 없는 정치적 후퇴의 시험 사례가 되었다

이런 점에서 이번 쿠데타가 성공하거나 쿠데타 세력이 무사하게 되는 게 결코 고무적인 일은 아니다. 대통령에 취임한 포르피리오 로보는 헌법의 틀을 뜯어고치고 점진적인 국민통합을 모색하겠지만, 분명한 사실은 국제사회가 — 분개했지만, 허무하게 굴복하기도 했다 — 쿠데타를 용인해야만 했고, 신정부를 승인해야만 했으며, 제재 조치를 철회해야 했다는 점이다. 말을 바꾸면, 선거가 무효라고 주장하면서 패배를 결코 인정하지 않는 국가의 경우에는 온두라스만큼 실질적인 결과도 얻지 못하고, 장기적인 봉쇄에 돌입해야 할 것이다.

결국 온두라스는 가장 취약한 고리로써, 민주주의 와해에 필요한 조건이 — 일종의 완벽한 폭풍처럼 — 무르익었다. 와해에 필요한 구성 요소는 온두라스만의 전유물은 아니다. 중단기적으로 볼 때, 여타의 라틴아메리카 국가에서도 명확하게 나타나고 있다. 라틴아메리카 정부는 지금 부정부패, 초국가적인 범죄단체의 폭력, 제도적인 후견주의(clientelismo)나, 항구적인 정치 갈등, 영토 갈등과 같은 현상으로 어려움을 겪고 있다.

온두라스 사태와 같은 위기가 또 발생하리라고 예단하기에는 아직 이르다. 그렇지만 정치적 돌발 사태가 발생하기에 적합한 여건이 조성

되거나 이미 조성되었다는 점은 확실하다. 이런 사태가 발생하면, 합헌적인 대통령만 피해를 보는 것이 아니라 민주주의 정체가 고스란히 피해를 입는다. 이미 민주주의 정체는 온두라스처럼 야만적인 쿠데타가 아니라(물론 무시할 수 없는 일이다), 테오도로 페트코프(Teodoro Petkoff)가 이야기한 "국가 주도 쿠데타"와 같은 다른 종류 쿠데타로 침해당하고 있다. 국가 주도 쿠데타는 현재 방향을 상실한 채 어려운 시기를 맞고 있는 라틴아메리카에서 가장 인기 있고, 가능성이 높은 일처럼 보인다.

제8장

국민 해방을 위한 파라분도 마르티 민족해방전선
게릴라에서 정부로

루이스 아르만도 곤살레스 _림수진 옮김

2009년 FMLN의 정권 획득은 오랜 시간 피로 얼룩진 내전에 휩싸여 있던, 그리고 그만큼의 시간 동안 우파가 헤게모니를 잡고 있던 엘살바도르에 역사적인 사건으로 기록되었다. 이 가운데 그간 군사력을 동원해 사회주의 국가를 건설하고자 했던 FMLN의 내부에서도 근본적 변화가 수반되고 있다. 물론 앞으로 FMLN이 가야 할 길은 멀어 보이지만 그간 이들은 실용적인 진보를 향해 한발 한발 걸어왔고 결국 선거를 통해 경쟁력 있는 정당으로 거듭났다.

루이스 아르만도 곤살레스 Luis Armando González 엘살바도르의 '호세 시메온 카냐스 중앙아메리카 대학교(Universidad Centroamericana José Simeón Cañas: UCA)에서 철학(학사)을 전공하고 라틴아메리카 사회과학원(FLACSO) 멕시코 지부의 석사과정에서 사회과학을 전공했다. 현재 엘살바도르 교육부 소속 Escuela Superior de Maestros의 소장이다.

* 이 글은 ≪Nueva Sociedad≫ 234호(2011년 7~8월)에 실린 글을 옮긴 것이다.

2009년 마우리시오 푸네스가 대선에 승리한 이후 엘살바도르 내 우파 성향 대중매체의 의견이나 칼럼은 충분히 심각할 만큼의 우려들을 쏟아내고 있다. 주 내용은 FMLN 지도자와 당원들이 근본적 좌파 이데올로기에 사로잡혀 있을 뿐 아니라, 오직 이에 근거하여 국가를 통제하기 위해 그들의 모든 노력을 쏟아 붓고 있다는 것이다. 엘살바도르 내 우파 성향 집단들의 의견에 의하면, 현재 여당으로 부상한 FMLN은 1970년 좌파로 구성된 정치-군사세력이었다가 1980년대 게릴라 집단으로 발전했던 과거의 FMLN과 다름없이 여전히 사회주의적 계획을 실현하고자 하는 집단이라는 것이다.

다시 말해, 현재 정당으로서의 FMLN은 1980년 당시 게릴라 군사집단이었던 때와 근본적으로 다르지 않다는 것이고, 그 실체는 최종적으로 국가를 장악하는 데 필요한 제반 과정들을 합법화하기 위한 장치에 불과하다는 것이다. 결론적으로 우파들의 견해에 의한다면, FMLN은 민주주의와는 완전히 거리가 먼, 철저하게 반(反)민주주의적 성격을 갖는 정당일 뿐 아니라, 그들이 항상 꿈꿔왔던 사회주의 프로젝트를 감행하기 위해서는 언제라도 민주주의를 왜곡하는 장치가 될 수도 있다는 것이다.

그럼에도 FMLN에 대해 역사적으로 고찰해본다면, 앞에서 언급된 우파들의 걱정과는 사뭇 다름이 밝혀진다. 이 글은 FMLN에 대한 역사적 분석을 통해 종합적 시각을 제시하는 것을 목적으로 한다. 비판적 시각과 종합적 시각을 동원하여 FMLN에 대한 다양한 측면들을 살펴볼 것이다. 통시적 분석을 주 내용으로 한다. 물론 엘살바도르의 정치 전반에 대한 역사적 분석이 선행되어야 하겠지만, 지면 제한상 FMLN에 한정하여 분석의 초점을 맞추도록 하겠다.[1]

1. 정치군사조직들의 기원

우선 짚고 넘어가야 할 것은 FMLN이 지금까지 존재해오는 동안 다양한 형태의 정치운동으로 보여준 변화 능력이다. 그 처음은 1980년 10월 게릴라 군으로 형성되는 과정이다. 당시는 엘살바도르뿐 아니라 라틴아메리카 전체에 새로운 시기가 도래하던 때였다. 앞선 10년의 시기(1970년대) 동안은 민중혁명집단(Bloque Popular Revolucionario: BPR), 2월 28일 민중동맹(Ligas Populares 28 de Febrero: LP-28), 통일민중행동전선(Frente de Acción Popular Unificada: FAPU), 민중해방운동(Movimiento de Liberación Popular: MLP) 등과 같은 다양한 민중운동이 정의롭고 포괄적인 사회 경제 질서를 요구하며 왕성하게 일어나던 시기였다(Montes, 1984). 이 과정에서 진보적 성향의 가톨릭교회가 억압적이고 폭력적인 국가 공포에 눌려 있던 민중 세력들을 일깨웠고 각국의 경제 권력에 저항할 수 있도록 힘을 보탰다(Cabarrús, 1983).

민중운동이 활발해짐과 동시에 민중해방세력(Fuerzas Populares de Liberación: FPL), 민중혁명군(Ejército Revolucionario del Pueblo: ERP), 국민저항무장세력(Fuerzas Armadas de la Resistencia Nacional: FARN), 중앙아메리카 노동자혁명당(Partido Revolucionario de los Trabajadores Centroamericanos: PRTC)과 같은 네 개의 정치군사조직이 이데올로기적 성향을 더욱 확고히 해나갔고 무장 항쟁을 통한 승리를 끌어내기 시작했다(Gonzales, 2001: 300~310). 당시 모든 조직들은 마르크스레닌주의에 기반을 두고 (물론, 때로는 마오쩌둥주의와 트로츠키주의에 기반을 두기도 했지만) 무장을 통해 국가권력의 폭력에 맞섰다. 각각의 조직들은 혁명적 이념을 놓고 경쟁

---

1) 이에 대해서는 González(2002c)를 참조하라.

했고, 나아가 1930년 창설된 엘살바도르 공산당(Partido Comunista Salvadoreño: PCS)에 대해서도 지적과 비판을 아끼지 않았다. 무엇보다도 1930년대 사회주의 투쟁을 통해 그들이 획득한 것이 '부르주아 민주주의'였음을 지적하고 그 한계를 비판했다. 결국 PCS는 1970년대 이와 같이 시작된 좌파 무장 세력의 역동성에 재동을 걸기 위해 자체적으로 무장 조직인 해방군(Fuerzas Armadas de Liberacion: FAL)을 구성했다.

1970년대 중반 정치군사조직들은 자기들끼리 치열하게 이념적 논쟁을 전개하는 것을 넘어서 PCS와도 이념적 논쟁을 치러야 했다. 더불어 국가 공권력에 의해 행해진, 특히 각 조직들의 지도자들과 무장 세력들에게 가해진 혹독한 정치적 탄압에 대한 대응을 준비해나갔다. 이와는 별도로 경제 세력들은 반공주의를 표방하며 이들 조직과 싸워나가기 위해 그들 나름대로 또 다른 민병대를 조직했다. 물론 그 자체로 불법이었지만 국가 공권력과 긴밀한 공조가 이루어졌다.

그러나 이와 같은 국가 공권력과 민병대에 의한 정치 탄압은 비단 정치군사조직에만 한정된 것이 아니었다. 빈번하게 민중조직들의 지도자와 회원, 그리고 지지자들에게까지도 혹독한 물리적 탄압이 자행되었다. 이러한 양상이 지속되면서 1970년대 말과 1980년대 초 숱한 민간인 희생자를 냈다. 특히 민중운동의 요구가 점점 더 격화되면서 이들에 대한 탄압은 더욱 심해졌다. 이와 같은 급진화 혹은 과격화는 엘살바도르의 독특한 역사적 현상과도 맞물리는데, 1970년대 중반부터 정치군사조직들은 민중조직들과 가까워지기 시작했고 이들이 점점 더 혁명적 이념으로 무장되면서 단순한 요구사항을 넘어 정치적 성향의 요구를 만들어나갈 수 있도록 유도했다. 1970년대 말 정치군사조직과 민중조직의 연대는 더욱 강화되었고 결과적으로 정부와 민병대의 탄압 또한 더욱 혹독해질 수밖에 없는 상황에 이르렀다.

정부와 우익민병대의 탄압이 더 이상 참을 수 없는 수준에 이르게 되면서 군사적 방법 외의 다른 돌파구는 점점 더 어려워지는 것 같았다. 이러한 상황에서 1979년 니카라과 산디니스타 혁명 성공은 엘살바도르 정치군사조직들의 지도자와 회원, 지지자들뿐 아니라 수많은 민중조직들에게 한 줄기 빛과 같은 것이었다. 물론 이즈음 엘살바도르가 니카라과의 또 다른 버전이 될 것이란 가정은 충분했다. 이들에겐 (혹은 엘살바도르에는) 국가권력에 물리적 공격을 실행할 수 있는 조직적 능력이 부재했다. 그뿐만 아니라 민중조직, 교사, 그리고 성직자들에게까지도 혹독하게 자행되던 국가 공권력의 탄압을 저지할 수 있는 능력 또한 부족했다.

2. 군사조직으로서 FMLN

좀 더 확고한 군사조직을 만들어내기 위해 필요했던 것은 심도 있는 사상적 논쟁뿐 아니라 이 조직이 피를 부른 사건, 예를 들어 CIA 첩자라는 누명을 쓰고 ERP[2])에 의해 처형된 엘살바도르 시인 '로케 달톤(Roque Dalton)[3]) 사건과 관련되어 있다는 의심을 해결하는 것이었다. 어찌 되었

---

2) FMLN을 구성하는 다섯 개 좌파 세력 중 하나이다. 1971년 대학생 무장 세력이 중심이 되어 태동했다. 1972년 이후 국가수비군을 공격하면서 두각을 나타내기 시작했다. 1973년 시인 로케 달톤을 영입한 이후 강성 조직으로 거듭난다. 1973년 부터 엘살바도르 동부 농촌 지역을 중심으로 게릴라 활동을 시작했다. 1975년 당 내 사상 논쟁에서 알레한드로 리바스 미라(Alejandro Rivas Mira)와 로케 달톤이 맞서게 되고 이 과정에서 로케 달톤이 처형된다. 1979년 엘살바도르의 좌파 세력들과 좀 더 긴밀하게 연합하면서 1980년 FMLN으로 단일화되었다. ― 옮긴이

든, FMLN이 군사 게릴라 조직으로 전면에 나설 수 있었던 것은 수많은 게릴라 조직들이 그들의 헤게모니를 양보하여 단일 조직으로 만들고자 하는 시도를 통해 가능할 수 있었다. 이와 같은 시도 가운데 처음 행해진 일은 관련된 각 조직의 최고지도자들로 구성된 정치군부통일혁명국 (Dirección Revolucionaria Unificada-Político Militar: DRU-PM)4)의 결성이었 다. 이로써 1980년 10월 새로운 조직 기반이 형성되었고, 이 순간이 바로 FMLN가 엘살바도르의 역사에 등장하는 순간이었다. 그리고 FMLN이 태동되던 이 순간에서 그리 멀지 않은 시점에 이들의 무력을 작동시켜야 하는 시기가 도래했으니, 그것이 1981년의 '최후 공격 (ofensiva Final)'이었다.5)

FMLN은 아직 약체였지만, '최후 공격'에 대한 정부군의 무장 반격을 성공적으로 견뎌냈다. 물론 1981년부터 1983년까지의 시기가 이제 막 태동한 FMLN에게 혹독한 시기였음은 분명하다. 당시 FMLN을 구성하

---

3) 미국인 아버지와 엘살바도르인 어머니 사이에서 1935년 태어났다. 학창 시절 엘살 바도르, 칠레, 멕시코 대학에서 수학했다. 1957년 소련에서 개최된 제4차 세계청년 학생 축제에 참가하는 과정에서 이후 니카라과 FSLN의 주요 인물인 카를로스 폰세카(Carlos Fonseca), 과테말라 작가 미겔 앙헬 아스투리아스(Miguel Ángel Asturias, 이후 노벨 문학상 수상) 등과 교류할 수 있었다. 이후 엘살바도르에서 문학잡지를 발행하며 시인으로 활동하면서 ERP에 깊이 관여했다. 그러나 1975년 CIA의 첩자라는 이유로 ERP 지도부에 의해 처형되었다. ― 옮긴이

4) V. "La unidad de la izquierda," en *ECA*, No. 380(6/1980), pp. 551~556.

5) FMLN이 1980년 10월 10일 태동한 뒤 정확히 석 달 만인 1981년 1월 10일에 계획된 공격이었다. FMLN의 첫 공격이었지만 작전명은 '최후 공격'이었다. 당시 엘살바도르 내 주요 도시에서 정부군과 충돌했지만 이들이 기대했던 민중의 지지 를 얻지 못하면서 10일 만에 실패로 막을 내리게 된 공격이다. 1989년 11월 실질적 인 '최후 공격'이 이루어지면서 1981년의 '최후 공격'은 '일반 공격(Ofensiva General)'로 개명되었다. ― 옮긴이

고 있던 정치군사조직들은 지난 수년간 전투에 대한 실제적인 경험을
가지고 있었고, 그 시기를 통해 나름대로의 무장력을 갖추고 있었지만
정부의 공격을 견뎌내는 것은 가혹할 수밖에 없었다. 특히 민중조직들
이 감당해야 했던 정부군과 우익민병대의 탄압은 더욱 심각한 수준이었
다. 1980년 3월 오스카르 로메로(Oscar Romero) 주교 살인사건, 그리고
그로부터 몇달 후 발생한 민주혁명전선(Frente Democrático Revolucionario:
FDR)의 지도자 살인사건과[6] 함께 시작된 정부군과 민병대에 의한 폭력
은 더욱 사나워졌다. 이 시기, 즉 1981년과 1983년 사이에 자행된 혹독
한 폭력은 오히려 많은 민중조직들이 FMLN에 흡수되는 계기로 작용했
고, 이를 통해 FMLN은 상당한 수의 전투 병력을 확보할 수 있었다.

  FMLN은 1981년 정부의 공격을 견뎌내면서 전략적 재편성 과정을
거치게 되는데, 이를 통해 산발적 민중항쟁에 기대던 차원을 넘어 민중
에 기반을 둔 지속적 투쟁을 대표하는 세력으로 부상하게 된다(Benítez
Manaus, 1989). 이러한 전략을 통해 FMLN은 영토의 일정 부분을 근거지
화하면서 후방을 갖추기 시작했고, 명령체계와 그에 상응하는 실행능력
을 갖춘 군대로 거듭났다. 1980년대 중반에 이르러서는 미국 지원을
등에 업은 정부군의 공격을 견뎌내는 차원을 넘어서, 오히려 정부군이
FMLN의 군사적 주도권 앞에 방어하는 입장이 되는 상황이 발생하기도
했다.

---

6) FDR은 당시 엘살바도르의 양대 좌파 세력이던 대중혁명기획집단(Coordinadora
   Revolucionaria de Masas)과 엘살바도르 민주전선(Frente Democrático Salva-
   doreño)의 연합으로 탄생한 가장 대표적 좌파 조직이었다. 1980년 4월에 태동했으
   나 같은 해 11월 27일 대표 후안 차콘(Juan Chacon)을 비롯한 다섯 명의 지도부가
   납치된 후 살해된 채 발견되었다. 살해는 당시 군부 세력에 의한 것임이 밝혀졌다.
   ― 옮긴이

FMLN의 이데올로기적 기반은 여전히 마르크스레닌주의였지만, 실제적 논쟁의 중심에는 병력 증강 문제가 자리를 잡았고, 이를 바탕으로 제시된 새로운 목표는 무력을 통한 권력 쟁취로 발전했다. 어찌 되었든, FMLN이 막 기반을 다지던 시기에 민중해방-파라분도 마르티 세력(Fuerzas Populares de Liberación – Farabundo Marti: FPL)이 중심이 되어 이데올로기적 비전을 제시하면서 연합한 각 조직들 사이에 확고한 전략적 합의를 끌어냈다. 조직 내 FPL의 우위는 파라분도 마르티 민족해방전선(FMLN)이라는 이름에서도 여실히 드러난다. 1983년 FPL의 창시자, 일명 사령관 마르시알(Marcial)이라 불리던 살바도르 카예타노 카르피오(Salvador Cayetano Carpio)와 또한 사령관 아나 마리아(Ana Maria)라 불리던 멜리다 아나야 몬테스(Melida Anaya Montes)가 죽은 뒤, ERP가 당시 가지고 있던 군사적 역량에 기인하여 조직 내 전략적 역할을 견인하게 된다. 이들 역시 FPL이 가지고 있던 이데올로기와 전략적 방향에 기반을 둔 것이었기에 FPL의 흔적은 그대로 유지되었다.

동일한 이데올로기적 토대에 기반을 두고 정치군사조직으로서 합의된 전략들을 받아들이면서 연합에 참가한 조직들은 FMLN이라는 대표 조직 속에 녹아들기 시작했다. 이러한 과정들 속에서 각각의 조직들은 그들 사이에 통일된 혁명적 역할이 무엇인지 명확히 이해하면서 변화를 경험하게 된다. 다시 말해, 기존 각각의 조직들이 독자적으로 가지고 있던 혁명에 대한 구체적 이데올로기를 버리고 각각의 합 전체를 넘어서는 정치군사조직의 새로운 구조를 만들어내게 된다. 동시에 수준 높은 실천들이 각각의 조직을 연합하는 과정에서 표출되었다. 이후 내전이 더욱 본격화되면서, 그리고 국내외적 상황들이 변화하면서 그들 사이에 이념논쟁은 옅어질 수밖에 없었다.

사실 1970년대 각각의 정치군사조직들에 의해 합의된 이데올로기적 틀이 1989년까지 유지되긴 했지만, 무장을 통한 사회주의 건설이라는 큰 과제는 1990년대 초 군사적 교착 상태가 이루어지면서 각 시기의 상황에 맞춰 조금씩 변형되거나 조정될 수밖에 없었다. 실천의 결정이라는 상황에서 실용적인 측면이 이데올로기적 측면을 앞선 것이다. 전쟁은 이데올로기적 상황보다 효율과 결과에 초점을 맞추게 했다. 당시 FMLN의 가장 시급한 과제는 엘살바도르 정부군을 격파하는 것이었다. 사실 이는 1980년대 중반까지만 해도 거의 불가능에 가까운 일이었다. 그렇다고 당시 정부군 역시 게릴라를 완전히 전멸시킬 수 있는 상황도 아니었다. 당시 정부군은 미국에서 막대한 지원을 받고 있었지만 게릴라들을 쓸어버리기에는 '부족함'이 있었다. 물론 미군의 엄청난 지원 덕분에 그 '부족함'이 게릴라들이 직면한 '부족함'에 비할 바는 아니었지만 말이다.

3. 협상에 대한 선택: 이데올로기와 현실

내부적으로는 호세 시메온 카냐스 중앙아메리카 대학교(UCA)와 가톨릭교회에 의해서 외부적으로는 베네수엘라와 콜롬비아, 멕시코, 파나마, 아르헨티나, 브라질, 페루, 우루과이, 프랑스 정부에 의해서 추진된 '협상을 통한 출구의 모색'은 FMLN의 이념적 측면뿐 아니라 그들의 현실적 상황에도 상당한 도전이 되는 일이었다. 사실 FMLN은 그간 내전 상황에서 간혹 제시되었던 협상을 통한 탈출구 모색 방안에 대해 항상 이데올로기적 이유를 들어 거부해왔다. 협상을 통한 문제의 해결은 FMLN이 가지고 있던 혁명적 이념을 반영하는 것도 아니었을 뿐 아니라 사회주의를 향한 행보와도 거리가 멀었기 때문이다. 하지만 실리적인 측면에서 본다면, 협상에 응하는 것이 당시 FMLN 스스로가 처해 있던 어려운 상황에서 잠시 숨을 돌릴 수 있는 기회이기도 했다. 그뿐만 아니라 그간의 전쟁으로 이미 황폐해질 대로 황폐해진 그들의 현실적 상황에서 빠져나올 수 있는 기회이기도 했다.

시작 단계에서 UCA 총장이었던 이그나시오 엘라쿠리아(Ignacio Ella-curía) 신부(나중에 암살[7]당했지만)가 협상 방안에 대한 초안을 제시했을 때 가장 극명했던 반응은 이념적인 것이었다. 급진 좌파에게 협상이라는 것은 혁명을 완수하는 과정에서 그들의 적에게 양보하는 것과 다름이 아니었다. 반면 협상의 또 다른 쪽이 되는 우파와 군부들에게는 이와 같은 제안이 좌파들이 권력을 장악하기 위해 만들어낸 혁명적 전략 정도로 치부되었다.

결국 이데올로기가 실리 앞에 양보하게 되지만, 그렇다고 이데올로기가 완전히 사라진 것은 아니다. 어쨌든 협상을 통한 해결은 FMLN에게 국내외적으로 합법적 지위를 가져다주었고, 이를 통해 국제적으로 좀 더 적극적인 관심과 도움을 받을 수 있는 기회가 되었다. 사실 당시

---

7) 1989년 11월 16일 예수회 소속 신부 여섯 명과 그들의 가정부 그리고 그녀의 딸까지 여덟 명이 한꺼번에 대학교 내부의 주거지에서 아틀라카틀(Atlacatl) 부대원들에게 살해된 사건이다. 당시 살해된 여섯 명의 신부는 해당 대학의 총장과 부총장, 인권위원장, 신학도서관장, 그리고 교수 두 명이었다. 총장이었던 이그나시오 엘라쿠리아는 1967년부터 해당 대학 교수로 재직해왔다. 당시 군부 세력의 핵심 인사 중 한 명이었던 레네 에밀리오 폰세(Rene Emilio Ponce)가 사건의 중심에 있었고, 그 배후에 현직 대통령이던 ARENA의 알프레도 펠릭스 크리스티아니(Alfredo Felix Cristiani)가 있었다. 살해 이유는 이들의 해방신학이 FMLN에 사상적 토대를 제공한다는 것이었다. 2009년 스페인 정부가 알프레도 펠릭스 크리스티아니를 기소했다. 또한 2009년 마우리시오 푸네스가 집권하면서 여섯 명의 신부에게 사후 훈장을 추서했다. ― 옮긴이

엘살바도르 정부와 정부군이 미국으로부터 제한 없는 경제적·군사적 지원을 받고 있었던 상황임을 감안한다면, FMLN에 대한 이와 같은 국제적 인정과 지원은 절실할 수밖에 없는 상황이었다. 좀 더 유연한 정치적 외교 수순을 밟지 않는다면 아무것도 기대할 수 없는 시대적 상황이 도래하고 있었다. 당시 FMLN에게는 협상가로서의 능력이 필요했고 나아가 FMLN을 적극 지원하던 국제기구들이 바라는 수준을 충족시킬 수 있는 관용과 포용이 요구되었다(González, 2002b: 119~137). 그뿐만 아니라 당시 FMLN이 처한 어려움 중 또 다른 하나는 지리적 소외의 문제였는데, 엘살바도르의 북쪽과 북동쪽 그리고 중부 지역에 근거지를 두고 있었기 때문에 수도를 중심으로 하는 대도시 시민들과 접촉이 매우 제한되던 상황이었다.

이들에게 '수도로의 귀환'은 아주 절실했다. 물론 이를 위한 가장 이상적인 방법은 여전히 무력투쟁을 통한 것으로 여겨졌지만, 협상을 통한 방법은 또 다른 새로운 가능성을 열기도 했다. 이미 이들 사이에서 혁명 과업의 수행과 관련하여 구조적 변화의 필요성을 실감해가던 중에 전쟁만이 유일한 해결책이 아님을 받아들이는 것 자체가 절실한 변화일 수 있었다. 만약 협상에 대한 의지가 FMLN 측에도 확고하고 정부 측에도 그러했다면 혁명적 프로젝트를 모아내기가 더욱 간단했을 것이다. 이와 같은 측면에서 FMLN에 의해 소집된 숱한 회의들 가운데, 특히 1987년 산살바도르의 교황청 대사관(Nunciatura Apostolica)에서 있었던 회의가 갖는 중요성은 크다고 볼 수 있다. 이는 내전이 시작된 이후 FMLN의 사령관들이 수도에서 공개적으로 처음 회동한 것이기도 하다. 이 대화를 통해 FMLN의 투쟁에 대한 합법성이 인정되었고, 그들이 갖는 호전성 또한 인정되었다.

대화를 통한 협상은 군사적인 차원에서 봤을 때도 중요한 의미가 있는데, 시간을 벌기 위한 하나의 전략이기도 했다. 당시 정부군은 FMLN 섬멸을 전략적 목표로 삼고 FMLN의 주둔지에 맹공을 퍼부었다. 당시 FMLN은 버텨내기도 어려운 상황이었지만, 그렇다고 항복하기는 더더욱 힘든 상황이었다. 이런 상황에서 합의에 대한 협상들을 진행해 나간다는 것은 전열을 재정비할 시간을 버는 전략일 수도 있었다. 실제로 1989년 11월까지 양측은 맹공을 퍼붓던 중이었다. 그러나 적어도 교황청대사관에서 서로가 만난 이후 양측 모두 전략적 구상을 다양화하게 되는데, 이념보다는 실용적인 측면에 더 많은 무게를 두기 시작했고, 이와 같은 방향의 선회는 시간이 갈수록 점점 더 중심 전략으로 자리 잡아가다 1990년대에는 가장 주요한 전략적 목표가 될 수 있었다. 변화의 골자는 협상을 통해 전쟁을 끝낸다는 것이었고, 이를 기반으로 엘살바도르 내 새로운 형태의 정치적·사회적·경제적 개혁을 이룬다는 내용이었다.

사실 두 가지 방향, 즉 전쟁과 협상이라는 전략은 1987년부터 FMLN 내부에 존재해왔지만, 늘 군사력을 전략의 중심에 놓고자 하는 의견이 대화를 통한 협상을 압도했다. 그러나 1989년 무력에 기반을 둔 전략으로는 단기적 혹은 중기적으로도 그들의 목적을 실현할 수 없을 것이란 현실에 직면하게 된다. 이러한 상황을 감안한다면 1989년 11월 정부군의 총공격은 어쩌면 당시 미지근하게 진행되고 있던 대화와 협상이라는 전략의 기폭제가 되었는지도 모를 일이다. 이후 협상 과정에서 보인 실질적인 진전과 1992년 체결된 평화협정이 이를 뒷받침한다.

그럼에도 이와 같은 과정에서 행해졌던 공격의 규모와 — 이때 당시 공격의 가장 중심은 수도였다 — 계획을 본다면, <플랜 푸에고(Plan Fuego)>라는 제목의 다큐멘터리에서 보는 것과 같이 이른 시일 안에 대화를 이끌어내라는 정부에 대한 압력뿐 아니라 그 밖의 것들이 보인다. 당시 정부군에 비해 군사적으로 약세였던 FMLN의 입장으로서는 본격적인 대화가 시작되기 직전 조금이라도 더 많은 우위를 확보해놓아야 하는 상황이었다.

실제로 상황은 그렇게 전개되어갔다. 1989년 11월에 있었던 공격은 적어도 이전에는 절대 볼 수 없는 수준의 것이었다. 다시 말해, 당시의 상황이라면 이 전쟁은 충분히 오랫동안 지속될 것 같았고, 이로써 국가의 사회적·경제적 에너지가 모두 고갈되어버릴 것 같은 형국이었다. FMLN 입장에서는 이미 발생한 국제적 환경의 중대한 변화들, 예를 들어 페레스트로이카(perestroika), 베를린 장벽 붕괴, 소비에트 연맹 해체 등이 진행되고 있는 상황에서 전쟁을 계속한다는 것은 어쩌면 고립 혹은 멸렬 외의 다른 것을 바라지 못하는 상황이었을 수도 있다. 이러한 정황 가운데, FMLN 내부적으로도 대화를 통한 해결에 대한 요구가 일어날 수밖에 없었다. 이에 귀 기울이지 않는 것은— 이미 이러한 갈등의 과정에서 1989년 11월 16일 UCA의 여섯 명의 예수회 수사들과 그들을 돕던 두 명의 민간인들이 정부군 아틀라카틀 부대원들에 의해 암살되었다 — 그들을 지원하던 사회와 종교단체, 정치세력으로부터도 고립될 수 있음을 의미했다. 물론 이들의 지지 없이는 FMLN이 정치적으로 생존할 수 없음이 확실한 상황이었다.

국제적 환경 변화는 당시 ARENA의 알프레도 크리스티아니(1989~1994)가 집권하던 엘살바도르 정부에도 전쟁을 지속하기에 썩 유리하게 작용하지 않았다. 냉전 종결과 함께 이미 동유럽에서 변화가 시작되어가고 있었고, 이로써 미국도 그간 냉전 체제하에서 운영되던 자국의 대외정책에 변화를 가져오고 있던 즈음이었다. 또 한편으로는 여섯 명의 예수회 수사들과 그들을 돕던 두 명의 민간인에 대한 암살로 국제사회가 경악하고 있었고, UN 개입의 필요성이 불거지고 있던 중이었다.

당시 엘살바도르 내부적으로는 경제가 거의 붕괴된 상태였고, 과거 전통적인 과두경제 세력과는 확실히 다른, 세계화 대열에 합류하고자 하는 기업들이 등장하고 있던 상황이었다. 그러나 전쟁이 지속된다면 새롭게 등장한 기업들의 성공은 불투명할 수밖에 없었기에, 이들 스스로 크리스티아니 정부의 대화 창구를 자처하고 나서는 상황이기도 했다. 물론 그들의 가장 큰 염려와 관심은 정부와 FMLN 측의 협의 과정에서 그들의 경제적 이익이 충분히 보장될 수 있는가 하는 것이었다.

1990년 협상이 시작되었다. FMLN이 처음 대화를 시작한 것은 이념보다 실리적인 측면이 우세하게 반영된 것이었지만, 이를 통해 결국 그들 스스로 전략을 수정하게 된다. 가장 두드러진 변화는 협상을 통해서도 지금까지 전쟁을 통해 얻을 수 있다고 믿었던 것을 얻을 수 있다는 확신이었다. 물론 이 과정에서 그간 고수하던 전략 포기가 동반되었으니, 첫째는 무장을 통해 권력을 쟁취한다는 것이었고, 둘째는 전쟁에서의 승리를 통해 사회주의를 건설한다는 것이었다.

4. 정당 FMLN과 우파의 헤게모니

FMLN의 이데올로기적 측면에서도 실질적인 변화가 시작되었다. 일부 지식층 지도자들은 공개적인 분석을 통해 협상을 시도하는 것과 그 안에서 군사적 힘을 통해 우위를 점하고자 하는 것이 그들이 속한 사회에서 자연스러운 일이라 생각했다. 일부 지도자들은 1970년대와 1980년대 일정 시기 동안 그들의 이념적 자양분이었고 그들 스스로 군사적 행동과 군사주의를 정당화시킬 수 있었던 마르크스레닌주의를 포기했다.

협상 과정에서 다양한 사안들이 근본적으로 다뤄졌다. 그중 가장 중심은 FMLN 군대의 소멸과 그들의 정당으로의 전환이었다. 이는 이데올로기적 사안이기도 했다. 왜냐하면 FMLN 군대 자체가 무력을 통해 사회주의를 건설한다는 이념적 투쟁을 위해 만들어진 것이기 때문이다. 결국 이를 대체할 수 있는 새로운 비전이 제시되어야 했고 민주주의와 선거를 집중적으로 다루는 토론이 절실히 요구되었다. 이러한 상황에서 FMLN 내부적으로 글을 써왔던 사람들의 역할이 커지기 시작했다. 그간 쌓아온 역량으로 당장 앞으로 다가온 변화를 조명해줘야 하는 순간이었다. 또 다른 한편에서는 정당으로의 변화를 전제로 하는 조직 문제가 거론되었다. 이는 군사적 조직과 작별을 고함과 동시에 정당이라는 조직 안에서 당원들 간의 관계와 그간 FMLN이 긴밀히 뿌리내리고 있던 민중 세력들과의 관계를 재정비해야 함을 전제로 하는 것이었다.

결국 FMLN은 기존 관계의 단절이라는 피할 수 없는 고통에 직면하게 된다. 군대의 성격을 버리고 정당이라는 새로운 조직으로 변화되는 과정에서 같은 배를 타지 못한 ERP, FARN[8])과 같은 조직이었으면서도 새로운 정당으로 편입된 FPL과 PCS의 운명이 나뉘었다. 이러한 고통 속에서도 한 가지 분명한 사실은 정당으로서의 FMLN이 헌법적 지위를 인정받고 민주주의에 입각한 선거에 참여하게 된다는 점이었다. 결국 그간 FMLN의 전 역사상 가장 근본적인 목표가 되었던 군대 보유는 이 시점에서 종지부를 찍을 수밖에 없었다.

1992년 평화협정을 향해 가는 과정에서 FMLN은 이념적으로 그리고

---

8) 이 두 조직은 가장 강하게 사회민주주의적 성향을 띠고 있었고, 비록 아주 짧은 시간이었지만 민주당(Partido Democrata: PD)을 창당하기도 했다. 정당으로 존재하는 동안 지도부는 FMLN의 저항을 잠재우기 위해 ARENA와의 연합을 시도했고 일부 당원들은 ARENA를 위해 일하는 대중매체와도 긴밀한 관계를 유지했다.

제도적으로 이전에 볼 수 없었던 수준의 변화를 경험하게 된다. 12년이라는 긴 시간의 내전에 종지부를 찍으며 평화협정에 역사적인 서명이 이루어지던 순간, FMLN은 더 이상 군대일 수 없었고 다른 정당들과 선거를 통해 경쟁해야 하는 합법적 정당이 되었다. 당시 FMLN의 가장 근본적인 목적은 선거에서 이기는 것, 특히 평화협정 직후 치러지게 되는 대통령 선거에서 이기고 국회에서 의미 있는 수의 의석을 차지하는 것이었다. 이를 통해 FMLN은 자국의 경제를 살리고 정의를 실현한다는 목표를 갖게 된다. 이는 정치적·제도적 개혁을 위한 평화협정에 여실히 나타난다. 물론 이 과정에서 우파 기업가들과 정치인들도 자신들에게 유리한 입지를 점하기 위해 심혈을 기울였는데, 무엇보다도 그들에게 분명한 목표는 FMLN이 정치적 힘을 가질 만한 수준의 유권자 표를 얻지 못하게 하는 것이었다.

온갖 방법을 동원하여 우파는 네 번에 걸친 선거에서 권력을 장악하는 데 성공했다. 의회에서도 연합을 통해 국가 제도나 내각을 자신들의 이익에 맞게 구성할 수 있는 장치들을 만들어놓았다. 다시 말해, 평화협정 이후에도 우파들은 엘살바도르의 다양한 측면에서 그들의 헤게모니를 유지해나갈 수 있었다. 1994년부터 FMLN이 국회의원 선거와 지방 선거를 장악해나가기 시작했지만, 아직까지도 평화협정 당시 의도된 그들의 계획을 실현시키기에는 역부족이었다. 우파 세력은 FMLN이 경제 부문에서 시민들에게 제시한 제안들이 잊히도록 하기 위해 총력을 발휘하면서 경제의 3차 산업화, 제조업의 단순화, 고도산업의 무능화, 무엇보다도 심각한 농업 포기를 유도했다. 그들의 궁극적인 목표는 신자유주의 경제 실현이었다. 결국 평화협정을 통한 실제적 승자는 그 어떤 시절에도 부의 증식을 멈춘 적이 없는, 평화협정 후 민주주의의 승리를 찬양해 마지않던 우파 기업들과 엘살바도르의 부자들로 구성된 엘리트 집단들이었다(Dolores Albiac, 2002: 153~183).

실질적으로 1992년 이후 엘살바도르 민주주의 정치의 발전에 대해서는 의심의 여지가 없다(González, 2002a: 117~126). 그러나 1990년대가 끝나가는 시점에 민주주의 발전에 대한 평가는 부정적이기도 했다. 제도의 취약함과 사회적 폭력의 증가(González, 2006: 882~885), 혹은 정권 교체의 부재뿐 아니라 현재의 경제 모델이 민중들 대부분의 기대를 만족시키지 못한다는 이유 때문이다. 나아가 도시와 농촌 모두에서 소외와 배제가 점점 더 심해졌다는 점에서 그렇다고 할 수 있겠다. 다시 말해, 당시 경제 모델은 엘살바도르의 민주주의를 더 발전시키기 위한 과정에서 장애물에 불과할 뿐이었고, 정의에 기반을 둔 민주주의를 강화하는 데는 오히려 혼돈을 유발했다. 사실 당시에는 그 누구도 이러한 상황에 관심을 기울이지 않았다. 2000년대 중반 이후에서야 문제들이 곪아 터져 나오면서 엘살바도르는 출구 없는 퇴로에 봉착했음을 깨닫게 되었다. 이러한 상황은 비단 사회적이거나 혹은 문화적인 문제에만 한정된 것이 아니었다. 정치적으로도 마찬가지였다. ARENA와 우파들은 그들의 행정적 사안들을 성공적으로 집행해나가지 못했고, FMLN은 대중의 뜻을 모으고 그들의 정치에 이를 반영할 수 있는 수준에 이르지 못한 상황이었다.

5. 여정의 마지막: 여당으로서의 FMLN

언론을 장악하고 경제적·정치적으로 우위를 점하고 있는 우파 헤게모니를 깨기 위해 FMLN에게 필요했던 것은 선거에서 지지기반을 확장할 수 있는 정치적 혁신이었다. 사실 1994년 FMLN이 처음 선거에 참여하기 시작한 이래 많은 선거에서 충분한 대중적 지지를 받고 이를 통해 국회에서 의미 있는 수의 의석을 차지할 수 있었다. 이뿐만 아니라 지방선거에서도 훌륭한 수준의 목표를 달성해나가고 있었다. 그러나 한 가지 부족한 것이 있었으니, 그것은 바로 대통령 선거에서의 승리였다. 이 때문에 2009년의 대선은 FMLN에게 중요한 시점일 수밖에 없었는데, 연달아 다섯 번에 걸쳐 ARENA에 정권을 양보하느냐, 아니면 대선을 통해 정권을 장악하느냐로 나뉘는 시기였다.

ARENA의 프란시스코 플로레스(Francisco Flores, 1999~2004) 임기 동안 엘살바도르의 국내 상황은 경제적·정치적으로 악화일로를 걸었다. 특히 중산층에겐 가혹한 시기였다(González, 2002d: 350~358). 그러나 이러한 상황이 곧장 즉각적인 좌파 정부의 도래를 위한 기회로 연결되지 않았다. 물론 프란시스코 플로레스에 이어 같은 당의 엘리아스 안토니오 사카(Elías Antonio Saca, 2004~2009) 대통령 임기 동안에 경제적 상황은 더욱 악화되었다. 이러한 시점에 FMLN이 뭔가 창의적이면서도 획기적인 정치적 제안을 하게 된다면, 기존 ARENA 정권에 대한 심판뿐 아니라 그간 엘살바도르 좌파 정당인 FMLN에 대해 가지고 있던 기우를 종식시키면서 멋지게 정권을 장악할 수 있는 기회의 순간이기도 했다.

2009년 선거를 어떻게 기획하느냐가 관건이었다(González, 2010). 무엇보다도 중요한 것은 정당과 비교적 거리를 두고 있던 인물을 후보로 내세우는 것이었다. 그해 FMLN은 언론인으로 재직하던 시절 끊임없이 민주주의와 정의에 대해 외치던 마우리시오 푸네스를 대통령 후보로 내세웠다. 그 옆에는 역시나 정치적 색채가 덜 묻어나는 '마우리시오의 친구들(Amigos de Mauricio)'라는 단체가 있었다. 물론 이들의 역할은 2009년 3월 대선에서 가히 결정적이었다. 결국 FMLN은 무장 세력으로 10년, 정당으로 10년, 그렇게 총 20년에 걸친 정치적 투쟁을 통해 정권을 잡을 수 있었다. 엘살바도르 역사에서 처음으로 좌파 정부가 시작되는 시점이었다. 분명 역사적인 사건이라 할 만하다.

우파의 헤게모니는 거의 종말에 다다른 듯했다. 사회경제적 맥락 안에서 보이는 중요한 변화의 기운이 많은 것을 기대하게 했다. 물론 FMLN이 엘살바도르에 존재하는 정당 중 하나이기만을 바라던 상황에서 막상 여당으로 받아들여야 하는 것은 우파에게 결코 쉽지 않은 일이었다. 최소한 다음과 같은 세 가지 상황은 인정하고 받아들여야 했다. ① FMLN이 정부를 구성한다는 점, ② 푸네스 대통령이 독립적으로 내각을 구성하고 행정 전략을 입안한다는 점, ③ 정부의 성격이 '마우리시오의 친구들'에 기반을 둘 것이라는 점이다.

이와 같은 우려들, 이에 더해 21세기 사회주의에 대한 격렬한 논쟁이 터져 나오던 긴장의 시기가 지나고, 2010년 6월 향후 5년에 걸친 정부의 계획이 발표되면서 정부와 FMLN 사이의 관계는 경제적·사회적으로 더욱 명확해졌다. 좌파 정부가 들어선 이듬해 현실은 좀 더 구체화되었는데, FMLN이 정부 내 모든 장관직을 다 장악할 수는 없었지만, 그중 중요하다고 볼 수 있는 교육부, 공공안전 정의부, 내무부, 노동부, 외교부, 공공위생국 등 주요 부처 장관직을 차지하면서 정부를 구성해나갔다. 또 다른 부처 장관직, 재무부와 국영전기회사는 '마우리시오의 친구들'에 돌아갔고, 경제부 장관은 민주변혁당(Cambio Democratico: CD)[9]에 돌아갔다. 또한 좌파 정부는 환경부와 중앙준비은행을 담당하면서 그들의 독립성을 구체화시킬 수 있었다.

초창기 군사조직과 FMLN 지도자들의 과격함은 푸네스 대통령의 등

---

9) 중도 좌파적 성향이 있는 엘살바도르 정당이다. 2005년 창당되었으며 기독사회주의와 사회민주주의에 기반을 둔다. ― 옮긴이

장뿐 아니라 새로운 시대 그들의 강령을 통해서도 점점 더 현실적이 되어갔다. 이와 같은 현실주의는 기존에 가장 중요하게 여겨졌던 이데올로기 대신 합의와 공동 프로젝트에 대한 주제로 초점의 변화를 이끌어냈다. 그럼에도 푸네스 대통령과 FMLN 사이에 갈등 구조가 아예 없는 것은 아니었다. FMLN과 우고 차베스의 관계, 엘살바도르의 ALBA와 페트로카리브 가입과 관련하여 양자 간의 갈등이 불거졌는데, FMLN 자체적으로는 최근 엘살바도르 내 발전소를 건설한 페트로카리브 가입에 대해 충분히 긍정적인 의견을 가지고 있었고, 또한 그럴 만한 조건도 갖추고 있었지만, 결국 푸네스 대통령 뜻에 따라 가입을 보류했다. 또한 FMLN은 니카라과의 다니엘 오르테가 대통령과도 긴밀한 관계를 맺고 있었지만, 이러한 상황이 푸네스 정부에 실질적인 영향을 미치지는 못했다. 그러나 양자 간 정치적 입장이 분명히 갈린 사안이 있었으니, 2009년 발생한 온두라스 쿠데타에 대한 태도였는데, FMLN이 공개적으로 마누엘 셀라야를 지지하고 나선 데 반해, 푸네스 정부는 신중한 외교상 절차를 통해 여러 출구를 모색했다.

종합적으로 볼 때, FMLN만이 실리주의에 양보한 것은 아니었다. 푸네스 정부도 마찬가지였다. 이러한 상황에서 전 브라질 대통령 룰라 다 시우바의 역할이 중요했는데, 엘살바도르 정부와 FMLN 양측 모두와 긴밀한 관계를 유지하던 그는 어느 쪽에도 치우치지 않는 입장에서 양측 모두에게 적절한 조언을 해줄 수가 있었다. 분명한 것은 FMLN의 오랜 역사가 엘살바도르 민주주의의 초석이 되었다는 점이다. 여전히 사회주의 이념에 기반을 두고 있지만, 정치적으로뿐 아니라 사회적·경제적으로도 민주주의적 질서를 만들어내면서 실로 놀랄 만한 이념적·제도적 변화의 역량을 보여주었다. FMLN의 지도부 사이에도 사회주의라는 이데올로기가 굳건하고 경쟁력을 갖춘 정당제도가 보장될 때에야

가능하다는 합의가 있다. 이것이 바로 FMLN의 현재이다. 또한 FMLN의 지도부는 국가를 위한 실질적인 변화를 이끌어내기 위해서는 지금의 통치가 영원히 계속될 수 없고 주기적으로 국민의 판단을 통해 거듭나야 한다는 것 또한 확실히 인지하고 있다. 지금 이들에게 주어진 5년의 집행 과정이 이들에게는 좌파가 우파보다 더 훌륭한 정치를 할 수 있음을 국민들에게 확인시켜줄 기회가 될 것이다.

참고문헌

Benítez Manaus, R. 1989. *La teoría militar y la guerra civil en El Salvador*. San Salvador: UCA Editores.

Cabarrús, C. R. 1983. *Génesis de una revolución*. México: Casa Chata.

Dolores Albiac, M. 2002. "Los ricos más ricos de El Salvador." en Rodolfo Cardenal y L. González(coord.). *El Salvador: la transición y sus problemas*. San Salvador: UCA Editores, pp. 153~183.

González, L. 2001. "La violencia sociopolítica de las décadas de 1970 y 1980." en *Enciclopedia El Salvador 2*. Barcelona: Océano, pp. 300~310.

_____. 2002a. "Acerca de la transición a la democracia." en Rodolfo Cardenal y L. González(coord.). *El Salvador: la transición y sus problemas*. San Salvador: UCA Editores, pp. 117~126.

_____. 2002b "Centroamérica: proceso de paz y perspectiva de futuro." en Carrillo Cázares(ed.). *La guerra y paz. Tradiciones y contradicciones*. México: El Colegio de Michoacán Editores, pp. 119~137

_____. 2002c. "Estado, sociedad, economía en El Salvador(1880~1999)." en Rodolfo Cardenal y L. González(coord.). *El Salvador: la transición y sus problemas*. San Salvador: UCA Editores, pp. 13~28.

_____. 2002d. "Un necesario cambio de marcha en El Salvador." en Rodolfo Cardenal y L. González(coord.). *El Salvador: la transición y sus problemas*. San Salvador: UCA Editores, pp. 350~358

_____. 2006. "Violencia social y territorialización del crimen." *ECA*, No. 695, pp. 882~885.

_____. 2010. "Balance sociopolítico de 2009 y perspectivas para 2010." en *Teoría y praxis*, No. 16, pp. 87~92.

Montes, S. 1984. *El Salvador: las fuerzas sociales en la presente coyuntura(enero 1980~diciembre 1983)*. SanSalvador: UCA.

제9장

외침과 침묵 사이

폭력 조직 간의 휴전과 언론의 역할

올가 바스케스 몬손 · 암파로 마로킨 파르두치 _림수진 옮김

2012년 4월 14일은 엘살바도르 역사에 의미 있는 날로 기록되었다. 살인이 단 한 건도 일어나지 않았던 것이다. 이와 관련하여 당시 미주정상회담에 참여하고 있던 엘살바도르 마우리시오 푸네스 대통령은 이 날을 엘살바도르의 '역사적인 날'로 기념했다. 이 같은 전대미문, 즉 살인사건이 단 한 건도 일어나지 않고 24시간이 유지된 것은 엘살바도르의 대표적 폭력 조직인 마라 살바트루차(MS-13)과 바리오 18(Barrio 18) 사이의 휴전에 의한 것으로 해석된다. 이 역사적인 날로부터 한 달 후, 엘살바도르에서 살인사건의 빈도가 급격히 줄어듦으로써 '휴전'이 성공적이었음이 증명되었다. 그러나 이러한 해석의 이면에는 폭력 조직이 엘살바도르의 유일한 문제 혹은 공공의 적인 양 사회적 의견을 몰아가면서 엘살바도르 치안에 군 병력 투입을 정당화시키려는 언론 매체들의 의도가 숨어 있었음 또한 간과할 수 없다.

올가 바스케스 몬손 Olga Vasquez Monzon 철학자이자 연구자이다. 엘살바도르 호세 시메온 카냐스 중앙아메리카 대학교에서 언론 윤리를 담당하고 있으며, 국가생명윤리위원회 회원이다.
암파로 마로킨 파르두치 Amparo Marroquín Parducci 엘살바도르 호세 시메온 카냐스 중앙아메리카 대학교 대변인이자 연구원이다. 중앙아메리카 이주와 폭력 조직에 대한 신문 기사 분석이 전문이다.

* 이 글은 엘살바도르 호세 시메온 카냐스 중앙아메리카 대학교의 공공의견 연구소(Instituto Universitario de Opinión Publica: Iudop)에 의해 행해진 '엘살바도르 안전과 폭력에 관한 보고' 내용 중 일부이다.

** 이 글은 ≪Nueva Sociedad≫ 249호(2014년 1~2월)에 실린 글을 옮긴 것이다.

2012년 3월 14일 자 엘살바도르 일간지 ≪엘 파로(El Faro)≫는 30여 명의 폭력 조직 우두머리들이 최고치안교도소에서 모처의 감호소로 이감되었음을 기사화했다. 기사 내용에 언급되기를, 이는 유난히 높은 엘살바도르 살인사건 빈도수를 줄이기 위한 정부와 폭력 조직 사이의 협상 결과이며, 이 과정에서 마라 살바트루차(MS-13)와 바리오 18(Barrio 18)[1] 사이에 '휴전'이 맺어졌다고 전했다. 물론 정부는 이를 부인했지만, 어찌 되었든 폭력 조직 두목들의 이감 이후 살인 범죄 빈도수가 53%나 줄어들었다. 그로부터 한 달 후, 2012년 4월 14일 미주정상회담에서 엘살바도르 대통령인 마우리시오 푸네스는 엘살바도르가 현재 역사적 인 실험을 하고 있으며, 바로 당일이 지난 3년 중 유일하게 단 한 건의 살인도 기록되지 않은 날임을 언급했다.

다비드 문기아 파예스(David Munguía Payés)[2] 검찰청장은 최근 10년

---

1) MS-13과 Barrio 18은 중미 지역의 대표적 양대 폭력 조직이다. MS-13는 마라 살바트루차(Mara Salvatrucha)라는 이름으로 더 많이 알려져 있으며 미국과 멕시 코, 중미, 캐나다와 스페인까지 조직망을 확보하고 있다. 1980년대 후반 미국 캘리포니아 주 로스앤젤레스에서 중미 이주자들을 중심으로 결성된 폭력 조직이 나, 주로 엘살바도르, 과테말라, 온두라스에서 막강한 세력을 과시하고 있다. MS-13 조직원들은 등에 'Mara Salvatrucha'라는 문신을 새기고, 목과 얼굴까지 온통 문신을 하는 경우가 대부분이다. 멕시코 주요 마약 카르텔과 연결되어 있다. 각국에서의 폭력도 문제지만, 더욱 심각한 것은 미국을 향한 각국의 국경에서 이들에 의해 행해지는 잔인한 폭력이다. 불법 이민자들을 대상으로 강탈과 강간, 인신매매 등을 행하면서 세력을 유지한다. 불법으로 국경을 넘는 이민자들에게 가장 두려운 것이 바로 MS-13들이다. Barrio 18 역시 미국 로스앤젤레스에서 이민자를 중심으로 결성된 폭력 조직이다. MS-13과 그 기원과 양상이 거의 비슷하 나 멕시코 이민자들이 중심이 되었다는 점에서 차이가 있다. — 옮긴이
2) 엘살바도르의 정치 그룹인 '마우리시오의 친구들' 멤버이며 대선 기간 동안 푸네 스를 적극 지원했다. 2009년 7월, 당시 이미 예편해야 하는 나이였으나 푸네스

사이 신고된 살인사건의 90%가 폭력 조직 간 싸움에서 기인한 것이라 주장했다. 이는 최근 폭력 조직 사이에 이루어진 휴전과 급감한 살인사건 빈도 감소의 정적 상관관계를 통해 증명된다. 그러나 엘살바도르 사회 각층에서 '휴전'에 대한 신빙성 문제가 제기되었다. 일부에서는 '기적', '진정한 변화', '신의 섭리'라는 평가까지 이어졌지만, 또 다른 한편에서는 '휴전'이라는 명목으로 행해진 거래의 부당성 혹은 불법성에 대한 문제 제기와 함께 검찰에 샅샅이 진실을 밝혀줄 것을 요구하고 있다.

이처럼 다양한 사회적 의견들이 쏟아져 나오는 가운데, 폭력 조직과 공공안전에 관한 논의의 중심은 '휴전' 그 자체가 아니었다. 논쟁의 핵심은 이미 엘살바도르의 대부분 언론들이 자국의 가장 심각한 문제로 일제히 폭력 조직을 지목했다는 점이다. 그리고 이러한 합의에 기반을 두고 엘살바도르 언론이 정부가 할 수 있는 유일한 대책으로 국내 치안 영역에 무장 세력, 즉 군 병력을 끌어들여야 한다는 사회적 의견을 재생산해내고 있다는 점이다. 이러한 현상에 직면하여 이 글은 다음과 같은 목적을 가진다. 엘살바도르 폭력 조직에 대한 언론의 주장이 어떻게 발전해왔는가 살펴보겠다. 구체적으로 휴전과 살인사건의 감소라는 사회적 현상 앞에서 언론 매체들이 어떤 자세를 취했고, 또 어떤 이데올로기를 재생산해왔는지 살펴볼 것이다. 그리고 이러한 언론의 태도가 시민사회에 어떤 영향을 미쳤는지 알아볼 것이다. 이를 위해 2009년 6월부터 2012년 5월까지 322개의 신문 기사를 분석했다. 분석 대상은 ≪엘 문도(El Mundo)≫, ≪라 프렌사 그라피카(La Prensa Gráfica)≫, ≪엘

대통령에 의해 소장으로 임명되었다. 그는 아르만도 칼데론 솔(Armando Calderon Sol, 1994~1999) 대통령 시절 소장 임명이 거부된 바 있다.

디아리오 데 오이(El Diario de Hoy)≫, ≪디아리오 코 라티노(Diario Co
Latino)≫이다. 아울러 인터넷 신문인 ≪콘트라푼토(Contrapunto)≫와 ≪엘
파로≫도 포함했다.

1. 유일한 적

2009년 6월 1일 마우리시오 푸네스 대통령은 그 취임 연설에서 엘살
바도르 사회에 존재하는 '지독한 공포'에 대해 언급하면서 이는 그간
엘살바도르 치안에서 주적으로 간주되었던 마약 조직에 의해서만 파생
되는 것이 아니고, 폭력 조직과 갱들에 의해서도 만들어진다고 강조했
다. 그 자리에서 푸네스는 이미 엘살바도르 지역 각 곳에 근거지를
두고 기생하는 폭력 조직들의 존재와 그들에 대한 처벌이 거의 전무한
상황임을 주장했다. 그리고 이들에 대한 처벌 강화와 폭력 조직이 만들
어놓은 지하세계 척결을 위해 하루하루 싸워나갈 것을 약속했다.[3]
    푸네스 대통령 취임과 동시에 언론들은 폭력 조직의 난무 앞에 엘살
바도르 국립시민경찰(Policía Nacional Civil: PNC)의 능력 부족을 앞다투어
기사화하기 시작했다.[4] 동시에 시민 안전 확보를 위한 가장 효과적인
방법으로 군 병력 투입에 대한 필요성을 지속적으로 강조했다. 2009년
6월 10일 일간지 ≪라 프렌사 그라피카≫는 국방부 장관인 다비드 문기

---

3) 푸네스 대통령의 취임 연설 전문은 다음 사이트에서 볼 수 있다. http://chichicaste.
    blogcindario.com/2009/06/01418-discurso-toma-de-posesion-del-presidente-mauri
    cio-funes.html
4) 푸네스 대통령이 취임 연설에서 엘살바도르 치안 상황과 관련하여 현재의 치안
    부재가 자국 경찰력만으로는 감당할 수 없는 수준임을 이미 언급했다. ― 옮긴이

아 파예스와의 인터뷰를 기사화하면서 "한 달에 300건에 달하는 살인사건은 이미 경찰력의 한계를 벗어나는 것"이라는 국방부 장관의 주장을 강조했다. 엘살바도르의 지독히 높은 살인사건 발생에 대해 그 어떤 경찰도 한 달에 300건 이상의 살인사건을 해결할 수 없다면서, 이를 해결할 수 있는 유일한 방법으로 군 병력 투입이 절실하다는 주장을 인용했다. 물론 군 병력의 투입은 분명히 군사작전이 아니며, 철저히 대통령과 국방부 장관의 명령체계 아래서 진행될 것임을 강조했다. 덧붙여 그는 실제로 엘살바도르 헌법에서 국가 재난 상황일 때나 급격한 범죄 증가 상황에서 경찰력이 부족할 때는 대통령 명령에 의한 군 병력 투입을 보장하고 있다고 강조했다.[5] ≪라 프렌사 그라피카≫는 국방부 장관과의 인터뷰 기사를 통해 공공 안전 확보를 위해 군 병력을 투입하겠다는 정부의 입장을 그 어떤 비판적 의견도 수용하지 않은 채 공고화했다.

실제로 2009년 6월부터 ≪라 프렌사 그라피카≫는 연달아 문기아 장군의 주장을 기사화하면서 유난히 높은 살인 범죄율을 감당할 수 없는 경찰의 능력 부족을 가시화시켜나갔다.[6] 물론 일부 언론 기사들이

---

5) 인터뷰 전문은 다음에서 확인할 수 있다. http://www.laprensagrafica.com/el-salvador/judicial/38563-ninguna-policia-puede-investigar-300-muertes-al-mes

6) 2009년은 엘살바도르 최근 역사에서 가장 치안이 심각했던 한 해였다. 2009년 당시 인구 10만 명당 살인율은 71명이었는데, 이는 2008년의 51.9명과 2007년의 57.3명에 비해 월등히 높은 수치였다. 또 다른 지표로는 각 언론에 실리는 살인사건 관련 기사 빈도수를 볼 수 있는데, 2005년에 ≪라 프렌사 그라피카≫와 ≪엘 디아리오 데 오이≫에 실리던 살인사건 관련 기사가 일일 평균 2.5개였던 데 반해 2009년에는 11.6개로 급격히 증가했다. 이러한 현상들과 관련하여 인터넷 신문인 ≪엘 파로≫는 2010년 1월 3일 자에 "1992년 이후 가장 폭력적인 해 2009년"이란 기사를 실었다.

국내 치안에 군 병력을 투입하는 것에 대한 반대 의견을 싣기도 했지만, 대부분 언론 매체들은 당시 국방부 장관이었던 문기아 파예스의 프로젝트, 즉 군 병력 투입을 통해 마약 조직뿐 아니라 각 지역에 근거지를 두고 있는 폭력 조직을 일소한다는 계획에 긍정적 의견을 몰아주었다.

2009년 9월 16일에는 일간지 ≪라 프렌사 그라피카≫와 ≪디아리오 코 라티노≫가 경찰청장 카를로스 아센시오(Carlos Ascencio)의 발표를 실었다. 기사 내용의 핵심은 엘살바도르의 폭력 조직은 이미 마약 카르텔과 깊은 연관이 있고, 그로 인해 폭력이 갈수록 잔인해짐과 동시에 살인 범죄가 증가하고 있다는 것이었다. 같은 날, 일간지 ≪디아리오 코 라티노≫도 엘살바도르 내 폭력 조직과 마약 카르텔이 서로 긴밀히 연관되어 있음을 밝히고, 폭력 조직원 대부분이 마약 카르텔 수하에서 범죄에 가담하고 있음을 언급했다. 물론 신문에 실리는 내용들은 기자들의 자체 조사라기보다는 오직 정부 측 발표를 인용하는 수준이었다.[7]

2009년 10월에도 ≪라 프렌사 그라피카≫는 여러 차례 기사를 통해 엘살바도르 내 범죄와의 전쟁을 위한 군 병력 투입이라는 문기아 파예스 장군의 제안에 힘을 실어주었다. 물론 때로는 비판의 목소리도 기사화되긴 했지만, 지속적으로 이 신문이 주장한 내용의 핵심은 엘살바도르의 경찰력뿐 아니라 검찰마저도 엘살바도르의 지극히 높은 범죄를 감당하기에는 역부족이라는 것이었다.[8]

---

7) 해당 기사의 제목과 출처는 다음과 같다. Beatriz Catillo, "PNC relaciona crímenes con modo de operar del narcotráfico," http://www.diariocolatino.com/es/20090916/nacionales/71443/pnc

8) 해당 기사의 제목과 출처는 다음과 같다. Tanya Mimbreño y Mayren Zamora, "Funes anunciará rol de FAES en seguridad," http://www.laprensagrafica.com/el-salvador/judicial/66720-funes-anunciara-rol-de-faes-en-seguridad

푸네스 정부가 계획하는 치안 확보를 위한 군·경 합동작전은 농촌 지역 수확물 절도 방지를 위한 영역까지 확대되었다. 언론들은 온전한 치안 확보를 위해 현재의 경찰력에 6500명의 군 병력이 추가 투입되어야 한다고 주장했다.

또한 2009년 11월에 국방부 장관은 1760명의 군 병력이 이미 경찰과 함께 범죄와의 전쟁을 수행하는 상황에서 4000명을 더 투입할 것을 발표했다. 같은 해 12월에는 엘살바도르 5개 주 전역에 가장 범죄율이 높은 도시들을 중심으로 군 병력이 투입된다고 발표했다. 언론들이 기사화하는 과정에서 취하는 모든 자료들은 정부 측이 제공한 것들이었다. 따라서 정부 결정에 대한 그 어떤 문제 제기도 없었고, 정부 결정의 집행이 가져올 부작용에 대한 우려 또한 전혀 언급되지 않았다.

이러한 상황들이 전개되던 와중에 2010년 중반 정부에 의해 주도되던 치안 전략에 적신호가 켜졌다. 6월 20일 밤 대중교통인 버스 안에서 일어난 강도사건으로 17명이 불에 타 죽는 사고가 발생한 것이다. 그리고 다음 날 중화상으로 세 명이 더 사망하면서 사망자가 20명에 이르렀다. 물론 경찰이 여덟 명의 용의자를 체포했고, 이들 모두 폭력 조직 구성원임이 밝혀졌다. 이 사건으로 그간 언론에 의해 성공 가도를 달리는 것처럼 포장되던 푸네스 정부의 치안 전략에 대한 실망과 비판의 목소리가 터져 나오기 시작했다. 이는 엘살바도르 사회뿐 아니라 정치권에서도 마찬가지였다. 한마디로 푸네스 정부의 위기 상황이라 할 만했는데, 푸네스 대통령은 이에 대해 강경수로 맞섰다. 이 사건으로 인해 엘살바도르 치안 관련 책임자들을 해임하는 일은 절대 없을 것이라 먼저 선을 긋고, 당일의 사고는 푸네스 정부가 추진해온 치안 전략의 실패로 인한 것이 아니라고 선을 그었다. 오히려 당일의 사고는 이미 너무 높은 범죄율을 보이던 엘살바도르에서 발생한 어쩔 수 없는 상황이었으며, 푸네스 정부가 추진하는 치안 전략이 아무리 효과적이라 해도 하루아침에 그간의 범죄를 일소하기란 어려운 일이라고 주장하며 맞섰다.

2. 장군의 등장

2011년 11월 8일 안전부 장관이던 마누엘 멜가르(Manuel Melgar)가 사임했다. 이에 대해 일간지 ≪엘 파로≫의 해석은 치안 상황과 관련하여 푸네스 정부에 대한 압력이 더 이상 견딜 수 없는 상황에서 나온, 혹은 사회적 비판을 조금이라도 달래기 위한 상황에서 나온 '그저, 형식적인 제스처'였다는 것이었다.[9] 어찌 되었든, 마누엘 멜가르의 사임보다는 누가 그 자리에 오를 것인가가 초미의 관심사였다. 이러한 가운데 ≪엘 문도≫와 ≪엘 파로≫가 군부 세력의 임명 가능성을 넌지시 우려하며, 이에 대한 반대 목소리를 기사화했다.

군부 세력의 안전부 장관 임명에 대한 사회적 반대에도 2011년 11월 23일 전 국방부 장관이던 문기아 장군이 안전부 장관에 임명되었다. 장관 임명은 사회 각계의 다양한 반응을 초래했다. 치안의 군사화 가능성을 우려한 시민들은 대통령을 강력하게 비난했다. 여당인 FMLN 당마저도 문기아 장관 임명에 반대 목소리를 냈다. 찬성의 목소리는 오히려 야당과 기업에서 나왔다. 언론들은 문기아 장군의 안전부 장관 임명

---

9) 해당 기사의 제목과 출처는 다음과 같다. Ricardo Vaquerano, Carlos Martínez, Gabriel Labrador, Y Efrén Lemuns, "Presidencia informa que Manuel Melgar dejo Ministerio de Seguridad," http://www.elfaro.net/es/201111/noticias/6544/

과 관련하여 얼핏 반대의 의견을 내는 듯했으나, 행간에서 문기아 장군 개인에 대한 지지 의사가 읽혀졌다. 일간지 ≪엘 문도≫는 2011년 11월 23일 자 사설을 통해 문기아 장군의 등장을 전적으로 지지하고, 작금의 상황에서 그 어떤 책임자도 하루아침에 모든 것을 쓸어버릴 수 있는 마술 지팡이를 가지고 있지 않다는 내용을 실음으로써 문기아 장군의 심적 부담을 덜어주었다. 같은 날 ≪엘 파로≫ 역시 사설을 통해 장군의 안정부 장관 임명에 대한 문제 제기는 장군의 개인 자신에 대한 것이라기보다는 군인 정신을 가지고 있는 자를 시민 안전 관련 장관에 임명한다는 사실에 따른 우려일 뿐이라며 장군에 대한 보호막을 자처했다.

언론이 쏟아내는 기사들은 문기아 파예스가 안전부 장관의 업무를 수행하는 데 아무런 방해가 되지 않았다. 문기아 장관은 경찰 간부들과의 첫 번째 회의에서 지금의 경찰 시스템을 바꾸지 않을 것과 경찰을 군사화하지 않을 것을 언급했다. 11월 24일 일간지 ≪엘 디아리오 데 오이≫는 "장관이 판치말코(Panchimalco)의 폭력 조직 마라(Mara)에 대해 첫 번째 작전을 수행하다"라는 제목의 기사를 실었다. 기사는 훌륭한 작전 수행 능력을 언급하면서, 강력범죄는 대부분 폭력 조직에 의해 발생한다는 장관의 뜻을 다시 한 번 각인시켜줬다. 또한 판치말코 지역 무장 병력 주둔은 이 지역을 기반으로 하는 마라 조직원들을 박멸하기 위한 것이라 언급했다.[10] 이 작전을 계기로 문기아는 안전부 장관으로 공식 인정되었다. 이즈음 언론 매체들은 다른 경로를 통해 표출되는 문제 제기에는 전혀 개의치 않고, 다음 두 가지 명제를 기정사실화했다.

---

10) 해당 기사의 제목과 출처는 다음과 같다. Jorge Beltrán, "Ministro de primer 'touche' a las maras de Panchimalco," http://www.elsalvador.com/mwedh/nota/nota_completa.asp?idCat=47859&idArt=6410936

첫째, 엘살바도르의 높은 살인 범죄율은 폭력 조직에 의한 것이고, 둘째, 문기아 장관이 이 문제를 해결할 것이라는 확신이었다.

2011년 12월 21일 ≪엘 디아리오 데 오이≫는 산미겔(San Miguel) 주민들이 범죄가 증가하면서 더 많은 치안 병력을 요구하고 있다는 내용의 기사를 실었다. 이에 대해 문기아 장군은 다시 한 번 이 나라의 범죄 원천은 폭력 조직이며, 살인사건의 90%가 그들에 의해 자행되고 있음을 강조했다.[11]

2012년으로 들어서면서 강력범죄는 더욱 기승을 부렸다. 1월 첫 주 주말에 범죄가 급속히 증가하면서 문기아 장군은 범죄 위험 지역에 비상계엄령을 적용할 수도 있음을 발표했다. 물론 엘살바도르에서 발생하는 살인사건의 90%가 폭력 조직과 관련되어 있음을 강조하는 것 또한 잊지 않았다. 이후 한 달 동안 범죄 증가가 지속되면서 이에 대한 전략 준비와 자신감을 언급했다.

이러한 주장은 폭력 조직들 간 '휴전'이 이루어지면서 살인사건 발생률이 급격히 감소하자 더욱 힘을 받게 되었다.

3. 적들에 대한 언급

2011년 10월 폭력 조직에 새로운 양상이 포착되었으니, 그들의 군사화였다. ≪라 프렌사 그라피카≫는 엘살바도르의 폭력 조직이 멕시코

---

11) 해당 기사의 제목과 출처는 다음과 같다. "Migueleños abatidos por delincuencia piden más seguridad," http://www.elsalvador.com/especiales/2011/sucesos/2011 1220-san-miguel-delincuencia.asp

의 대표적 마약 세력인 카르텔 데 시날로아(Cartel de Sinaloa), 라 파밀리아 미초아카나(La Familia Michoacana), 로스 세타스(Los Zetas) 등과 연결되어 있으며 미국에서의 마약 거래와 인신매매에 깊이 관여한다고 밝혔다. 또한 미국의 FBI와 엘살바도르 국가정보원 자료를 인용하여, 엘살바도르의 폭력 조직이 자국 내 군대 조직뿐 아니라 미국의 군대 조직에도 깊숙이 침투해 있다고 전했다. ≪라 프렌사 그라피카≫는 기사를 통해 엘살바도르 폭력 조직이 갖는 무기력과 훈련 수준은 이미 엘살바도르 군 병력에 심각한 위협으로 작용하고 있고, 더욱 문제가 되는 것은 폭력 조직 사이에 무기와 훈련이 재생산되고 있는 사실이라고 언급했다.12)

2011년 11월에는 ≪엘 문도≫, ≪엘 디아리오 데 오이≫, ≪엘 파로≫, ≪라 프렌사 그라피카≫ 등이 기사를 통해 살인, 강도, 납치, 교도소 내 폭력, 마약 거래, 무기 소지 등이 폭력 조직과 깊이 연관되어 있음을 다시 한 번 강조했다. 각 언론들은 사설이나 기사 등을 통해 폭력 조직에 가담한 젊은이들이 기하급수적으로 늘어나는 상황과 그로 인해 파생되는 심각한 사회문제들을 지적했다. 이미 연구된 학술 결과물들을 인용하면서 연재 기사들에 정당성을 부여했다.13) 그러나 한 가지 짚어야

---

12) 해당 기사 제목과 출처는 다음과 같다. "FBI: Pandillas dentro de ejército estadounidense," http://www.laprensagrafica.com/el-salvador/judicial/227898-fbi-pandillas-dentro-del-ejercito-estadounidense

13) 인용된 학술 결과물들은 다음과 같다. R. Martel, "Medios de comunicación y trabajo policial: una tensión ambivalente," *Estudios Centroamericano*, Vol. 61, No. 696(2006a), pp. 1023~1028; R. Martel, "Las maras salvadoreñas, nuevas formas de espanto y control social," *Estudio Centroamericana*, Vol. 61, No. 696(2006b), pp. 957~979; A. Marroquín, "Pandillas y prensa en El Salvador: de los medios como oráculos y de la profecía que se cumplió ······ con creces,"

할 상황은 사건에 대한 기사만 있을 뿐, 경찰과 군 병력의 문제 해결 부재를 언급한 기사는 전무했다는 점이다.

2011년 11월 2일 ≪엘 문도≫는 지난 10월에 한 달 동안에만 총 382건의 살인사건이 있었고, 그 사건들의 가해자와 피해자 대부분이 폭력 조직의 구성원들이라 밝혔다. 그런데 한 가지 짚고 넘어가야 할 사실은 대부분의 기사들이 사건들에 대한 명확한 출처를 제공하지 않는다는 점이다. 거의 모든 기사들이 그러하듯 단서가 될 수 있는 인명 정보에 대해서는 항상 익명으로 처리한다. 그저 '폭력집단 조직원 용의자', '폭력 조직이 관여한 듯한', '폭력 조직이 출몰하는 위험한 지역' 등과 같은 표현만 있을 뿐, 그들의 실재를 증명할 수 있는 실명 단서는 그 어느 기사에서도 제공되지 않는다. <표 9-1>은 2011년 11월에 엘살바도르 여러 일간지에 실린 기사 제목이다.

<표 9-1>에서 보는 것과 같이 2006년, 2007년, 2009년에 간행된 일간지의 형태와 다름없이, 2011년 대부분의 기사들이 제목에서 이미 폭력 조직과의 연루를 언급하고 있다. 좀 더 심각한 상황은 대부분 기사에 대한 자료 제공이 경찰 측이라는 사실이다. 범죄에 가담한 자들이 확실히 폭력 조직 구성원인지에 대한 확인이 없을 뿐 아니라 범죄 기사가 명확한 사실인지 아니면 추측에 의한 것인지에 대한 구분도 없다. 물론, 가해자들 못지않게 피해자들도 항상 베일에 가려져 있다. 대부분이 '어

---

en Marco Lara Klahr y Ernesto López(coor.), *Violencia y medios*(Propuesta iberoamericana de periodismo política, 2004), pp. 75~92; A. Marroquín, "En la Republica de la muerte, Reflexiones en torno a las coberturas periodísticas sobre violencia en el triángulo norte de Centro américa," en M. Zentio(coor.), *Delin-cuencia juventud y sociedad. Materiales para la reflexión*(San Salvador: FLACSO, 2011), pp. 127~149.

〈표 9-1〉 2011년 11월 주요 일간지 갱 조직에 관한 기사 제목*

신문사	기사 제목	의견과 칼럼 제목
엘 디아리오 데 오이	• PNC 소속 연구원의 어머니가 산타 텔카에서 살해되다(2011.11.25) • 라리베르타드에서 심신장애자 살해되다(2011.11.25)	
콘트라푼토	• 청년들, 갱 조직들, 소외(2011.11.27)	
디아리오 코 라티노	• 메히카노스(Mejicanos) 학살 관련자들에 대해 136년 형이 선고되다(2011.11.9) • (문기아)파예스가 '범죄와의 전쟁'을 선포하다(2011.11.29)	
라 프렌사 그라피카	• FBI: 미군 내 갱 조직 존재(2011.11.1) • 교회에서 나오던 청년들을 습격하다(2011.11.11) • PNC: 두 소녀를 죽이라는 명령은 어느 감옥에서 나온 것이다(2011.11.15)	• 갱 조직의 불법을 직시하고 그들을 색출하기 위한 노력을 강화해야 한다(Francisco Bertrand Galindo, 2011.11.2)
엘 문도	• 갱 조직의 교사 살인사건 연루 추정(2011.11.4) • 과학기술적 증거를 통해 용의자를 기소하다(기사 내용 중 4개 조직의 MS와 B 18가 국제 범죄 조직에 연루되어 있다는 사실이 밝혀졌다. 2011.11.8) • 마라 일당이 멜히카노스 학살과 관련하여 기소되다(2011.11.4)	• 미래가 위험하다(갱 조직이 학생과 교사들에게 접근하면서 희망적인 미래가 위험해지고 있다. Álvaro Cruz Rojas 편집주간, 2011.11.4) • 폭력에 질식당하는 아이들(아동과 청소년 안전지대는 어디인가? 이미 갱 조직의 영향이 미치기 시작한 학교나 그 어떤 교육기관도 안전할 수가 없다. Álvaro Cruz Rojas, 2011.11.15)
엘 파로	• 왜 학생들을 죽였는가(2011.11.6) • 범죄 예방에 그 어떤 노력도 하지 않는다. 또한 범죄 해결도 제대로 하지 않는다(2011.11.10) • 마라가 축구의 번호를 흔들다(축구선수 중 아무도 등번호 13번이나 18번을 원치 않는다. 2011.11.28)	

* 일부 기사만 선별했다.

린아이들', '학생들', '어머니들', '장애인들', '연구자들' 등과 같은 형태다. 그 어디에서도 단서가 될 만한 명확한 정보는 제공되지 않는다. 언론에서 제공되는 기사와 관련하여 짚어야 할 또 한 가지는 사망자에 대한 언론의 태도이다. 폭력 조직과 관련하여 사망 사건이 일어날 경우, 사망자의 죽음은 일단 조사가 진행되기도 전에 마땅한 것으로 유도된다. 그 어떤 경우에도 사망자가 피해자라는 인식이 없다. 마땅히 죽어야 할 사람의 죽음 정도로 여겨질 뿐 아니라 그들의 죽음이 오히려 엘살바도르를 좀 더 깨끗하게 한다는 암묵적 동의로까지 이해되기도 한다.

≪엘 파로≫는 중앙아메리카에서 벌어지는 수많은 폭력에 대한 기사를 제공하는 ≪살라 네그라(Sala Negra)≫[14]라는 이름의 특별 섹션을 마련했다. 시평, 보도, 인터뷰로 구성되는 이 섹션에서 제공하는 기사 대부분 역시 익명 제보로 이루어진다. 공식적인 출처는 없다. ≪디아리오 코 라티노≫는 2011년 11월 29일 자에 "마라들(Maras)과의 전쟁"[15]이라는 제목으로 이제 막 임명된 법무부 장관과의 인터뷰 기사를 게재했다. 인터뷰에서 문기아 장관은 작전 시작 3개월 만에 살인 범죄율을 30% 이상 감소시키겠다고 확언했고, 이 약속은 실제로 2012년 3월에

---

14) 해당 사이트는 다음 링크를 통해 볼 수 있다. http://www.salanegra.elfaro.net/ ≪살라 네그라≫의 가장 최근 기사는 2014년 5월 이후 조직 폭력 집단들 사이에 휴전을 전제로 하는 대화의 장이 막히면서 다시 엘살바도르 내 살인 범죄율이 증가하고 있다는 내용이다("Gobierno desmantela la tregua y los homicidios alcanzan 30 en un día," http://www.salanegra.elfaro.net/es/201405/cronicas/15432/). ― 옮긴이

15) 해당 기사 제목과 출처는 다음과 같다. B. Castillo, "Munguía Payes declara la guerra al crimen," http://www.diariocolatino.com/es/20111129/nacionales/97886/ Mungu%C3%ADa-Pay%C3%A9s-declara-la-%E2%80%9Cguerra-al-crimen%E2 %80%9D.htm

달성되었다.

2012년 3월 14일 ≪엘 파로≫는 "정부가 살인 범죄 감소를 위해 폭력 조직집단과 협상했다(Gobierno negocio con pandillas reducción de homicidios)"[16]라는 제목의 기사를 실었다. 기사 내용은 정부와 폭력 조직들 사이에 살인 감소를 위한 협상이 이루어지면서 그 대가로 최고치안교도소에 수감 중이던 폭력 조직 우두머리급 30명이 제제가 훨씬 약한 감호소로 이감되었다는 것이었다.[17] 이러한 상황 앞에 파비오 콜린드레스(Fabio Colindres) 주교는 정부와 조직 폭력 집단 사이의 협상이야말로 '신의 섭리'라 명했다.[18] 3월 20일 좀 더 구체적 내용이 보도되었고 3월 23일 뉴스에서 "마라의 우두머리들이 그들 사이의 협약을 밝혔다"라는 제목의 기사를 실어 MS-13와 바리오 18로 대표되는 폭력 조직 집단들 사이에 이미 이틀 전인 3월 21일에 휴전 협의에 대한 증거가 포착되었다고 보도했다.

조직들 간의 휴전에 대한 기사들은 '기적', '진정한 대화', '신의 섭리' 등과 같은 단어와 이미지로 포장되었다. 일간지들은 앞 다투어, 강도와 절도, 다른 종류의 폭력들이 여전히 난무하지만, 살인은 확실히 줄어들

---

16) 해당 기사 제목과 출처는 다음과 같다. Oscar Martínez, Carlos Martínez, Sergio Arauz y Efrén Lemus, "Gobierno negoció con pandillas reducción de homicidio," http://www.elfaro.net/es/201203/noticias/7985/

17) 이감된 30명은 대부분이 MS-13과 Barrio 18의 우두머리급으로 정부에 의해 엘살바도르 내 가장 위험한 부류로 분류되던 자들이다. 이들 대부분이 엘살바도르 내 가장 감시가 강한 사카테콜루카(Zacatecoluca) 교도소에서 10년 이상 복역한 자들이다. 이들이 이감된 감호소는 외부인 접견이 자유롭고 가족과 친지 방문 또한 허용되는 곳이다. ― 옮긴이

18) 콜린드레스 주교와 과거 게릴라로 활동했던 라울 미항고스(Raúl Mijangos)가 '휴전' 작전의 실질적 주역이었다.

고 있다고 발표했다.

　이러한 상황은 2012년 11월 정부가 몇 개의 도시를 '성지'로 지정하고, 이 지역에서만큼은 범죄가 발생하지 않도록 총력을 기울이겠다고 발표할 때까지 지속되었다. 이를 기점으로 휴전에 대한 논의들이 새로운 국면을 맞게 되고 범죄와 폭력에 대한 기사들이 증가하기 시작했다.

4. 생각해봐야 할 문제들

　2012년 말부터 사회 각층에서 '휴전'에 대한 문제가 제기되었고, 그 성공에 대한 회의가 일기 시작했다. 한편에서는 오히려 '휴전'으로 인해 조직원들의 무장력이 더욱 강해졌다는 지적도 나왔다. 나아가 정부가 주도한 '휴전'이라는 합법적 틀 안에서 폭력 조직 간의 연합마저도 합법적 지위를 인정받았다는 비판이 나오기 시작했다. 그러는 가운데, 실종자 숫자는 나날이 증가하고 있었고, 잊을 만하면 대규모 암매장 현장이 그 모습을 드러냈다. 폭력에 대한 신고 접수도 역시 증가했고 칼에 의한 살인사건도 계속적으로 증가했다. 이러한 정황들이 엘살바도르의 '휴전' 프로젝트가 과연 성공적이었는가 하는 문제들을 제기하기 시작했다. 그리고 '휴전'에 대해 그간에 인식하지 못했던 새로운 측면들이 지적되기 시작했다.

　첫 번째 지적은 온통 긍정적 해석 일색이던 다비드 문기아 파예스 장군의 군사작전이 엘살바도르의 유일한 적 혹은 공공의 적을 오직 폭력 조직으로 한정시키는 결과를 가져왔다는 것이다.

　두 번째는 그간 엘살바도르 정부의 '휴전' 작전에 대해 오직 긍정적인 측면만 보도하던 언론 매체들이 엘살바도르 사회 내에서 나날이 증가하고 있던 소규모 범죄집단이나(MA 13과 Barrio 18 등과 다른) 마약, 인신매매 등과 같은 문제에 전혀 관심을 두지 않았다는 것이다. '휴전' 프로젝트에 관련된 사회적 의견이라도 언론이 전하는 것과 반대되는 것이라면, 즉 비판의 목소리를 내는 것이라면 의도적으로 관심을 기울이지 않았다는 사실이다.

세 번째는 언론 기사들이 지속적으로 군 병력 투입에 대한 정당성을 제공했다는 사실이다. 나아가 엘살바도르 내 이미 폭력 조직에 의해 장악된 지역을 되찾을 수 있는 가장 효과적인 방법이라고 분위기를 재생산해나갔다는 점이다.

결국 이러한 역할을 해나가면서 엘살바도르 언론이 한 일은 오직 정부의 입장만을 대변했다는 사실이다. 다시 말해 국가와 함께 폭력 조직을 엘살바도르에 존재하는 유일한 적, 혹은 유일한 문젯거리로 사회적 의견을 몰아갔다는 것이다. 물론 이는 어제 오늘의 일이 아니다. 언론이 정부의 대변인처럼 되어버린 것은 이미 지난 세 번의 정권이 바뀌는 동안 조금도 변함없는 사실이었다. 결국 이러한 과정 속에서 어쩌면 폭력 조직보다도 더 심각하고 절박할 수도 있는 문제들, 예를 들어, 마약, 가정폭력, 위생, 교육, 실업 등과 같은 문제들이 마치 엘살바도르에 존재하지 않는 문제들처럼 묻혀버리는 결과가 초래되었다. 신문 기사에 실리는 것은 오직 공포에 대한 이미지뿐이다. 언론은 그 공포를 팔아 생명을 유지한다. 그리고 공포는 언론들에 의해 재생산되는 악순환이 계속되고 있다.

제10장

니카라과, 산디니스타의 권력 복귀와 갱 국가의 강화

안드레스 페레스 발토다노 _최진숙 옮김

1980년대 혁명의 실험에 실패하고 난 뒤에 니카라과가 겪은 정치적·제도적 무력함이
이 글에서 '갱 국가(Estado-mara)'라고 부르는 현실을 야기했다. 갱 국가는 중앙아메
리카에서 갱단의 행동, 상징적 표현 및 조직 행태를 취하고 있는 국가 형태를 말한다.
부정적 정체성, 가족적 충성, 권력에 대한 사적·영토적 시각이 그 특징이다.

안드레스 페레스 발토다노 Andrés Pérez-Baltodano   캐나다 웨스턴 온타리오 대
학(University of Western Ontario)의 정치학과 교수이자, *Conversación con Nica-*
ragua: confesiones y reflexiones sobre el Estado, la iglesia y el exilio(Managua:
Anamá, 2007)의 저자이다.

* 이 글은 ≪Nueva Sociedad≫ 219호(2009년 1~2월)에 실린 글을 옮긴 것이다.

독립 후, 라틴아메리카 각국은 건국에 착수했다. 그 성과는 나라마다 다르지만 대체로 많은 나라가 '정복 국가'(정복과 식민 경험이 남긴 사회 조직 모델)와 '국민국가'(국가의 한층 진전된 표현으로 독립 이후의 라틴아메리카 각국 지도자들이 규범으로 삼은 모델) 사이의 여러 지점에 포진해 있다 (Pérez-Baltodano, 2003).

정복 국가는 일련의 구조적인 특징을 지니고 있는데, 이들 중에서도 부족한 사회 조정 능력, 사회적·영토적 분열, 높은 외부 의존도, 사회에 대한 국가의 자율성 등이 두드러진다.

국가의 사회 조정 능력 부족은 사회질서의 유기적 조직과 제도화에 어려움이 있음을 시사한다. 이는 법치국가 확립을 어렵게 만들고, 나아가 권력의 영토적 분산과 사유화를 용이하게 한다. 동시에 국가의 높은 외부 의존도와 사회에 대한 국가의 자율성은 정복 국가의 통치자들에게 사회의 막후에서 초법적으로 행동할 수 있는 가능성을 부여한다. 니카라과의 경우 이러한 특징이 명백하다.

최근 20년 동안 니카라과에서는 사회적·영토적 통합의 토대가 될 민주적인 합의를 창출하려던 국가 능력이 크게 손상되었다. 이러한 손상은 또 다른 국가 모델의 출현을 위한 조건들을 야기했다. 그런데 이 모델은 사회과학의 관습적 어휘를 넘어서는 것이다.

이 연구는 2007년 1월 FSLN이 권력에 복귀하면서 니카라과에 구현된 국가 모델을 지칭하기 위해 '갱 국가'라는 개념을 개진한 것이다. 갱 국가란 중앙아메리카에서 '마라'라고 일컬어지는 갱단들의 행동, 상징적 표현 및 조직 행태를 취하는 국가 행태를 말한다. 부정적 정체성, 그들의 조직 문화를 지배하는 가족적인 충성, 권력에 대한 사적·영토적 시각 등이 그 특징이라고 할 수 있다.

1. 제도적 향상 진화

생물학에 향상진화(向上進化)라는 개념이 있는데, 이는 새로운 종(種)의 발현으로 귀결되는 점진적인 진화를 말한다. 이 개념이 이 글의 주요 논지를 명확히 하는 데 도움이 될 것이다.

역사의 특정 순간에 사회가 경험하는 변화는 새로운 사회 현실을 만들어내고, 이 현실 속에서 사회변화의 축적된 결과가 종합되고 실체화된다.

니카라과의 정치적·제도적 역사는 세 번의 향상진화로 나눌 수 있다. 첫 번째는 '약탈 국가(Estado filibustero)'의 출현으로, 1856년 미국인 윌리엄 워커(William Walker)라는 엉뚱한 대통령의 관할 아래 탄생되었다. 영어를 사용하던 노예주의 국가는 오래가지는 못했으나, 독립 이후 국가적 합의 도출에 실패한 자유주의와 보수주의 엘리트들의 무능함을 드러냈다.

두 번째 향상진화의 순간은 '소모사 국가'의 출현에 해당한다. 이 국가 모델에서도 사회질서 확립의 토대가 될 헤게모니적 합의 구축에 실패한 엘리트들의 무능이 또 다시 드러났다. 1857년에서 1893년 사이에 보수주의자들은 자유주의자들에 반해 국가를 통치했다. 반면 자유주의 엘리트들도 1893년에서 1909년 사이에 보수주의자들에 반해 국가를 통치했다.

1909년 시작된 미국의 개입은 끝없는 정당 간 전쟁을 종료시켰다. 니카라과에서 철수하기 직전인 1933년, 미국은 독재국가 출현에 적당한 토양을 구축했다. 독재국가 시대는 1936년 아나스타시오 소모사 가르시아(Anastasio Somoza García)가 정권을 잡았을 때부터 1979년 FSLN의 혁명이 성공할 때까지 지속되었다.

'갱 국가'의 출현이 세 번째 제도적 향상진화에 해당한다. 이 새로운 종류의 국가에서는 산디니스타 혁명의 승리에서 오늘날까지 이르는 기간 동안의 정치적·제도적 긴장, 좌절, 모순이 종합되어 있고 결정화되어 있다.

2. 갱 국가의 창세기: 1979~2009년

1979년 산디니스타의 승리는 니카라과의 정치 역사에서 짧은 희망의 순간을 열어주었다. 그러나 혁명의 경험은 우리가 잘 알고 있는 것과 같이 국가 분열과 경제 해체와 전쟁으로 귀결되었다. 1980년대 말의 지탱 불가능한 상황이 분쟁 당사자들로 하여금 평화를 받아들일 수밖에 없게 만들었고, 산디니스타는 국제선거감시단 관리하의 선거를 수용했다. 1990년 전국야당연합(Union Nacional Opositora: UNO)의 비올레타 바리오스 데 차모로(Violeta Barrios de Chamorro)가 선거에서 당선되었다.

이미 피폐한 니카라과는 새로운 정부에 권력을 이양하기도 전에 새로운 타격을 입었다. 선거일인 1990년 2월 25일과 차모로가 취임한 동년 4월 25일 사이에 산디니스타 지도부에게 국유재산이 대규모로 이전된 것이다. 니카라과인들이 '피냐타(piñata)'라고 명명한 공공재산 대규모 착복이 횡행한 데 대해 에르네스토 카르데날(Ernesto Cardenal)은 회고록에서 이렇게 설명한다.

산디니스타 지도부는 국유재산을 훔쳐 산디니스타 민족해방전선에 넘기거나 자신이 착복했으며, 나중에는 산디니스타 민족해방전선의 재산까지 착복했다. 모두 다 그러지는 않았지만 전국지도부(Dirección Nacional) 위원,

당 간부, 고위 관료, 노조 지도자 대부분이 은행계좌, 주택, 자가용, 상사(商社), 슈퍼마켓, 커피 재배 농장 및 목축 농장, 제당 공장, 바나나 농장, 레스토랑, 텔레비전, 라디오, 육류 및 바나나 유통회사, 투자사, 금융회사를 차지했다(Cardenal, 2003).

착복에 따른 재산권의 난맥상이 오늘날까지 국가경제 정상화를 방해하는 불안정성을 야기했다. 2007년 FSLN이 권력에 복귀하면서 이러한 불안정성은 더욱 부각되었다. 2007년 5월 ≪바리카다(Barricada)≫(1980년대 FSLN의 신문)의 전 편집국장 카를로스 페르난도 차모로가 이끄는 <에스타 세마나(esta semana)>라는 한 TV프로그램은 FSLN 비서국에서 활동하는 일단의 산디니스타 변호사 그룹에 대해 폭로했다. 이들은 당이 사법체계를 장악한 것을 이용하여 불법적인 재산권 거래를 했다.[1] 다니엘 오르테가 대통령은 정부청사를 마다하고 바로 그곳에서 정무를 처리했다. 게다가 대통령 관저도 당 비서국 바로 근처에 있었다.

산디니스모만 갱 국가 건설에 기여한 것은 아니다. 1990년 이래 소위 '민주주의 이행기'의 정권들이 도입한 신자유주의 정책 역시 이러한 형태의 국가 구축을 도왔다. 사회적 기능을 축소하고, 심지어 국토 장악 역량까지 침식시킴으로써 공권력의 사회 조정 능력을 약화시켰기 때문이다. 또한 외부 종속도 심화시키고, 이에 따라 사회에 대한 국가의 자율성도 증대시켰다. 이리하여 형식적으로는 민주주의체제하에 있으면서도, 사회가 국가의 행동을 감시할 능력을 상실하게 되었다.

제도적 힘과 정당성은 1997년 FSLN과 우파인 입헌자유당(PLC) 간 협약으로 다시 타격을 입었다. 이 협약으로 두 다수파는 대법원, 선관위,

---

1) "Escándalo en FSLN," *El Nuevo Diario*, 2007.5.28.

회계감사원, 검찰, 은행감독원의 주요 직책을 나누었다.

협약에는 양당 당수의 개인보호제도도 포함되어 있었다. 오르테가는 1998년 이 제도를 이용했다. 양녀 소일라메리카 나르바에스(Zoilamerica Narváez)에게 강간과 성희롱으로 고소되었을 때 국회의원으로서의 면책 특권과 FSLN과 PLC 소속 국회의원들의 비호하에 사법 절차를 회피한 것이다.[2]

게다가 산디니스타와 자유주의자들 사이의 협약은 1980년대에 만들어진 민중조직들의 활동을 침체시켜 국가에 대한 민주주의적 통제를 어렵게 만들었다. 이는 아르놀도 알레만의 통치 기간 동안(1997~2002) 역병처럼 번진 부패에 우호적인 조건들을 낳았다(Pérez-Baltodano, 2005: 4~11).

마지막으로 니카라과는 세속국가라는 측면에서 보아도 약화되었다. 차모로 정부에서 교회는 교육과 출산 건강 정책에 영향력을 행사했다. 그 후 알레만 집권기에 교회는 산디니스모와의 협약이 정당성을 획득하는 데 공헌하고, 협약 이후 기세등등하게 확산되는 부패를 은폐하는 데도 기여했다(Pérez-Baltodano, 2007). 교회가 협약에 정당성을 부여함으로써, 1980년대에 극렬하게 대립하던 산디니스모와 교회가 가까워졌다. 그리고 이 밀착이 2007년 대선에서 오르테가의 승리에 기여했다.

세속국가 성격의 약화는 2006년 10월 드라마틱하게 표출되었다. 교회의 강력한 주장으로 의회에서 산디니스타와 자유주의자 의원들이 찬성하는 가운데 형법을 개정하여 치료적 낙태(의료상의 이유로 정당화되는 종류의 낙태. 예를 들어 산모의 생명을 위험하게 하거나 치명적인 질환을

---

2) "Un test político para una sociedad en crisis," *Envío*, No. 192(3/2008), www. envio.org.ni

안고 있는 아이의 출산을 피하기 위한 낙태)를 불법화시켰다. 이때 오르테가 대통령의 영부인이자 대선에서 FSLN의 선거대책본부 홍보 담당자였던 로사리오 무리요(Rosario Murillo)는 다음과 같이 말했다. "우리는 단호합니다. 낙태에 반대하고 생명에 찬성합니다. 종교적 신념에 찬성합니다. 신앙에 찬성합니다. 다시 길을 가기 위해, 매일 우리 힘을 북돋아주는 하느님을 찾는 일에 찬성합니다."[3]

요약하자면 1980년대 혁명 경험의 실패로 시작된 니카라과의 정치적·제도적 약화는 다음 절에서 분석할 주요 특징들을 지닌 갱 국가의 구현을 가능하게 한 조건들을 낳았다.

3. 갱단과 갱 국가의 부정적 정체성

갱단은 긍정적인 정체성을 갖고 있지 않다. 즉, 한 가지 사상이나 한 가지 독특한 세계관 및 사회관으로 정의되지도 구별되지도 않는다. 이들은 획득한 권력, 장악한 영토, 미학을 통해 서로 차별화된다. 그러나 갱단의 정체성은 특히 다른 갱단의 대립과 나머지 사회구성원에 대한 적대감으로부터 구축된다.

마찬가지로 갱 국가도 국가관이나 사회적 합의의 표현으로 정의되지 않는다. 특정 헤게모니의 대표자나 주동자 역시 아니다. 우리 관심사에 국한시켜 이야기하자면 갱 국가로서의 니카라과는 신자유주의적 비전으로 작동하지도 않으며 그렇다고 반신자유주의 역시 아니다. 좌파로

---

3) En Giorgio Trucchi, "Nicaragua: FSLN contra cualquier forma de aborto" in Rebelión, 2006.8.19, www.rebelion.org/noticia.php?id=36329

정의되지만, 신자유주의적인 자유무역협정과 강경 보수 성향의 종교적 입장을 동시에 지지한다.

갱 국가는 FSLN의 정체성 공백, 1990년에 권력을 상실했을 때부터 채택한 실용주의에서 비롯된 공백 위에 구축된 국가이다. FSLN의 주요 홍보자인 리카르도 코로넬 카우츠(R. Coronel Kautz)는 실용주의를 다음과 같이 정당화한다.

정치는 선동, 조작, 구슬림, 속임수, 꿈의 판매, 함정, 도박, 의지의 매매, 갈취, 냉소, 뇌물, 임금 협약, 족벌주의, 부패, 공약 남발, 영향력 남용, 거짓말 반 진실 반 등을 속성으로 하는 게임일 뿐이다. '산디니스타 민족해방전선은' 그 게임을 배워야 했다(Coronel Kautz, 2005.9.23).

철학자 러셀은 실용주의가 철학이 아니라 철학 없이 살아가는 방법이라고 말하곤 했다. 니카라과의 여러 갱들이 그렇듯이 갱 국가는 철학이나 원칙에 입각한 체제가 부과하는 구속과 한계의 회피에 실용적이다. 갱 국가는 이렇게 자기정체성을 긍정적으로 구축하지 않고, 적에 따라 달라졌다. 루이스 E. 코저(Lewis E. Coser)는 "적과의 싸움은 집단 내부의 갈등을 중립화시키고, 일종의 사회화 메커니즘으로 이용되고, 집단의 정체성을 재확인시켜주고, 외부 세계와 경계를 설정한다"라고 사회적 갈등의 기능에 관한 자신의 고전적인 연구에서 지적한다(Coser, 1956).

갱단과 갱 국가의 정체성 유지에서 적의 중요성은 '구원(舊怨, traído)'의 중요성을 설명해준다. 갱들의 기억 속에는 구원이 끝없이 남아 있다. 호세 루이스 로차(Jose Luis Rocha)가 중앙아메리카의 갱단에 관한 연구에서 지적했듯이, 구원은 갱의 '연료'이고, 자신들의 정체성을 확인하는 실마리이다. 로차는 "아직 하지 못한 복수(復讐)가 갱단 내부를 결속시킨다"고 말한다(Rocha, 2004: 23~53).

  갱 국가의 구원은 많다. 그중 하나가 오르테가의 막강한 영부인인 로사리오 무리요가 시인 에르네스토 카르데날에게 품고 있는 구원이다. 이는 시인이 산디니스타 첫 정부의 문화부 장관이었을 때 발생했다. 거의 15년이 지났는데 구원은 여전히 유효하다. 2008년 8월에 정부는 카르데날 관련 소송의 재개를 조장했다. 2005년 카르데날이 한 독일 기업인에게 명예훼손과 허위사실유포로 고소당한 사건이다. 원고 측 변호사인 호세 라몬 로하스 멘데스(José Ramón Rojas Méndez)는 성희롱 및 강간으로 입양 딸에게 고소된 오르테가를 변호한 바로 그 사람이었다.

  카르데날은 유죄를 선고받고, 은행계좌들이 차압되고, 자유마저 잃어버릴 참이었다. 국제적인 반발과 이그나시오 라모네트(Ignacio Ramonet), 페드로 카살달리가(Pedro Casaldaliga), 마리오 베네데티(Mario Benedetti), 주제 사라마구(Jose Saramago), 에두아르도 갈레아노(Eduardo Hughes Galeano) 같은 저명인사들과 쿠바작가예술가동맹(Unión de Escritores y Artistas de Cuba: UNEAC) 같은 단체들의 카르데날 지지 선언이 니카라과 정부를 막았다(하지만 그의 자유에 대한 사법적 위협은 아직 잠복 중이다). 에두아르도 갈레아노의 편지는 시인이 받은 지지의 일례이다. "파렴치한 정부에 봉사하는 파렴치한 판사의 파렴치한 선고에 맞서 나는 위대한 시인이자 훌륭한 인물이며 내 영혼의 형제인 에르네스토 카르데날에게 전폭적인 지지를 보냅니다."[4] 한편 주제 사라마구는 카르데날이 "본인 자신의 과거가 못마땅한 다니엘 오르테가의 양심 불량으로 인한 희생자"라고 말했다.[5]

---

[4] "Apoya Eduardo Galeano a Ernesto Cardenal," *El Universal*, 2008.8.28, www. eluniversal.com.mx/notas/533775.html

흔히 조직은 추상적인 정의를 내리며, 특히 자신들의 적을 선택할 때에 융통성을 발휘한다. 이렇게 하는 것이 그러한 정의를 편의적으로 개인 및 단체에 적용할 수 있게 해준다(Coser, 1956). 갱 국가로서의 니카라과의 추상적인 적은 '과두계급'이다. 이는 늘 재정의되는 개념이고 진정한 의미가 박탈된 개념이다. 니카라과에서는 갱 국가에 반대하는 모든 이가 과두계급으로 낙인찍힌다.

4. 가족적 충성

가족적 충성은 갱단과 갱 국가에서는 없어서는 안 될 공존의 원칙이다. 이러한 조직에서는 단체에 대한 그 어떠한 불충의 표현도 단호하게 처벌되며, 그 어떤 독립의 징후도 위험 신호로 여겨진다. 법을 어기는 것보다 우두머리의 명령에 불복하는 것이 더 큰 잘못이다.

이런 예로 마나과의 산디니스타 시장 디오니시오 마렝코(Dionisio Mar-enco)에 대한 국가의 공격을 들 수 있다. 그는 PLC의 아르놀도 알레만 정부가 레푸블리카 광장에 만든 분수를 대통령과 영부인이 아무런 상의도 없이 파괴하기로 한 결정을 비판해서 공격받게 되었다(Arévalo, 2007. 7.15). 그 분수는 갱 국가가 현재 자신이 장악한 영토에 상대방 갱단이 그려놓은 그라피티로 여기던 것이었다.

갱은 그래서 조직원들의 절대적·무조건적 지지를 요구하는 탐욕스러운 조직이다(Mauricio Rubio, 1999; Martín Santos, 2002). 충성의 대가로 갱단

---

5) "Saramago defiende a Ernesto Cardenal," *La República on line*, 2008.8.29, www.larepublica.com.pe/content/viex/240796

은 조직원이 위험에 처할 때 보호해준다. 조직원의 범죄 행위들은 이렇게 집단 내부에서 흐지부지된다(Santacruz Giralt et al., 2001).

이와 마찬가지로 갱 국가는 조직원들이 위험에 직면할 경우 보호를 해주곤 한다. FSLN의 전 의원이자 주코스타리카 대사인 헤라르도 미란다(Gerardo Miranda)의 경우가 좋은 예이다. 미란다는 니카라과의 한 투자자를 갈취했는데 그 일이 녹음되고 말았다. 그 후 <에스타 세마나>의 조사로 그가 FSLN 중앙 당사에서 니카라과의 무질서한 재산권 체계를 둘러싸고 거래하는 산디니스타 변호사 그룹과 공모한 것이었음이 밝혀졌다.

명백한 증거가 있음에도 국가와 FSLN은 미란다를 보호해주어 그는 직위를 그대로 유지할 수 있었다. 이와 동시에 정부가 조종하는 매체들은 이 사건을 조사한 기자들에게 맹렬한 비난 공세를 퍼부었다. 오르테가는 "자신에게는 이보다 더 중요한 일들"이 있다는 논리로 이 사건에 관해 언급하는 것을 기피했다.[6]

5. 권력의 특성

갱단의 권력은 물리적이고 구체적인 권력이다. 우두머리의 권력과 결정을 제한하는 규범은 존재하지 않는다(Santacruz Giralt et al., 2001). 따라서 갱 조직원들에게 "우두머리의 구체적 이미지와 권력의 추상적 개념 간의 명확한 차이"가 존재하지 않는다(Giddens, 1990). 그와 같은

---

[6] "Ortega evade grave caso de corrupción," *Confidencial*, No. 537, 2007.6.3~9, www.confidencial.com.ni/2007-537/politica_537.html

일이 갱 국가에서도 일어난다. 이와 같은 종류의 국가는 법규나 정치 규범의 구속을 받지 않고 지상의 왕자처럼 움직일 수 있기를 갈망한다.

그러한 갈망이 오르테가의 권위적인 연설에 분명히 표현된다. 한 가지 예만 들자면, 어느 산디니스타 혁명 기념일에서 오르테가는 야당을 다음과 같은 말로 위협했다.

적이 우리를 찾으면, 우리를 발견할 것입니다. 매국노들이 우리를 찾으면, 우리를 발견할 것입니다. 배신자들이 우리를 찾으면, 우리를 발견할 것입니다. 미국 대사관의 돈을 받는 이들이 우리를 찾으면, 우리를 발견할 것입니다. 우리의 위대한 시인 루벤 다리오가 말했듯이 우리는 전쟁의 강철이나 평화의 올리브를 들어 올릴 준비가 되어 있습니다.[7]

오르테가의 언어폭력은 갱 국가의 문화의 일환이다. 심지어는 검찰총장 에르난 에스트라다(Hernán Estrada)까지도 그의 언어폭력을 옹호한다. 예를 들면 그는 대통령이 폭력을 사용하여 비판자들을 억누르지 않는 것을 니카라과 국민이 감사해야 한다고 말했다. "만약 다니엘 오르테가가 거리 동원령을 내리면, 방송국이든 뭐든 간에 이 나라에는 아무것도 남지 않을 텐데, 다행히 그렇게 하지 않았습니다"(Ibarra, 2008.11.23).

영토적 지배는 중심적인 역할을 수행한다. 갱단을 연구하는 어느 학자에 의하면, 그들이 장악한 공간은 "그들의 눈으로 볼 때 대단히 중요한 가치가 있고, 종종 영토를 소유하고 있다는 느낌이나 정복했다는 느낌을 수반한다"(Costa Pere-Oriol, 1996). 영토에 대한 이러한 강박관념

---

7) "Donde nos busquen, los traidores nos encontrarán," *La Gente-La Primerísima*, 2008.7.6, www.radiolaprimerisima.com/noticias/general/32963

은 영토 장악이 주는 안정감을 얻으려는 원초적 본능의 표출로 볼 수 있다.

동일한 본능이 갱 국가의 비근대적 혹은 전근대적 작동에서 감지된다. 사실 국가와 근대사회는 국가에 대한 영토적 시각의 극복을 요구했다. 더 구체적으로 말하면, 영토에 대한 정치적 비전을 공고히 할 것을 요구했다. 갱 국가는 민주적 합의에 응답하는 사회통합 형태를 찾아야 하는 정치적 공간으로 영토를 다루지 않기 때문에 비근대적 혹은 전근대적이다. 무엇보다도 갱 국가는 본능적으로 영토를, 생존을 위해 장악해야 하는 공간으로 인식한 다른 말로 하자면, 영토를 갱단들처럼 자신들의 '세력권', '거주지' 혹은 '동네'로 인식한다.

니카라과에서는 야당이 시위를 벌이려고 할 때마다, 정부 대변인들이 산디니스모는 "거리는 빼앗기지 않을 것이다"라고 선언한다.[8] 거리 방어를 운운하는 FSLN의 담론에는 공공장소라는 존재, 법의 틀 속에서 시위를 할 수 있는 시민의 권리를 인정하지 않겠다는 시각이 반영되어 있다. 거리의 장악은 자신들이 정복했다고 여기는 영토적 공간 내에 존재하는 모든 재산과 사람에 대한 소유권과 통제권에 대한 특별한 감성의 결과이다.

6. 결론

갱 국가는 역사의 거울에 스스로를 온전히 비추는 데 실패한 니카라

---

8) Gustavo Porras, "FSLN quiere control total," *La Prensa*, 2008.9.24; "FSLN se proclama dueño de las calles," *La Prensa*, 2008.11.23.

과 정치 엘리트들의 무력함에서 비롯된 산물이다. 그러한 무력감은 오늘날 모든 형태의 반대를 압살하기 위한 도구로 사회의 주요 부문을 — 자유 대신 빵을 제공하면서 — 조종하고 있는 FSLN의 불관용과 권위주의에서 표출된다. 또한 대부분의 니카라과인이 겪고 있는 빈곤과 소외를 분명하게 인정하는 담론을 창출하지 못하고 있는 야당, 특히 좌파의 실패에서도 표출된다.

이리하여 21세기 초의 엘리트들은 19세기, 20세기와 마찬가지 방식으로 행동하고 있다. 가브리엘 가르시아 마르케스(Gabriel García Márquez)의 주인공처럼 그들은 여전히 '자신의 운명보다 못한 자들'로 남아 있다.

FSLN은 난맥상을 보이는 니카라과를 고착화시키려고 한다. 좌파는 또한 라틴아메리카에서 두 번째로 가난한 나라에서 제1세계 사회민주주의의 시늉만 내려고 한다. 정부와 야당의 대립에서의 승자는 존재할 수 없다. 그들 중 어느 쪽이 승리해도 그것은 니카라과인 모두에게 실패의 연속일 뿐이다.

참고문헌

Arévalo, Raúl. 2007.7.15. "Conflicto FSLN-Nicho Marenco?" en *La Jornada*. www. lajornadanet.com/diario/archivo/2007/junio/conflicto-fsln-alcaldia-15.html

Cardenal, E. 2003. *La revolución perdida*. Managua: Anamá.

Coronel Kautz, R. 2005.9.23. "Política y ética en Nicaragua." *El Nuevo Diario*. http://impreso.elnuevodiario.com.ni/2005/09/23/opinion/1743

Coser, L. E. 1956. *The Functions of Social Conflict*. Nueva York: The Free Press.

Giddens, Anthony. 1990. *The Consequences of Modernity*. Stanford: Stanford University Press.

Ibarra, Eloísa. 2008.11.23. "Ortega exterminaría." *El Nuevo Diario*. www. elnuevodiario.com.ni/nacionales/32387

Pere-Oriol, Costa. 1996. *Tribus urbanas: el ansia de identidad juvenil. Entre el culto a la imagen y la autofirmación a travéz de la violencia*. Barcelona: Paidós.

Pérez-Baltodano, A. 2003. *Entre el Estado Conquistador y el Estado Nación: Providencialismo, cultura política y estructuras de poder en el desarrollo histórico de Nicaragua*. Managua: Instituto de Historia de Nicaragua y Centroamérica (IHNCA)/Fundación Friedrich Ebert.

_____. 2005. "Nicaragua: Un experimento democrático en agonía." *Nueva Sociedad*, No. 199(9~10/2005), pp. 4~11. www.nuso.org/upload/ articulos/3279_1.pdf

_____. 2007. *Conversación con Nicaragua*. Managua: Anamá.

Rocha, J. L. 2004. "Traído y estigmas: dos claves de la continuidad de las pandillas." in Dirinpro, Nitlapán e Ideso. *Muerte arriba: las pandillas en Nicaragua 1999-2004*. Managua: Publications UCA, pp. 23~53.

Rubio, Mauricio. 1999. *Crimen e impunidad: precisiones sobre la violencia*. Bogotá: CEDE.

Santacruz Giralt, María et al., 2001. *Barrio adentro: la solidaridad violenta de las pasdillas*. San Salvador: UCA.

Santos, Martín. 2002. *La Vergüenza de los pandilleros: masculinidad, emociones y conflictos en esquineros del cercado de Lima*. Lima: Centro de Estudios y Acción para la Paz.

제11장

니카라과의 제도적 위기

사적 국가와 왕조 국가 사이

호세 루이스 로차 고메스 _림수진 옮김

2010년 4월 다니엘 오르테가 대통령은 이미 임기가 끝난 고위 공직자들의 재직 연장 사안에 서명했다. 이로써 여러 명의 법관들과 선거관리위원회 고급 관리들의 임기가 다시 연장되었다. 제도의 권위에 대한 대통령의 월권이었다. 이렇듯 제도의 위기는 이 나라가 직면한 모든 부정적 상황들을 더욱 악화시키는 주범이다. 이 글은 17년 이란 시간을 기다려 다시 권좌에 오른 산디니스타 전선(Frente Sandinista)이 원하는 '작은 정부'가 과연 어떤 것인지 논할 것이다. 또한 산디니스타 정부가 그들의 영향력을 극대화시키기 위해 만들어내는 '큰 정부'가 어떠한 것인지 살펴볼 것이다. 수많은 영역의 공공서비스 부문에서는 이미 민영화를 적극적으로 실행하고 있는, 그러면서도 외국인 투자에 대해서는 더욱 강력한 정부 규제를 들이대는 니카라과 정부의 현상을 짚어볼 것이다. 나아가 민주주의의 가치에 대해서는 깡그리 잊은 채 하루하루 신정정치에 더욱 가까워지고 있는 니카라과 정부에 대해서도 밝힐 것이다.

호세 루이스 로차 고메스 Jose Luis Rocha Gomez 니카라과 이민자를 위한 예수회 봉사단(Servicio Jesuita para Migrantes) 소장이면서 맨체스터 대학교의 부룩스 (Brooks) 세계빈곤연구소 협력연구원이다. 또한 센트로아메리카 대학교(Universidad de Centroamericana)에서 발행되는 학술지 *Envio y Encuentro*의 편집위원이 기도 하다.

* 이 글은 ≪Nueva Sociedad≫ 228호(2010년 7~8월)에 실린 글을 옮긴 것이다.

1. 법치국가에서 군주국가로

2010년 4월 니카라과에는 고위 공직자들의 임기 연장과 관련하여 엄청난 욕설과 비방이 난무했다. 이러한 정황 속에 정치인들 사이에 돌이킬 수 없는 골 깊은 갈등의 장이 조장되었음은 물론이다. 이러한 상황쯤이야 대수롭지 않다는 듯, 'FSLN'의 이익을 위해 헌신하고 충성한 고위 공직자들의 임기 말이 다가오면서 갈등과 비방은 더욱 격화되었다. 사법기관과 선거관리위원회 등과 같은 가장 중립적이어야 할 국가기관들을 둘러싸고 시작된 갈등은 도무지 되돌릴 수 없는 심각한 수준으로 치달았다. 그 누가 나선다 한들, 수습은커녕 덮을 수조차 없을 정도의 악취를 내뿜는 지경에 다다랐다. 이러한 상황 앞에서 그간 정부가 시시때때로 외쳐왔던 '민중들의 단합에 기반을 둔 기독교 사회주의 국가 니카라과', '민중 대통령을 가진 정부' 등과 같은 구호들도 어찌할 방도가 없는 지경이 되어버렸다. 일련의 사태들과 관련한 카운트다운은 그해 1월에 이미 시작되었다. 아무리 산디니스타 정부가 자신에게 충성한 자들의 임기가 영원하길 바란다지만, 대법관과 선거법원 법관의 임기는 어쩔 수 없이 그 끝을 향해가고 있었다. 더불어 감사원과 인권위원회에서도 친산디니스타 성향의 고위 공직자들이 임기를 얼마 남겨두지 않은 상황이었다.

이들이야말로 뇌물과 금품 갈취로 점철된 FSLN의 게걸스러운 식탐을 만족시켜준 일등공신이 아니었던가! 또한 그런 정부가 여전히 굴러갈 수 있도록 시시때때로 국가라는 기계 마디마디에 자상하게 기름칠까지 해주던 존재들이 아니었던가! 이들의 탄생은 이미 2001년부터 준비되어왔다고 할 수 있다. 2001년 입헌자유당(PLC) 아르놀도 알레만(Arnoldo Alemán) 정부와 FSLN이 국가 주요 요직들을 서로 나누어 갖기로 합의한 시점부터 이미 게걸스러운 정부 탄생의 서곡이 연주되기 시작한 것이다. 그들만의 법칙이 만들어지고, 그들이기에 가능했던 어록들이 만들어졌으니, '선거에서 이기지 못하는 사람도 이길 것이다' 또는 '선거에서 지는 당도 잃는 것 없이 얻게 될 것'이라는 말들이다. 이 유명한 협약으로 양당의 진성당원들이 대법원, 감사원, 검찰, 선거법원 등과 같은 국가 주요 기관의 요직들을 골고루 나눠 꿰찰 수 있었다. 대법관, 감사원장, 검찰, 법관, 선거관리위원장 등이 된 이들은 각자의 월급 외에도 마치 성직자들이나 된 듯이 '십일조'와 같은 형식의 급여를 따로 챙겼는데, 각각의 그 액수가 자그마치 5000달러를 넘어섰다. 전체 인구의 70%가 하루에 2달러 미만으로 생활하는 나라에서 이 얼마나 부끄러운 일인가?

FSLN이 자신들이 누리는 게걸스러운 탐욕을 영원케 하기 위해 행한 일은 사법 권력의 장악이었다. 대법관 총 여섯 명 중 네 명과 일반 법관의 80% 이상이 FSLN이 심은 사람들이었다. 이를 기반으로 FSLN은 PLC와의 싸움에서 유리한 입지를 점할 수 있었다. '고양이와 쥐' 게임에서 FSLN이 고양이 역을 맡을 수 있었던 것이다. 마침 미국 정부는 PLC 소속 대통령이었던 알레만에 대해 달러 세탁이나 공금횡령 등과 같은 각종 유죄 정보를 흘리기 시작했다. 이 때문에 알레만의 뒤를 이은 엔리케 볼라뇨스(Enrique Bolaños) 시절 검찰은 그를 기소할 수밖에 없었다. 그리고 엔리케 볼라뇨스에 이어 FSLN이 권좌에 오르면서 알레만 대통령의 운명이 통째로 FSLN의 수중에 놓이게 되었다. FSLN이 칼자루를 쥐고 있으니 PLC가 할 수 있는 일은 아무것도 없었다. 더욱이 지난 수년간 PLC는 당 대표의 기소를 무마하기 위해 모든 힘을 다 소진한 뒤였으니 FSLN을 상대로 싸울 수 있는 힘마저도 전무한 상황이었다. FSLN은 전 대통령인 아르놀드 알레만을 실제로 감옥에 넣었다. 물론 이후 다시 감옥에서 꺼내고 사면까지 했지만, 총 8년에 걸친 이 게임이 끝나갈 무렵 PLC는 스스로 분열을 면치 못했다. 그 즈음 PLC 일부가 민족주의자유연합(Alianza Liberal Nacionalista: ALN)[1]이라는 신당을 창당해나가면서 국회 내 다수당의 입지를 상실했을 뿐 아니라, 그간 그들의 견고한 반석이 되어주었던 기업으로부터도 신뢰와 지지를 잃기 시작했다. 이러한 상황에서 오직 그들이 할 수 있는 일이란 이미 죽어버린 자신의 왕과 새롭게 떠오르는 원수의 왕을 동시에 바라보는 것뿐이었다.

2006년 선거에서 FSLN의 승리에 가장 결정적 역할을 한 것은 자유 진영의 분열이었다. 실제로 FSLN이 얻은 득표수는 42만 6754표로 선거인 명부에 기재된 전체 유권자의 25%에 그치는 수준이었다. 물론 이 숫자는 자유 진영의 두 당, 즉 PLC와 ALN 두 당이 얻은 표를 합한 것에 훨씬 미치지 못하는 수준이었다. 그러나 어쩌겠는가? 두 당의 분열이 곧 FSLN으로 하여금 역사적으로 유례없는 낮은 득표수로 다시 권좌에 오르는 데 일등으로 조력했음은 두말할 나위가 없다. 이뿐이던가? 절대 기소하거나 고발하지 않는, 즉 있으나 마나 한 인권 담당 검찰과 마약 조직에 신분증을 팔아먹고 선거 결과를 조작하는 데 이력이 붙은 최고선거위원회 또한 FSLN의 권좌 등극을 돕는 조력자로서 흠 잡을 데가 없었다. 당시 니카라과의 상황은 콜롬비아 작가 페르난도 바예호(Fernando Vallejo)가 그의 작품 『나의 형제, 시장(Mi hermano el alcalde)』에서 표현한 다음의 상황과 크게 다를 바가 없었다.

죽은 자들도 분명 할 일이 있으니, 이는 40여 일 만에 한 번씩 무덤 밖으로

---

1) 저자는 Alianza Liberal Nacionalista라고 적고 있지만, Alianza Liberal Nicaragüense가 맞다. ALN과 PLC 사이의 가장 큰 차이점은 ALN이 PLC와 FSLN 사이에 맺어진 협약을 부정했다는 점이다. ― 옮긴이

동원되어 선거에 참여하는 일이고, 시체의 입장에서 본다면, 오래간만에 갑갑한 무덤을 벗어나 신선한 바깥바람 한번 쐴 수 있는 기회이니, 오히려 고마운 일이 아니겠는가. 굳이 어느 외진 시골 구석에서나 볼 수 있는 비루한 정열이 아니더라도 혹은 게을러빠진 위원회가 아니더라도 나라 도처에 파노라마처럼 펼쳐진 풍경이 아니겠는가(Vallejo, 2004: 48~ 49).

이것만으로도 충분한데 산디니스타 권력에 더해지는 것 또 한 가지가 있으니, 바로 감사기관이다. 감찰은커녕 산디니스타 무리가 국고를 제 집 살림 풀어 쓰듯 맘대로 쓰는 것을 알면서도 그저 지긋이 눈감아주는 기관이다. 사법기관은 어떠한가? 이들의 존재 이유는 오직 면책을 보장 하는 것 외에는 없는 듯했다. 지긋이 눈감거나 면책을 보장하는 일, 그 외에 그들이 할 수 있는 행동이라면, 자기들이 주인장으로 모시는 정권에 저항하는 이들이라도 있을라치면, 언제라도 그들을 향해 달려들 어 물 수 있는 충견의 역할뿐!

이렇게 산디니스타 정권은 그들만의 성을 짓고 각종 기관들을 동원하 여 더욱 공고화시켜나가던 중이었다. 그러던 차에 그들의 정권을 온전 히 지탱해주던 각 기관장들의 임기가 끝나가고 있었으니, 정부가 선택 할 수 있는 유일한 방법은 이들의 임기를 무기한 연장 혹은 영구화하는 것일 뿐. 2010년 1월 9일 20개 이상의 고위 공직이 공석으로 넘어가는 것을 방지하기 위해 다니엘 오르테가는 국회에서 새로운 적임자를 뽑지 않는 이상 기존 공직자가 그 자리에 유임한다는 각령에 서명했다. 달리 말하면, '새로운 후보자가 뽑히지 않는 이상, 변화는 없을 것이다. 결국, 기존의 공직자가 지속적으로 그 일을 담당하게 될 것이다'라는 내용이 었다. 산디니스타가 그들의 뜻을 관철시키기 위해서는 아주 능수능란한 협의 능력이 필요했는데, 그들이 가진 38표에 자유 진영인 아르놀도 알레만 측의 21표를 끌어오든지, 아니면 또 다른 자유 진영인 에두아르도 몬테알레그레(Eduardo Montealegre) 측으로부터 12표를 끌어와야 하는 상황이었다. 어쨌든 이 두 자유 진영은 새로운 임명에 대한 의결을 가능케 하기 위해 필요한 56표를 어떻게도 확보할 수 없는 상황이었다.

이렇게 반대 진영이 모라토리엄에 빠져 있는 상황은 산디니스타에게 이익이었다. 그럼에도 막상 고위 공직자들의 임기가 끝난 직후 상황은 썩 순조롭지 못했다. 문제는 엉뚱한 곳에서 불거져 나왔다. 곳곳에서 거리 봉쇄와 함께 시위가 벌어졌고 공직자들에 대한 조롱과 이들의 퇴진에 대한 직접적 요구가 끊이지 않았다. 그 와중에 이를 둘러싸고 살인까지 발생했다(Potosme, 2010). 물론 이러한 상황이 정부 입장에서 썩 좋을 수가 없었다. 당시 니카라과 상황은 독립 직후의 무정부 상태와 크게 다를 바가 없었다. 국회는 회기를 중단했고, 거리는 점령되었다. 그리고 곳곳에서 헌법 위반에 대한 사례들이 만연했다. 이쯤 되면 강도가 낮은 정도의 내전이나 다름없었다. 이러한 정황 가운데 대법원 법관 라파엘 솔리스(Rafael Solís)는 확실하게 그러나 약간은 미스터리하게 이러한 진흙탕 속에서 빠져나올 수 있는 방법들을 발표했는데, 국회의원뿐 아니라 그 가족을 동원해서라도 56표를 얻어내야 한다는 내용이 고작이었다(Jarquín y Potosme, 2010). 군사독재 시절 겁에 질리고 때로는 추방되거나 매장되기까지 하던 사람들이 불과 몇 년 만에 정치의 중심으로 나서는가 싶더니 순식간에 성직자와 같은 수준의 보조금을 받고 매수되는 사람들로 대체되어버린 상황이었다.

이러한 기가 막힌 현상들은 모래성과 같이 허술한 민주주의 기반 위에서 제대로 서지도 못한 채 기거나 비틀거리는 작은 나라들의 전형적인 모습이기도 하다. 물론 이와 같은 재앙적 수준의 제도적 위기는 그 나름대로 목적과 논리를 갖기도 하는데, 국가로서 응당 해야 할 역할을 최소화하기 위함이기도 하고 대법원이나 선거법원 등과 같은 사법기관과 검찰이 오직 대통령 부부의 취향에 맞춰 무식한 수준으로 봉사하게 하기 위함이기도 하다. 때로는 제왕 같은 대통령 왕국을 유지하기 위해 만들어진 멕시코의 제도혁명당과 같은 성격의 정당을 추구해 가면서 대통령 왕국 강화에 기반을 다지기도 한다(Krauze, 2009). 이런 경우 비록 대통령 머리 위에 얹어진 왕관만 없을 뿐, 이미 충분히 왕정이라 할 만하고, 종국에는 현대적 의미의 국가라는 틀마저도 사라져버리게 될 것이다. 니카라과의 경우, 이미 이와 같은 수순을 밟아나가고 있다. 이에 이 글에서는 니카라과에서 국가가 해체되는 과정과 이어 대통령 개인 왕국이 어떻게 만들어지는지 살펴볼 것이다.

2. 국가의 해체

국가의 제도성(institucionalidad)은 소모사 정부에서 최전성기에 달했다. 이때(1940년대) '노동법'과 사회보장에 관한 법이 승인되었고, 이의 실천 또한 적극적으로 확대되었다. 정부가 노조와 사측에 적극적으로 개입하여 협의를 끌어냈고, 대학 자치와 교육에 대한 지원(1960년대 등장한 센트로아메리카 대학교의 경우를 제외하고)이 확대되었다. 또한 내전으로 인해 비록 그 성과가 가려지기는 했지만, 국가 내 폭력에 대한 통제에서도 국가의 역할이 압도적이었다.[2] 이 당시 만들어진 '노동법'은 1994년

---

2) 움베르토 오르테가(Humberto Ortega)에 의하면, 내전의 절정기에 만약 민중들의 참여가 없었다면, 당시 불과 1000명 정도의 병력으로 구성된 FSLN의 내전을 통한 승리는 불가능했다(Castañeda, 1993: 128).

비올레타 바리오스(Violeta Barrios) 정부에 의해 신자유주의로 대체되기까지 반세기 이상 지속되었다. 이처럼 소모사주의 정부 기반이 굳건히 오래갈 수 있었던 데는 평화와 사회적 질서, 그리고 경제발전을 이루기 위한 정부의 자극이 적당히 균형 잡힌 가운데 가장 적은 비용으로 농업 부문과 상업 부문의 요구에 부응했기 때문이다(Walter, 2004: 395).

1980년대 산디니스타들은 국가적 통제를 확장시키긴 했지만, 제도성에서 가장 중요하다고 할 수 있는 합의와 일치 능력을 갖추지 못했다. 은행을 국유화했지만 저축을 이끌어내지 못했고, 빠르게 치솟는 인플레이션을 통제하지도 못했다. 농업 부문과 공업 부문에서 공동 소유 부문(Área Propiedad del Pueblo)과 같은 대규모 수준의 국영기업을 만들었지만, 그 어느 것도 이익을 창출하지 못했다. 상업 부문 또한 정부 통제하에 장악하고자 했지만, 동시에 등장하는 거대 시장에 제동을 걸진 못했다. 12만 명이라는 어마어마한 숫자로 국가방위대의 병력을 증강시켰지만, 절대로 반혁명주의자들을 전멸시킬 수는 없었다. 국가 차원의 고용을 늘렸지만, 그에 따른 비용은 공공 부문에 고용된 도시 노동자들의 값싼 생계비를 유지하기 위해 충분히 지쳐 있던 농민들에게 전가되었다.

국제금융기관의 자극과 그들의 구조조정 프로그램 아래, 그리고 탐욕스러운 거대 자본에 종속되어 1990년대 이루어진 시장경제로의 이행은 국가의 역할을 최소 수준으로 감소시킨 일련의 민영화를 의미한다. 탄탄한 국가라는 성역으로부터 은행과 방송, 사회보장 의료서비스가 민영화되었다. 또한 교육은 반(半)민영화되었고, 전기와 통신을 담당하던 국영기업들도 팔리거나 정부와의 관계가 단절되었다. 물론 이 과정에서 그간 정부의 충실한 스파이 역할을 해오던 기능들도 자연스럽게 사라졌다. 공동 소유 부문도 한때는 노동자와 조합의 손에 있었지만, 결국은 탐욕스러운 금융업자들의 손으로 넘어갔다. 1990년과 1999년 사이 공공 부문에서의 고용은 28만 5000명에서 8만 9000명까지 감소했다.

그들의 선거 공약과 달리, 산디니스타들은 국가를 해체했다. 유형은 크게 세 가지로 압축된다. 첫째는 국가 경찰력을 사실상 민영화 혹은 비국가화시켜버린 것이다. 군대를 모집하고 그 군대를 관리하는 자가 진정한 국가의 주권을 가진다는 홉스(Hobbes, 1992: 103)의 말처럼, 새 정부가 시작되면서 오르테가 정부는 자신들의 산디니스타 혈통을 강조하면서 경찰과 군대 조직에 직접 개입할 것으로 보였다. 그러나 정작 산디니스타 정부가 한 일은 군대를 중립화시키고, 특히 경찰 조직을 무능화시키는 것에 지나지 않았다. 경찰 대신 사나운 성격의 임의 대중 집단을 선택했고, 이들이 실제로 경찰의 기능을 대신했다. 산디니스타 정치에 반대하는 시위가 있을라치면, 일명 다니엘주의자(danielista)라 불리는 산디니스타 정부 지지자들이 경찰 대신 등장했다. 그들은 스스로 시위 방해 조직을 결성하고 반정부 시위대와 같은 장소에 집결하여 이들에게 폭력을 가하고 공포 분위기를 조성하면서 시위대를 해체시켰다. 물론 경찰의 개입은 전혀 필요하지 않았다. 응당 경찰이 개입해 해결해야 할 일에, 산디니스타 정부에 대해 종교와 같은 신념을 가진 일반 대중이 스스로 조직을 결성하고 참여하여 국가의 폭력사태를 해결했으니, 어찌 보면 이런 상황이야말로 산디니스타 정부가 자랑해 마지않던 '민중 대통령' 정부의 한 단면이 아니었을까 싶다. 물론 산디니스타 정부를 신처럼 옹호하던 대중들이 그렇게 성심성의껏, 그리고 대담하게 폭력사태에 개입할 수 있었던 데는 그들의 면책이 항상 보장되어 있었기 때문이지만 말이다. 산디니스타 정권하에 사적 영역이 부각된 또 다른 부문은 시민의 안전과 관련된 것이다. 산디니스타 정부는 시민의 안전을 사설 기관의 수중에 맡겨버렸다. 지난 5년간 치안 관련 민간 업체 종사자 수가 경찰 숫자보다도 많아졌다. 물론 무장력이나 숙련도도 경찰을 훨씬 앞질렀다. 이에 더해 언급해야 할 또 다른 부분은 무기 판매인데, 국가 내 무기 유통이 산디니스타 출신인 전직 경찰 고위 간부들에 의해 장악되었다. 상황이 이 정도라면 세금만 축내고 사설 경비업체보다도 못한 국가경찰을 과연 지속적으로 운영해야 하는지, 문제를 제기해야 할 것이다. 실제로 2010년 경찰 내부 정보조사기관을 폐지한 사건은 이러한 사태의 반영이면서 산디니스타 정부에서 벌어진 일련의 슬픈 사건들 중 가장 안타까운 사건이라 할 수 있다. 이제 니카라과 국가경찰이 할 수 있는 일은 운전면허나 차량등록증을 발급해주거나 기록 증명이나 해주는, 그야말로 펜 하나로 모든 일을 해결할 수 있는 처지로 전락했다.

국가 해체에 대한 두 번째 유형은 사법기관의 사유화였다. 법관의 80% 이상을 장악한 산디니스타 정부는 자신들의 정치적 라이벌을 언제라도 무력화시키거나 제거할 수 있는 상황이다. 물론 합법적으로 말이다. 사법기관의 장악은 또한 산디니스타 정부의 수입원이기도 하다. 이는 라틴아메리카 각국 법관들이 일상적으로 가지고 있는 악습이라고도 할 수 있는데, 외국 투자자들이 자신들의 투자를 온전히 지켜내기 위해 항시 판결에 영향을 미칠 수 있는 자를 국내 공동 투자자로 앉혀야 하는 상황에서 비롯되었다. 산디니스타 정부 산하에서 외국인 투자자들에게 러브콜을 받는 국내 공동 투자자들은 당연히 산디니스타들이었고, 이들과 연결된 사법기관들은 돈에 팔린 판결들을 쏟아내면서 산디니스타 정부의 수입을 보장했다. 어떤 외국자본이라도 니카라과에서 살아남겠다는 의지가 있다면, 사법 권력과 쉽게 손이 닿을 수 있는 산디니스타 정치가들을 등에 업어야 했다.

마지막으로 이어진 세 번째 유형은 공공재정의 사유화다. 어쩌면 국가 해체에 가장 결정타였을 수도 있다. 베네수엘라에서 ALBA를 통해 특별가격으로 수입한 석유를 산디니스타 정부는 시장가격으로 팔았다. 그리고 이를 통해 조성된 기금이 국고 대신 산디니스타 수뇌부들의 개인 기업으로 흘러들어갔다. 이는 ALBA를 통해 '니카라과'에 수혜된 수백만 달러의 돈이 산디니스타 당과 개인 주머니로 들어갔음을 의미한다. 이에 대한 관리 책임의 회피는 니카라과 감사기관의 권위와 기능에 대한 타격이며 동시에 각종 재정 관련 기관, 의회에 대한 타격이기도 하다.

사회투자 부문에서도 FSLN의 능력은 여실히 제한되었다. 약식행위 혹은 요식행위 수준이 상상을 초월하는 나라에서 사회 안전보장이라는 주제는 관심의 대상조차 될 수 없다. 교육과 사회서비스에 관한 것들은 산디니스타 정부에서 이미 잊힌 지 오래이다. 그나마 이민자들이 보내오는 송금이 이 부분을 조금씩이라도 채워나가고 있을 뿐이다. 산디니스타 정부는 이에 대한 투자를 늘리려는 시늉조차도 하지 않는다. 어찌보면 이에 대한 생각 자체가 없는 듯하다. 이미 기울기 시작한 정부에서 이러한 주제는 더 이상 그들의 관심사일 수 없다. 오직 그들의 관심은 정부기관을 통해 뭔가 무료로 해주는 듯한 이미지를 재생산해내는 페론주의에 있고, 그들 주머니에 들어오는 돈과 그리고 민중들을 현혹시킬 만한 우민적 서커스의 향연에만 있을 뿐이다. 태양이 작열하는 니카라과의 수도 마나과 한복판에 만들어진 얼음 스케이트장이 바로 그 한 예이다.

국가가 당연히 해야 할 기능들의 소멸과 함께 FSLN은 전통적인 방식의 투쟁 따위에는 미동도 하지 않는 불사신과 같은 존재가 되어버렸다. 국가 자체가 사라지고 있는 판국이니 국가의 합법성 소멸 따위는 걱정할 필요조차 없어진 것이다. 기예르모 오도넬(Guillermo O'Donell)이 쓴 관료·권위주의 국가들의 약화에 관한 논문들은 아마도 절대주의 국가

이면서 국가 기능조차 하지 못하는 혹은 신자유주의에 기반을 둔 독재 국가를 포함하지 않는 모양이다. 지금 현재 이 나라에 엄청난 문제들이 산적해 있고, 때로는 시위로 인해 대중교통이 언제라도 마비될 수 있는 상황에 직면해 있다. 그럼에도 아주 사소한 것들에 취해 직면한 문제의 심각성을 보지 못한다. 버스조합에 지원되는 유류비, '기독교와 사회주의 연합'이라는 이름으로 지난 5월부터 12월까지 12만 명의 말단 공무원들에게 지급된 ― 사실은 ALBA에 의해 지원되는 ― 겨우 25달러의 임금 외 수당이 마치 아편이라도 되는 양 아무런 걱정 없이 한껏 취해가고 있다. 이렇게 점점 더 형편없어져 가는 국가는 오히려 FSLN의 짐을 덜어주고 있으니, 어쩌면 국가 자체의 소멸과 함께 정부가 보살펴야 할 것들, 즉 정부의 숙제들 역시 점점 더 사라져가기 때문이다.

3. 신정정치와 실용 정치

선거 캠페인 동안 산디니스타는 지난 17년간(1990~2006) 신자유주의 정부 집권하에 망가진 국가의 상태를 되돌려놓겠다고 했다. 산디니스타의 유명한 정치학자 중 한 명이자 선거에서 아주 중요한 역할을 했던 올란도 누녜스(Orlando Núñez)는 FSLN이 선거에서 승리하기 바로 직전 『니카라과의 과두정치(La Oligarquía en Nicaragua)』라는 책을 출판했다. 산디니스타 진영의 중심 공약이 되었던 '기아 타파(Hambre Cero)'[3] 프로그램의 창시자이기도 한 그는 자신의 책에서 과거 자유 진영에 의한

---

3) 농민 1가구당 2000달러에 상응하는 지원을 하는 프로그램으로 지원 내용은 송아지, 돼지, 닭, 농기구 등이었다.

국가 파괴적 상황을 격렬하게 비판하고 새로운 창조를 주장했다. 그러나 그의 시기는 그리 오래가지 못했다. 최근 교육부 장관과 상수도 관련 회사 대표들이 그러했던 것처럼 그 역시 산디니스타 정부로부터 배척을 받게 되었다. 선거 기간 동안 산디니스타가 내세웠던 이데올로기적 근간들이 배척받기 시작하면서 새롭게 등장한 이데올로기는 단연 신학이었다.

다니엘 오르테가가 권력을 잡기 시작하면서 그간 나태함 혹은 불완전 고용 상태에 있던 신(神)이 바빠지기 시작했다. 너무도 바쁜 완전고용 상태가 된 것이다. '신이 원하신다면', '신의 도움으로', '신의 힘으로', '신에게 원합시다', 이러한 구호들이 이 나라 지도자가 연설 순간 그 자신의 부족함을 가리기 위해 변함없이 웅얼거리며 습관적으로 사용하는 말이 되어버렸다. 2010년 4월 14일 다니엘 오르테가는 "니카라과 형제들이여, 니카라과가 지금 가지고 있는 역사적 기회는 신이 만들어낸 것임을 나는 당신들에게 확언할 수 있습니다. 신이 우고 차베스를 베네수엘라의 대통령으로 만들었고, 또한 신이 민중들로 하여금 지금 우리의 정부를 만들도록 했습니다"라는 연설과 함께 역사적으로 신권을 인정해버렸다. 4월 30일에는 민심이 곧 천심(vox populi, vox Dei)임을 단단히 확언하면서 "니카라과 형제들이여, 신이 당신들에게 주신 지혜, 산디니스타에게 빛을 밝혀준, 그리하여 산디니스타가 이 땅의 가난한 자들을 이롭게 하고 이 나라를 통치할 수 있도록 한 그 지혜와 당신들에게 감사합니다"라는 연설을 했다. 이뿐이랴, 산디니스타 정부를 선전하기 위해 곳곳에 걸린 초대형 현수막에서도 "민중의 뜻을 실현하는 것이 곧 신의 의지를 실현하는 것이다"와 같은 구호를 통해 신성에 대한 의무가 외쳐졌다. 안드레스 페레스 발토다노(Andrés Pérez-Baltodano)가 당시 니카라과 문화의 중심을 해부하고 예리하게 분석했으니, 그것이 바로 섭리주의였다. 정치인들의 말과 행동에는 항상 그들 권위의 근거로 신이 드러났고, 역사의 흐름을 신의 결정에 맡겨 두었다. 모든 역사적 사실을 신의 섭리라 간주했다. 산디니스타 정부가 권좌에 오른 이후 역사적 사실들은 초자연적인 힘에 의해 주도되는 것으로 여겨졌고, 초자연적 힘 자체는 바로 전지전능한 신이었다. 신이 니카라과 역사의 주인이고 조절자였다. 정치인들은 하늘의 뜻과 이 땅의 사람들을 연결하는 중재자와 다름없었다. 대통령은 신학자이면서 우매한 대중을 깨우는 교육자였다. 교육자의 입장에서 대중들에게 친절하게 미사를 집전하는 사람이었다.

그러나 오늘날 니카라과의 섭리주의는 우리가 알고 있던 과거의 일반적 섭리주의와 두 가지 측면에서 다르다 할 수 있다. 그 첫째는 정부와의 밀착한 관계에서 찾을 수 있을 것이고, 또 다른 측면은 신앙 그 자체의 관점에서 찾아볼 수 있겠다. 19세기의 섭리주의는 당시 막 국가를 세워나가던 자유보수주의 정부에 의해 만들어졌다. 갓 확장해가던 정부의 보완자로서 국가 구석구석 정부의 영향을 파급하고자 하는 과정에서 탄생했다. 그러나 오늘날의 섭리주의는 정부로서의 조절 기능은 다 사라져버린 상태에서 그것을 대체하는 것에 머문다는 점에서 과거의 것과 다르다고 할 수 있다.

또 한편으로, 과거의 섭리주의는 정치인들의 확실한 신념에서 태동한 것이었다. 그들은 신성에 대해 확고한 신앙이 있었다. 그러나 산디니스타의 섭리주의는 그저 통치 수단으로 사용되는, 즉 공리주의적 수단에 머물 뿐이다. 다시 말해 세속적으로 문제 제기를 불러일으킬 만한 권위를 종교적으로 적당히 포장하여 합법화시키려는 의도의 도구일 뿐이다. 대통령 부부의 갑작스러운 가톨릭 편향 속에서 그들이 벌이는 '정열적인 일'들이 뒤범벅되면서 현 정부의 메뉴판에 언제라도 폭발할지 모르는 메뉴 하나를 더 추가하는 것에 지나지 않는다. 새롭게 만들어진 메뉴의 애피타이저는 미겔 오반도(Miguel Obando) 주교와의 갑작스러운 화해였고, 주요리는 게릴라 시절 산에서 치른 결혼식의 무효를 선언하며 주교 집전하에 새로운 교회 결혼식을 거행하는 것이었다. 이어진 후식은 치료 목적의 낙태마저도 처벌하겠다는 의지를 담은 공격적인 로비 활동이었는데, 이 후식으로 말미암아 산디니스타를 지지하는 페미니스트들과 좌파 성향을 가진 사람들은 체기를 느낄 수도 있었을 테니 후식치고는 가히 씁쓸한 후식이었다고 할 만하다.

산디니스타 정부의 신성 추구는 왕정의 특성을 수반한다. 전지전능한 신성이 전권을 갖는 대통령을 떠받치고 있는 것이다. 니카라과가 소모사 정권 이래 이토록 지극한 전제정치는 없었다. 전직 대통령이었던 비올레타 바리오스(1997~2002)와 엔리케 볼라뇨스(2002~2007)는 그들이 가진 그 미약한 권력이나마 야권이 더욱 센 의회와 나누어야 했다. 물론 1970년대의 FSLN 정부도 아홉 명의 대표들과 힘을 나누어 가져야 했다. 그러나 지금의 FSLN에게 주어진 힘은 '강한 자' 한 사람의 손에 집중되어 있다. 선거를 통해 표출된 모든 요구를 실현시킬 수 있는 '강한 자' 하나만을 만족시키면 되는 체제로 이행했다(Martí i Puig, 2009). FSLN은 대통령 부부에게 무제한적 자유재량과 힘을 실어주면서 권좌에 복귀했다. 정부의 각종 발표가 의회의 승인 위에 섰고, 공공 부문 선전에 대한 모든 통제권 또한 대통령 부부에 귀속되었다. 물론 경솔하기 그지없는 각료의 임명과 파면 또한 그들의 손에 달리게 되었다. 직위는 자신의 구미에 맞는 자들에게 주는 상이거나 혹은 자신과 다른 정치적 색채를 띠는 자들을 굴복시키기 위한 수단으로 전락했다. 정부가 해야 할 기능들은 더 할 수 없는 수준으로 축소되었고 오직 왕정만이 존재하게 되었다.

보아벤투라 데 소우사 산토스(Boaventura de Sousa Santos)가 세계화된 국가에서 보일 수 있는 현상과 관련하여 다음의 두 가지 역학을 언급했다.

일부 영역에서는 약화가 나타날 수 있고 또 다른 부분에서는 동시에 강화가 나타나는 영역이 있다. 예를 들어 국가에 의해 당연히 제공되어야 할 주택, 건강, 사회안전 등과 같은 서비스 약화는 정부가 제공하는 상징적 서비스가 더욱 확대되어 보일 수 있는 기회를 제공하기도 한다(de Sousa, 1998: 30).

니카라과의 경우 어떤 영역을 지우거나 축소시킬 것인가, 나아가 어떤 영역을 사유화시킬 것인가와 동시에 어떤 것들을 보존하고 강화시킬 것인가를 결정하는 기준은 딱 하나이다. 산디니스타의 실용이다. 물론 선택 기준의 가장 근간은 다음번 선거에서의 재선 성공과 초국적 자본을 끌어오는 일이다. 어떻게든 재정 적자를 유발할 수 있는 영역은 줄이고, 외국인 투자가 유입되는 데 필요한 조항들은 더욱 강화할 것이다. 이것이 바로 왕정국가, 현재의 니카라과가 서 있는 권력의 기반이다.

참고문헌

Castañeda, J. G. 1993. *La utopía desarmado*. Mexico: Joaquín Mortiz.

de Sousa. Boaventura. 1998. *La globalización del derecho. Los nuevos caminos de la regulación y la emancipación*. Facultad de Derecho, Ciencias Políticas, y Sociales. Bogotá: Universidad Nacional de Colombia.

Equipo Nitlapan Envio. 2010. "Las piedras en los zapatos." *Envio* año 29, No. 334-335.

Hobbes, T. 1992. *Behemoth*(1681). Madrid: Tecnos.

Jarquín, L. y R. H. Potosme. 2010.6.2. "FSLN tiene dinero y hay comprables." en *El Nuevo Diario*. disponible en http://impreso.elnuevodiario.com.ni./2010/06/02/política/125463

Krauze, E. 2009. *La Presidencia Imperial*. Mexico D. F.: Tusquetas.

Martí i Puig, S. 2009. "Mutaciones orgánicas, adaptación y desinstitucionalización partidaria: el caso del Frente Sandinista de Liberación Nacional(FSLN), 1980-2006." *Revista de Estudios Políticos*, No. 143(1-3), pp. 101~128.

Potosme, R. H. 2010.4.14. "Ex-magistrado Solis debuta como agitador." en *El Nuevo Diario*, disponible en http://impreso.elnuevodiario.com.ni/2010/04/07/política/122621

Vallejo, F. 2004. *Mi hermano el alcalde*. Bogotá: Editorial Alfaguara. pp. 48~49.

Walter, K. 2004. *El régimen de Anastasio Somoza 1936-1956*. Managua: Instituto de Historia de Nicaragua y Centroamérica.

제12장

코스타리카 내 중국인 차별에 대한 역사적 고찰

림수진

2011년 코스타리카 수도 산호세 한복판에 국립축구경기장이 건설되었다. 100% 중국 정부의 지원에 의한 것이었다. 화려한 개막식과 함께 양국의 돈독한 외교관계가 과시되었지만 코스타리카 사회 내 오랜 시간 깊숙이 자리 잡은 '중국인 혐오(Sino-fobia)'를 일소할 수 없었다. 이 글은 코스타리카 내 중국인 차별의 원인과 전개 과정 분석에 중점을 둔다. 특히 '하얀 피 순혈주의'를 바탕으로 하는 코스타리카의 역사적 정체성이 독립 후 이민정책에 어떻게 반영되는지, 나아가 '타자'에 대한 이미지를 어떻게 형성해 나가는지 중점적으로 분석한다.

림수진 멕시코 콜리마 주립대학교 정치사회과학대학 교수이며, 멕시코 연방 정부 산하 과학기술위원회 국가연구원이다.

* 이 글은 ≪중남미연구≫, 제31권 3호(2012년 10월)에 실린 논문을 일부 수정한 것이다.

1. 서론

2011년 3월 27일 토요일 오후 6시, 코스타리카인들의 이목이 수도 산호세 중심에 위치한 사바나 공원으로 집중되었다.[1] 코스타리카인들의 새로운 자존심이라 할 수 있는 국립경기장(Estadio Nacional)의 개막식이 있던 순간이었다. 전 대통령이었던 오스카르 아리아스(1986~1990, 2006~2010)와 당시 대통령인 라우라 친치야(2010~2014)가 나와 개막을 선언했다. 3만 5021개의 좌석이 꽉 메워진 가운데 화려한 축포와 불꽃놀이가 펼쳐졌다. 코스타리카의 모든 방송사가 이를 생중계했다. 코스타리카 역사 이래 가장 규모가 큰 건축물에 대한 개막 축하로 당연한 일이었다. 오스카르 아리아스는 "커피 열매를 본뜬 국립경기장은 축구를 좋아하는 코스타리카인들의 국가적 자부심이 될 것이며, 지금까지 역사 이래 코스타리카인들을 이처럼 만족시킬 수 있었던 축구장은 없었다"라고 개막사를 했다.

'사바나의 보석(La joya de la Sabana)'이라 불리는 코스타리카 국립경기장은 코스타리카인들에게 그 자체로 하나의 볼거리가 되었다. 개막식에 참석하지 못한 사람들이 마치 성지를 순례하듯 전국에서 끊임없이 몰려들었고, 누구든 거대한 축구경기장을 배경으로 사진 한 장 찍을 수

---

1) 전체 면적 72ha에 달하는 도심 공원인 사바나 공원(Parque Metropolitano de La Sabana)으로 1873년 개장했다. 1940년 이곳에 코스타리카 국제공항이 들어섰으나 1955년 현재 위치인 알라후엘라로 이전하면서, 일부분이 국내선과 사설 경비행장으로 사용되고 나머지는 공원으로 조성되었다. 1924년 코스타리카 국립경기장(Estadio Nacional de Costa Rica)이 들어서면서 코스타리카 국민들의 스포츠 메카가 되었다. 이후 뉴욕의 센트럴파크를 본떠 호수와 산책로가 조성되면서 연간 200만 명이 방문하는 코스타리카의 대표 공원으로 자리매김해왔다.

있기를 소원했다. 해발고도 1000m 이상 되는 고원지대에 위치한 코스타리카 수도 산호세에서 그간 최고층 건물이자 랜드마크로 자리하던 22층(80.8m) 규모의 나시오날은행(Banco Nacional) 건물도 커피 열매를 닮은 '사바나의 보석'에 그 자리를 내줄 수밖에 없게 되었다. 이렇게 새로 지어진 국립경기장은 명실공히 코스타리카의 새로운 국가 상징으로 태어났다.

재미있는 사실은 새로운 국가 상징으로 떠오른 국립경기장이 100% 중국 정부의 지원으로 지어졌다는 것이다. 중국 건축가에 의해 디자인되었고, 중국 건설 노동자들의 손에 의해 지어졌다. 2년에 가까운 시간 동안 200여 명의 중국인 건설노동자들이 코스타리카 사바나 공원에서 땅을 파 주춧돌을 세우고 코스타리카인들의 국가 상징이 될 대규모 경기장을 만들어냈다. 국립경기장 곳곳을 조인 수백만 개의 나사못부터 삽과 망치를 비롯한 연장은 물론, 모든 건축 재료들이 태평양을 건너온 것이었다. 여기에 코스타리카 정부는 다만 자갈과 시멘트 그리고 페인트를 제공했을 뿐이다. 중국을 상징하는 붉은색 작업복을 입고, 쪼그려 앉아 일하길 좋아하는, 너무도 짧은 쉬는 시간을 갖는, 그래서 아직은 코스타리카인들에게 '조금 낯선' 200여 명의 중국인이 22개월간 토요일 일요일도 없이 오직 매월 첫날 하루만 쉬고 하루 10시간씩 일해 만든 국립경기장이 개막하는 순간이었다.[2]

---

[2] 코스타리카 국립경기장은 중국 정부를 통해 수주한 중국의 안후이성외경제건설유한공사(Anhui Foreign Economic Construction Co.)에 의해 건설되었다. 건설 기간은 총 22개월이었으며, 건설비용은 1억 달러였다. 건설에 참여한 200여 명의 노동자들은 모두 안후이성외경제건설유한공사 소속으로 월 1일 휴일과 일일 10시간 노동조건으로 800~900달러 수준의 급여를 받았다(Campos, 2011). 중국 건설 노동자들의 코스타리카 입국과 관련하여 주요 일간지인 ≪라 나시온(La Nación)≫은

1억 달러에 달하는 중국 정부의 지원을 통해 이루어진 국립경기장 건설은 코스타리카 사회 내에서 노벨평화상 수상자인 전 대통령 오스카르 아리아스의 성공적인 외교정책 결과로 평가된다. 이는 2007년 6월 중앙아메리카에서 최초로 중국과 공식적인 외교관계를 수립하면서 얻어낸 실리이다.[3] 대신 그 이면에는 60년 이상 긴밀한 관계를 유지해오던 타이완과의 국교 단절이 있다. 그간 코스타리카에 무수한 지원을 해왔던 타이완과의 국교를 단절한 채 중국과 새로운 외교관계를 트는 것은 코스타리카에게 '현실에 기반을 둔 선택(Decisión frente de nuestra realidad contemporánea)'이었다.[4] 지난 63년간 타이완으로부터 항만시설, 다리, 교육시설 등과 같은 사회간접자본과 경찰차, 앰뷸런스, 수많은 기술 보조를 받았지만,[5] 코스타리카 정부는 차세대를 위해 훨씬 더

2009년 4월 19일 20면에 다음과 같이 적고 있다. "사바나 안의 중국: 음식, 의상, 그들의 담배와 사회규범, 그리고 200명의 노동자들이 국립경기장 건설을 위해 코스타리카에 들어왔다."

3) 코스타리카 정부는 중앙아메리카에서 최초로 중국 정부와 공식적인 외교관계를 수립하는 대가로 중국 정부 측에 20억 달러의 지원을 요청했으나, 중국 정부로부터 거절당하자 10억 달러로 하향하여 요청했다. 그러나 중국 정부는 이 또한 거절하고 코스타리카 내에 사회간접 시설을 지원해줄 것을 제안했다. 이를 받아들이는 입장에서 당시 오스카르 아리아스 정부는 대규모 컨벤션센터와 새로운 국립경기장 건설이라는 두 가지 선택 중 후자를 택하게 되었다.

4) 이와 관련한 신문 기사 내용은 다음과 같다. "대통령은 이와 같은 결정이 현 정부가 처한 대외정책에 근거하여 내린 현실적 행동이었음을 언급했다. 특히 아시아 각국들과 외교관계를 더욱 넓히고 돈독히 하기 위한 교두보임을 강조했다. 덧붙여 "이와 같은 결정은 오직 현실에 근거하며, 그 어떤 이데올로기적 방향의 선회나 지정학적 이유에 의한 것이 아니다"라고 언급했다"(≪라 프렌사 리브레(La Prensa Libre)≫, 2007년 7월 16일 자).

5) 타이완 정부의 코스타리카에 대한 지원 중 가장 대표적인 것은 코스타리카 북쪽

많은 자본을 끌어올 수 있는 중국을 선택했다. 타이완과의 긴밀한 관계 속에 이루어진 수많은 지원은 이제 역사일 뿐이다. 타이완과의 관계에서 받은 지원 중 정점을 찍었던 '우정의 다리(La puente de Amistad)'는 '배반의 다리(La puente de Apuñalada)'라는 조롱 섞인 별칭을 얻었다.

중국에 대한 반감과 함께 60년 이상 수교를 유지해오던 타이완과의 관계를 끊고 중국과 국교를 수립한 코스타리카 정부의 입장은 명확하다. 2000년 이후 미국에 이어 중국이 두 번째 교역 대상국으로 떠오른 이상 중국과의 공식적인 관계를 맺지 않을 이유를 찾기는 힘들다는 것이다. 오스카르 아리아스 대통령 말대로 "현실에 직시한, 그리고 미래를 위한 선택"이었다. 중국과의 관계에 자신들의 미래가 달려 있다고 믿고 있다. 완전히 '중국 우호감(Sinofilia)'이다.

중국과 국교가 수립된 2007년 이후 지난 5년간 코스타리카 내에 중국은 더욱 바짝 접근해왔다. 이듬해인 2008년 중국 정부는 코스타리카에 다시 200만 달러를 지원했다. 코스타리카의 수도 산호세 중심에 차이나타운을 세우기 위한 지원이었다. 산호세 중심에 중국어가 들리고, 중국 음식과 상품이 팔리는 거리를 만든다는 계획이었다. 2012년 현재 거리 조성 공사가 끝나고 산호세 중심을 관통하는 2번가 아베니다 세군다(Avenida Segunda)에 차이나타운을 상징하는 패루(牌樓) 공사가 한창이었

탐피스케(Tampisque) 강의 양안을 연결하는 '우정의 다리' 건설이었다. 이 다리는 총길이 780m로 타이완 정부가 1500만 달러를 지원하여 2003년 완성되었다. 코스타리카 정부는 타이완 정부에 대한 고마움의 표시로 다리 이름을 '우정의 다리'라 명했다. 이 외에도 타이완 정부는 2005년 아벨 파체코(Abel Pacheco, 2002~2006) 대통령 시절 코스타리카 제1병원인 라파엘 앙헬 칼데론 구아르디아(Rafael Angel Calderon Guardia) 병원 개축에 1500만 달러를 지원했고, 국교 마지막 해인 2007년에도 코스타리카 80개 농촌 지역의 기술센터 개설에 100만 달러를 지원했다.

다. 이 공사 역시 중국에서 직접 건너온 노동자들에 의해 이루어졌다. 역사 이래 단 한 번도 중국 정부 혹은 중국인들에게 우호적이지 않았던 코스타리카였음을 감안한다면 당혹스러운 변화이다. 여기서 이 글의 문제 제기가 시작된다.

이 글은 오늘날 중국에 대한 코스타리카의 공식 입장인 시노필리아 (Sinofilia)와는 극명하게 대조되는 코스타리카 내 시노포비아(Sinophobia, 중국공포증)를 역사적 관점에서 고찰하고 분석하는 것을 목적으로 한다. 이를 위해 19세기 후반 라틴아메리카 내 코스타리카에서의 중국인 디아스포라의 내부적·외부적 요인을 분석할 것이다. 또한 19세기 후반 이후 20세기까지 이어진 코스타리카 내 중국인 이민자에 대한 정치적·사회적 차별을 분석할 것이다. 논문의 구성은 다음과 같다. 첫째, 라틴아메리카 내 중국인 디아스포라라는 전반적인 관점에서 코스타리카 중국인 이주의 일반성과 특수성을 분석한다. 이를 위해 독립 이후 코스타리카가 직면했던 사회적·경제적 상황에 대한 분석을 선행한다. 둘째, 19세기 후반 중국인 이주와 함께 시작된 코스타리카 내 중국인에 대한 차별의 원인과 정치적·사회적 형태를 분석한다. 이를 위해 독립 이후 코스타리카 국가 정체성 형성과 발전에 대한 분석을 선행한다.

2. 19세기 후반 코스타리카 내 중국인 이주 원인과 전개

독립 이후 19세기 코스타리카의 시급한 과제는 당시 국가 경제의 근간이 되던 커피 생산을 위한 노동력 확보, 90% 이상 미개간지로 남아 있던 국토 공간의 개간, 그리고 유럽과의 연결을 수월하게 해줄 수 있는 운송 인프라의 확보로 대표된다. 독립 당시 6만 인구를 가지고 있던 코스타리카로서는 그 무엇 하나도 자력으로 해결할 수 있는 것이 없었다. 라틴아메리카 내 다른 나라와 같이 대규모 아프리카계 흑인 노예나 원주민 노동력을 확보하고 있지 못했던 코스타리카에서 무엇보다도 필요한 것은 커피 생산에 참여하고 국토 공간을 개간하고 유럽으로 향하는 대서양 쪽의 운송 인프라 건설을 담당할 수 있는 노동력 확보였다.

독립 이후 국가가 직면한 모든 문제의 해결은 외부로부터 노동력이 될 만한 이민자를 받아들이는 것이었음이 자명했지만, 실제로 문제 해결은 수월치 않았다. 그 이유는 코스타리카 정부가 받아들이고자 했던 이주자들은 '이미 자신들이 가지고 있는 유럽 계통의 백인 인구구성에 해(害)가 되지 않는' 유럽인이어야 했기 때문이다. 이러한 상황에서 독립 직후 코스타리카 정부는 그들 사회가 원하지 않는 이민자 집단을 법적으로 명백히 규정하는 한편, 그들이 원하는 유럽 계통의 이민자들에게는 여러 가지 혜택을 제공하는 이민정책을 시행했지만, 성공하지 못했다. 결국 독립 이후 코스타리카는 국가발전 과정에서 가장 큰 장애물이 되는 '노동력 부족'이라는 현실 앞에 독립 이후 반세기 이상 법으로 금지하던 인종, 즉 '그들의 유럽계 순혈에 위협이 될 수 있는 인종'의 이주를 허락할 수밖에 없었다. 구체적으로 보자.

1) 독립 이후 코스타리카의 딜레마와 이민정책

독립 이후 코스타리카 정부가 직면한 딜레마의 가장 근본적인 원인은 노동력 부족이었다. 광물자원과 노동력 부족으로 식민 시기 동안에도 주변 국가들과는 달리 소외된 공간으로 머물던 코스타리카는 독립 이후에도 여전히 노동력 부족에 발목이 잡힌 셈이다.[6] 흑인 노예제도는

1824년 폐지되었고, 흑인 노예의 노동력 대신 동원할 수 있는 원주민 인구는 극히 적은 숫자일 뿐만 아니라 코스타리카 백인들의 경제활동이 이루어지는 곳과는 지리적으로 격리되어 있었다.[7] 결국 독립 이후 커피 수출을 통해 세계 경제에 편입되기 시작했지만, 1840년대까지도 전체 인구가 8만에 채 이르지 못하는 상황이 독립 이후 코스타리카가 갖던 모든 문제의 근원이었다.[8] 인구 부족으로 인해 국토 공간의 개간에 한계가 있을 수밖에 없었고,[9] 유럽계 백인 인구가 정주해 있던 중앙고원은 외부와 연결할 수 있는 항구와 괴리되어 있었다. 특히 식민 시기 이후 줄곧 코스타리카의 경제가 유럽에 편중되어 있었음에도, 독립 이후 1860년대까지 대서양으로 연결되는 항구를 확보하지 못한 상태였다.

---

6) 중미 지협이 유럽과 상업 작물을 매개로 본격적인 상호작용을 시작한 시기는 17세기 말이다. 주요 생산 작물은 코치닐(cochineal), 인디고(indigo) 등과 같은 천연염료였다. 특히 18세기 과테말라와 엘살바도르 지역에서 천연염료 생산이 급격히 증가하면서 온두라스와 니카라과는 천연염료 생산으로 특화된 지역에 식량 작물을 공급하는 주변부 역할을 하게 된다. 이처럼 중미 지협이 천연 작물 생산과 이를 지원하는 식량 작물 생산으로 유럽 중심의 세계 경제에 편입해 들어가던 시기에도 코스타리카는 소외된 공간으로 남아 있었다. 가장 큰 이유는 노동력 부재였다. 이러한 현상은 18세기 중미 지협 내 농장 수의 분포에서도 잘 나타나는데, 중미 지협 내 농장 수 점유에서 코스타리카는 단 2%만을 차지하고 있었던 것으로 나타난다(Palma, 1993: 238~239).

7) 독립 당시 코스타리카의 원주민 수는 5000여 명 정도였으며, 이들은 정치, 경제, 사회의 중심이었던 중앙고원과 지리적으로 괴리된 채 파나마 국경 근처 탈라망카(Talamanca) 산맥 주변에 거주하고 있었다.

8) 코스타리카는 식민 시기부터 주변 지역에 비해 매우 적은 인구 규모를 가지고 있었다. 1611년에 1만 5538명, 1700년에는 1만 9293명의 정주 인구가 기록되어, 같은 시기 이미 100만을 넘기던 과테말라나 온두라스와는 현저한 차이를 보이고 있다(Kramer et al., 1993: 77; Gonzales, 1997: 13).

9) 1850년대까지도 코스타리카 내 국토 공간의 10%만이 개간되었을 뿐이다.

1865년 대서양 연안 리몬(Limon)이 항구로서 역할을 하기 시작하지만, 문제는 우마차가 지날 수 있는 소로(小路) 수준에도 미치지 못하는 중앙고원과 대서양 연안을 잇는 내륙 운송 인프라였다. 결국 소로 수준이나마 운송로를 확보한 태평양 쪽 항구를 통해 유럽과 경제적 상호작용을 할 수밖에 없었다. 하지만 우기가 되면 이마저도 끊어지는 경우가 많아 당시 경제활동의 중심지였던 중앙고원과 태평양 쪽 항구인 푼타레나스(Puntarenas)를 잇는 육상운송이 태평양에서 출발하여 유럽까지 대서양을 횡단해야 하는 해상운송보다 더 힘들다고 할 만큼 열악한 수준의 도로망을 가지고 있었다.[10]

노동력 부족이라는 딜레마를 안고 있던 코스타리카 정부에 19세기 후반 세계 커피 가격의 급격한 상승은 커피 생산과 유럽을 향한 운송망 건설을 위한 노동력 확보의 필요성을 촉발시켰다. 그리고 이는 곧 이민 정책을 적극적으로 추진할 수 있는 충분한 자극이 되었다. 사실 인구 부족에 따른 문제를 인식하고 있던 코스타리카는 독립과 동시에 19세기 전반부터 끊임없이 이민자들을 끌어들이기 위한 정책들을 시도했지만, 실패했다. 당시 정부가 끌어들이고자 했던 이민자들은 유럽계 백인들로 한정되어 있었다. 독립 이후에도 국가 정체성을 유럽에서 찾고 그들 스스로 유럽인이고자 했던 코스타리카 입장에서 유럽계 백인 외의 인구 유입은 그들이 갖는 유럽계 순혈에 위협이 될 수 있는 상황이었기 때문

---

10) 이는 코스타리카만의 문제가 아니라 중앙아메리카 전반적인 문제였다. 과테말라, 온두라스, 엘살바도르, 니카라과, 코스타리카 이 다섯 나라의 독립 직후 경제 관계가 유럽에 편중되어 있었으나 이들 중 대서양 쪽 항구 접근이 수월한 나라가 없었다. 19세기 후반 미국 자본에 의해 대서양 연안 지역 철도 건설이 완성된 이후에야 다섯 나라의 경제 중심이 대서양 쪽으로 이동할 수 있었다(Cardos y Perez, 1983: 79).

이다. 정부 차원에서 유럽 이민자들에게 다양한 혜택을 제공하겠다는 법령을 발표했지만,[11] 이미 이민자들을 받아들이는 데서 국가 간 경쟁력을 갖추기 시작한 아르헨티나, 칠레, 우루과이, 미국에 밀릴 수밖에 없었다. 1840년대와 1850년대에도 이민을 진흥하기 위한 구체적인 조항들이 법령으로 발표되었지만, 모두 실패로 돌아갔다.[12]

유럽으로부터 만족할 만한 수의 이민자들을 받아들이지 못하는 상황에서도 코스타리카 정부는 유색인종의 이주를 엄격히 금지했다. 여전히 유럽계 백인 중심의 인구구성에 해가 될 수 있다는 이유였다. 특히 당시 코스타리카 정부가 가장 엄격히 금한 이민자들은 아프리카계 흑인들과 중국인이었다. 19세기 초반 라틴아메리카 대부분 지역에서 노예 해방과 함께 자유인이 된 아프리카계 흑인들이 단일 작물 생산과 철도 건설 현장을 쫓아 활발하게 이주하고 있었지만, 코스타리카는 법으로 흑인의 유입을 금했다. 또한 1840년대 후반 미국 캘리포니아에서 금이

---

11) 독립 직후 유럽 이민자들을 끌어들이기 위한 이민정책은 무상 토지 분배를 근간으로 한다. 1825년과 1831년 두 차례에 걸쳐 코스타리카 정부는 '누구든 빈 땅에 5년 이상 커피를 심어 재배하는 사람은 5년 후 해당 토지에 대한 소유권을 인정받는다'라는 내용의 법령을 발표했다(Peters y Torres, 2001: 26). 이뿐만 아니라 19세기 후반 코스타리카 정부는 유럽에서 들어오는 이민자들의 선박과 철도 운임을 지원하기도 하고 도착과 동시에 15~50세에 해당하는 성인 남성에게는 10만사나(manzana, 1만사나는 약 0.7ha), 같은 연령대의 여성에게는 5만사나, 남자아이에게는 3만사나, 여자아이에게는 2만사나의 토지를 무상으로 임대했다. 이후 3년 이상 정주 후에는 소유권을 인정하기도 했다(Alvarenga V., 2008: 7).

12) 1848년 카스트로 마드리스(Castro Madriz) 정부에 의해 종교 상관없이 유럽 이민자를 받아들이겠다는 법령이 발표되었고, 1850년 후안 라파엘 모라 포라스(Juan Rafael Mora Porras) 정부는 유럽인 이주를 진흥하기 위해 정주보호위원회(Junta Protectora de las Colonias)를 별도로 신설하고 유럽 이주자들에게 교통비와 토지 무상 분배 등과 같은 조건을 제시했다.

발견된 이후 라틴아메리카 내 중국인들 이주가 역동적으로 이루어지고 있는 상황이었음에도 코스타리카 정부는 이들의 유입을 철저히 금했다. 이는 1862년 코스타리카 정부가 이민과 관련하여 발표한 '정주화 기본법(La Ley Bases de Colonización)'[13]에 명확히 드러난다. 이미 식민 시기 코스타리카에 유입하여 중앙고원에 정착한 흑인이 있었고,[14] 1855년 한시적으로 중앙고원의 커피 생산 현장에 이주한 중국인이 있는 상황이었지만, 19세기 후반 내내 코스타리카 정부는 철저한 '유색인종 반대(anticolor)'를 '이민법'의 기본 축으로 하고 있었다.[15]

독립 이후 반세기 이상 노동력 부족이라는 딜레마가 있으면서도 유색인종 이주를 법적으로 제한하던 코스타리카 정부가 결국 카리브 지역의 아프리카계 흑인들과 중국인들의 이주를 허용한 것은 1870년대 초반이

---

13) 해당 법 조항은 다음과 같다. '정주화 기본법' 제3조: 아프리카계 인종과 중국인의 코스타리카 정주를 허락하지 않는다. 또한 필요시 해당 인종 개개인의 정주를 저지하거나 제한할 수 있다.

14) 16세기 이후 코스타리카 내 흑인 인구의 유입이 기록되어 있는데, 이들은 대부분 정복자들의 노예 신분으로 코스타리카에 도착했고, 이후 가톨릭 신앙의 흡수와 혼혈, 그리고 스페인식 개명과 같은 '히스패닉화(Hispanización)'를 통해 코스타리카 사회로 흡수되었다(Murillo, 1999: 189).

15) 당시 코스타리카 정부는 공식적으로 사회진화론을 수용했고 이를 기준으로 우수 인종(raza superior)과 열등 인종(raza inferior)에 대한 구분이 명확했다. 전자는 유럽계 백인이었고, 후자는 원주민을 포함한 유색인종이었다. 특히 아프리카인과 중국인은 철저히 이주 금지 대상이었다. 오히려 라틴아메리카인에 대한 입장은 유한 편이어서 니카라과인이나 파나마인들에 대해서는 상대적으로 호의적인 입장이었다. 하지만 이들 대부분이 라틴아메리카에 거주하는 유럽계 백인으로 한정되었다. 1864년 인구통계에 따르면 당해 코스타리카 인구 12만 499명 중, 외국인은 2653명으로 나타난다. 이 중 중국인은 세 명뿐이다(Rodríguez y Loria, 2001: 166).

다. 당시 코스타리카는 여전히 커피 수출을 기반으로 국가경제를 운영하고 있었고, 세계 커피 가격의 지속적인 상승은 식민 시기 내내 소외된 지역이었던 코스타리카에 상당한 수준의 부를 가져다주었다.[16) 커피 수출을 통한 부의 축적은 유럽을 향한 코스타리카인들의 열망을 더욱 고조시켰고, 이 상황에서 무엇보다도 절실한 것은 당시 코스타리카 내 중앙고원 중심으로 형성된 커피 생산지와 대서양 쪽 항구를 잇는 내륙 운송망의 확보였다.[17)

커피 가격 상승과 함께 유럽 접근에 대한 열망은 중미 지역 최초로 대서양 철도 건설이라는 결과를 가져왔다.[18) 당시 코스타리카 수도 산호세와 대서양 쪽 항구인 리몬을 잇는 철도 건설은 1871년부터 1890년

---

16) 1830년대 커피 생산을 시작한 코스타리카는 불과 20여 년 사이에 국가재정의 80% 이상을 커피 수출을 통해 확보하게 되었고, 이러한 현상은 20세기 초까지 지속되었다. 1890년 코스타리카 총수출 가치에서 커피 수출이 차지하는 비중이 91.4%를 기록하고 있다. 특히 19세기 말 미국에서의 커피 소비가 증가하기 시작하면서 지리적 이점을 갖는 중미 지협 국가들은 커피 생산에 더욱 박차를 가하게 되었다(Leon, 1997).

17) 당시 코스타리카와 유럽과의 관계에 존재하던 제한요인은 대서양 횡단이 아니라 코스타리카 자국 내 중앙고원과 대서양 항구 사이의 내부 공간 단절이었다. 1840년대에는 99%의 커피 수출이 태평양 쪽 항구인 푼타레나스를 통해 혼(Horn) 곶을 돌아 유럽으로 수출되었고 1850년대에도 여전히 78%는 태평양을 통해 혼 곶을 돌아 유럽으로 운송되었다. 다만 1855년 이후 15%는 태평양을 통해 수출된 다음 파나마 철도를 통해 대서양으로 운송되었고 이후 유럽으로 수출되었다. 1880년 이후에서야 대서양 항구를 통해 수출되기 시작했고, 1890년대는 유럽으로 수출되는 커피는 100% 대서양 항구인 리몬을 통해 운송되었다(Leon, 1997).

18) 미국 동부 지역이 새로운 커피 수출 시장으로 떠오르면서 코스타리카 정치경제의 중심이던 중앙고원과 대서양 쪽 항구를 잇는 철도 건설은 더욱 시급한 과제가 될 수밖에 없었다.

까지 총 19년에 걸쳐 미국인 키스(Keith) 일가에 의해 이루어졌다. 그러나 문제는 노동력 확보였다. 코스타리카 정부는 여전히 유색인종의 이주를 법적으로 금하고 있었기 때문에 대안은 유럽계 백인으로 한정되었지만, 열악한 기후 조건을 생각한다면 불가능에 가까운 일이었다. 이에 키스 일가는 코스타리카 정부에 강력하게 흑인과 중국인의 이주를 허락할 것을 요청했다. 당시 철도 건설을 책임진 키스 일가는 이미 1850년대 페루에서 중국인 노동력을 이용하여 철도 건설을 성공시킨 바 있고, 미국과 파나마 등에서도 태평양을 건너온 중국인 노동자들이 대규모로 철도 건설에 참여하고 있었기 때문에, 코스타리카 정부는 키스 일가의 요청을 받아들일 수밖에 없었다. 결국 1872년 자메이카에서 894명의 흑인들이 유입되었고, 1873년 1월에는 중국 광둥성 출신 노동자 653[19]명이 도착했다.

2) 라틴아메리카 내 중국인 디아스포라와 코스타리카

코스타리카 내 중국인의 본격적 이주는 1870년대 시작되었지만, 라틴아메리카 내 중국인 이주는 이보다 빠른 19세기 중반부터 시작되었다.[20] 시원은 1847년 쿠바 도착이었으며, 이후 청나라 정부가 라틴아메

---

19) 1872년 12월 중국 광둥성을 출발한 중국인 계약 노동자는 688명이었지만, 운행 도중 35명이 사망했다(Li Kam, 1997: 221).

20) 19세기 이전 라틴아메리카 내 중국인 이주에 대한 기록은 멕시코에 AD 412년 중국인 승려가 들어왔다는 설이 있고, 좀 더 구체적으로는 17세기에 멕시코시티에 중국인 이발사가 있었다는 기록이 있다. 이미 16세기 이후 멕시코 아카풀코를 통해 중국 상품이 들어왔음을 감안한다면, 어느 정도 신빙성이 있는 기록이라 할 수 있겠다. 하지만 19세기 후반 대규모로 중국인 이주가 이루어지기 전 라틴아

리카 내 중국인 계약 노동자에 대한 처우에 불만을 품고 중국인 계약과 운송을 담당하던 유럽계 해운회사들에 계약금지령을 내린 1874년까지 50만 명에 가까운 중국인들이 계약 노동자 신분으로 라틴아메리카에 도착했다(Chou, 2002; Li Kam, 1997; Peak, 1934).

19세기 후반 중국인들의 라틴아메리카 이주는 당시 중국(청) 내 이미 5억을 넘어서던 인구 압력과 라틴아메리카 내 흑인 노예 노동력 소멸이 맞물려 작용한 결과이다. 19세기에 순차적으로 노예 거래 금지와 해방이 진행되면서 라틴아메리카의 단일 작물 생산 시스템이 타격을 받을 수밖에 없는 상황이었다. 이러한 상황에서 라틴아메리카의 대농장주들은 정부에 값싼 노동력 유입을 요구했고, 여전히 단일 작물 생산과 수출에 국가재정을 의존하고 있던 신생 독립국가들은 기존 흑인 노예 노동력을 대신할 수 있는 노동력이 쉽게 유입될 수 있도록 '이민법'을 제정하면서 중국인 노동자들을 받아들이기 시작했다.

라틴아메리카에 들어온 중국인과 기존 흑인 노예와의 가장 큰 차이점은 전자가 자유의지를 가진 계약 노동자라는 사실이었다. 흑인 노예의 경우 농장주가 노동과 생존에 관한 모든 것을 관리하고 책임져야 하지만, 중국인 계약 노동자들은 스스로 자신의 삶을 책임져야 했다. 또한 노동생산성도 흑인 노예보다 높아 농장주 입장에서는 중국인 계약 노동자를 긍정적으로 생각할 수밖에 없었다.[21)]

메리카에서 모든 아시아인들이 중국인으로 불렸던 점과 이 글이 다루고자 하는 19세기 계약 노동자 신분으로 들어온 중국인 노동자와는 거리가 있기에 배제하기로 한다.

21) 19세기 노예 해방 이후 라틴아메리카 농장주들의 가장 큰 어려움은 흑인들의 자유의지 박약이었다. 노예에서 임금노동자로 전환되는 시점이었지만, 이들은 더 이상 힘든 노동을 하려 하지 않았다. 린(Lynn, 2008)은 해방된 노예들의 노동

라틴아메리카 내에서 실질적인 중국인 이주가 최초로 이루어진 쿠바는 1847년 당시 스페인 지배하에 아직도 노예제가 유지되고 있긴 했으나 1817년 스페인과 영국이 노예 거래 금지 조약을 맺으면서 새로운 노예 유입이 이루어지지 않는 상황이었고, 1840년대부터 부과되기 시작한 노예세로 사실상 노예 노동력의 효력이 거의 소멸되어가고 있었다.[22] 이러한 상황에서 아이티 혁명 이후 불어닥친 쿠바의 사탕수수 붐은 기존 흑인 노예 노동력을 대체할 수 있는 새로운 노동력 유입에 대한 열망을 더욱 고조시켰고, 라틴아메리카 내에서 최초로 중국인 계약 노동자를 끌어들이는 계기로 작용했다. 쿠바 내 중국인 계약 노동자의 유입은 1874년까지 활발하게 진행되었다.[23]

쿠바에 이어 중국인 계약 노동자가 유입된 곳은 페루다. 페루의 중국인 노동자 필요는 1840년대 전성기를 구가하던 구아노(Guano) 채취를

의지 부족과 관련하여 이들이 필요로 했던 것은 돈이 아니라 태양과 빵 열매뿐이었다고 당시의 상황을 설명하고 있다. 이뿐만 아니라 쿠바 같은 경우는 노예 해방이 19세기 말에 이루어지지만, 이미 19세기 초반 영국과 스페인이 노예거래 금지 조약을 맺으면서 노예 수급에 어려움이 있었고, 18세기 말 아이티 혁명이 성공한 이후 농장주들은 흑인 노예 소유에 부담을 갖기 시작했다. 반면 중국인들은 계약 노동자의 신분이었음에도 노동 의지가 강했기 때문에 농장주들이 선호할 수밖에 없었다.

22) 1845년 당시 쿠바에서는 노예세가 부과되었으며 소유한 노예의 수가 많아질수록 할증되었다. 첫 번째, 한 명의 노예에게는 2달러의 세금이 부과되었지만, 두 번째 노예에게는 3달러, 세 번째 노예에게는 4달러가 부과되는 방식이었다(Peak, 1934).

23) 중국인의 쿠바 이주는 크게 두 시기로 구분된다. 1847년 이후 1874년까지 약 12만 5000명의 중국인 계약 노동자들이 쿠바로 이주하여 사탕수수 생산에 참여했으며, 1902년부터 1959년 사이 다시 제2차 중국인 이주 붐이 일었다(Knight, 2008: 16).

위한 것이었다. 1840년대 구아노 채취가 페루 경제에 차지하는 비중이 커지면서 초기에는 범죄자를 동원하여 태평양 연안 섬에 가두고 구아노 채취를 시켰지만, 1849년 '이민법(Ley General de Inmigración)' 제정을 통해 중국인 이주를 제도화시켰다. 곧바로 같은 해 중국인 계약 노동자의 이주가 시작되었고, 이후 1874년까지 약 12만 명의 중국인 계약 노동자들이 이주했다.

19세기 중반 이후 라틴아메리카 내 중국인 이주는 쿠바와 페루를 거쳐 1850년대 초반 파나마 철도 건설 현장으로 이어졌다. 파나마 철도 건설이 끝난 1855년 이들은 다시 멕시코와 미국을 향해 이주했다. 물론 이들 중 일부는 이웃하고 있는 코스타리카로 들어와 커피 생산에 참여하기도 했다. 또한 카리브 도서 지역에서도 중국인 계약 노동자의 유입이 활발하게 이루어졌는데, 1854년 자메이카, 1860년 도미니카공화국, 1860년대 프랑스령 섬들, 그리고 영국령 기아나 등에도 중국인 계약 노동자 유입 기록이 있다(Checa A., 2007). 19세기 후반 라틴아메리카 내 20여 개 국가에 중국인 이주가 활발하게 이루어졌다.[24]

19세기 후반 라틴아메리카 지역으로 유입된 약 50만 명가량의 중국인들은 대부분 광둥성 출신이었다. 당시 이들의 출발지였던 마카오나 홍콩에서 라틴아메리카 각 지역에 이르는 여정은 100일 이상 소요되었다.

---

24) 라틴아메리카 국가 중 19세기 후반 중국인 이주가 이루어진 곳은 바베이도스, 볼리비아, 브라질, 콜롬비아, 코스타리카, 쿠바, 에콰도르, 엘살바도르, 과테말라, 아이티, 기아나, 프랑스령 기아나, 수리남, 프랑스령 앤틸리스 제도, 파나마, 멕시코, 니카라과, 페루, 베네수엘라, 파라과이, 온두라스, 자메이카, 도미니카공화국, 트리니다드토바고 등이다. 19세기 후반(1847~1874) 가장 많은 수의 계약노동 형태의 중국인 유입이 이루어진 곳은 쿠바(약 15만 명)와 페루(약 12만 명)였다 (Hincapié, 2011).

운항 중 열악한 조건으로 인한 사망률이 늘 문제가 되었는데, 19세기 후반 운항 도중 중국인 계약 노동자의 평균 사망률이 10%를 육박했고, 경우에 따라서는 40%에 이르기도 했다.[25] 또한 지역에 따라 중국인 계약 노동자들은 1년에서 10년까지 상이한 계약 기간이 적용되었는데, 라틴아메리카에 도착한 중국인 계약 노동자들 중 75%가 계약 기간이 만료되기 이전에 사망한 것으로 나타나 당시 이들의 근무 조건이 기존 흑인 노예 노동자와 다를 바 없이 매우 열악했음을 알 수 있다(Finkelman and Miller, 1998).

코스타리카 내 중국인 최초 이주는 1855년이다.[26] 그러나 당해 1회에 그쳤고 그 수는 77명으로 한정되었다. 또한 중국으로부터 직접 이주한 것이 아니라 파나마 철도 건설 현장을 통해 이주한 경우이기 때문에 라틴아메리카 내 중국인 디아스포라라는 관점에서 봤을 때 큰 의미를 갖지 못한다. 이는 당시 쿠바를 비롯한 서인도 제도 국가들과 페루 등에서 이루어졌던 중국인 이주와 비교했을 때 형태, 빈도, 규모 면에서 차이가 있다.

앞서 언급한 바와 같이, 코스타리카 내 중국인 이주는 1870년대 대서

---

25) 1849년부터 1854년 사이 중국에서 계약 노동자로 페루를 향해 출발한 사람은 총 7356명이었지만, 같은 시기 페루에 도착한 사람은 4754명뿐이었다(Peak, 1934: 27).

26) 당시 코스타리카 정부는 여전히 유색인종에 대한 반감을 가지고 있었지만, 커피 생산 현장에서의 노동력 부족이 이러한 사회적 반감을 상쇄할 수 있었다. 1840년 대 후반 코스타리카의 수출 품목에서 커피가 차지하는 비중은 이미 80%를 넘어서지만, 수확기 노동력 부족으로 더 이상 커피 재배 면적을 확장할 수 없는 상황이었다. 노동력 부족은 임금 상승으로 이어졌고 실제로 1840년 대비 1850년대의 임금이 2배 이상 상승하면서 코스타리카 커피 가격 경쟁력 하락에 대한 불안이 야기되었다.

양 철도 건설과 함께 본격화되었다. 커피 수출을 통한 부가 축적되면서 코스타리카인들의 유럽을 향한 열망이 더욱 커진 결과였다.[27] 그러나 문제는 철도 건설을 담당할 국가적 차원의 자본은 차치하고서라도 자국민으로는 노동력 확보도 불가능한 상황이었다는 점이다. 중앙고원에서 대서양을 향해 가는 노선은 그간 인간 정주가 전혀 이루어지지 않았던 곳인 데다, 기후 조건 또한 열악하여 자국민들이나 유럽계 이민자들을 끌어들일 수 없는 상황이었다. 결국 태평양 건너의 중국인들이 이러한 상황을 감내할 수 있는 노동력(brazos auxiliares)으로 들어왔고, 자본은 99년간 철도를 양도한다는 조건으로 영국이 투자했다.

이때 코스타리카에 들어온 중국인들은 대부분 중국 광둥성 출신들이었고 철도 건설을 담당한 키스 회사의 허베(Hubbë)와 그리첼(Grytezell)이 코스타리카 정부의 허락과 지원을 약속받은 후 직접 마카오로 가서 중국인을 데려왔다. 당시 키스 회사는 코스타리카 정부에 중국인을 데려오는 데 한 명당 30페소씩 지원해줄 것을 요청했고, 이를 받아들인 정부는 총 1만 9590페소를 지급했다(Casey, 1976: 319; Chou, 2002; Rodríguez y Loria, 2001: 169). 1862년 중국인의 입국을 법적으로 명확히 금지하던 코스타리카 정부의 이례적인 변화였다.

1872년 12월 마카오를 출발한 영국 상선에 실려 1873년 1월 653명의 중국인이 코스타리카에 입국한 이후 이들의 이주는 꾸준히 이어졌다. 그러나 이후 코스타리카 내 중국인 이주는 중국으로부터 건너온 대규모 입국이 아니라 주변 국가로부터 이주하는 경우가 대부분이었다. 1890년 대서양 철도 건설이 완공되면서 자유인 신분이 된 중국인의 존재는

---

27) 1890년 코스타리카 대서양 철도 건설이 완성되면서 코스타리카는 중미 다섯 나라들 중 대서양 접근이 가장 좋은 나라로 부상했다(Senior A., 2011: 17).

코스타리카 정부에 다시 위협으로 느껴질 수밖에 없었고, 결국 1897년 다시 한 번 법령으로 중국인의 입국을 금지하면서 공식적인 중국인의 코스타리카 이주는 막을 내리게 된다. 라틴아메리카 중국인 디아스포라의 전개 과정에서 다소 늦게 시작된 코스타리카 내 중국인 이주가 갖는 또 다른 특징은 이들의 노동이 농업 부문이 아닌 철도 건설에 집중되었다는 것이고, 철도 건설이 끝난 이후에도 농업노동자로의 전환보다 서비스업으로 집중되었다는 점이다.[28]

3. 차별

코스타리카 내 중국인 이주 역사는 대서양 철도 건설에 노동자로 참여하면서 시작되었지만, 이후 한 세기 이상 코스타리카 사회 내 중국인에 대한 인식은 단 한 번도 긍정적이었던 적이 없었다. 사회적으로 이들에 대한 차별이 당연시되었고 법적으로 그러한 차별이 정당화되었다. 중국인에 대한 차별이 코스타리카 사회 내에서 제도화될 수 있었던 것은 독립 이후 코스타리카가 지속적으로 추구해왔던 '유럽계 백인 혈통에 기반을 둔 동질성'이라는 국가 정체성에서 기원한다. 중국인의 유입은 코스타리카가 중미 국가들 중 유일하다고 여기는 그들의 국가 정체성에 해가 될 수 있었고, 이에 대한 코스타리카의 대응은 자연스레 중국인 차별 혹은 혐오로 이어질 수밖에 없었다. 구체적으로 보자.

---

28) 1907년 기록에 의하면 당시 중국인들의 정주가 허용되었던 태평양 쪽 항구도시 '푼타레나스'와 대서양 쪽 항구도시 '리몬'을 중심으로 총 353개의 중국인 자영업이 등록되었고, 이는 당시 코스타리카 전체 자영업의 15.5%에 해당하는 정도였다 (Soto Q., 2009: 9).

1) '하얀 신화'29)에 기반을 둔 코스타리카 국가 정체성

독립 이후 신생국가 코스타리카가 지속적으로 추구해왔던 국가 정체성의 근간은 유럽계 백인 혈통에 기반을 둔 동질성이다. 독립 직후 일시적으로 원주민과의 관계에서 국가 정체성을 찾으려는 시도가 없진 않았지만, 중미 연합이 해체된 후 온전한 독립 국가로서 코스타리카가 규정한 자기정체성은 주변 국가들과의 차별을 전제로 한 하얀 피, 유럽계 백인 혈통이었다.

코스타리카가 라틴아메리카뿐 아니라 중미 주변 국가들과 달리 원주

---

29) 코스타리카의 국가 정체성과 관련하여 '하얀 신화(Mito Blanco)'는 여러 연구에서 언급된 바 있다. 그중 대표적인 것은 Alvarenga V.(2008), Leeds(2010), Putnam (1999), Murillo(1999), Castro(2009~2010), Acuña(2002), Sandoval G.(2008), Senior A.(2007) 등의 연구가 있다. 이들 연구에서 '하얀 신화'가 의미하는 바는 독립 이후 코스타리카가 '하얀 피(Sangre Blanca)', '하얀 인종(Raza Blanca)'으로 표현되는 유럽계 백인 중심의 인종 구성으로 그들의 국가 정체성을 규정하고, 이러한 인종 구성에서 코스타리카의 평화로운 번영과 발전, 그리고 민주주의의 기원을 찾는다는 내용이다. 반면 코스타리카인들이 국가 정체성으로 여기는 '하얀 신화'에 대하여 과학적 근거를 제시하며 오류를 지적하는 연구들도 있는데 대표적으로 Bozzoli(1995~1996)의 연구를 들 수 있다. 그에 의하면, 코스타리카인들은 자신들이 순혈에 가까운 코카서스 백인종이라 생각하고, 그 사실을 기반으로 라틴아메리카 내 다른 나라들과 차별된 자신들의 정체성을 부각시키지만, 사실 계통학상으로 보면 코스타리카 내 코카서스 인종은 전체 인구구성의 최소 40%, 최대 60%에 지나지 않는다는 것이다. 반면 아메리카 인디오 혈통이 최소 15%, 최대 30%까지 나타나고, 아프리카 인종 역시 최소 10%에서 최대 20%까지 나타난다고 한다. 이 때문에 굳이 코스타리카인들이 집착하는 '하얀 피'의 나라라고 할 수 없으며 코스타리카인들은 진정한 백인종(Raza blanca)이라기보다는 끊임없이 스스로 '표백화 혹은 백인화(Blanqueamiento)된' 민족이라 할 수 있다.

민이나 혼혈에 기반을 두지 않고 오로지 유럽계 백인의 순혈에서 국가 정체성의 근간을 만들어낼 수 있었던 것은 앞의 2절 1)항에서 잠시 언급했듯이 식민 시기 코스타리카가 경험한 독특한 역사에서 기인한다. 식민 초기 수탈 대상이 되었던 금이나 은이 발견되지 않았던 점, 광산 개발이나 작물 생산에 동원할 수 있는 원주민 노동력이 거의 전무했다는 점, 아프리카 노예 노동력을 이용한 대규모 플랜테이션을 운영하기에 적합하지 못한 지리 조건을 가지고 있었던 점, 그리고 본국뿐 아니라 식민지에 건설된 부왕령에서도 가장 멀리 떨어져 있었던 점들이 식민 시기 코스타리카의 독특한 역사를 만들어냈고, 독립 이후 주변국과 달리 유럽계 인종 구성이 높게 나타나는 요인들로 작용했다.

이러한 상황은 19세기 초반 코스타리카가 주변국과 자신들을 차별해서 부각시키는 '유일주의' 혹은 '예외주의'로 발전했고, 정부는 이를 지키기 위해 차별적인 이민정책을 만들어냄과 동시에 끊임없이 자신들의 국가 정체성을 재생산해냈다. 1850년대 이후 대중에게 공개된 여러 저술 활동을 통해 유럽계 백인 혈통의 동질성에 대한 국가 정체성의 재확인이 이루어지는데, 1851년 코스타리카의 고위 관료였던 펠리페 프란시스코 몰리나 이 베도아(Felipe Francisco Molina y Bedoya)의 『코스타리카 공화국 묘사(Bosquejo de la Republica de Costa Rica)』가 시초였다. 그는 독립 당시 코스타리카 인구 9만여 명 중 대부분이 유럽계 백인이었다며, 독립국가 코스타리카의 특징을 '인종의 완벽한 동질성(perfecta homojeneidad en la raza)'이라 규정했다. 이어 1856년 대통령의 연례 보고서에서도 코스타리카가 인종 구성에서 완벽한 동질성을 가지고 있다는 내용이 언급되고, 1860년에 저술된 『지리 개요(Compendio de Geografia)』를 통해서도 코스타리카인 대부분이 코카서스 인종 계통의 백인들이라는 사실이 기술되었다. 이러한 작업들은 19세기 후반 코스타리카 내 언론의 발달과 함께 더욱 활발해졌고, 1940년대 초반까지 이어졌다. 당시 공식적인 보도 자료나 보고서 등을 통해 표현되는 내용들의 중심은 여전히 코스타리카가 유럽계 혈통에 기반을 둔 동일한 인종 구성을 가지고 있다는 것과 이를 통해 주변 국가들보다 우수한 수준의 번영과 발전을 이룩했다는 점, 그리고 코스타리카 내 원주민과 유색인종의 인구구성이 거의 미미하다는 점 등이었다(Soto Q., 1998).

유럽계 백인혈통에 기반을 둔 코스타리카 국가 정체성을 대표하는 단어는 '하얀 인종(백인종)' 혹은 '하얀 피'였고,[30] 그 범주에 들지 못하는 인종은 철저한 차별 혹은 무시의 대상이었다. 주변의 다른 나라들과 차별화하여 구축한 국가 정체성을 지키기 위한 방책이었다. 코스타리카인은 철저히 유럽계 백인 혈통을 가진 자여야 했고, 국가 내 정주하더라도 이와 같은 요건을 충족하지 못한 자들은 '내부의 타자'로 구분하여 차별했다. 그 대표적인 예가 식민 시기 이전부터 탈라망카 산맥 근처에 정주하던 원주민들이었고, 이들에 대한 차별은 1993년에서야 국적을 부여하는 것에서 확연히 나타난다. 한편 대서양 철도 건설이라는 필요하에 19세기 말 아프로캐리비언(afro-caribbean)과 중국인들의 이주가 이루어지지만, 이들 역시 코스타리카 사회 내에서 환영받을 수 없었다. 이들의 이주 자체가 코스타리카가 가지고 있는 국가 정체성에 해가 된다는 것이었고, 결국 도착과 동시에 차별의 대상이 될 수밖에 없었다.

---

30) 19세기 말 20세기 초 공식적인 보도 자료들을 통해 나타난 코스타리카 국가 정체성에 대한 대표적인 표현은 하얀 피, 하얀 인종, 순수 혈통, 선진 인종, 유럽계 후손, 스페인계 후손 등이었다.

2) 제도적 차별

중국인은 독립 이후 반세기 이상 태평양을 통해 유럽과 교류하던 코스타리카에 대서양 쪽 관문인 리몬을 연결시켜 대서양 접근을 가능케 했다. 그러나 유럽계 백인 혈통의 순혈을 지향하던 코스타리카 정부에 이들의 존재는 늘 껄끄러울 수밖에 없었다. 이에 코스타리카 정부는 법제적 장치를 이용해 합법적으로 중국인을 차별했다. 또한 코스타리카 내에서 그 어떤 형태의 보호 장치도 갖지 못한 상황31)을 이용한 고용주들은 불합리한 계약 조항을 통해, 그리고 계약 조항의 불이행을 통해 중국인을 차별했다.

앞서 살펴본 바와 같이, 독립 이후 코스타리카 정부는 총 네 번에 걸쳐 유럽인들을 끌어들이기 위한 이민정책을 실시했지만, 단 한 번도 성공을 거두지 못했다. 그럼에도 여전히 중국인들에게는 배타적이었다. 1855년 77명의 중국인이 커피 생산을 위해 계약 노동자로 이주해왔을 때, 정부는 이들의 중앙고원 진입을 철저히 금지했다. 당시 중국인들이 정주했던 곳은 중앙고원과는 거리가 먼 과나카스테(Guanacaste) 지역과

---

31) 중국인들이 코스타리카에 처음 도착한 것은 1855년이었고, 1873년 이후 대규모 이주가 있었음에도 코스타리카 내 중국 공관의 설치는 허용되지 않았다. 코스타리카 내 최초 중국 외교관의 방문은 1911년에서야 이루어졌다. 당시 주미국 중국 영사인 탐 푸이 슘(Tam Pui Shum)이 처음으로 멕시코를 거쳐 코스타리카를 방문했다. 탐 푸이 슘의 코스타리카 방문 비용은 푼타레나스와 리몬 지역에 거주하던 중국인들의 모금으로 충당되었고 산호세 연회에서 처음으로 중국 국가가 연주되었다. 당시 중국 영사의 방문으로 코스타리카 내 중국인들은 자신들을 향한 부정적인 이미지가 깨질 것을 기대했으나, 여전히 백인 순혈 신화에 사로잡힌 채 이를 고수하고자 하는 코스타리카인들의 선입견을 깰 수 없었다(Soto Q., 2009).

니코야(Nicoya) 반도로 한정되었다.

1850년대 후반 공식적인 이주는 아니었지만 파나마 철도 건설을 담당하던 중국인 노동자들이 코스타리카에 밀입국하기 시작하면서 1862년 코스타리카 정부는 중국인의 입국을 법으로 제한하게 된다. 이미 1855년 77명의 중국인이 코스타리카에 들어온 상황이었고, 또한 당시 커피 수출에 국가재정을 의존하던 코스타리카가 커피 수확 철 노동력 부족으로 심각한 어려움을 겪고 있었음을 감안한다면, 당시 중국인에 대한 배타심이 어느 정도였는지 알 수 있다.

당시 코스타리카 내에서 중국인에 대한 배타심은 흑인에 대한 배타심보다 훨씬 심각했다. 아프리카계 흑인들에 대한 입장이 저급한 인종이긴 하나 노동력을 기대할 수 있는 정도였던 데 반해, 중국인에 대해서는 저급한 인종에 더해 언제 어떤 식의 부작용을 가져올지 모른다는 두려움을 가지고 있었다.[32] 당시 미국 캘리포니아 지역에 중국인들의 이주가 정례화되었고 바로 이웃 나라인 파나마에서도 중국인들이 이주해 철도 건설에 참여하고 있었지만, 코스타리카는 중국인에 대해 여전히 배타심을 가지고 있었다.

1871년 코스타리카 정부의 열망이었던 대서양 철도 건설이 시작되면서 결국 중국인 노동자들이 유입되지만, 이들은 이민자가 아닌 계약노동자 신분이었고, 계약이 만료되면 반드시 본국으로 돌아간다는 조건으로 코스타리카에 들어올 수 있었다. 이는 코스타리카인들이 자신들이 가지고 있다고 믿는 유럽계 순혈을 보호하고자 시도한 장치이다. 이러

---

32) 이러한 인식은 1901년 코스타리카 신문 ≪엘 코레스폰살(El Corresponsal)≫에서 표현한 '중국인보다는 차라리 흑인을 받아들이는 것이 훨씬 나을 것'이라는 내용의 기사에서 명백히 나타난다(Soto Q., 2009: 6).

한 시도는 중국인 거주에 대해 정부가 관여하여 지리적으로 제한한 것에서도 잘 나타나는데, 1873년 대규모 중국인의 유입이 이루어지고 이들에 의해 대서양 철도 건설이 이루어졌지만, 이들이 산호세에 들어가는 것 자체가 법으로 금지되어 있었다. 따라서 이들은 태평양 쪽 항구도시인 푼타레나스에 들어와서 바로 대서양 철도 건설 현장으로 투입되었고, 계약 기간이 만료된 이후에도 중앙고원에 진입할 수 없었다.[33]

1870년대와 1880년대 코스타리카의 숙원 사업이었던 대서양 철도 건설이 중국인들의 노동력에 의해 이루어졌음에도, 코스타리카인들의 중국인에 대한 혐오감은 수그러들지 않았다. 1882년 미국 정부가 중국인의 입국을 금지하면서 태평양을 건넌 중국인들이 라틴아메리카로 선회하게 되었는데, 이러한 상황에서 코스타리카인들의 중국인에 대한 공포 혹은 혐오감은 더욱 거세졌다. 특히 1870년대 대서양 철도 건설 과정에서 들어온 중국인 계약 노동자들이 본국으로 돌아가지 않고 코스타리카 내에서 이미 자유인이 되어 경제활동에 참여하고 있던 상황이 코스타리카인들을 더욱 자극했다. 이에 코스타리카 정부는 1897년 다시 한 번 중국인 입국 금지를 법령으로 발표한다. 구체적으로 중국인을 지칭하여 국가 발전에 해가 되는 인종으로 규정하며 입국을 금지했다.[34] 1897년 법령에 의해 발효된 중국인 입국 금지는 1943년 법령

---

33) 이는 1927년 인구통계를 통해서 살펴볼 수 있다. 당시 코스타리카 내 중국인의 지리적 분포는 31.0%가 대서양쪽 항구도시인 리몬에, 27.8%가 태평양 쪽 항구도시인 푼타레나스에, 그리고 21.8%가 니카라과 국경 근처인 과나카스테에 거주하고 있는 것으로 나타난다(Li Kam, 1997: 223~224).

34) 1870년대 대서양 철도 건설이 시작되면서 코스타리카 정부는 어쩔 수 없이 중국인을 계약 노동자 신분으로 받아들여야 하는 상황이었지만 중국인에 대한 입장이

51호에 의해 중국인 입국이 다시 허락될 때까지 지속되었다.[35]

1897년 중국인 입국을 금지한 후 1903년엔 자국 내 존재하던 중국인에 대한 통제를 목적으로 '중국인 등록법'을 발표하게 된다. 1903년 3월 4일 발표된 '중국인 등록법'에 의하면, 코스타리카 내 모든 중국인은 법령 발표 이후 30일 이내에 주소지 관할 기관에 이름과 성, 직업, 주소, 성별, 질병 여부, 신체 특이 부분 등에 대한 신고를 해야 했다. 물론 30일 이내에 자진신고를 하지 않으면 추방될 것이란 법률 조항도 명시되었다. 실제로 1903년 산호세, 카르타고, 리몬, 푼타레나스, 산타크루스에서 중국인 등록이 시행되었다.

코스타리카 내 중국인에 대한 차별은 정부에 의한 법령 제정뿐 아니라 이들과 계약을 맺은 회사에 의해서도 이루어졌다. 중국인들에게는 계약 노동자가 되어 상선에 실려 코스타리카에 오는 것 자체부터가 차별이었다. 오랜 항해의 열악한 상황을 견딘 후 살아서 코스타리카에 도착한 중국인들은 이름도 없이 번호로 불렸고, 번호로 팔려갔다.[36]

단 한 번도 변함없이 퇴화 인종이었던 점을 감안하면 1897년의 법령 발표는 그간의 입장을 다시 한 번 확인한 것에 지나지 않는다. 1897년 '중국인 이민 금지법' 조항(El Decreto No. 6)은 다음과 같다. 중국인 입국 금지에 대한 법령은 이후에도 지속적으로 발효되었는데, 1911년에는 중국인을 입국시키는 자에 한해 최소 250콜론, 최대 1500콜론을 벌금으로 물리겠다는 법령이 발효되었다. 더불어 불법으로 입국한 중국인을 고용할 경우 사업장을 폐쇄시키겠다는 내용도 포함되었다. 반면 유럽계 백인의 이주에 대해선 여전히 관대했는데, 1897년 7월 19일 법령 59호를 통해 국가 발전에 합당하고 건전한 유럽계 이민자들을 데려오기 위해 정부가 연간 5만 페소를 지원할 것을 발표했다(Rodríguez y Loria, 2001: 178~180; Grillo, 2004: 63~64).

35) 1943년 최초로 중국인들이 코스타리카 내 영주권을 취득할 수 있었다(Li Kam, 1997: 226). 같은 해 700명의 중국인이 영주권을 취득했다(*El Heraldo*, 2005. 10.25: 12).

또한 중국인이 담당한 건설현장은 대서양 철도 건설 전 구간 중에서도 기후 조건이 가장 열악한 구간이었을 뿐 아니라, 임금은 코스리카인들이나 유럽계 이주민들에 비해 현저히 낮은 편이었다.[37] 당시 중국인들이 받았던 임금은 흑인들보다도 못한 대우였다.[38]

상대적으로 낮은 임금에 더해 중국인들에게 가해졌던 차별은 매달 이들의 월급에서 이주에 소용된 비용이 제해졌다는 사실이다. 당시 운송을 담당한 회사들은 코스타리카 정부로부터 중국인 각 1인당 30페소에 해당하는 돈을 받았음에도, 이와는 상관없이 중국인들의 월급에서 매달 이주비용을 제했다. 또 다른 차별은 이들의 노동강도였는데, 중국인들에겐 주말이나 공휴일이 적용되지 않았다. 이들은 1년에 딱 3일만 쉴 수 있었고 하루 12시간 노동을 해야 했다. 이들은 음식 제공에서도 차별을 받았는데, 계약 당시 쌀이 지급될 것이 명시되었으나, 막상 코스타리카 노동 현장에서 지급된 식량은 쌀이 아닌 밀이었다. 계약기간

---

36) 당시 중국인들은 명당 300~400페소에 팔렸는데, 골라서 사는 경우는 400페소였고, 고르지 않고 사는 경우는 350페소였다(Casey, 1979: 321). 또한 중국인들은 인격을 갖춘 개체로 취급되지 못한 채 많은 기록에 이름이 없이 번호 또는 보통명사격인 '살과 뼈(Carne y Hueso)'로 표현되었다(Grillo, 2004: 63).

37) 당시 중국인들은 코스타리카인이나 유럽계 이민자들이 감당할 수 없을 만큼 열악한 수준에서 일을 했지만, 이들이 받는 월급은 자국민이나 코스타리카 내 유럽계 이민자들이 받는 월급의 20%도 채 되지 않았다. 같은 시기 중국인들의 한 달 급여는 코스타리카인들의 1/6에 미치지 못했고, 이탈리아 이민자의 하루 임금에도 미치지 못했다. 특히 유럽계 이민자인 이탈리아인과의 차이는 근무 조건에서도 확연히 나타나는데, 중국인들이 8년 계약 기간을 갖는 반면, 이탈리아인들은 계약 기간이 1년이었고, 이탈리아인들에게는 매일 커피, 와인, 맥주가 제공되었다(Fonseca H, 1979: 42).

38) 당시 흑인들은 일당 0.54레알(Real)을 받았지만, 중국인들은 0.13레알을 받았다(Rodriguez y Loria, 2001: 175).

중 도주한 중국인들에 대한 형벌도 가혹했다. 도주 이후 다시 잡히면 평생 자유를 얻지 못한 채 종신노예와 같은 삶을 살아야 하는 조건으로 계약이 이루어졌다.

3) 사회적 차별

정부의 법령 제정을 통한 공식적 차별과 더불어 코스타리카 사회 내 중국인에 대한 차별은 무시, 혐오감, 공포로 표현되었다. 코스타리카 내 중국인들은 '역겨운 인종', '미개한 혹은 타락한 인종', '유해한 인종' 등으로 인식되었고, 시민들은 중국인에 대한 통제와 단속을 끊임없이 정부에 요구했다. 유럽계 백인 혈통의 순혈을 지키는 데 해가 될 뿐 아니라, 그들이 이룩한 코스타리카의 안정과 번영을 갉아먹고 실제로 수많은 질병을 유발시킬 수 있는 존재라는 이유였다. 중국인들은 사회 악의 차원을 넘어서 언제라도 일순간에 나라 전체에 퍼질 수 있는 전염병 유발인자와 같은 위험한 존재로 인식되었다.[39] 20세기 초반까지도 코스타리카 사회 내에서 '중국인병(chino)'이란 이름의 가상 전염병에 대한 공포가 심한 편이었다.[40] 실제로 1886년 코스타리카인들이 당시

---

39) 중국인의 정신병 발병과 자살 빈도는 코스타리카 내 그 어느 인종보다도 높게 나타났는데, 폰세카는 중국인에 대한 지독한 비인격적 대우가 낳은 결과라고 설명한다(Fonseca H., 1979).

40) 당시 신문 기사에 실린 코스타리카인들의 중국인 공포증 혹은 혐오감에 대한 기사는 코스타리카인들이 손끝 하나라도 중국인들과 접촉을 하게 되면 심각한 병에 걸린다는 인식이 있었고, 이로 인해 실수로라도 중국인과 접촉을 하게 되었을 때는 얼굴이 창백해졌다는 내용 등이 담겨 있다. 또한 코스타리카인들은 중국인과의 혼혈이 피를 오염시키고, 국가를 약화시키고, 사회를 더럽힌다는 선입견이 있어, 철저히 혼혈을 금지했다(Grillo, 2004: 64).

대통령이던 베르나르도 소토(Bernardo Soto)에게 모든 전염병 중에 가장 위험한 것은 바로 '중국인병'이라 불리는 것이라며 이 전염병의 근원을 제거해줄 것을 요청했다(Fonseca H., 1979: 54; Soto Q., 2009: 6). 나아가 중국인과 신체 접촉만으로도 중병에 걸릴 것이라고 생각했기 때문에 중국인의 산호세 접근을 철저히 차단했다.[41] 같은 해 대농장 지주들도 계약 노동자 형태로 소유하고 있던 중국인에 대한 불만을 토로했는데, 무엇보다도 아편을 태우는 것과 이들 삶의 비위생적인 습관에 대한 것들이었다.

코스타리카 사회 내 중국인들에 대한 공포와 혐오감은 20세기에 들어서도 계속되었다. 1901년 코스타리카 사회 내 '중국인 역병 퇴치(combatir la plaga de los chinos)' 대한 분위기가 팽배했고, 1906년에는 '이민자들에 대해 돈을 요구할 수는 없지만 적어도 건전한 육체와 정신 상태는 요구해야 한다'는 사회적 요청이 있었다.[42] 물론 이는 중국인 입국 금지

---

41) 1890년 대서양 철도 건설이 끝나고 계약 노동자 신분에서 자유인이 된 중국인들은 태평양 항구도시인 푼타레나스와 대서양 항구도시인 리몬에 거주했는데 이는 20세기 전반까지도 수도 산호세가 있는 중앙고원으로의 접근이 법적으로 금지되어 있었기 때문이다. 이들 중 상당수가 상업에 종사했다. 1907년 2차 중국인 등록법이 발효되었을 때 353명의 중국인들이 자영업자로 등록되었는데, 이는 당시 코스타리카 전체 자영업자의 15.4%에 해당하는 정도였다(Soto Q., 2009). 중국인들의 상업적 감각은 도무지 코스타리카인들이 따라올 수 없는 수준이었다. 이러한 상황들이 코스타리카인들의 반감을 더욱 유발했는데, 당시 중국인들에 대해 '오직 빨아먹을 줄만 아는 문어(Un pulpo que chupa y chupa nada más)'라는 표현이 사회적으로 통용될 만큼 중국인 상인들에 대한 적대감이 심했다(Rodriguez y Loria, 2001: 211).

42) 1906년 마리아노 몬테알레그레(Mariano Montealegre)는 "코스타리카 내 이민(La Inmigración en Costa Rica)"이라는 제목의 글에서 "이민자에게 부유함을 요구할 수는 없지만, 적어도 건전한 정신과 습관은 요구해야 한다고 주장하면서 중국인

에 대한 간접적 요청으로 당시 코스타리카인들이 중국인에 대해 가지고 있던 '건전하지 못함'과 '더러움'이라는 대표적 선입견이 반영된 것이었다. 당시 코스타리카인들이 생각하는 중국인들의 건전하지 못한 정신상태의 가장 대표적인 현상이 아편, 마작, 자살이었다. 또한 중국인들의 땋아 기른 머리는 더러움이라는 선입견과 연결되었다.

그러나 사실 중국인들이 코스타리카 철도 건설 현장에서 태우던 아편은 철도 건설을 담당한 회사가 계약 노동자이던 중국인들에게 공식적으로 판매하던 것이었다. 당시 회사는 워낙 강한 노동 강도와 열악한 작업 조건으로 인한 자살이 속출하자 이를 무마시키고자 중국인들에게 외상으로 아편을 제공했으니,[43] 오히려 이는 중국인들이 노동 강도와 관련하여 코스타리카에서 받은 차별의 반증이다. 또한 당시 사회적으로 차별의 근거가 되었던 중국인들의 빈번한 자살도 그만큼 그들이 처한 노동 강도와 삶의 현실이 열악했음을 반영하지만,[44] 이러한 현상들에 대한 모든 책임은 중국인이 갖는 인종적 열등감으로 포장되었고, 이는 다시 중국인에 대한 차별로 이어졌다.

들은 이와는 너무 달리, 역겨운 질병과 놀라운 수준의 범죄를 가져올 뿐"이라고 주장하고 있다(Rodríguez, 2011: 166, Soto Q., 2009: 06).

43) 당시 회사의 아편 판매는 일상적인 것이었으며, 매주 토요일 오후 회사가 중국인 노동자들에게 1파운드당 16페소의 가격으로 아편을 판매했고, 1인당 구매할 수 있는 양은 1온스로 한정되어 있었다(Casey, 1979: 323). 그러나 시간이 흐르면서 아편 가격은 1파운드당 40페소로 증가했고, 중국인들 대부분이 월급의 25% 이상을 아편 구매에 사용했다(Fonseca H., 1979: 34).

44) 당시 코스타리카뿐 아니라 라틴아메리카 전체에서 중국인의 자살률은 백인들보다 100배 이상 높은 편이었다(Chou, 2002: 48).

4. 결론

19세기 후반 '떠 있는 지옥'이라 불리던 배에 실려와 이름도 없이 번호로 불리고 팔리던 중국인들이 코스타리카에서 이름을 등록할 수 있기까지 한 세기 가까운 시간이 소요되었다. 1943년 처음으로 영주권이 부여되었고 이후에야 2세 혹은 3세들이 코스타리카 공교육을 받을 수 있었다. 하지만 이후로도 중국인에 대한 뿌리 깊은 차별은 쉽게 사라지지 않았다. 코스타리카 사회 내 중국인들은 여전히 비위생적이고, 비도덕적이고, 비인간적인 사람들이었다. 자신들이 갖고 있다고 믿는 유럽계 혈통의 순혈을 위태롭게 하는 불편하고 위험한 존재였다. 특히 코스타리카의 중심이었던 산호세에서의 중국인에 대한 배타는 더욱 심했다.

이런 역사를 가진 코스타리카가 2011년 중국의 자본과 기술, 중국의 노동력으로 지어진 국립경기장 개막식에 보여준 환호는 불과 한 세기 전만 해도 상상하지 못할 일이었다. 2007년 중국과 공식적인 외교 관계를 맺고 2011년 양국 간 자유무역협정이 맺어졌다. 중미 지역에서 중국인을 가장 차별하던 코스타리카가 중미 지역에서 최초로 중국의 정치적·경제적 파트너가 되었다. 그리고 그들의 미래를 중국과의 관계에서 찾겠다고 했다.

일련의 과정을 거쳐 오늘날, 코스타리카인들의 삶 속에 중국이 이미 깊이 들어와 있음을 부인할 수 없다. 오랫동안 라틴아메리카 내 유럽이고자 했던 코스타리카 수도 산호세 한가운데 차이나타운의 상징이 되는 패루가 세워지고 있는 것이 코스타리카인들의 삶 속에 깊이 들어온 중국의 한 단면이다. 페루가 세워진 곳은 공교롭게도 1890년 대서양 철도 완공과 함께 국가 발전의 가장 정점에 섰던 코스타리카가 유럽의 것을 그대로 본뜨고 모든 재료를 유럽에서 실어와 지었다는 코스타리카 국립극장 바로 맞은편이다. 길 하나를 사이에 두고 19세기 말의 유럽과 21세기 초의 중국이 코스타리카 수도 산호세에서 만나는 형국이다.

한 세기 이상 단 한 번도 중국 이주자들에게 관대한 적이 없었던 정부의 태도 변화도 드라마틱하다. 2010년 국립경기장 건설 도중 중국 인 노동자 한 명이 사고로 사망하자 대통령이 직접 나서서 사망자의 유해가 본국으로 신속히 송환될 수 있도록 모든 조치를 취했다. 이후 사망한 중국인 노동자에 대한 추모가 동판에 새겨져 경기장 입구에 걸렸다. 이는 코스타리카 사람들이 죽은 이의 희생을 잊지 않겠다는 다짐이기도 하다. 불과 한 세기 전 이름도 없이 이곳에 와 살다 간 중국인 계약 노동자의 삶은 마치 다른 나라 이야기인 듯하다.

오랫동안 코스타리카 사회 전반에 깊이 배어 있던 시노포비아에서 시노필리아로의 갑작스러운 전환 앞에 국민들은 혼란스럽다. 독립 이후 지속적으로 고집해온 '하얀 피' 순혈에 대한 환상과 코스타리카 유일주 의에 대한 집착이 아직도 시노필리아보다는 시노포비아 쪽에 가깝다. 국립경기장 건설에 참여한 중국인 노동자들이 코스타리카 내 영주권을 획득했을 것이란 걱정스러운 소문이 무성하다. 아직도 코스타리카 사람 들에게 중국인은 불편한 존재다. 정부는 차이나타운이 코스타리카와 중국 양국의 관계를 더욱 돈독하게 해줄 것이란 장밋빛 전망을 하지만, 코스타리카 사람들은 차이나타운이 온갖 불법의 온상이 될 것이란 잿빛 전망을 하고 있다. 정부의 시노필리아와 시민들의 시노포비아 사이의 간극을 극명하게 보여준다. 독립 이후 줄곧 코스타리카 사회를 지배해 온 시노포비아를 대신해 중국의 경제적 부상과 함께 갑작스레 등장한 시노필리아가 지금과 같이 지속될지, 아니면 다시 시노포비아로 돌아설 지 지켜볼 일이다.

참고문헌

Acuña, V. 2002. "La invencion de la diferencia costarricense 1810-1870." *Revista de Historia*, No. 45, pp. 267~283.

Alvarenga V., P. 2008. "La inmigración extranjera en la historia costarricense." en C. Sandoval G.(eds). *El mito roto: Inmigración y emigración en Costa Rica*. San José, Costa Rica: Editorial UCR, pp. 3~24.

Bozzolí, María E. 1995~1996. "La población costarricense: diversidad, tolerancia y discriminación." *Revista Herencia*, vol. 7-8, No. 1-2, San José: Universidad de Costa Rica, pp. 132~147.

Campos R., J. 2011. *Estadio Nacional: Metamorfosis de un ícono*. San José: JADINE.

Cardos, C. y H. Perez B. 1983. *Centroamerica y la economia occidental(1520-1930)*. San Jose, Costa Rica: Editorial de la Unviersidad de Costa Rica.

Casey G., Jeffery. 1976. "El Ferrocarrill al Atlantico en Costa Rica 1871-1874." *Anuario de Estudios Centroamericanos*, vol. 2, San José: Universidad e Costa Rica, pp. 291~344.

Castro, C. E. 2009~2010. "Representaciones contemporaneas de esclavitud en Afro-costarricenses: desde su propias voces." *Revista Ciencias Sociales*, No 126-127, Unviersidad de Costa Rica, pp. 89~103.

Checa A., Martin. 2007. "Hacia una geografía de la primeras migraciones chinas en el Caribe." *Revista Bibliografica de Geografia y Ciencias Sociales*, vol. XII No. 707.

Chou, Diego L. 2002. "Los Chinos en Hispanoamerica." *Cuaderno de Ciencias Sociales*, No. 124. San José: FLACSO.

Finkelman, P. and J. Miller. 1998. *Macmillan Encyclopedia of World Slavery*. USA: Macmillan Reference.

Fonseca H., Zaida. 1979. *Los Chinos en Costa Rica en el siglo XIX*. Tesis para optar grado Lic. de Historia, Universidad de Costa Rica.

Gonzales, E. 1997. *Evolución historica de la población de Costa Rica 1840-1940*.

Costa Rica: EUNED.

Grillo R, Roxana. 2004. "Chinos en Costa Rica: víctimas de abuso y racismo." *Revista Crisol*, No. 11, Universidad de Costa Rica, pp. 63~64.

Hincapié, Luz M. 2011. "Rutas del pacifico: inmigrantes asiáticos a América Latina." XIII Congreso Internaiconal de ALADAA 발표문. Bogota, Colombia.

Knight, Franklin. 2008. "Migration and Culture: A case study of Cuba 1750-1990." presented in The Historical Society 2008 Conference in Migration, Diaspora, Ethnicity and Nationalism in History. Baltimore: Johns Hopkins Univ.

Kramer, W. et al., 1993. "La conquista española de Centroamérica." en J. Pinto. *El regimen colonial*. San José, Costa Rica: FLACSO.

Leeds, A. 2010. "Representation of Race, Entanglements of Power Whiteness, Garveysm and Redemptive Geographies in Costa Rica 1921-1950." Ph.D. Dissertation. Berkely: University California.

Leon, J. 1997. *Evolución del comercio exterior y del transporte marítimo del Costa Rica 1821-1900*. San Jose: Editorial de la Universidad de Costa Rica.

Li Kam, Sui Moy. 1997. "La inserción China y su expresión organizativa en Costa Rica." *Revista ASOGEHI*, Año 2 No. 3~4, Asociación de Genelogía e Historia de Costa Rica, pp. 221~234.

Lynn, Richard. 2008. "Pigmetocracy: racial hierarchies in the caribean and Latin America." *The Occidental Quarterly*, vol. 8 No. 2, pp. 25~44.

Murillo C., Carmen. 1999, "Vaiven de arrigos y desarrigos: identidad Afrocaribeña en Costa Rica." *Revista de Historia*, No. 39, Universidad de Costa Rica, pp. 187~206.

Palma, J. 1993. "Economia Sociedad en Centroamerica(1680-1759)." in J. Pinto, *El regimen colonial*. San Jose: FLACSO, pp. 219~305.

Peak, Martin E. 1934. "Chines Coolie emigration to Latin America." Tesis para optar grado. The Ohio State Univ.

Peters, G. y M. Torres. 2001. *Los mercados del café de exportación Costarricense, 1830-1996*. Universidad Nacional de Costa Rica.

Putnam, L. E. 1999. "Ideología racial, practica social y Estado liberal en Costa Rica." *Revista de Historia*, No. 39, Unviersidad Nacional de Costa Rica. pp. 139~186.

Rodríguez C. y C. Loria. 2001. "La inmigración China en Costa Rica: entre la explotación y la exclusión 1870-1910." *Revista de Historia*, No. 44, Universidad de Nacional de Costa Rica, pp. 159~192.

Rodriquez C., Alonso. 2011. "Huelga de Chinos: el gran conflicto laboral olvidado de Costa Rica." *Revista Espiga*, vol. X, No. 21, San José: rgano oficial de Escuela de Ciencias Sociales, Universidad de Costa Rica, pp. 93~108.

Sandoval G., C. 2008. *Otro amenazantes: los nigaragüense y la formacion de identidades nacionales en Costa Rica*. San José: Editorial Unviersidad de Costa Rica.

Senior A., Diana. 2007. *La incoporación social en Costa Rica de la población afrocostarricense, durante el siglo XX: 1927-1963*. Tesis para optar grado posgrado. Universidad de Costa Rica, Ciudad Universitaria de Rodrigo Facio, Costa Rica.

_____. 2011. *Ciudadania Afrocostarricense*. San Jose: Universidad de Costa Rica.

Soto Q., Ronald. 1998. "Desaparecidos de la nacion: los indígenas en la construcción de la identidad Nacional costarricense, 1851-1942." *Revista Ciencias Sociales*, No. 82, San Jose: Unviersidad de Costa Rica, pp. 31~53.

_____. 2009. "Percepción y actitudes políticas con respecto a la minoría china en Costa Rica 1897-1911." *Revista Historia y Espacio*, No. 32, Colombia: Unviersidad de Valle. http://historiayespacio.com/rev32/32.html

신문 기사

El Heraldo. 2005.10.25. "Inmigragion de los chinos en costa rica." p. 12.

La Nacion. 2009.4.19. "China en la sabana: con su comida, su ropa, sus cigarros y sus normas sociales, 200 obreros chinos se mudaron al país levantar el evento Estadio Nacoinal, Don bosco. 800-900 usd. Anhui foreign economic construction co," 20A.

La prensa libre. 2007.7.16. "Según acuerdo de la Presidencia de la República Ministro de Hacienda viajó a China, mientras debía estar en Nueva York." http://www.prensalibre.co.cr/2007/junio/16/nacionales06.php

제13장

자유시장의 시대

2012년 코스타리카의 사회적 갈등과 저항

알레한드로 알바라도 알카사르 · 글로리아나 마르티네스 산체스 _림수진 옮김

2012년에 격화된 코스타리카의 사회적 저항들은 CAFTA-DR 가입과 함께 폭넓게 확대된 사회경제적 개방 시스템 안에서 불거진 상황으로 이해할 수 있다. 신자유주의로 대표되는 새로운 세계 경제 질서에 통합되면서 코스타리카 경제는 재구조화 과정을 거쳐야 했고 약탈을 통한 축적 공간에 던져진 채 과거의 경제 질서를 지키고자 하는 사회적 저항에 직면해 있다. 저항의 중심에는 역사적으로 소외되었던 약자들, 예를 들어 여성, 원주민 공동체, 농민, 동성애자 들이 있다.

알레한드로 알바라도 알카사르 Alejandro Alvarado Alcázar 사회학 학사, 코스타리카 대학교 사회과학부 사회연구소(IIS-FCS-UCR) 연구원, 라틴아메리카 사회관측연구소(OSAL) 코스타리카위원회 책임위원.
글로리아나 마르티네스 산체스 Gloriana Martínez Sánchez 정치학 학사, 코스타리카 대학교 사회과학부 사회연구소(IIS-FCS-UCR) 연구원, 라틴아메리카 사회관측연구소(OSAL) 코스타리카위원회 연구원.

* 이 글은 ≪OSAL≫ 33호(2013년 5월)에 실린 글을 옮긴 것이다.

1. 들어가며

2012년 한 해 동안 코스타리카에 보인 사회적 갈등은 신자유주의 프로젝트의 의제와 정책을 지속적으로 수행하는 과정에서 나타난 사회적·경제적·환경적·제도적 영향이 표출된 결과로 여겨진다. 미국·중미·도미니카공화국 자유무역협정(CAFTA-DR)이 2007년에 발효되면서 사회적 양극화와 심각한 갈등을 불러왔다. 이 협정은 분명 코스타리카 정치사에 한 획을 긋는 중요한 사건이었다. 이를 통해 국가적으로 신자유주의 프로젝트가 어느 때보다도 고도로 공고화되었고, 다른 한편에는 정치사회단체의 연대와 저항이 전국적 차원으로 복잡하게 표출되었다.

2012년 전개된 사회 갈등은 표면적으로는 1940년대 만들어진 '사회보장법'에 대한 구조조정이 그 주요 원인인 것처럼 보인다. 하지만 실제로는 약탈을 통한 축적 공간의 확장과 보수적 종교주의자들의 정치 개입이 그 안에 내재되어 있다. 또한 공동체 권리와 자유보다는 자유무역과 경쟁이라는 가치를 우선시하며 폭력을 수반하던 신자유주의 모델의 공고화 과정이 무엇보다도 직접적인 원인이었던 것으로 이해된다(Sagot, 2012: 77).

2. 축적 모델의 변화와 사회적 저항: 새로운 경제 모델을 둘러싼 논쟁

코스타리카는 다른 라틴아메리카 국가들처럼 1980년대 신자유주의에 기반을 둔 새로운 경제 모델로의 전환을 시도했다. 바르가스(Vargas)의 주장처럼,[1] 신자유주의 전략으로 코스타리카의 경제와 사회는 상당한 변화를 겪었다. 수출의 다양화와 주목할 만한 경제성장을 이루었고,

관광 수입이 증가했다. 그러나 빈곤과 사회적 불평등은 오히려 심화되었다(Vargas, 2011: 89).[2]

로블레스(Robles)는 코스타리카의 경우 신자유주의 정책이 추동되는 과정에서 회복이 어려울 정도에 있었고,[3] 이를 통해 구조조정과 자유무역이 자리를 잡았다고 주장한다.[4] 먼저 국내외 자본의 이익을 위해 정치, 사법, 경제 부문에서 구조조정이 시도되었다(Robles, 2011: 107). 그러나 이러한 시도는 미완성으로 끝나게 되는데, 코스타리카에서 경제의 초국적화나 공기업의 민영화는 그리 성공적이지 못했다.[5] 이러한

---

1) 1980년부터 1982년까지 이어진 경제 위기를 경험하면서 그간 제1·2차 산업보호주의를 견지해왔던 코스타리카 경제에 대한 '무능함'이 진단되었다. 1980년대 내내 코스타리카 경제는 인플레이션과 경기후퇴가 이어졌다(Vargas, 2011: 86).

2) 국가보고서(Estado de la Nación)의 제18차 '지속 가능한 발전' 보고서에 따르면, 2011년 코스타리카 국민의 정치제도에 대한 지지가 약한 것으로 드러났다. 56%의 국민만이 코스타리카의 민주주의와 정치제도를 지지했는데, 이는 1978년 첫 조사를 실시한 이후 가장 낮은 지지율이다(Estado de la Nación, 2012: 256). 이러한 현상은 국가가 집합적 행위자나 사회적 저항에 대해 억압하는 경향을 보이는 가운데, 정작 국민들의 불만이나 요구를 해결하지 못하는 데서 기인하는 것으로 해석된다.

3) '약탈을 통한 축적(acumulación por desposesión)'은 데이비드 하비(David Harvey)의 개념이다. 신자유주의 성격의 칠레 쿠데타(1973년) 이후 사적 자본이 공공영역에서 이윤을 추구한 현상을 의미한다. 하비에 따르면 국가 소유의 공공재를 시장 기능에 맡기는 것으로써 사적 자본을 공공재에 투자하고, 공공재를 투기 대상으로 만드는 일련의 과정이다(Robles, 2011: 106.)

4) 특정 국가에서 나타난 신자유주의의 시간적 차이는 바르가스(Vargas, 2011)를 참고할 것.

5) 구조조정 혹은 재구조화 과정은 국가에 대한 새로운 정의를 요구한다. 공공정책이 자유시장 메커니즘에 직면함으로써 나타나는 현상이다. 또한 유럽이나 미국 혹은 제3의 세계 경제에 직면한 국내 시장과 중미 지역 시장의 역할에도 변화를 가져온

상황들은 양자 혹은 다자간 무역협정에 기반을 둔 두 번째 구조조정을 유발했는데, 이 과정에서 약탈을 통한 축적의 장이 더욱 확대되었다. 보험, 통신, 금융, 생물다양성과 같은 자원으로의 확대가 그 예이다. 이렇게 이 지역의 경제 권력 집단들은 경제적·정치적·법적인 차원에서 진행된 두 번째 구조조정 과정을 통해 확장되었다(Robles, 2011: 106). 2000년에 시작된 이와 같은 자유무역의 두 번째 시기는 코스타리카의 전력공사 민영화계획(Combo ICE)에 대한 사회적 저항 시기와 축을 같이 한다. 이 한 해 동안 미겔 앙헬 로드리게스(Miguel Ángel Rodríguez) 정부의 전기통신 분야 민영화 움직임에 반대하는 숱한 시위가 있었다. 이러한 국민적 반대를 무릅쓰고, 코스타리카는 중앙아메리카, 도미니카공화국, 미국이 참여하는 CAFTA-DR[6]을 체결했고, 2007년에 국회 비준과 함께 효력이 발효되면서 자유무역의 정점으로 치달았다. 정치·사회 단체의 격렬한 저항이 전국적으로 일어났음에도 경제 권력은 매스미디어를 통해 대대적인 캠페인을 벌였을 뿐만 아니라 '공포 전략'을[7] 펼치며

다. 특히 수입이나 외국자본 유입 등과 같은 사안과 관련하여 개방을 전제로 하는 엄청난 변화가 요구된다(Vargas, 2011: 86).

6) 모라(Mora)는 미국이 중미 국가에게 외국인 직접투자에 우호적인 환경을 조성하여 외국인 투자자들의 권리를 강화함으로써 투자법을 완전히 자유화하는 것을 강요했다고 지적한다(Mora, 2005: 283).

7) 공포 전략은 케빈 카사스(Kevin Casas) 부통령과 국민해방당(PLN)의 페르난도 산체스(Fernando Sánchez)가 2007년 6월 9일 대통령에게 보낸 공문서의 한 단락에서 기인한 명칭이다. 당시 이들은 CAFTA-DR 체결과 관련하여 그 당위성을 대통령에게 전달했는데, 그들이 보낸 여러 장의 공문서 안에 국민투표에 성공하기 위해 시민사회 내 자유무역협정이 가져올 고용과 실업에 대한 공포 분위기를 조성할 것이 명시되어 있었다. 당시 이 공문서의 공개로 오스카르 아리아스 정부가 큰 타격을 받았음은 물론이다. 이 공문서는 코스타리카 대학교 신문에 처음 발표되었다.

시민들에게 CAFTA-DR 체결의 정당성을 촉구했다. 결국 그해 10월 실시된 국민투표를 통과함으로써 코스타리카 정부는 CAFTA-DR 체결에 성공한다.

3. 자유무역, 약탈을 통한 축적, 공기업에 관한 논쟁의 시기

사회적·경제적 측면에서 보면 2008년 이후 격렬한 사회적 저항이 나타났다. 이 가운데 앞서 지적한 약탈을 통한 축적에 대한 논쟁이 더욱 명확해진다. 작금의 상황을 이해하기 위해서는 최근 10여 년 사이 코스타리카에 발생한 사회적 저항에 대한 정의와 포괄적인 의미, 그리고 그러한 저항이 발생하게 된 상황 등에 대해 살펴볼 필요가 있다.

약탈을 통한 축적 과정과 관련한 논쟁의 중심에는 주체로서 노동조합과 사회단체가 있다. 수많은 집단행동의 양상으로 표출된 사회적 저항의 핵심에는 1950년대부터 1980년대에 걸쳐 구축된 제도의 공공성을 보호하려는 움직임이 있다.

그중 대표적인 것이 리몬항과 모인(Moin)항 민영화에 반대하는 '대서양 연안 경제개발과 항만관리위원회' 노조의 저항이다. 이들은 2008년부터 오스카르 아리아스 정부(2006~2010)와 라우라 친치야 정부(2010~2014)가 추진했던 리몬과 모인 항구— 코스타리카 수출입 80% 담당— 민영화정책에 반대하며 국내 사회단체, 다양한 노동조합과 연대 투쟁했다. 이 계획은 여러 번 백지화되기도 했으나 결국은 새 컨테이너 터미널 건설이 승인되었고, 항구의 터미널 운영에 초국적 기업인 APM터미널(APM Terminals)의 진입을 허용하는 것으로 결론이 났다(Alvarado, Mercedes y Sindy, 2012: 212).[8]

2012년 항만관리청이 네덜란드 투자회사에 컨테이너 적재와 하역 작업의 60%를 넘기는 것을 승인해주자 노조 집행부는 항구의 주요 기능이 독점자본에 수중에 넘어갔다며 비난했고, 분쟁의 원인으로 불거졌다. 노조가 일주일 파업을 선언했지만 공권력이 투입되면서 파업은 실패했다.

같은 시기 사회적 저항의 중심에 놓여 있던 또 다른 공기업은 코스타리카의 통신과 전력을 담당하는 기관인 코스타리카 전력공사(Instituto Costarricense de Electricidad: ICE)였다. 이미 앞서 지적했듯이, 민영화는 자유무역의 특징 중 하나로 약탈을 통한 축적의 공간을 서비스 분야로 확장하려는 성격을 보이고 있다. 실제로 코스타리카 경제에서 전력 분야는 국가, 중미 지역, 초국적 자본으로부터 강력한 개방 압력을 받고 있었다.

전력과 통신 분야는 이미 오래전부터 논쟁의 대상이 되어왔다. 특히 전력 분야의 개혁 필요성과 관련하여 개방에 대한 논의는 더욱 두드러졌다. 결국 2/4분기 코스타리카 의회가 전력생산 구조조정을 위해 전력생산에 민간자본의 도입을 허락한다는 '전력공사 구조조정법'을 입안하면서 갈등이 터져 나오기 시작했다. 코스타리카 전력공사 내 연대 노조들이 격렬히 반대하고 나섰다.[9]

---

8) 해당 노조 탄압 과정에 관한 자세한 내용은 알바라도의 글을 참고할 것(Alvarado y Mora, 2009; Alvarado, Álvarez y Sindy, 2010, 2012; Alvarado, Martínez, y Gutiérrez, 2012).

9) 2102년 7월에 있었던 기업인 오찬 모임에 레네 카스트로(René Castro) 환경에너지통신부 장관, 테오필로 데 라 토레(Teófilo de la Torre) 코스타리카 전력공사 사장, 클라우디오 볼리오(Claudio Volio) 등이 참석했다. 이 자리에서 한계에 이른 전력생산 문제를 해결하기 위한 전력 분야의 시급한 개혁이 논의되었다(Alvarado,

같은 맥락에서 코스타리카 연금보험공사(Caja Costarricense de Seguro Social: CCSS)도 논쟁 가운데 있는 공기업 중 하나인데, 2011년 금융 위기로 연금 혜택 범위와 규모가 축소되었다(Alvarado y Álvarez, 2011: 5~10). 결국 2012년에 이와 관련한 수많은 집단행동들이 표출되었고, 코스타리카 사회 전반에 걸쳐 사회보장에 대한 관심들을 불러일으켰다. 특히 사회보장 중 축소된 병원 서비스에 직면한 시민들이 사회보장을 수호할 것을 외치며 사회적 저항에 참여했다.

2012년 11월에는 어느 때보다 강력한 사회적 저항이 발생했다. 이 시기의 저항운동은 사회보장제도 수호를 위한 집단행동의 일환으로 노동조합, 사회단체, 학생단체뿐만 아니라 일반 시민까지 가세하여 시위를 벌이는 양상이었다. 물론 공권력 측의 탄압 또한 막강했다. 양질의 의료서비스와 병·의원 관련 예산 삭감 반대를 요구하던 시위대가 경찰에 의해 해산되는 과정에서 총 36명이 체포되었다. 이들 중에는 두 명의 시민행동당(Partido Acción Ciudadana: PAC) 소속 국회의원이 포함되어 있었다. 또한 수많은 부상자가 발생했다. 이처럼 이전에 미처 보지 못했던 격렬한 저항도 결국 수도 산호세의 중심에 있는 연금보험공사 건물 앞에서 벌인 시위를 마지막으로 종료되었다.

코스타리카 연금보험공사의 사례에서 보이는 것처럼 새로운 경제 모델을 구축해가는 과정에서 보건과 의료를 둘러싼 부분이 가장 첨예한 갈등을 불러일으켰고, 사회적 저항으로 이어졌다. 새로운 경제 모델 구축과 관련하여 알바라도는 다음과 같이 언급한다.

다른 국가처럼 엘리트는 과거 발전 모델의 시기에는 공기업에서 이익을

Martínez, y Gutiérrez, 2012: 5).

챙겨왔고, 신자유주의 시대에는 신자유주의 모델과 민영화 논리를 이용하여 초국적 기업과 연합하고 공기업을 허약하게 함으로써 이익을 극대화한다(Alvarado y Álvarez, 2011: 8).

4. 재정 위기, 부패, 권력 갈등

공공 부문과 공기업에 관한 갈등으로 사회적 긴장감이 팽팽한 가운데 2008년부터 경제 위기가 시작되었다. 재정 위기에 처한 라우라 친치야 정부의 공공지출 삭감과 긴축 재정은 국가적 논쟁으로 발전했다.

2012년에는 유난히 공무원 부패, 그중에서도 고위 공무원의 부패를 고발하는 경우가 많았는데, 고발에서 그치지 않고 법의 심판을 요구하는 집단행동으로까지 발전했다. 그 한 예로 라우라 친치야 정부가 1/4분기 재정 위기에 직면하여 국가 세수 확대를 위한 재정 건전성 확보에 대한 논의를 진행하는 가운데, 페르난도 에레로(Fernando herrero) 재정부 장관이 5000만 콜론에 가까운 재정지출을 증명하지 못해 고발되었다. 또한 주요 일간지 ≪라 나시온≫은 2008년 회계연도 소득세 징수액 중 180만 콜론의 부재를 증명하지 못한 국세청장 프란시스코를 고발했다.[10)]

몇 달 후에는 레오나르도 가르니에르(Leonardo Garnier) 교육부 장관과 제2부통령인 루이스 리베르만(Luis Liberman)이 고발되었다. 고발의 이유는 전 재무부 장관 페르난도 에레로와 그의 부인이자 대통령실 자문위원이던 플로르 이사벨 로드리게스(Flor Isabel Rodriguez)가 설립한 민간회사 프로세소스(Pricesos)에 불법적 특혜를 제공했다는 것이었다. 교육

---

10) 이 문제로 두 공무원은 해임되었다.

부 장관과 제2부통령은 프로세소스가 1800만 콜론 규모의 도급계약을 체결할 수 있도록 코스타리카 석유정제회사(Refinadora Costarricense de Petróleo) 앞으로 추천장을 써주었다. 물론 이에 대해 노동조합과 사회단체 들의 격렬한 시위가 이어졌다. 시민단체와 노동조합들이 해당 공직자의 파면을 요구했음에도 감사원은 감사를 제한했고 정부는 그들의 직위를 유지시켰다(Alvarado, Martínez, y Gutiérrez, 2012: 16).

마지막으로 2012년 11월에 코스타리카 역사상 전대미문의 사건이 발생했다. 의회가 페르난도 크루스(Fernando Cruz)[11]의 대법관 임명을 거부한 것이다. 이와 관련하여 PLN과 다른 당의 일부 의원들은 사법부의 권력 남용에 경종을 울리는 사건이라고 자신들의 임명 거부를 정당화했다. 이 상황은 정부, 국회, 사법부까지 아우르는 전면전을 불러왔다. 각 사회단체뿐 아니라 공무원들까지 시위에 참여했다. 특히 사법부 공무원들은 크루스의 대법관 임명 거부를 의회에 의한 사법권 독립의 침해와 간섭 행위로 규정했다(Alvarado, Martínez, y Gutiérrez, 2012c: 8).

5. 신자유주의, 폭력, 권리

전 지구적으로 이미 규정되고 정립된 시민권의 가치, 행동, 형식이 존재하는 신자유주의 사회에서는 태생적으로 구조적 폭력이 발생하기 마련이다. 피에르 부르디외(Bourdieu, 1998), 파블로 다발로스(Davalos, 2010, 2011), 소우사 산토스(De Sousa Santos, 2009)가 이미 지적한 대로

---

11) 헌법재판소의 재판관인 페르난도 크루스는 CAFTA-DR와 민간 자본에 의한 노천 광산 개발에 비판적인 입장을 보였던 인물이다.

신자유주의 경제사회 시스템은 국가의 물리적 억압, 경제적 약탈, 배제라는 폭력을 통해서 기능하기 때문이다.

이러한 환경에서 소외된 사회 그룹은 신자유주의 경제와 사회에서 야기되는 다양한 형태의 폭력 행위 대상자가 될 수밖에 없다.

앞서 지적했듯이 페미니즘 단체들과 성적 다양성에 관련된 사회단체들의 발전에도 불구하고, 신자유주의 경제 모델과 억압적인 종교의 보수성은 더욱 긴밀한 관계를 유지한다(Sagot, 2012).

이처럼 신자유주의는 '민주 질서'가 확립되었음에도 문화적·사회적·그리고 규범적 배제를 통해 보호받지 못하고 소외된 행위자가 있음을 인정하는 것이다. 이와 관련하여 몬트세라트 사곳(Montserrat Sagot)은 다음과 같이 지적한다.

> 시장경제가 우세한 경제 모델과 민주주의 사이에는 모순이 존재하는데, 이를 해결하기 위해 신자유주의적 민주주의는 강도 높은 폭력과 새로운 방식으로 고안된 억압, 개인주의, 종교적 근본주의와 긴밀한 관계를 만들어낸다(Sagot, 2012: 79).

이처럼 2012년에는 억압적인 국가정책과 인권 탄압, 그리고 그에 맞선 사회적 요구들이 첨예하게 대립하면서 사회 갈등의 골이 더욱 깊어질 수밖에 없었다. 이러한 상황들이 시민 세력이 조직화되고 저항하게 되는 원인으로 작용했다.

6. 성과 재생산에 관한 권리, 성 다양성에 대한 인정

2012년에는 성적 권리뿐 아니라 임신(재생산)과 관련된 갈등도 다양하게 표출되었다. 특히 시험관 체외수정 시술 금지에 불복하여 미주인권재판소에 제소하고 판결을 기다리는 사건이 17건이나 있었다.

이러한 상황에서 복음주의 기독교와 가톨릭교회의 지원이 명확히 보이는 보수 세력의 다양한 저항운동이 일어났다. 또 다른 한편에서는 체외수정에 관한 사안이 여성주의 단체와 성적 다양성과 관련된 단체의 주요한 의제로 떠올랐다(Alvarado, Martínez, y Gutiérrez, 2012).[12]

이 분쟁과 함께 성적 소수자의 재산권과 시민권에 대한 인식을 보호받으려는 사회적 집단행동이 진행되었다. 그 일환으로 '공존사회법'[13]으로 불리는 법안을 국회 인권위원회와 본회의에서 통과시키려는 다양한 모임과 집회, 공청회가 결성되었고, 즉각적으로 국회의원에게 압력을 행사하기 시작했다.

그러나 의회 규정에 따라 의회 내부의 상임위 재조정이 있었고, 극보수 정당인 코스타리카 혁신당(Partido Renovación Costarricense: PRC) 소속의 복음주의자 국회의원 후스토 오로스코(Justo Orozco)가 인권위원회 위원장으로 선출되면서 상황이 어렵게 꼬여갔다.[14]

---

12) 12월 미주인권재판소는 코스타리카에서 금지하고 있는 체외수정과 관련하여 이러한 법안이 인권을 침해한다며 원고 측 부부의 소송 내용을 존중한다는 확정판결을 선고했다.

13) 이 법안은 동성애자들의 동거(결혼)에 법적 지위를 부여해주기 위한 것으로서, 배우자로서의 법적 지위 인정과 이를 통해 이성 결혼과 동등한 재산권과 시민권적 지위에 대한 보장을 내용으로 한다.

14) 당시의 상황은 보이지 않는 운동이라고 불리던 진보단체, 성적 소수자, 여성단체

사회단체의 압력에도 오로스코가 인권위원장으로 선출된 지 한 주도 지나지 않아 입안(立案)이 거부되면서 본회의 법안 상정 자체가 완전히 불가능하게 되었다.

이처럼 2012년은 다양한 범주의 보수주의자들이 긴밀한 공조를 만들어냈고, 또 한편으로는 성적 다양성에 대한 권리보호와 성과 임신에 대한 권리보호를 요구하는 조직들이 그들 간 연대를 강화하던 시기이기도 했다. 이러한 과정들을 통해 기존 패권 사회가 상이함을 넘어 비정상적으로 규정하던 다른 성(otras sexualidades)의 존재에 대한 공론의 장이 열렸다.

7. 표현의 자유와 교육권

약탈을 통한 축적 모델의 강화와 약한 정부를 목적으로 법률 개혁을 진행 중인 국가에서는 인권과 같은 기본권 수호는 포기해야 할 것 같다.

'지적재산권 준수와 관련한 소송법', 이른바 '복사법'으로 알려진 이 법안이 국회를 통과함에 따라 출판사, 출판 관련 기업인 모임에서 주장하는 지적재산권은 학생을 포함하여 학계가 주장하는 교육 권리 보호와 충돌을 일으켰다.

일명 '복사법'은 교육자가 수업 시간에 교재로 활용하는 한에서 시청각 자료, 출판물, 녹음 자료 등의 복사를 허용하고 있는데, 출판계와 코스타리카 출판위원회 소속 작가들은 이 법안이 CAFTA-DR 발효로 더욱 강화되고, 또 보호받아야 할 저작권을 침해한다고 주장했다. 나아

가 연대하는 새로운 장이 형성되었다.

가 라우라 친치야 대통령이 직접 이 법안에 대해 거부권을 행사해야 한다고 주장했다.

한편 대학생과 복사 가게 운영자는 이 법안의 폐기를 막기 위해 '학문을 위한 복사운동회'를 구성하고, 교육 및 학문 접근의 자유에 관한 보호를 위해 저항운동을 지속했다(Alvarado, Martínez, y Gutiérrez, 2012c: 4).

그러나 친치야 대통령이 거대 출판기업인의 모임에 자주 참석하면서 결국에는 이 법안을 거부했다. 그러자 학문을 위한 복사운동을 벌여온 학생위원회는 지속적인 저항운동을 전개하며 국회의원들에게 이 법안의 국회 재상정을 요구했다.15) 이에 친치야 대통령은 이러한 갈등을 종식시킬 목적으로 수업 교재 복사에 한하여 처벌하지 않는다는 내용의 대통령령을 공포하게 된다.

표현의 자유를 보호받을 권리와 정보 접근을 보호받을 권리 사이의 갈등도 발생했다. 그 한 예가 '정보에 관한 처벌법'의 수정과 관련된 것인데, 일부 기사와 이미지 게재에 대해서는 정부의 허락을 받아야 하고 그렇지 않을 경우 3년 이하의 징역에 처한다는 내용이었다. 이와 관련하여 사회단체와 언론은 '재갈법'이라 칭하면서 심하게 반대했다.

또 다른 예는 일명 '스파이법'이라 불리는 경우로 2012년 7월 국회가 '정보에 관한 처벌법' 288조를 수정하면서 시작된 갈등이다.16) 이와 관련하여 다수의 미디어와 시민사회가 표현의 자유와 언론의 자유, 공공정보 접근에 대한 자유가 침해된다며 법안 폐기를 요구했다.17)

---

15) 의회에서 법률을 제정하고 공표하기 위해서는 의회 재적 의원의 2/3가 찬성해야 행정부의 견제와 상관없이 법안을 통과시킬 수 있다.

16) 정부가 지정하는 정치 관련 일부 사안에 대해서는 정부의 허가 없이 언론에 기사로 실을 수 없다는 내용을 담고 있다. 이를 어길 시 4년에서 8년에 해당하는 양형을 받게 된다고 명시되어 있다. ― 옮긴이

이 법안의 수정과 공포(公布)에 대한 염려는 이미 시민사회에 만연해 있었다. 이와 같은 상황에서 '스파이법'의 수정에 수많은 사회적 저항이 일어났고 '재갈법'이 주요 의제로 떠오르게 된 것이다.[18]

8. 토지, 농업, 원주민 자치를 위한 투쟁

최근 코스타리카 농업 부문의 문제는 약탈을 통한 축적이 심화되는 과정에서 더욱 불거졌다. 역사적으로 그리고 구조적으로 소외되어온 농민과 원주민 생산자들은 오늘날 토지, 물, 종자, 기술 등과 같은 기본적인 생산요소의 약탈로 인해 더 심각하게 소외되고 있는 실정이다. 지난 20년 동안 정부가 농민이나 원주민 생산자와 같은 소외 계층보다는 공업 부문과 초국적 기업에 국가 지원이 집중되면서 코스타리카 농촌 지역 갈등은 더욱 첨예해졌다(Quesada et al., 2011: 1).

생산자원의 집중과 초국적화, 그리고 농민이나 원주민 거주지 토지에 대한 압박이 증가하자 곳곳에서 저항이 표출되었다. 가장 대표적인 형태가 국유지 점거다. 2012년 코스타리카 곳곳에서 국유지 점거가 발생하자, 대지주(개인, 기업 혹은 국가)는 행정적 혹은 사법적 퇴거명령[19]을

---

17) 다양한 인권단체, 매스미디어, 학생단체, 그중에서도 코스타리카 언론인협회는 이 법안과 관련하여 국회에 압력을 가하는 캠페인을 시작했다. 호르헤 블랑코 (Jorge Blanco) 국립대학학생연합 회장은 이 법은 코스타리카의 민주주의 질서 약화를 확대하는 하나의 축이 될 것이라고 지적했다.

18) 재갈법과 스파이법을 포함하는 '정보 범죄에 관한 처벌법'은 2013년 4월 국회를 통과했다. ― 옮긴이

19) 실제 퇴거명령 과정에서 토지점유자의 경작지와 목장을 황폐화시키고, 농업용수

내리면서 즉각적으로 대응했다. 물론 이 과정에서 경찰과 공권력에 의한 강도 높은 폭력이 동원되었다(Chacón, 2013: 7).

생산자원의 민영화 혹은 초국적화와 관련하여 발생한 갈등 사례로 들 수 있는 것 중 대표적인 예가 '세미야 델 트로피코(Semillas del Tropico)'와 초국적 기업 몬산토(Monsanto)의 자회사인 '델타 앤드 파인(Delta & Pine)'이 농민단체와 충돌한 경우이다. 이 두 회사가 국립위생서비스국 산하 종(種)안전기술위원회에 유전자 조작 옥수수 파종에 대한 허가를 신청하면서 코스타리카 지역의 농민단체와 환경단체가 격렬히 저항하기 시작했다.[20]

토지 분쟁과 관련해서는 신자유주의적 탄압과 토지에 대한 분쟁이 급격히 증가하고 있음을 볼 수 있다. 2011년 5월부터 약 250가구가 알라후엘라 주 로스 칠레스 지역, 메디오 케소(Medio Queso) 마을에 위치한 나랑할레스 올란데세스(Naranjales Holandeses)[21] 농장 425ha를 점유했다. 이들의 요구는 국가기관인 농촌발전청이 농장을 매입하여 마을 사람들에게 그 토지를 분배해줄 것이었다. 농장 점유는 총 일곱 번에 걸쳐 반복되었다(Alvarado, Martínez, y Gutiérrez, 2012e: 13).[22]

2012년에는 푼타레나스 주[23] 부에노스 아이레스 군에 위치한 카바그

를 오염시켰으며, 가축들을 포함해 주민들의 부속 재산을 모두 소각시키는 일이 발생했다.

20) 이 시기 종 안전 기술위원회에 이 법안이 통과되지 못하도록 압력을 넣는 집단행동이 있었으며, 과나카스테를 시작으로 하여 산호세까지 포함하는 지역 연대가 있었다.

21) 네덜란드 자본의 투자로 만들어진 농장이다. ― 옮긴이

22) 메디오 케소 지역공동체의 토지 분쟁 과정에서는 시위 참여 농민과 가족에 대한 폭력이 행사되었다. 농민들이 총기에 의해 부상을 당하기도 했고, 수십 명이 체포되어 실형을 선고받기도 했다.

라(cabagra), 살리트레(Salitre), 보루카(Boruca)의 원주민 거주지와 알라후엘라 주 구아투소 군에 위치한 말레후(Maleju) 원주민 거주지에서 조직화를 통한 토지 회복이 두드러졌다.[24]

원주민 토지 회복 과정에서 나타난 특징 중 하나는 이들의 조직 과정에 생물종다양성, 문화, 주민자치에 대한 보호가 포함되었다는 점이다. 실제로 코스타리카 '원주민법'에서 비원주민은 원주민 거주지의 토지를 소유할 수 없다고 명확히 명시되어 있음에도 지금까지 기업, 대지주, 목장주, 비원주민 농민들이 원주민 거주지 내에 대규모 농장을 소유해왔던 것이 사실이다.

이러한 상황에서 원주민 거주지 내 토지를 소유하고 있던 사람들은 원주민의 토지 회복을 차별과 인종적인 차원으로 단정했고 정부도 이들과 같은 입장이었기 때문에[25] 원주민에 대한 가혹한 폭력을 행사할 수 있었던 것이다.

---

23) 코스타리카의 행정구역은 주(provincia) - 군(canton) - 면(distrito)로 나뉘며, 총 일곱 개의 주와 81개의 군이 있다. — 옮긴이

24) 1977년 제정된 코스타리카 '원주민법' 제2조는 원주민 거주지의 토지에 대해 실제 거주하는 공동체에 그 소유권이 있음을 명확히 밝히고 있다. 국가소유 혹은 개인소유와의 구분을 명확히 하면서 '공동소유지'로 구분짓고 있다.

25) 정부에 의한 폭력은 살리트레 원주민 거주지 사례에서 선명히 드러나는데, 토지 회복 계획 과정에서 세브로르(Cebror), 푸엔테 데 살리트레(Fuente de Salitre), 리오 아술(Rio Azul) 세 지역에서 농장 점거가 발생했다. 이 과정에서 공동체 지도부와 농장 점거에 참여한 원주민 가족들에게 강도 높은 수준의 물리적 폭력이 가해졌다.

9. 마치는 글

앞에서 지적된 바와 같이, 2012년 코스타리카에서 발생한 사회적 저항들을 최근 수십 년간 진행된 경제 모델 변화 과정과 연결 짓지 않고 이해한다는 것은 불가능한 일이다. 신자유주의화 과정에서 경제적·정치적·사회적·문화적 문제와 관련된 복잡한 논쟁이 전개되고, 새로운 사회적 긴장 국면이 조성되면서 집단 행위자들을 중심으로 한 사회적 저항이 표출되었다.

자유무역이라는 환경 속에서 진행된 규범의 개편은 약탈을 통한 축적의 새로운 공간 확대를 야기했고, 이는 곧 사회적·정치적 저항의 핵심 원인으로 작용했다. CAFTA-DR이 체결된 지 5년이 지나면서 이에 따른 결과가 코스타리카 내 뚜렷하게 나타나기 시작했다. 여기에 더해 2008년 이후부터 이어지던 세계적 경제 위기의 시나리오들이 코스타리카 경제에 영향을 미치면서 코스타리카 내 사회 저항의 기폭제가 되었다.

요약하면 2012년 코스타리카의 사회적 저항들은 새로운 경제 모델의 등장과 과거 모델의 파괴라는 순차적 틀 속에서 이해될 수 있다. 이 과정에서 수많은 사회적·정치적 행위자들이 거리로 쏟아져 나와 신자유주의적 전략과 그 의제들에 대한 반대 의사를 표현했다. 다른 한편으로 과거 성적 소수자, 농민, 원주민, 여성 등 사회적 소외 계층이 전개한 투쟁이 이제는 각종 권리의 인정과 패권 문화 모델의 변화를 요구하기 시작했다는 점이다. 이들은 모든 양상의 배제와 차별에 반대하며 저항하기 시작했다. 이에 다양한 사회적 집단들이 연대하면서 사회적 투쟁의 장이 훨씬 더 복잡하고 확장되고 있다.

참고문헌

Alvarado, Alejandro y Sindy Mora. 2009. "Costa Rica. Informe de coyuntura. Enero a Diciembre de 2009." *OSAL*. Buenos Aires: CLACSO.

Alvarado, Alejandro y Mercedes Álvarez. 2011. "Costa Rica. Informe de coyuntura. Enero a diciembre de 2012." *OSAL*. Buenos Aires: CLACSO.

Alvarado, Alejandro, Mercedes Álvarez, y Sindy Mora. 2010. "Costa Rica. Informe de coyuntura. Enero a abril de 2010." *OSAL*. Buenos Aires: CLACSO.

_____. 2012. "Puertos, autoritarismos y resistencias: el conflicto por la concesión de los puertos de Limón." *Reflexiones*. Número especial de las Jornadas de Investigación Interdisciplinaria en Ciencias Sociales. San José.

Alvarado, Alejandro, Gloriana Martínez, y Ana Lucía Gutiérrez. 2012. "Costa Rica. Informe de coyuntura. Mayo a agosto de 2012." *OSAL*. Buenos Aires: CLACSO.

_____. 2012c. "Costa Rica. Cronología del conflicto social. Noviembre de 2012." *OSAL*. Buenos Aires: CLACSO.

_____. 2012d. "Costa Rica. Cronología del conflicto social. Octubre de 2012." *OSAL*. Buenos Aires: CLACSO.

_____. 2012e. "Costa Rica. Informe de coyuntura. Enero a abril de 2012." *OSAL*. Buenos Aires: CLACSO.

Bourdieu, Pierre. 1998. "La esencia del neoliberalismo." www.pedagogica.edu.co/storage/rce/articulos/rce35_11contro.pdf

Cajiao, María Virginia. 2002. "Derechos de los pueblos indígenas costarricenses sobre sus recursos naturales." *Revista Ambientico*, No. 102. Heredia: Universidad Nacional.

Chacón, Vinicio. 2013. "Aumenta presión y violencia por la tenencia de la tierra." *Semanario Universidad*, No. 1972, San José, pp. 16~22.

Dávalos, Pablo. 2010. *La democracia disciplinaria: el proyecto posneoliberal para América Latina*. Quito: CODEU-PUCE.

_____. 2011. "Hacia un nuevo modelo de dominación política: Violencia y poder en el posneoliberalismo." *Agencia Latinoamerinca de Información*(ALAI).

De Sousa Santos, Boaventura. 2009. *Sociología jurídica crítica. Para un nuevo sentido común en el Derecho*. Madrid: Trotta.

Estado de la Nación. 2012. "XIII Informe Estado de la Nación en Desarrollo Humano Sostenible." San José: Estado de la Nación.

Molina, Xinia. 2012. "Delitos informáticos y el espionaje político." *Campus*(Heredia) No. 233.

Mora, Henry. 2005. "Los Acuerdos de Inversión en los Tratados de Libre Comercio: de vuelta al AMI. El caso del TLC entre Estados Unidos y los países de Centroamérica." en Jaime Estay(comp.). *La economía mundial y América Latina. Tendencias, problemas y desafíos*. Buenos Aires: CLACSO.

Muñiz, Elsa. 2011. "Los puntos conflictivos en la relación entre los Estados y las políticas sexuales." en S. Corrêa y R. Parker(comps.). *Sexualidade e política na América Latina: histórias, interseções e paradoxos*. Rio de Janeiro: ABIA.

Quesada, Jorge, Gloriana Martínez, y María Paula Morales. 2011. "La organización campesina en Costa Rica: un recuento histórico." *La Jornada del campo* (México), No. 42.

Robles, Francisco. 2011. "Los de entonces ya no son los mismos. Acumulación por desposesión en la última década en El Salvador y Costa Rica." *Anuario de Estudios Centroamericanos*(San José), No. 37.

Sagot, Montserrat. 2012. "¿Un paso adelante y dos atrás? La tortuosa marcha del movimiento feminista en la era del neointegrismo y del «fascismo social» en Centroamérica." en Magdalena Valdivieso et al.(comps.). *Feminismo y cambio social en América Latina y el Caribe*. Buenos Aires: CLACSO.

Vargas, Luis Paulino. 2011. "Costa Rica: Tercera fase de la estrategia neoliberal. Contradicciones y desafíos(2005-2010)." *Rupturas*(San José), vol. 1, No. 1.

제14장

위기 시대 코스타리카의 '예외성'

선거와 진보적 대안

아르만도 차과세다 _림수진 옮김

2014년 코스타리카 대통령 선거는 뚜렷한 정치적 변화를 가져왔다. 1차 선거에서 시민
행동당(PAC)이 현재 여당이자 전통적 정당이라 할 수 있는 국민해방당(PLN)을 눌렀
고, 이어진 2차 선거에서 해방주의자(Liberacionista) 후보가 사퇴하면서 PAC 후보가
대통령에 당선되었다. 이와 더불어 진보적 대안이라 평가되는 '넓은 연대(Frente
Amplio: FA)'의 약진 또한 이번 선거에서 나타난 예상치 못한 결과라 할 수 있다.
이는 코스타리카 시민이 현재의 정치적·경제적 상황에 결코 만족하지 못하고 있음을
뚜렷이 보여주는 현상으로 읽힌다. 그간 신자유주의에 기반을 두고 행해진 개혁과
나날이 증가하는 부정부패, 그리고 주변국에 비하면 예외적으로 긍정적이었던 때 코스
타리카의 지표가 많이 약화되고 있는 것에 대한 시민들의 실망을 의미한다.

아르만도 차과세다 Armando Chaguaceda 라틴아메리카 역사와 정치 전공자이
며 베라크루스 대학(El Colegio de Veracruz)의 연구원이다. 동시에 라틴아메리카
사회 전망(Observatorio Social de America Latina) 회원이며 라틴아메리카 사회과
학 협의회(Consejo Latinoamericano de Ciencias Sociales)의 실무책임자이기도 하
다. 저자는 동료 시스카 라벤토스(Ciska Raventós)와 피델 데 로이(Fidel de Roy)
의 도움에 감사를 전한다.

* 이 글은 ≪Nueva Sociedad≫ 250호(2014년 3~4월)에 실린 글을 옮긴 것이다.

2014년 대통령 선거 캠페인이 시작된 2013년 하반기부터 2014년 2월까지 코스타리카 전 국민이 엄청난 정치 변화를 목도했으니, 바로 FA의 대선 후보였던 호세 마리아 비얄타(José María Villalta)의 혜성 같은 등장이었다. 탄탄한 제도 정치에 기반을 두었고, 우파 성향의 정치 구도가 뚜렷이 유지되던 코스타리카에서 이는 분명히 주목받을 만한 현상이었다. 일단 2014년 2월 2일에 있었던 선거에서 산호세 시장이자 역사학자인 PAC 소속 루이스 기예르모 솔리스와 PLN 소속 조니 아라야 몽헤(Johnny Araya Monge)[1]가 각각 1위와 2위로 결선 투표에 안착했다.

이 선거 과정에서 두 가지 놀라운 사실이 있었으니, 첫째는 전통적인 양당체제에 반발하여 2001년 대안으로 등장한 PAC가 여당인 PLN을 누르고 승리했다는 사실이다. 이는 여론조사와 정반대되는 결과였다. 또한 선거 과정에서 여당의 대통령 후보가 사퇴했다는 점 역시 놀라울 뿐이다. 둘째는 좌파 성향의 FA가 무려 17.4%에 이르는 득표율을 획득했다는 것이고, 동시에 실시된 국회의원 선거에서도 놀랄 만큼 약진했다는 점이다.[2] 그간에 주변국과는 확연히 다르게 모든 사회지표들이

---

1) 2014년 PLN 후보는 코스타리카 수도의 산호세 시장이었던 조니 아라야 몽헤였다. 2014년 2월 2일에 치러진 선거에서 그 어느 정당의 후보도 대통령이 되기 위해 헌법에서 명시한 전체 투표수의 40% 이상을 획득하지 못했다. 1차 선거에서 PAC가 30.64%를 획득했고, PLN이 29.71%를 획득했다. 2차 선거에 앞서 3월 5일 PLN 후보가 사퇴했으나, 2차 선거에서 후보 사퇴가 허용되지 않는다는 선거법 규정에 의해 1차 선거에서 1위와 2위로 득표한 PAC와 PLN의 2차 선거가 같은 해 4월 6일에 행해졌다. 결과는 PAC의 후보였던 루이스 기예르모 솔리스(Luis Guillermo Solís)가 77.9%를 획득하며 압승했다. — 옮긴이

2) 2010년 이후 FA는 국회 내 단 한 석을 차지하고 있었으나, 2014년 선거에서 아홉 석으로 늘렸다. 2014년 대선 후보로 나선 호세 마리아 비얄타(José María Villalta)가 2010년 이후 지금까지 국회 내 유일한 국회의원이었다. — 옮긴이

청신호를 보이며 정치적·경제적 안정을 구가하던 이 나라에서 대안적 정치세력이 등장했다는 사실은 놀랍지 아니할 수 없다. 게다가 대안으로 등장한 정치세력이 좌파적 성향을 갖고 있다면, 그 놀라운 정도는 상상을 초월한다.

무장 세력에 의한 정치적 폭력, 심각한 사회경제적 불평등, 군부에 의한 독재 등으로 대표되던 중미의 상황을 고려해본다면, 코스타리카는 분명 주변 지역들과 달리 예외적 성격을 가졌다고 할 수 있다. 식민 시기 이주자들의 정주가 시작되었던 중앙고원은 그 지리적 고립으로 인해 유럽인들의 관심을 받지 못했다. 이는 식민 시기 내내 유럽인들의 다양한 욕구를 채워주었던, 다시 말해 유럽을 위한 1차 산품의 생산 기지 역할을 했던 멕시코, 카리브해 섬들, 남아메리카의 거점 지역들과는 확연히 다른 양상이다. 어쨌든 결과적으로는 코스타리카의 독특한 식민 시기 경험이 독립 이후로도 라틴아메리카 대부분 국가에서 골칫거리로 부각되던 대농장의 부재를 보장할 수 있었다. 소수에게 집중된 대농장과 유럽이나 미국으로의 수출을 위한 농업생산 대신 소규모 토지에 기반을 둔 자급농 중심의 경제체제를 발전시킬 수 있었다(Molina y Palmer, 2006). 독립 이후 거의 모든 나라에서 사회적 갈등의 원천이 되었던 대농장의 부재는 코스타리카에 상대적 평화를 가져다줬다. 그리고 이러한 현상은 독립 이후 오늘날까지 이어지면서 주변국과의 차별로 자리 잡을 수 있었다. 한마디로 말해, 코스타리카가 갖는 '예외성'이다. 경제적으로 비교적 동질적인 구조를 갖추게 되었고 사회적으로는 갈등 대신 평화가 자리 잡을 수 있었다. 정치적으로 그리고 경제적으로 상하 관계가 있지만, 그들 사이에 항상 협의가 보장되었고, 폭력을 중재하는 국가기관에는 언제나 사회적 지원이 전제되었다. 또한 서로 다른 사회적 주체들 사이의 협의에는 늘 적절한 엘리트의 역할이 있었다(Torres-

Rivas, 2007).

독립 직후 이어진 정치적·제도적 발전과 함께, 1940년대 초반 라파엘 앙헬 칼데론 구아르디아 대통령에 의해 시작된 '사회보장'이 확실하게 자리 잡을 수 있었고, 1948년 시민전쟁을 통해 더욱 공고화될 수 있었다. 또한 1950년대 강력한 지도력에 기반을 둔 호세 피게레스 페레르(José Figueres Ferrer) 대통령이 등장하면서 코스타리카의 사회보장은 더욱 탄탄한 기반 위에 구체화되었다. 사회개혁은 지속되었고, 일부 공공시설이 국유화되었다. 이를 바탕으로 민주주의와 반공산주의에 근거한 '코스타리카형 국가발전 모델'이 자리 잡았다(Rovira Más, 2000). 그리고 이러한 양상은 1980년대까지 지속되었다. 이 시기 근대화와 평등, 그리고 사회계층 간 유연한 이동은 주변 국가의 상황과는 비교할 수 없을 만큼 발달했다. 동시에 정치에서는 다당주의에 기반을 둔 대의민주주의가 더욱 공고화되었다. 정치가 사회 안으로 자연스럽게 스며들었고, 정치 세력은 대화와 순차주의에 기반을 두었다(Torres Rivas, 2007). 물론 선거는 거의 종교와도 같은 수준으로 존중되었다. 이미 1913년에 직접선거가 실시되었고 1949년부터 여성도 남성과 동등한 자격으로 선거에 참여했다.

그럼에도 1980년대 초반 코스타리카도 신자유주의의 물결을 빗겨갈 수 없었다. 신자유주의가 도입되면서 주변국과 차별을 보이며 가지고 있던 코스타리카의 '예외성'에 변화가 시작되었다. 물론 국가가 여전히 본연의 기능을 수행하고 있고, 워싱턴 컨센서스와 같은 기관에 의한 공격적 혹은 엄청난 구조조정은 없었지만, 사회 전반에 점진적인 변화가 초래되었다. 불평등과 빈곤이 증가하기 시작했고, 넓은 저변을 확보하고 있던 중산층이 점점 약해졌다(Castro et al., 2007). 1948년 이후 코스타리카의 '예외성'으로 인식되던 튼튼한 사회질서에 균열이 생기기 시작했다. 정치적 무대에서는 그간 개혁 정당을 자처했던 PLN과 과거 중산층과 서민의 정치적 사회화에 지대한 역할을 해오던 기독사회연합당(PUSC) 모두 정책 부재에 노출되었다. 또한 보수주의자들의 왜곡이 나타났고 그간 사회보장정책에 대한 시민의 요구를 대표했던 기능마저 사라지는 상황이었다. 오히려 이들 정당은 외국자본의 유입에 긍정적이었고 상업자본이나 금융자본의 입장을 대변했다. 물론 대규모 사설 언론 매체와의 결탁도 변화의 한 축이었다.

국가에 의해 주도된 대형 프로젝트들을 통해 신자유주의는 더욱 고착되었고 이 과정에서 수출과 쇄신에 기반을 둔 부문, 즉 기술, 서비스, 생태관광 등이 급격히 성장했다. 반면 전통적으로 코스타리카 사회경제적 영역을 담당하던 계층, 즉 지역에 기반을 둔 경제와 고용이 당연시되던 노동자들은 더 이상 정부의 관심을 받지 못했다. 사회불평등에 대한 보호 역시 마찬가지였다. 이 과정에서 소규모 농민, 농업노동자, 니카라과 이주자들이 심각한 영향을 받을 수밖에 없었다(Programa Estado de la Nación, 2013). 그럼에도 코스타리카의 사회경제적 지표, 예를 들어 교육 수준, 위생, 빈곤 지수, 민주주의 지수, 각 기관의 기능 등에 대한 지표들은 여전히 주변국에 비해 높게 나타나고 있다. 중미 주변 국가들의 조직범죄, 불평등, 정치의 관료화 등과 같은 지표와 비교한다면 코스타리카는 여전히 그리고 충분히 긍정적인 편이다.

1. 민주화 의제와 시민사회의 실천

사회경제적 변화와 정당 구조의 변화 앞에 코스타리카 각 제도가 가진 질서 또한 허점과 퇴보 양상을 보이기 시작했다. 이러한 상황들이

1990년대 중반 이후 표면적으로 드러났다고 하지만, 결정적인 순간은 2006년까지 시간을 끌어주었다. 이 시기 코스타리카의 선거제도와 정당, 그리고 선거관리법원까지도 그간에 얼마나 심각한 오류를 내재해왔는지 여실히 드러내기 시작했다. 이들 제도야말로 시민들이 요구하는 수준의 감시와 투명성, 그리고 공정한 정치적 역할 수행에 가장 적극적이어야 함에도 오히려 그러한 요구들을 제한해왔다. 그간 대의민주주의 체제하에서 시민참여가 갖는 의미와 이 제도에 대해 시민들이 갖는 신뢰를 오히려 저해해온 것으로 드러났다.[3]

이러한 상황에 직면하여 대의민주주의의 역할과 한계에 대한 의문이 제기되었고 국민투표와 같은 직접민주주의에 대한 합의가 새롭게 이루어졌다. 또한 헌법 조항에서 정의하고 있는 대의와 참여의 성격을 동시에 갖는 정치 형태에 대한 재정의가 새로운 대안으로 요구되었다. 이 과정에서 입법부는 시민의 의견과 기업의 의견에 공정하게 귀를 기울였어야 함에도 기업들의 요구에 더욱 가까이 있었던 상황이었다(Roy Rivera et al., 2006). 어쨌든 이 과정에서 만들어진 정책 결정에 대한 시민참여 시스템, 예를 들어 공공청문회, 권익위원회, 지역위원회 등과 같은 시스템이 시민들의 비판을 통한 정책 참여를 보장했다. 또한 시민들은 각 지역사회의 정책 결정이나 예산 편성, 개발 프로젝트에 자신들의 의견을 표현할 수 있었다(Programa Estado de la Nación, 2006: 93~94). 물론 정당제에 기반을 둔 선거 과정에서의 시민참여 또한 가능한 것이었다(Rojas Bolaños, 2005).

---

3) 코스타리카에서 제도 위기의 양상들은 사회적·정치적 기반 부재에 의한 화석화된 정부로 특징지어졌다. 그 원인으로 입법부 내 협의 부족, 정부 지도력 부족, 정치의 사법화, 공공기관의 관료화와 업무능력 저하, 양당체제의 붕괴 등이 지적되었다 (PNUD y FLACSO, 2005).

    1970년대 중반 이후 정책 결정에서 가장 두드러졌던 시민사회의 참여는 여성운동과 생태운동 부문이다(Raventós, 2014). 1980년대 말부터 비슷한 성격을 갖는 다양한 사회 조직들이 서로 연합하기 시작했고, 이를 통해 정책 입안에 제안하거나 로비활동을 통해 입법에 영향을 미치기 시작했다. 그 예로 1995년 '유기환경법(Ley Organica del Ambiente)'과 1996년 '삼림법(Ley Forestal)', 1998년 '생물종 다양성법(Ley Biodiversidad)'에 적극적으로 개입한 생태운동 단체들을 들 수 있다. 또한 여성운동 단체의 활동으로 1984년 체결된 여성차별금지협약(Eliminación de Todas las Formas de Discriminación contra las mujeres)의 결과로 1990년 입법된 '여성평등법(Ley de Igualdad Real de las Mujeres)'을 예로 들 수 있다. 여성운동 단체들은 선거와 관련된 모든 기관과 과정에 여성 참여 비율을 법적으로 정하는 '선거법' 개혁에도 영향을 미쳤다(1996년에 40%, 2007년에는 50%). 나아가 1996년에는 '가정폭력 방지법'과 2007년에는 '여성폭력에 대한 처벌법'에도 영향을 미쳤다. 또한 '동거법'에 동성 간 결혼에 대한 긍정적 조항을 포함할 것을 요구하기도 했다. 이들의 활동이 활발해지면서 각 정당 역시 각 법에 대한 자신들의 정치적 입장을 분명히 할 수밖에 없었다.

    코스타리카의 경우 제도적으로 보장된 정치가 일반화되면서 시민들의 저항이나 사회주의적 성향을 갖는 시민운동의 출현 가능성은 현저하게 낮은 편이었다. 그렇다고 시민들의 기억 속에 잠재하던 저항에 대한 기억이 아주 잊혀진 것은 아니었다. 또한 정치세력들도 대중의 소리에 귀 기울이며 그들의 요구를 해결해야 한다는 사실을 늘 염두에 두고 있었다. 사회운동의 중심에는 항상 중산층이 있었고 이들은 노동조합 형태를 통해 자신들의 요구를 표현했다. 비교적 평화롭게 전개되었지만, 1990년대 중반 이후 점점 과격해지기 시작했다. 1995년 교직연금

개혁에 맞선 사회적 저항과 2000년 통신 부문 민영화에 대한 사회적 저항에서 이들이 보여준 저력은 실로 대단했다. 또 다른 한편에서는 학생 조직에 기반을 둔 젊은이들의 정치운동을 언급할 수 있는데, 이들이 코스타리카 사회적 저항에서 각 조직 간 연대의 주요한 축을 형성했다. 코스타리카 전기국 노동자 조합과의 연합이나 대학 교수들 간의 연합에서도 주요 역할을 잊지 않았다. 이러한 연합을 기반으로 코스타리카의 사회적 저항은 다시 새로운 국면을 맞이하게 되었다.

2007년 자유무역협정에 관한 국민투표[4]는 코스타리카의 사회적·정치적 양극화를 극명하게 보여준 경우다. 이 과정에서 저항 세력들은 자유무역협정에 대한 사회적 인식을 이끌어냈다. 청문회나 연구회에 참여하면서 상이한 조직들 간의 연합을 만들어나갔고, 이를 바탕으로 시민사회운동을 더욱 적극적으로 조직해나갔다. 2007년 10월 7일에 실시된 국민투표에서 찬성과 반대의 의견이 분명히 나뉘었다. 찬성의 경우 소수 전문가 집단과 대규모 다국적 기업에 토대를 두었다. 또한 정당 중에는 당시 여당이었던 PLN과 PUSC 일부 세력에 근거했다. 물론 대중매체들, 특히 일간지 ≪라 나시온≫의 지지를 얻고 있었다. 그렇지만 찬성 측에는 뚜렷한 시민사회 조직을 찾아보기 힘들었다. 반대 입장 측의 경우 시민사회 조직의 대부분이었으며 노동조합과 조합주의자, 농민운동가, 생태운동가, 여성운동가, 중소기업 관련자와 지식인 연합, 국공립대학교의 교직원들이 중심이 되었다.[5]

---

4) 코스타리카 역사상 최초로 치러진 국민투표였다. ― 옮긴이
5) 자유무역협정에 대한 반대 입장의 경우, 지지자들의 자발적 참여에 의해 재정이 확보되었다. 당시 반대 입장 측은 일반 대중들을 대상으로 '사람에서 사람으로(persona a persona)' 캠페인을 펼쳤다. 이들은 국민투표 기간 내내 스스로 조직을 운영했고 국민투표에 대한 감시와 당일 참관을 이끌어냈다. 다양한 시민단체가

2007년의 국민투표 과정에서 전개된 사회운동은 알게 모르게 향후 선거제도의 강화에 기여했다. 정부정책에 대한 사회적 저항은 모든 선거 과정에서 시민으로서의 역할과 감시가 갖는 중요성을 다시 한 번 일깨워준 셈이다. 또한 선거와 관련된 모든 기관의 기능, 즉 경제 집행의 적절성과 투명한 배당, 공적 자금 집행의 적법성 등에 대한 시민 감시 필요성을 확인시켰다. 2007년 국민투표는 국가적 현안에 대한 시민의 의견을 묻는 과정이었지만, 이를 통해 코스타리카 각 부문이 가지고 있는 정치적 현안들이 시민사회 앞에 드러난 장이기도 했다.

이러한 정황 속에서 코스타리카의 민주주의적 상황 혹은 이와 관련된 지표들은 비교적 긍정적이라 평가되었다. 실제로 2008년부터 2013년까지 큰 변화가 없는 안정기였다(Democracy Ranking Association, 2013). 그러나 그 이면에 충분히 우려할 만한 현상들이 내재되어 있었으니 코스타리카 내 민주주의와 관련된 지표의 추이였다. 물론 주변 여섯 개 나라들과 비교했을 때 코스타리카의 민주주의 지표는 여전히 우월할 정도로 긍정적인 상황이었지만, 자국 내에서의 변화가 심상치 않았다. 2009년 74%에 달하던 민주주의에 대한 신뢰도가 2013년 53%로 급격히 하락했다(Corporación Latino barómetro, 2013). 이 추이만으로도 충분히 심각하다고 할 수 있는데, 이에 더해 정부 형태 혹은 정부정책에 대한 무관심의 비율은 8%에서 21%로 상승했다. 또한 권위주의에 대한 인정 역시 9%에서 17%까지 상승하면서 코스타리카가 그간 유지해온 '예외성'에 적신호를 보내왔다.

참여했지만, 이들을 하나로 아우를 수 있는 지도력은 없었다. 하지만 이들에게는 활동하는 개인 각자의 열정이 있었다. 이들의 적극적인 참여에도 불구하고 국민투표 결과는 전체 유권자 59.4%의 투표율로 찬성이 51.7%로 반대 48.3%를 눌렀다 (Raventós, 2008).

2014년 선거는 특이한 상황 가운데 치러졌다. 라우라 친치야 정부에 대한 사회적 저항이 날로 격화되는 상황이었다.[6] 원래대로라면 코스타리카에서 선거가 있는 해마다 항상 그러했듯이, 사회적 저항이 수그러졌어야 했다. 그러나 2014년 선거가 있던 해는 그와 정반대로, 정부의 부정부패와 무능력, 니카라과의 국경 문제, 사회보장 약화 등에 대한 저항이 선거를 향해, 그리고 각 정당의 후보들을 향해 날을 세우고 있는 격이었다.[7]

2. 정치적 국면과 2014년 선거

2014년 2월 2일 코스타리카에 선거가 치러졌다. 당시의 전반적 분위기는 코스타리카 시민들의 정치에 대한 실망으로 대표되었다. 곳곳에서 정치인들의 부정부패가 터져 나오던 상황이었고, 시민들은 지난 20년간, 특히 라우라 친치야 정부가 보여준 정치적 무능력에 충분히 실망하고 있었다. 민주주의 안정성 지표 또한 최근 40여 년 사이 가장 낮은 수준으로 곤두박질치고 있었다. 고급 공직자나 국회의원 혹은 정당 지

---

6) 이 시기 대규모 집회의 빈도수는 2011년 11월 117건, 2012년 6월 107건, 2012년 11월 92건, 2013년 109건으로 나타난다.

7) 2014년 선거에서 환경주의자(생태주의자)들은 그들의 요구를 문서화하여 각 당의 대통령 후보들에게 전달한 반면 여성주의자(페미니스트)들은 특별한 요구를 하지 않았다. 한 가지 새로운 점은 부정부패와 반대되는 의미에서의 '투명'을 주장하는 비정부 단체가 '국제투명성기구'의 지원을 받아 각 당의 후보들에게 그들의 요구 사항을 전달했다는 것이다. 이러한 사회적 욕구들에 직면하여 FA는 이미 2010년부터 해온 대로 사회적 지도력을 갖춘 후보들을 내세우면서 대중 선거에 돌입했다 (Solano Chavarría, 2013).

도자들과 긴밀한 관계를 맺고 정부를 향한 자신들의 정치적 이해관계를 끊임없이 요구하던 시민사회 조직들 내에서마저 자신들의 요구가 관철되지 않을 때는 정치인들에 대한 실망과 평가절하가 이어지던 상황이었다(Raventós, 2008). 허수아비와 다름없는 대통령의 존재, 무능함의 극치를 달리는 정부, 항상 전통적으로 지배해오던 우세 정당에 의해 장악된 국회의 모습 속에 시민들이 가졌을 실망은 충분히 이해가 되고도 남을 상황이었다. 그러거나 말거나, 전통적 정당들은 위헌 소지로 인해 중단되었던 국가예산 삭감에 대한 입법 반대에만 온통 신경을 집중한 채, 그들의 입지와 특권만을 보호하려 했다. 물론 민간투자 승인에 따른 불량 자본 유입에 직면한 시민들의 불안 따위는 그들의 관심 밖이었다. 시민들을 안심시킬 수 있는 그 어떤 의미 있는 정치적 활동도 행해지지 않았다.

지난 15년간 코스타리카 정치는 양당체제에서 다당체제로의 변화를 경험했다. 2000년대 초반 양당체제를 유지하던 두 정당 중 PUSC는 소멸되어버렸다. 또 다른 하나였던 PLN은 여전히 유지되고 있지만, 지지자의 숫자가 확연히 줄어들었다. 그러나 2000년 이후 새롭게 등장한 정당들은 아직 선거에서 그 입지를 굳힐 만큼의 역량을 갖추지 못했다. 덕분에 각 정당이 확보하고 있는 지지자의 숫자는 그 어떤 당에서도 의미 있는 수준에 이르지 못하고 있다. 아주 희망적인 계산에 의하면 특정 정당을 지지하는 유권자의 최고 비중이 50%에 이르기도 하지만, 다시 비관적 계산을 들여다보면 그 어떤 정당도 30%를 넘기지 못하고 있다. 어째든 코스타리카에서 유권자의 절반 정도는 PLN을 지지한다. 그리고 나머지 50% 정도가 여러 정당을 나눠서 지원하고 있다. 물론 그들 중 그 어떤 정당도 확고한 지지를 받은 경우는 없다(Raventós, 2008). 또 다른 현상 중 하나로 선거관리위원회에 의하면, 전체 유권자 중

42%가 연령 35세 미만인데, 이들 대부분은 모든 후보들이 35세 이상인 PLN에 그 어떤 매력도 느끼지 못하는 것으로 나타났다(Rojas Bolaños, 2014).

2013년 7월 FA의 유일한 국회의원이던 호세 마리아 비얄타가 대통령 선거에 입후보했다. 당시 좌파뿐 아니라 기존 정치에 염증을 느끼던 시민들에게 그는 신선함으로 다가왔다. 도시의 젊은이들과 중산층, 코스타리카의 해안 낙후지역 유권자들이 비얄타를 지지했다. 또한 일부 PAC 지지자들이 FA의 비얄타 지지자로 돌아섰다(Solano Chavarría, 2013). 비얄타는 참여민주주의, 시민 협의와 감시, 시민 발의, 지방을 위한 예산 확보, 국가 대형프로젝트에 자치기관을 통한 시민참여 등을 주요 공약으로 내세웠다(FA, 2013). 나아가 국경 문제 해결과 대형 공사로 인한 환경 변화에 대한 지원 또한 약속했다. 물론 모든 과정에서 시민참여를 최대한 보장한다는 것이었다. 특히나 PLN의 오스카르 아리아스 대통령에 의해 거부되었던 환경 사안에 대한 시민참여 보장법을 부활시키겠다는 공약도 더했다. 코스타리카가 직면한 부정부패와 관련해서는 인류에 해악이 되는 범죄와 다름없음을 언급하고 고급 공무원들의 면책특권 제거에 대한 가능성을 제시했다. 또한 공공자원 개발과 사적 이익 사이의 연결고리를 해체하겠다는 공약도 제시했다. 무엇보다도 자신의 공약에 대한 코스타리카 내 정치세력 기득권자들과 기존 거대 정당의 저항을 이겨내기 위해서는 과거 코스타리카 사회가 가지고 있던 정부에 대한 감시와 통제 기능을 회복시켜야 하며, 이 과정에서 대중매체의 민주화가 절실함을 강조했다.[8]

---

8) 로하스 볼라뇨스(Rojas Bolanos)는 시민들이 정치인과 정당들을 불신하는 상황에서 대중매체가 선거 과정에서 어떤 책임이 있는지 언급했다(La Otra Acera, 2013.

개발과 관련해서 '해안 지역 개발법(Ley de Desarrollo Costeros com-
unitario)'[9])과 '인디오 자치법'의 집행을 언급했다. 이와 별도로 해안 지
역 어부조합과 광산 지역 광부조합의 강화를 통한 공동체에 의한 생산
통제를 강조하기도 했다. 조세와 관련해서는 '소득세법'에 대한 개혁
의지를 나타냈는데, 이를 통해 신자유주의 정권하에서 막대한 자본을
축적한 기업에 대한 올바른 징수가 이루어져야 한다고 주장했다. 또한
사회 부문에 대한 내용으로 가장 먼저 빈곤을 언급했다. 비얄타는 최근
급격한 속도로 증가하고 있는 코스타리카 내 빈곤이야말로 국가의 가장
심각한 위기라 지적하고 이를 위한 전략적 행정의 필요성, 무엇보다도
사회적 이익 추구의 중요성을 강조했다. 그간 신자유주의 정부하에서
자행되었던, 지역기업을 보호하지 못하고 사회개혁과 거리가 멀었던
국가 전략과 상업적 협의들이 반드시 수정되어야 한다고 언급하면서
또 다른 한편으로 농업 개혁과 지식의 공유를 주장했다. 불평등과의
전쟁도 선언했는데 노동 현장, 특히 외국계 파인애플 농장과 바나나
농장, 건축 현장에서 자행되는 노예 계약에 대한 투쟁을 선포했다. 아울
러 니카라과 이주자들의 노동조건에 대해서도 개선을 약속했다. 이를
위해 최저임금과 코스타리카 연금(Caja Costarricense)으로 대표되는 퇴직
연금을 개선시킬 수 있는 막강한 노동부를 만들어야 한다고 주장했다.
환경은 코스타리카인들에게 아주 중요한 사안이다. 이에 관해 FA

7.23).

9) 코스타리카는 총 일곱 개 주로 구성되어 있다. 산호세, 알라후엘라, 카르타고,
에레디아 네 개 주는 중앙고원 지역에 속하고 과나카스테, 리몬, 푼타레나스 세
개 주는 해안 지역에 속한다. 일반적으로 중앙고원 지역이 정치, 경제, 사회, 문화
의 중심지 역할을 하며, 해안 지역은 낙후 지역으로 간주된다. 중앙고원은 코스타
리카 전체 영토의 41%를 점하지만, 인구의 74%가 정주한다. — 옮긴이

후보 비얄타는 헌법에 탈라망카 산맥 원주민 거주지역 공유지(Madre Tierra)에 대한 권리를 보장할 것과 현재 적지 않은 환경 비용을 파생시키고 있는 에너지 생산 방식의 변화를 약속했다. 그 한 예로 지속 가능한 에너지원으로 지열을 언급하기도 했다. 인권과 관련해서는 성차별, 성폭력, 이민자에 대한 차별 금지를 기본 축으로 하면서 임신, 성교육, 빈곤의 여성화, 여성 임금 차별 등에서 보이는 현 정부의 이중적 태도를 지적하기도 했다. 코스타리카 내에서 상당히 민감한 주제가 될 수 있는 니카라과 이주자들의 급증과 관련해서는 코스타리카 사회의 염려를 충분히 인정하면서도 그들이 합법이라는 테두리 안에서 받는 차별을 강조했다.[10)]

비얄타가 제시한 국정운영의 청사진은 두 부분에서 난관에 봉착했다. 그 첫째는 기존 정치 기득권 세력들의 저항이었고, 둘째는 비얄타가 야심차게 제시한 공약들의 실현가능성에 대한 의심이었다. 첫 번째와 관련해서는 정치학자 볼라뇨스의 지적을 들 수 있다. 그에 의하면 계층과 매체를 중심으로 분극화되어 있는 유권자들이 FA에 대항하여 언제라도 그들 사이의 조직을 강화하고 또한 연합하여 대선에서 예측 불허의 결과를 만들어낼 수 있다는 것이다. 그리고 새로운 조직을 기반으로 국가 구성과 국가적 의제 결정에 그들의 영향력을 미칠 수 있다는 것이다(Rojas Bolaños, 2014b). 이러한 상황 앞에서 FA 후보는 좀 더 다양한 현상들과 정치가들에 대한 자료들을 충분히 수집할 필요가 있음을 언급했다.[11)]

---

10) 한 전문가는 비얄타 후보가 내세운 공약 중 민감한 사안, 예를 들어 낙태, 동성 간 결혼, 이주자와 관련된 부분에 대해 심한 우려를 표하며 약간의 조정을 요구하기도 했다.

11) 1차 선거에서 유효표의 40% 이상을 획득해야 당선이 가능하다.

〈그림 14-1〉 1차 선거: 예측과 결과

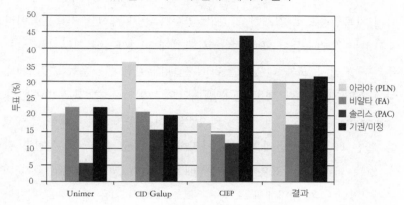

선거가 끝났을 때 결과는 그 어떤 여론조사 기관의 예상과도 일치하지 않았다.[12) 수많은 유권자가 주요 정당 후보들이 상대방 후보에 대해 쏟아 붓던 흑색선전에 지쳐 대안적 선택을 했던 것이다. <그림 14-1>의 그래프는 코스타리카 내 주요 여론조사 기관의 예측과 실제 선거 결과의 차이를 여실히 보여준다.[13)

---

12) 선거 직전 2014년 1월 실시된 CIEP와 CID Galup의 여론조사에서 PLN의 승리가 예상되었고, 두 곳 모두에서 2위는 FA로 나타났다. Unimer의 여론조사에서는 FA가 PLN을 상대로 박빙의 승부를 얻을 것으로 예상되었다. 그러나 실제 선거 결과는 PAC의 승리였다. ― 옮긴이

13) 2014년 1월 6일과 12일 사이 Unimer에 의해 실시된 여론조사에 의하면 PLN, FA, PAC 지지율이 각각 20.3%, 22.2%, 5.5%인 것으로 나타났다. 반면 2014년 1월 14일과 25일 사이 행해진 CID Gallup의 여론조사에 의하면 PLN, FA, PAC가 각각 35.6%, 21%, 15.6%로 조사되었다. 마지막으로 2014년 1월 20일과 27일 사이 행해진 CIEP에 의하면 PLN, FA, PAC가 각각 17.4%, 14.4%, 11.6%로 나타났다. 이러한 예상과 달리 1차 선거에서의 결과는 PLN 소속의 아라야가 29.59%, FA 소속의 비얄타가 17.14%, PAC 소속 솔리스가 30.95%를 차지한

2014년 2월 2일의 대통령 선거에서 PLN은 패배했다. 여전히 정치세력의 기득권층으로 건재하고 있고, 역시나 자기 자신을 기득권층이라 생각하는 유권자들이 표를 주었고 거기에 더해 FA에 거부감을 갖는 유권자들 역시 표를 더했지만 PLN은 패배했다. 선거운동 기간 내내 이어진 PLN의 FA에 대한 반대 캠페인으로 이익을 본 것은 PAC였다. 흑색선전에 지친 도시의 해방주의자[14]와 젊은 부동층이 PAC를 선택했다. 물론 PAC가 단번에 대권을 차지하지는 못했지만, 2차 선거로 갈 수 있는 의미 있는 표였다. FA는 해안 지역과 과거 '해방주의자'의 근거지였던 농촌 지역에서 PLN을 누르고 PAC에 이은 득표수를 획득했다. 사실 해안 지역과 농촌 지역이야말로 불평등과 경제적 소외가 가장 급격히 증가한 지역이다. FA는 대권을 잡지는 못했지만, 기존 한 석에 머물던 의석을 아홉 석으로 늘리면서 당당히 코스타리카 정치권력에 입성하기 시작했다.

3. '위험한 공산주의자'와 정치개혁

선거 캠페인이 치러지는 내내 FA를 향한 가장 강력한 공격은 FA 자체와 '위험한 공산주의'를 동일시하는 것이었다. 공격의 중심에는 PLN과 2007년 자유무역협정을 지지하던 찬성연합(Alianza del Sí), 현재 코스트리카연합(Alianza Costa Rica)으로 대표되는 보수주의자들이 포진

것으로 나타났다. 기권과 관련해서는 Unimer, CID Gallup, CIEP가 각각 22.4%, 20%, 43.9%로 예상했지만 실제 결과는 31.75%였다.

14) PLN 지지자 — 옮긴이

했다. 그들은 철저히 이데올로기적 시각으로 편을 갈랐다. 냉전 이후 반공주의 스타일 중 가장 추한 양상이었다. 실제로 구식 좌파의 시각에서 보면 그들을 구성하던 일부 그룹, 즉 젊은이들과 일부 대안주의자들이 쿠바나 베네수엘라 시스템을 지지했던 것이 사실이다.15) 혹 지지하지 않았다면 적어도 비판하지 않음으로써 간접적으로 지지했던 것이 사실이다. 그러나 과거의 이러한 양상이 지금의 FA를 대표하지 않는다. FA 역시 그들 가운데 일부인 자들의 정치적 이데올로기에 전적으로 동의하지 않는다. 지금의 FA는 하나의 정치 스타일일 뿐이다. 선거의 이데올로기적 근간이 되었던 코스트리카 진보주의, 프로그래시스모 '티코'(Progresismo <tico>)는 다양성, 창의성, 평등함을 전제로 하는 전통적 좌파와 자유주의, 사회민주주의의 합이라 할 수 있다. 그 어느 측면에서도 오직 사회주의나 좌파적인 성향은 보이지 않는다. 일반 상식 차원에서 봐도 전혀 아니다. 실제로 조직 능력과 사상적 통제, 외부 지원을 통해 좌파 이데올로기가 FA에 영향을 미칠 것은 분명하다. 그러나 FA 자체가 갖는 내외적 역량, 코스타리카 시민들이 갖는 정치적·법제적 특수성, 그리고 주변 지역과의 상황을 고려했을 때, 그리 우려할 일은 아닌 듯하다.16)

---

15) FA의 부통령 후보였던 파트리시아 모라(Patricia Mora)[FA 창당인 중 한 명이었던 호세 메리노(José Merino)의 미망인으로 남편이 사망하면서 자리를 승계 받았다]는 공개적으로 베네수엘라와 쿠바 정치시스템에 대해 지지해왔던 사람이다 (그녀의 남편 메리노는 2012년 쿠바 아바나에서 사망했다. 당시 신장암을 앓고 있었고, 자국에서의 치료 대신 쿠바를 선택했다. 쿠바에서 수술 후 항암 치료 중 사망했다 — 옮긴이). 따라서 FA가 다양한 정치노선의 합에 기반을 둔 선거 전략을 세웠음에도 모라와 FA를 구성하고 있는 일부 구식 좌파의 정치적 성향으로 인한 시민들의 의심으로부터 자유로울 수 없었다.

16) 여러 차례 인터뷰 혹은 대중과의 만남에서 비얄타는 그의 진보주의적 성향이

지금까지 코스타리카인들이 역사적으로 추구해온 혹은 이룩해온 성향으로 본다면 대의민주주의가 갖는 단점들을 부각시키며, 특히 대안적이거나 좌파 성향의 후보가 유리했던 선거에서 불거진 대의민주주의의 한계를 열심히 선전하며 권위주의로의 복귀를 요구하는 주장에 쉽게 속아 넘어가지 않을 것이다. 만약 이러한 현상들이 베네수엘라와 같은 곳에서 일어났다면, 정치적 편이 갈리면서 위기 상황이 초래될 수도 있을 것이다. 때로는 무장 세력 혹은 군부의 개입까지도 우려되는 상황일 수 있다. 그러나 이렇게 철저히 닫힌 관료주의는 적어도 오늘날 코스타리카에는 존재하지 않는다. 1차 선거에서 승리가 예상되었던 PLN이 2차 선거에서 맞닥뜨린 것은 너무도 확실히 예상되는 패배였다. 2차 선거를 며칠 앞두고 PLN의 후보가 사퇴했다. 결국 2014년부터 2018년까지의 코스타리카 행정부는 루이스 기예르모 솔리스에게 넘어갔다(Malamud, 2014). 산호세의 정치인과 지식인은 일단 PAC를 믿는 눈치이다. 지금까지 코스타리카가 주변국과 차별을 두며 예외적으로 걸어온 길을 이어갈 것이라 믿는다. 또한 PAC가 선거 과정에서 내세웠던 공약들, 부정부패와의 전쟁과 시민참여 보장에 대한 것도 일단 믿는다. 그럼에도 솔리스가 그 당 안에서 어떻게 균형을 유지해나가는지 주시하고 있다. 특히 PAC 안의 보수주의 세력으로 불리는 새벽회[Grupo Ananencer, 창당자 오톤 솔리스(Ottón Solís)]와 당 내의 좌파적 성향을 갖는

강조되며 '사회민주주의자' 때로는 '사회주의자'로 분류되었다(Mata, 2014). 코스타리카 진보주의에 대한 다양한 실제와 해석은 로자 룩셈부르크 재단(Fundación Rosa Luxemburg)에 의해 2013년 4월 26일 진행된 토론 2014년 '코스타리카 선거에 관한 프로젝트(Proyecto Alternativos frente a las elecciones en Costa Rica 2014)'를 참고하라. 다음에서 확인 가능하다. http://www.rosalux.org.mx/evento/proyectos-alternativos-frente- las-elecciones-en-costa-rica-2014

새싹회(Grupo Germinal, 대부분 당 내 젊은이들) 사이의 균형이다. 궁극적으로 선하고 정직한 행정을 행하는 것이, 그리고 코스타리카가 이루어온 민주주의를 이어가는 것이 시민들이 이 정부에 요구하는 것이다. 또한 이 나라에 절실히 필요한 것이기도 하다. 진보적 성향의 코스타리카 정치가 그간 신자유주의하에 쌓인 독을 중화시켜주길 바라고 있다. 코스타리카가 갖는 독특한 민주주의, 즉 사회정치 개혁에 기반을 둔 민주주의가 실현되어야 한다. 이를 통해 다시 한 번 '중미의 스위스'라 불리는 평가를 회복하고 온전한 '푸라 비다(Pura Vida, 걱정 없는 편안한 삶)'의 나라가 되어야 한다.

참고문헌

Castro, C., G. Lucía, C. Rodriguez, y M. Barahona. 2007. *Transformaciones en la estructura social en Costa Rica. Estratos socioprofesionales, educación y trabajo.* San José, Costa Rica: Editorial de la UCR/Instituto de Investigaciones Sociales.

Corporacion Latinobarometro. 2013. *Informe 2013.* disponible en http://www.latinobarometro.org/documentos/LATBD_INFORME_LB_2013.pdf

Democracy Ranking Association. 2013. *The Democracy Ranking of the Quality of Democracy 2013.* disponible en http://democracyranking.org/wordpress/?page_id=738

FA. 2013. "Plan de gobierno del Frente amplio. Un país de oportunidades para todas y todos." disponible en http://villaltapresidente.cr/plan-de-gobierno-frente-amplio

La Otra Acera. 2013.7.23. "Los medios y la campana electoral." disponible en http://aceraenfrente.blogspot.mx/2013/07/los-medios-y-la-campana-electoral_23.html

Malamud, C. 2014. "Abandono oficialista y falta de democracia en Costa Rica." Infolatam, 2014.3.9.

Mata, Esteban. 2014. "José María Villalta: El PAC quiere votos del Frente Amplio, sin hablar con el Frente Amplio." en *La Nacion.* 2014.2.7 disponible en http://www.nacion.com/nacional/elecciones2014/Maria-Villalta-PAC-Frente-Amplio_0_1395060650.html

Molina, Ivan y Steven Palmer. 2006. *Historia de Costa Rica.* San José, Costa Rica: Editorial de la UCR.

PNUD(Programa de las Naciones Unidas para el Desarrollo) y FLACSO(Facultad Latinoamericana de Ciencias Sociales). 2005. *Desafíos de la democracia: una propuesta para Costa Rica.* San José, CostaRica.

Programa Estado de la Nación. 2006. *Informe XII- Estado de la Nacion 2006.* San

José, Costa Rica, pp. 93~94.

_____. 2013. *Informe XIX Estado en la Nación 2013.* Cap. 1. San José, Costa Rica.

Raventós, C. 2008. "Balance del refrendo sobre el TLC en Costa Rica a la luz de la teoría de la democracia." *Revista de Ciencias Sociales*, No. 121, pp. 13~29. Universidad de Costa Rica.

Raventós, C. 2014. *La sociedad civil frente a las elecciones del 2014.* 미간행.

Rojas Bolaños, M. 2005. *Ciudadanía y representación política en Costa Rica: unarelación en crisis.* San José, Costa Rica: FLACSO.

_____. 2014a. "Votos jóvenes y partidos viejos." en *la Otra Acera.* 2014.1.6. disponible en http://aceraenfrente.blogspot.mx/2014/01/votos-jovenes-y-partidos-viejos.html

_____. 2014b. "Juegos de temores." *La Otra Acera.* 2014.1.13. disponible en http://aceraenfrente.blogspot.mx/2014/01/juego-de-temores_13.html

Rovira Más, Jorge. 2000. *Estado y política económica en Costa Rica 1948-1970.* San José, Costa Rica: Editorial de la UCR.

Roy Rivera, M., M. Rojas, F. Zeledón and J. Guzmán. 2006. *La democracia de nuevo milenio.* San José, Costa Rica: FLACSO.

Solanos Chavarria, H. 2013. *Elecciones en Costa Rica: el crecimiento del Frente Amplio y las perspectivas para el avance de las izquierdas.* Fundacion Rosa Luxemburg, Oficina Regional en México, disponible en http://www.rosalux.org.mx/sites/default/files/las-elecciones-en-costa-rica_hector-solano.pdf

Torres-Rivas, Edelberto. 2007. *La piel de Centroamérica, Una visión epidémica de 75 años de su historia.* San José, Costa Rica: FLACSO.

중앙아메리카 역사 연표

과테말라 역사 연표

온두라스 역사 연표

엘살바도르 역사 연표

니카라과 역사 연표

코스타리카 역사 연표

1523~1524	페드로 데 알바라도(Pedro de Alvarado)가 이끄는 스페인 탐험대에 의해 마야 원주민 문명 정복, 이후 식민 지배 시작
1821	독립과 동시에 멕시코 제국에 합병
1823	코스타리카, 엘살바도르, 온두라스, 니카라과와 함께 중앙아메리카연방 구성
1839	과테말라 완전 독립
1844~1865	보수주의 독재자 라파엘 카레라(Rafael Carrera) 집권
1873~1885	자유주의 대통령 후스토 루피노 바리오스(Justo Rufino Barrios) 통치하에 국가 근대화, 군대 발전, 커피 산업 성장 시도
1904	미국인 키스(Keith) 일가와 대서양 철도 건설 계약
1910년대	미국 자본에 기반을 둔 대규모 바나나 회사인 쿠야멜(Cuyamel)과 유나이티드 프루트 컴퍼니(United Fruit Company: UFCO)가 과테말라에서 본격적 바나나 생산
1931	호르헤 우비코 카스타녜다(Jorge Ubico Casteñada) 대통령의 억압정치 시작
1941	추축국에 대한 전쟁 선포
1944	우비코 정부 종결과 함께 후안 호세 아레발로(Juan Jose Arevalo) 대통령 집권. 사회민주주의에 입각한 사회보장과 토지개혁 실시
1951	하코보 아르벤스 구스만(Jacobo Árbenz Guzmán) 대통령 당선. 아레발로 정부가 제시한 개혁 지속. UFCO에 귀속되어 있던 토지국유화
1954	미국 지원으로 쿠데타에 성공한 카를로스 카스티요(Carlos Castillo) 대통령 집권. 동시에 UFCO 소속 토지개혁 중단

1957	카를로스 카스티요 암살
1970	군부의 지지를 받아 카를로스 아레나(Carlos Arena) 대통령 선출
1970년대	1970년대 군부 통치 기간 동안 좌파 제거 프로그램을 통해 적어도 5만 명의 사상자 발생
1976	지진 발생으로 2만 7000여 명의 사망자와 100만 명 이상 이재민 발생
1981	1만 1000명 이상의 반정부 게릴라들이 군부에 의해 살해당함
1982	군부 쿠데타를 통해 호세 에프라인 리오스 몬트(José Efraín Riíos Montt) 장군이 집권
1983	게릴라에 대한 사면을 선언하면서 쿠데타를 성공시킨 메히아 빅토레스 (Mejia Victores) 장군에 의해 리오스 몬트 축출
1985	마르코 비니시오 세레소 아레발로(Marco Vinicio Cerezo Arevalo) 대통령 당선. 의회 선거에서 과테말라 기독민주당 승리
1980년대	1980년부터 이어진 내전 기간 동안 누계 실종자 4만 명과 사망자 10만 명 발생
1991	호르헤 세라노 엘리아스(Jorge Serrano Elias) 대통령 당선. 오랜 기간 과테말라 영토로 주장되어왔던 벨리즈의 독립을 공식적으로 인정하며 공식 외교관계 수립
1993	세라노 대통령이 자체 쿠데타를 통해 권위주의 정부 구축을 시도하려다 민중들의 거센 저항에 부딪혀 하야. 이후 과테말라 의회에 의해 레온 카르피오(Leon Carpio) 대통령 선출
1994	정부와 반군 사이 대화 시도. 우파 정당이 의회 선거에서 압승
1995	반군의 휴전 선언. UN과 미국이 과테말라에 만연한 인권침해 비판
1996	알바로 아르수(Alvaro Arzú) 대통령 당선. 군 고위 간부들에 대한 숙청과 함께 반군[과테말라 국가혁명군 연합(Unidad Revolucionaríia Nacional Guatemalteca)]과 대화 시도. 36년에 걸친 내전 종결
1998	인권운동가로 활동하던 주교 후안 헤라르디(Juan Gerardi) 살해

1999	UN 관련 위원회에 의해 내전 기간 동안 자행되었던 인권침해 사례의 93%가 공권력과 관련이 있다고 발표
2000	알폰소 포르티요(Alfonso Portillo) 대통령 취임(1999년 선거에서 당선)
2001	포르티요 정부가 1982년 라스 도스 에레스(Las Dos Erres) 북쪽 지역에서 정부군과 준군사조직에 의해 살해된 희생자들에 총 180만 달러의 보상금 지급
2002	과테말라와 벨리즈가 미주기구 중재에 의해 오랫동안 분쟁 대상이었던 국경 지역 합의 초안 작성
2003	보수적 성향의 기업인이자 전 과테말라시티의 시장이었던 오스카르 베르헤르(Oscar Berger)가 2차 투표를 통해 대통령으로 당선. 전 군 지도자였던 에프라인 리오스 몬트는 1차 투표에서 3위에 머물며 탈락
2004.5	전 군사지도자 에프라인 리오스 몬트 가택연금 시작
2004.6	군 감축. 기지 폐쇄와 1만 명 이상의 군인 은퇴
2004.7	내전 희생자들에 350만 달러 보상. 국가 잘못 인정
2004.9	경찰의 사유지 점유자 퇴거 시도에서 11명 사망
2005.3	중앙아메리카미국 자유무역협정 과테말라 비준과 함께 반대 시위 시작
2005.10	허리케인 스탠(Stan)으로 수백 명 사망
2005.11	과테말라 반마약(anti-drugs) 조사기관 지도자가 미국에서 마약 소지 혐의로 체포
2006.12	불법 무장 세력에 대한 확인과 해체를 위해 정부와 UN 사이에 과테말라 반면책 국제위원회(CICIG) 설치 합의
2007.5	유아 도난과 매매 방지를 위한 국제입양조약에 비준
2007.7	살인자들에 대한 무처벌을 면하기 위해 국제사면위원회가 과테말라 정부에 그 첫 단계로서 CICIG를 인준할 것을 요구
2007.8	국제 선거 감시기관에 의해 9월 선거를 앞두고 정당 후보나 활동가들에 대한 살인이 증가하고 있음이 발표됨

2007.11	중도 좌파적 성격의 전국희망연맹당(Unidad Nacional de la Esperanza) 알바로 콜롬(Alvaro Colom)이 전 투표수의 53%를 차지하며 대통령으로 당선
2008.10	전직 대통령 포르티요가 국방부에 지정된 예산 1500만 달러 실종과 관련하여 부패 혐의로 멕시코로부터 소환
2009.9	전 민병대 조직 간부가 과테말라 민간인 실종 사건과 연루되어 최초로 구속
2010.3	코카인 거래와 관련하여 국가 경찰청장과 마약 관련 기관장 해고
2010.5	파카야 화산 분출로 인한 비상사태 선포
2010.9	전직 대통령 포르티요 횡령 혐의로 기소. 그러나 그는 혐의 부정
2010.10	미국 정부가 1940년대 과테말라인들을 상대로 매독과 임질 임상 실험한 것에 대해 사과. 콜롬 대통령은 이 사건을 '인류에 대한 범죄'로 규정
2011.4	콜롬 대통령과 그의 부인 산드라 토레스(Sandra Torres)가 이혼함으로써 산드라 토레스의 대선 출마 가능(과테말라는 현직 대통령의 배우자와 친척의 차기 대선 출마를 헌법으로 금하고 있음)
2011.8	과테말라 역사상 최초로 내전 기간 동안 인권침해 혐의로 작전에 참여했던 군인들 기소 후 유죄판결
2011.11	전직 장군, 우파 정당 소속 오토 페레스 몰리나(Otto Perez Molina) 대통령 당선
2011.12	콜롬 대통령이 내전 기간 중이던 1982년 도스 에레스 마을에서 자행된 200여 명 민간인 학살과 관련하여 공식 사과
2012.3	페레스 몰리나 대통령이 마약 거래를 감소하기 위해 마약 합법화를 제안
2012.11	두 차례에 걸친 강진으로 50명 이상 사망
2013.5	전 군사지도자 에프라인 몬트 대량 학살 혐의로 유죄판결 확정
2014.3	전 대통령 알폰소 포르티요가 부패 혐의로 유죄 확정. 직권 당시 타이완과 외교관계를 유지하는 대가로 250만 달러를 받은 혐의 인정

1502	크리스토발 콜론 온두라스 상륙
1525	스페인에 의한 정복 시작. 원주민 저항으로 1539년에 가서야 정복 완료
17세기	북부 해안 지역 영국 해적에 의해 점령
1821	스페인으로부터 독립 이후 멕시코에 편입
1823	중앙아메리카연방 결성
1840	온두라스 완전 독립
19세기 후반~20세기 초	미국의 UFCO에 의해 바나나 생산 점령
1932~1949	우익 온두라스 국민당 소속 티부르시오 카리아스 안디노(Tiburcio Carias Andino) 장군에 의해 독재
1963	오스왈도 로페스 아레야노(Osvaldo López Arellano) 대령이 쿠데타를 통해 정권 장악
1969	엘살바도르와 국경 분쟁
1974	로페스 대령 미국 회사로부터 뇌물 수락 혐의로 사임
1975	후안 알베르토 멜가르 카스트로(Juan Alberto Melgar Castro) 집권
1978	폴리카르포 파스 가르시아(Policarpo Paz Garcia) 장군이 이끈 쿠데타로 멜가르 축출
1980	파스 장군, 엘살바도르와 평화협정 서명
1981	자유당 소속 로베르토 수아소 코르도바(Roberto Suazo Córdova)가 대통령에 당선됨으로써 100여 년 만에 민간 정부 도래. 그러나 여전히 군 수장격인 구스타보 알바레스(Gustavo Alvarez)가 막강한 파워를 가지면서 온두라스 지역 곳곳에 갈등 파생

1982	미국이 온두라스 영토에 기반을 둔 채 니카라과 반혁명군 지원
1982~1983	알바레스 장군 집권 시기 정치 불안정에 대한 방편으로 노조활동가와 좌익 성향 정치인들 구금 증가
1984	알바레스 장군 테구시갈파에서 벌어진 반미 시위에 직면하여 실각
1986	자유당 소속 호세 아스코나 델 호요(Jose Azcona del Hoyo) 대통령 당선
1988.2	국제사면위원회가 우익 단체에 의한 인권 유린 인정
1988.8	미주인권재판소에 의해 1981년과 1984년 사이 실종자들에 대한 온두라스 정부의 유죄 인정
1989.1	알바레스 장군 테구시갈파에서 좌익 게릴라 단체에 의해 암살
1990.1	라파엘 카예하스(Rafael Callejas) 대통령 취임 이후 신자유주의 경제정책과 긴축구조조정 시작
1990.6	온두라스에 체류하던 니카라과 반혁명군 완전 철수
1992	국제사법재판소에 의해 온두라스와 엘살바도르 사이 국경 확정
1993.3	정부 주도로 과거 군부에 의한 인권침해 조사위원회 구성
1993.11	자유당 소속 후보이자 전직 군인이었던 카를로스 레이나(Carlos Reina) 대통령 당선. 사법 개혁과 무장 세력의 권력 제한을 약속
1995.4	병역 의무 폐지
1997	자유당 소속 카를로스 플로레스(Carlos Flores) 대통령 당선. 무장 세력에 대한 개혁 약속
1998.5	치안 통제가 군부에서 민간 기관으로 이전. 그러나 여전히 군부에 의한 인권침해 지속
1998.10	허리케인 '미치(Mitch)' 온두라스 강타
1999	민간 기관에 의한 군대 통제
1999.12	온두라스와 니카라과 사이 육로 국경선에서 대치하던 군대 철수와 카리브 해에서 대치하던 해군 철수에 양국 동의

2001.1	온두라스 인권보호위원회가 2000년 한 해 경찰 묵인하에 자행된 만행으로 1000명 이상의 거리 아동이 살해되었음을 발표
2001.8	UN이 온두라스 정부에 일부 경찰력에 의해 자행되는 아동 청소년 살해 예방지침 조달
2002.1	리카르도 마두로(Ricardo Maduro) 대통령 취임. 군 병력을 동원한 범죄와의 전쟁 선포에 시민사회와 국제단체의 반대와 우려
2002.12	1961년 이후 단교되었던 쿠바와의 외교관계 재개
2003.5	중앙아메리카 내 최초로 이라크 병력 파견
2003.12	중미(온두라스, 과테말라, 엘살바도르, 니카라과)와 미국 자유무역협정 체결
2004.5	산페드로 술라(San Perdro Sula) 감옥 화재로 100여 명 이상 사망
2005.12	자유당 소속 마누엘 셀라야(Manuel Zelaya) 대통령 당선
2007.12	국제사법재판소에 의해 온두라스와 니카라과 국경선 확정
2008.8	ALBA 가입. 베네수엘라와 긴밀한 외교관계 수립
2009.6	쿠데타와 함께 셀라야 대통령 축출. 미주기구 온두라스 회원 자격 일시 정지
2009.9	셀라야 전 대통령 브라질 주온두라스 대사관으로 귀환
2009.11	보수 성향 국민당 소속 포르피리오 '페페' 로보 소사(Porfirio 'Pepe' Lobo Sosa) 대통령 당선
2009.12	의회에 의해 셀라야 복귀 거부
2010.1	셀라야 전 대통령 도미니카공화국으로 망명
2010.2	2009년 쿠데타 이후 단교되었던 29개국과 정상적 외교관계 재개
2010.3	쿠데타 이후 중단되었던 온두라스에 대한 미국의 지원 재개. 미국이 포르피리오 로보 대통령에 대해 합법적 민주적 절차를 통해 당선되었음을 인정

2010.11	국제형사재판소에 의해 2009년 쿠데타 기간 동안 행해진 인권침해 사례 조사
2011.5	셀라야 전 대통령 귀국
2011.12	의회가 높은 살인율을 낮추기 위한 방편으로 군 병력의 경찰 임무 수행 허락. 치안 불안 고조
2012.5	언론에 대한 폭력에 반대하는 대규모 시위 발생. 지난 3년간 20명 이상의 언론인이 살해

엘살바도르 역사 연표

1524   스페인 탐험가 페드로 데 알바라도(Pedro de Alvarado)에 의해 정복

1540   원주민 저항 종결과 함께 스페인 식민지로 편입

1821   스페인으로부터 독립 이후 멕시코 연방 편입 여부로 갈등

1823   중앙아메리카연방으로 편입

1840   중앙아메리카연방 해체와 함께 완전 독립

1859~1863 헤라르도 바리오스(Gerardo Barrios) 대통령 재임 기간 중 커피 도입

1932   아구스틴 파라분도 마르티(Agustine Farabundo Marti)가 이끄는 농민반
            란 중 정부군 진압으로 3만 명가량 사망

1961   우익 성향 국가화해당(PCN)이 쿠데타를 통해 집권

1969   불법 이주자 문제로 온두라스와 전쟁

1977   카를로스 로메로(Carlos Romero) 대통령 재임 기간 동안 좌파 게릴라
            단체인 파라분도 마르티 민족해방전선(FMLN)에 대한 탄압 고조

1979~1981 우익 군사 세력에 의해 약 3만 명의 시민 학살

1979   로메로 대통령이 개혁주의 군사·민간 위원회로 구성된 쿠데타에 의해
            축출. 무장 정치세력의 폭력 지속

1980   인권운동가였던 오스카르 로메로 주교 암살

1981   프랑스와 멕시코가 FMLN을 합법적 정치세력으로 인정. 그러나 미국은
            여전히 FMLN을 인정하지 않고 우익 성향 정부 지원

1982   극우 성향의 민족공화동맹(ARENA)이 폭력으로 점철된 총선에서 승리

1984   호세 나폴레온 두아르테(José Napolepón Duarte), 기독교민주당 소속 대통

령 당선

1986	두아르테 대통령 FMLN과 협상 시도
1989	FMLN의 공격이 더욱 거세지는 가운데 ARENA 소속 알프레도 크리스티아니(Alfredo Cristiani Burkard)가 대통령으로 당선
1991	평화협정 체결 이후 FMLN이 합법적 정당으로 인정
1994	ARENA 측 후보인 아르만도 칼데론 솔(Armando Calderón Sol) 대통령으로 당선
1997	FMLN이 총선에서 의석을 확보하며 약진, 이뿐만 아니라 좌파 성향 엑토르 실바(Hector Silva)가 산살바도르 시장으로 당선
1999	ARENA 측 후보 프란시스코 플로레스(Francisco Guillermo Flores Pérez)가 게릴라 출신 파쿤도 구아르다도(Facundo Guardado)에게 대선에서 승리
2001.1	대규모 지진으로 인해 1200여 명의 사상자와 수백만 명의 이재민 발생
2003.8	360명의 엘살바도르 병력 이라크 파병
2003.12	온두라스, 니카라과, 과테말라와 더불어 미-중미 자유무역협정 체결. 2004년 엘살바도르 국회에서 비준
2004.3	ARENA 당 후보 토니 사카(Tony Saca) 대선 승리
2005.3	미주인권재판소가 1981년 수백 명의 농민 사망자를 낸 엘 모소테(El Mozote) 마을 학살 사건을 재조사할 것을 명령
2006.3	중앙아메리카에서 최초로 미국과 자유무역 개시
2006.4	1969년 이후 이어진 온두라스와의 국경 분쟁 종결
2007.1	수도 서쪽의 최고 보안을 자랑하던 감옥 폭동으로 21명 사망
2007.2	세 명의 ARENA 당원이 조직범죄 단체로 의심되는 자들에게 살해
2008.1	400명 이상의 법관들이 자신들의 동료 네 명에게 가해진 부패 혐의에 반대하여 거리 장악 시위

2009.1	FMLN이 의회 선거에서 다수당이 되면서 3월 대선의 초석을 다짐
2009.2	여당인 ARENA 당이 지방선거에서 FMLN 우세 분위기를 극복하고 다수 의석 차지
2009.3	전 FMLN 멤버이자 마르크스주의자인 마우리시오 푸네스(Mauricio Funes)가 대선에서 승리
2009.6	마우리시오 푸네스 대통령 취임과 동시에 쿠바와 외교관계 복원
2010.6	수도 도심에서 대중교통 버스에 가해진 벌어진 무장 세력 공격으로 14명 사망
2011.9	미국에 의해 브라질과 함께 불법 마약 루트 주요국으로 지목
2011.12	정부가 1000명 이상 사망자를 낸 엘 모소테 학살 사건과 관련하여 사과
2012.3	총선거에서 야당이 근소한 차이로 승리

1522	스페인 정복자 길 곤살레스 데 아빌라(Gil Gonzalez de Avila)가 원주민 지도자 이름 니카라오(Nicarao)를 따서 니카라과로 명명
1523~1524	프란시스코 에르난데스 데 코르도바(Francisco Hernández de Cordoba)가 니카라과 정복 완결
17~18세기	영국이 약탈을 통해 니카라과 대서양 연안에 대한 지배 강화
1821	스페인으로부터 독립 이후 멕시코에 편입
1823	중앙아메리카연방에 편입
1838	니카라과 완전 독립
1860	영국이 대서양 연안 지배권을 니카라과에게 양도
1893	자유주의 성향의 호세 산토스 셀라야(José Santos Zelaya) 장군이 정권을 잡은 이후 독재
1912~1925	니카라과 내 미 군사기지 유지
1927~1933	미 군사력에 반대하여 아우구스토 세사르 산디노(Augusto Cesar Sandino)가 게릴라 결성하여 저항
1934	국가방위사령관 아나스타시오 소모사 가르시아(Anastasio Somosa Garcia) 장군에 의해 산디노 암살
1937	소모사 대통령 당선. 이후 그 가족에 의해 44년간 독재 유지
1956	소모사 장군의 암살과 이후 그 아들 루이스 소모사 데바일레(Luis Somoza Debayle)가 대통령 승계
1961	산디니스타 민족해방전선(FSLN) 창당
1967	루이스 소모사 사망 이후 그 형제 아나스타시오 소모사 데바일레(Ana-

stasio Somoza Debayle)가 대통령 승계

1978	야당 민주해방동맹 지도자 페드로 호아킨 차모로(Pedro Joaquin Cha-morro)가 암살되면서 총파업 돌입. 소모사 축출을 위해 FSLN과 온건주의자들이 연합
1979	소모사 정부 축출과 함께 FSLN 군사 공격 종결
1980	FSLN 정부에 의해 소모사 가문 소유재산 국유화
1982	온두라스에 체류하던 우익 반군에 대해 미국 지원 시작, 동시에 국가비상사태 선포
1984	다니엘 오르테가(Daniel Ortega) 대통령 당선
1987~1988	니카라과 정부와 우익 반군 지도자 사이에 평화협정 서명
1990	미국의 지원을 받은 전국야당연합(UNO) 소속 비올레타 차모로(Violeta Chamorro) 대통령 당선
1996	UNO 소속의 마나과 시장 아르놀도 알레만(Arnoldo Aleman) 대통령 당선
1998	허리케인 '미치(Mitch)'로 3000명 사망자 발생
2000	마나과 시장선거에서 FSLN 승리
2001.11	다니엘 오르테가의 승리가 예상되는 가운데 아르놀도 알레만 정부 부통령이었던 엔리케 볼라뇨스(Enrique Bolaños)가 다니엘 오르테가를 누르고 승리
2002.3	다니엘 오르테가가 1990년 이후 연이은 세 번의 낙선에도 산디니스타당 대표로 선출
2002.8	전 대통령 아르놀도 알레만이 집권 기간 동안 돈세탁과 횡령 혐의로 기소
2003.12	전직 대통령 아르놀도 알레만 부패 혐의로 20년 형 선고, 이듬해 가택연금
2005.4	연료값 인상과 이에 따른 생활비 인상으로 전국 곳곳에서 폭력 시위

발생

2005.6	의회를 장악한 야당 동맹과 정부와의 권력 다툼 시작. 미구기주 의장 미겔 인술사(Miguel Insulza)가 중재를 시도하지만 실패
2005.10	의회 내에서 대통령 권한을 제어하는 내용의 헌법 개혁을 2007년 볼라뇨스 대통령 임기 이후로 연기하기로 양당 간 합의. 정국 긴장 완화
2006.4	미국과의 자유무역협정 효력 발생
2005.11	다니엘 오르테가 대통령 당선
2007.10~2009.6	다니엘 오르테가 대통령이 차기 연임을 노리고 헌법 개혁 추진
2009.10	헌법재판소 대통령 연임 금지 판결
2010.11	코스타리카와 국경 분쟁
2011.11	헌법 147조의 대통령 연임 금지 해석에도, 다니엘 오르테가 대통령이 대선에서 압도적인 표 차이로 재당선

1502	콜롬버스가 대서양 연안에 상륙하면서 '코스타리카(부유한 해변)'라는 이름이 생김. 이후 60년간 방치
1540	누에바에스파냐 부왕령에 편입
1561	스페인 사람 후안 데 카바욘(Juan de Cavallon)에 의해 코스타리카에 첫 번째 식민지 개척
1808	쿠바로부터 커피 도입. 이후 제1작물이 됨
1821	스페인으로부터 독립 이후 멕시코 연방에 들어갈 것인지 중앙아메리카 연방을 따로 결성할 것인가와 관련하여 내적 분쟁
1823	온두라스, 엘살바도르, 과테말라, 니카라과와 함께 중앙아메리카연방 결성
1838	코스타리카 완전 독립
1849~1859	대통령 후안 라파엘 모라(Juan Rafael Mora) 주도로 1855년 니카라과를 점령한 윌리엄 워커(William Walker)에 항전
1859	무혈 쿠데타로 모라 대통령 축출
1870~1882	토마스 구아르디아(Tomas Guardia) 정부에 의해 철도 건설을 위한 외국인 자본투자 장려
1874	미국 마이너 쿠퍼 키스(Minor Cooper Keith)에 의해 바나나 도입과 함께 유나이티드 루프트 컴퍼니(UFCO) 시작
1917	알프레도 곤살레스(Alfredo Gonzalez) 정부의 군사 장관이던 페데리코 티노코(Federico Tinoco)가 쿠데타를 통해 집권
1940~1944	기독사회연합당 소속 대통령 라파엘 앙헬 칼데론 구아르디아가 최초로 노동자 권리와 법정 최저임금 개념 도입

1948	의회가 대통령 선거 결과를 인정하지 않으면서 6주간 휴원
1949	국민자유당(PLN) 소속 호세 피게레스 페레르(José Figueres Ferrer) 대통령 당선 이후 사회개혁 프로그램 실시, 사회보장 실시, 국가 은행 건설. 새로운 헌법에 의해 여성과 아프로캐리비언 후손들도 참정권 갖게 됨. 군대 해체 이후 시민방위대로 대체
1958~1973	보수 성향의 PLN에 의한 집권
1963~1964	이라수 화산 분출
1968	아레날 화산 분출
1974	다니엘 오두베르(Daniel Oduber)(PLN) 대통령 당선 이후 사회주의 개혁 지속
1978	보수 성향의 로드리고 카라소(Rodrigo Carazo) 대통령 당선 이후 경제 악화
1982	루이스 알베르토 몽헤(Luis Alberto Monge)(PLN) 대통령 당선 이후 경제긴축 프로그램 실시. 동시에 산디니스타 정권하의 니카라과와 결별 선언 후 미국의 영향권 아래로 들어옴
1985	미국이 코스타리카 영토 내에서 반산디니스타 게릴라 요원 양성
1986	오스카르 아리아스 산체스(Oscar Arias Sanchez)(PLN)가 중립적인 성향을 표방하며 대통령에 당선
1987	니카라과, 과테말라, 온두라스, 엘살바도르 지도자들이 코스타리카 대통령 오스카르 아리아스가 고안한 에스키풀라스 협약(Acuerdo de Esquipulas)에 서명, 이후 오스카르 아리아스 대통령 노벨 평화상 수상
1990	기독사회연합당(PUSC) 소속 중도파 라파엘 칼데론(Rafael Calderón) 대통령 당선
1994	호세 마리아 피게레스 올센(Jose Maria Figueres Olsen)(PLN) 대통령 당선
1998	미겔 앙헬 로드리게스(Miguel Angel Rodriguez)(PUSC) 대통령 당선
2000	코스타리카와 니카라과 양국 대표가 오랜 국경 분쟁 대상이었던 산후안

강 국경 문제 합의

2002.4	기독사회연합당 소속 아벨 파체코(Abel Pacheco)가 2차 투표에서 대통령으로 당선
2003.5	에너지, 통신 부문 노동자들이 파체코 대통령의 민영화 계획에 반대하여 시위. 교사들이 월급에 불만으로 시위. 이로 인해 세 명의 장관 사임
2004.10	호세 마리아 피게레스, 미겔 앙헬 로드리게스, 라파엘 앙헬 칼데론 세 명의 전직 대통령이 부패와 관련하여 조사받으면서 사회적으로 부패에 대한 우려 고조
2006.2~3	오스카르 아리아스(PLN)와 오톤 솔리스[시민행동당(PAC)]가 대선에서 박빙 접전. 수동 개표 이후 오톤 솔리스 패배 인정
2006.10	미국과의 자유무역협정 체결에 반대하여 공공 부문 노동자 이틀 간 파업
2007.6	타이완과 단교, 동시에 중국과 수교
2007.10	CAFTA 가입과 관련하여 국민투표 실시. 근소한 차이로 찬성
2008.11	중국 후진타오(胡錦濤) 주석 코스타리카 방문
2009.3	아리아스 대통령 1961년 단교한 쿠바와 재수교 의사 표명
2009.10	전 대통령 라파엘 앙헬 칼데론이 부패 혐의로 유죄판결 받고 5년형 선고
2010.2	최초 여성대통령 라우라 친치야(PLN) 당선
2011.3	국제사법재판소가 코스타리카와 니카라과 양국 모두 국경 지역에서 무력을 철수시킬 것 명령. 중국에 의한 국가경기장 기부
2012	사회보장연금과 관련한 거센 사회적 저항
2014.3	시민행동당 소속 루이스 기예르모 솔리스 대통령 당선

서울대학교 라틴아메리카연구소(SNUILAS)는 1989년 스페인중남미연구소로 발족하여 2008년 확대 재편된 국내 라틴아메리카 연구의 산실이다. 라틴아메리카의 33개 독립국과 1개 준독립국, 인구 약 5억 5000만 명의 광대한 지역을 연구대상으로 하는 서라연은 총서, 학술지, 웹진, 이슈 등을 발간하고 있으며, 다양한 분과학문 출신의 연구진이 학제적 연구를 통해 지식의 식민성 극복과 학문의 대중적 소통을 지향하고 있다.

엮은이 **림수진**

전북대학교 사회교육과를 거쳐 서울대학교 지리학과에서 석사, 박사 학위를 받았다. 2008년부터 멕시코 콜리마 주립대학교 정치사회과학대학 교수로 재직 중이며, 2010년 이후 현재까지 멕시코 연방정부 고등과학기술위원회 국가연구원으로 활동하고 있다. 2001년부터 지속적으로 코스타리카를 중심으로 라틴아메리카 지역연구를 해오고 있으며 주 연구 주제는 이주와 차별이다.

옮긴이

림수진 멕시코 콜리마 주립대학교 정치사회과학대학 교수
이성훈 서울대학교 라틴아메리카연구소 HK교수
박병규 서울대학교 라틴아메리카연구소 HK교수
최진숙 울산과학기술대학교 기초과정부 교수

한울아카데미 1768
라틴아메리카 지정학 06

21세기 중앙아메리카의 단면들: 내전과 독재의 상흔

ⓒ 서울대학교 라틴아메리카연구소, 2015

엮은이 ㅣ 림수진
펴낸이 ㅣ 김종수
펴낸곳 ㅣ 도서출판 한울
편집책임 ㅣ 이수동
편집 ㅣ 조수임

초판 1쇄 인쇄 ㅣ 2015년 2월 25일
초판 1쇄 발행 ㅣ 2015년 3월 5일

주소 ㅣ 413-120 경기도 파주시 광인사길 153 한울시소빌딩 3층
전화 ㅣ 031-955-0655
팩스 ㅣ 031-955-0656
홈페이지 ㅣ www.hanulbooks.co.kr
등록 ㅣ 제406-2003-000051호

Printed in Korea.
ISBN 978-89-460-5768-5 93950(양장)
ISBN 978-89-460-4963-5 93950(반양장)

* 책값은 겉표지에 있습니다.